Zu diesem Buch

Kaugummi, Jazzmusik, Jeeps, Coca-Cola: als die Amerikaner 1945 in Deutschland einmarschierten, wurden sie von den meisten als Befreier begrüßt. Doch das hat sich 40 Jahre danach verändert.

Der Glanz reicher GIs in den vierziger und fünfziger Jahren ist verblaßt. Das Militär ist heute auch anders zusammengesetzt als damals. Viele meinen, es sei schlechter geworden. Im Militär spiegeln sich gesellschaftliche Verhältnisse wider: Bildungsstand, der Kampf der Frauen um Gleichheit, Arbeitslosigkeit und Drogenkonsum, ein steigender Anteil ethnischer Minderheiten, das Militär als Job statt als Berufung.

Soldaten sind derzeit kein Thema bei uns, amerikanische Soldaten noch weniger. Die Gemüter erhitzen sich bei Diskussionen zur Rüstungspolitik, aber bei der Frage, wie die Menschen leben, die diese Politik hier in die Tat umsetzen, herrscht Gleichgültigkeit. Sie sind Ausländer, und sie sind Soldaten, beides ist nicht dazu geeignet, Interesse und Sympathie zu wecken.

Die Amerikaner haben hier ihr «Little America», sie sind auf uns nicht angewiesen. Sie leben in eigenen Unterkünften und besuchen eigene Schulen, Einkaufszentren und Kirchen. Ob sie reich oder arm, glücklich oder traurig sind, das weiß der durchschnittliche Deutsche nicht. Die Kontakte sind mager, das Interesse gering.

Dieses Buch will Einblick gewähren in die sonst schwer zugängliche Welt amerikanischer Soldaten in Deutschland, will zeigen, mit welchen Problemen junge Soldaten hier zu kämpfen haben – beim Wohnen, in der Freizeit, mit der fremden Sprache. Sie leiden unter Fremdenhaß, Einsamkeit, Isolation, unter Heimweh, unter Rassismus und Drill. Signe Seilers Buch gibt eindrucksvolle Informationen aus der Innenwelt der amerikanischen Armee und Lebensgeschichten von weißen und schwarzen GIs, von Männern und Frauen.

SIGNE SEILER, geb. 1948, Studium der Ethnologie, Soziologie und Philosophie in Mainz. Dissertation über «Wissenschaftstheorie der Ethnologie» (1979). Von 1977 bis 1983 wissenschaftliche Mitarbeiterin an der Universität Mainz.

Signe Seiler

Die GIs

Amerikanische Soldaten in Deutschland

rororo

Rowohlt

rororo aktuell – Herausgegeben von Freimut Duve

Redaktion Klaus Humann
Originalausgabe

Für Gil
Julia
Andy

Thanks so much

Veröffentlicht im Rowohlt Taschenbuch Verlag GmbH,
Reinbek bei Hamburg, Mai 1985

Umschlagentwurf Werner Rebhuhn (Foto: Wolfgang Kunz)
Satz Times (Linotron 202)
Gesamtherstellung Clausen & Bosse, Leck
Printed in Germany
1280-ISBN 3 499 15541 9

Inhalt

Die GIs
Zur Einführung

Es ist nach Mitternacht. An der Eingangstür zur Kneipe entsteht ein Handgemenge. Einige angetrunkene GIs schreien sich an, und die Gäste starren herüber. Plötzlich steht Jim, ein schwarzer Soldat, neben den Streithähnen und fleht sie an aufzuhören. Er ringt die Hände, und Tränen laufen ihm übers Gesicht. Er sagt, er sei erst seit einer Woche in Deutschland und verstehe nicht, was hier vorgehe. Er will um jeden Preis eine Schlägerei vermeiden, denn er haßt Gewalttätigkeit, doch es ist ihm verboten, selber einzugreifen, wenn er nicht direkt angegriffen wird. Er ist Meister in Karate und hat Angst, daß es Tote gibt, wenn er zuschlägt. Inzwischen verlagert sich der Streit in den Vorraum der Kneipe, und immer noch steht er daneben, versucht vergeblich zu schlichten und wischt sich die Tränen mit dem Handrükken vom Gesicht. Schließlich machen sich die streitenden Soldaten auf den Heimweg, und Jim kommt zurück in den Schankraum. Inzwischen ist es ein Uhr nachts, und bis auf einige Stammgäste an der Bar ist der Raum leer. Jim murmelt etwas von «Buddha» und «mich beruhigen» und zieht sich in eine Ecke des Lokals zurück. Er setzt sich auf den Fußboden und fällt nach wenigen Minuten in tiefe Trance. Sein schwarzer Freund steht daneben, sieht auf die Uhr und beteuert ständig: «In zwei, drei Minuten ist er wieder da, ich hab ihm selber beigebracht, wie man meditiert», doch es dauert fast 20 Minuten, bis er wieder in unsere Realität zurückkehrt. Der Freund sorgt dafür, daß Jim in seiner Meditation nicht gestört wird, zwischendurch holt er das Geschirrhandtuch und wischt ihm den Schweiß von der Stirn. Ich unterhalte mich mit ihm und erfahre, daß Jim und er schon seit dem Vietnam-Krieg enge Freunde sind und sogar gemeinsam versetzt wurden. Hier in Deutschland ist Jim Lehrer, Spezialist für biologische und chemische Kampfwaffen. In seiner Freizeit spielt er begeistert Schach. Allmählich findet Jim sich wieder zurecht, doch er ist müde, und zusammen mit seinem Freund kehrt er in die Kaserne zurück.

An diesem Abend gehe ich sehr nachdenklich nach Hause. Streit und Schlägereien sind hier in der Dorfkneipe nichts Außergewöhnliches, doch diese Situation war anders. Daß einem GI[1] die Tränen kommen, wenn sich seine Kollegen im Suff anbrüllen, zeigt eine seltene Empfindsamkeit, besonders unter Soldaten; daß ein GI meditiert, um sich zu beruhigen, überrascht mich ebenfalls; wie jedoch ein so sensibler Mensch gleichzeitig Spezialist für biologische und chemische Waffen sein kann, geht mir nicht in den Kopf. Wie hält er diese Widersprüche aus? Und dann diese Mixtur verschiedener Kulturen: ein Afro-Amerikaner, der in einem Krieg in Asien gekämpft hat, aber auch asiatische Meditationstechniken benutzt und sich jetzt hier in Europa zurechtfinden muß – was für ein Mensch ist das?

In den folgenden Wochen und Monaten sitze ich oft mit den Soldaten in der Kneipe zusammen und höre gespannt zu, wenn sie von Freunden und Verwandten drüben in den Staaten erzählen, über ihre unregelmäßige Arbeitszeit und ihre Vorgesetzten stöhnen, unter Geldmangel leiden und sich gegenseitig aushelfen, nach einer eigenen Wohnung suchen, um dem Kasernenleben zu entkommen; ich sehe, wie sie unter der Entfernung leiden, wenn sich zu Hause die Freundin absetzt oder die Eltern sich scheiden lassen; ich beobachte, wie Freundschaften entstehen, und wie manche Soldaten emotional zusammenbrechen, wenn sie versetzt und voneinander getrennt werden. Ich spüre, daß sie in einer anderen Welt leben, an der ich normalerweise keinen Anteil habe, und daß sich unsere Welten am Abend in der Kneipe nur flüchtig berühren.

Allmählich kristallisierten sich einige Fragekomplexe heraus: Mit welcher Motivation ist der einzelne ins Militär gegangen und wie beurteilt er seine Entscheidung heute? Wie fühlen sich die Soldaten der unteren Ränge, die meist in der Kaserne wohnen, hier in Deutschland? Wie verbringen sie ihre Freizeit und welche Kontakte haben sie zu Deutschen? Warum sprechen nur wenige Soldaten gut Deutsch? Wie fühlen sich die weiblichen Soldaten in dieser Männergesellschaft? Gibt es Probleme zwischen verschiedenen kulturellen Minderheiten, z. B. Mexikanern, Puertoricanern und Schwarzen? Welche Ursachen gibt es für Alkohol- und Drogenmißbrauch?

Im Verlauf der zwei Jahre, in denen ich die vorliegende Untersuchung durchgeführt habe, hat ein zweisemestriges Projekt an der Mainzer Universität mitgeholfen, Informationen zu sammeln. Hier wurden zum einen sachliche Hintergrundbeiträge zur Geschichte des amerikanischen Militärs und der NATO, zur Struktur des Militärs, zur Sozialisation, zur Situation von Frauen und Minderheiten im Militär erarbeitet. Zum anderen versuchten wir, durch teilnehmende Beobachtung und Interviews Informationen zu erhalten, was nicht immer einfach war. Schwierigkeiten gab es teilweise durch unzureichende Sprachkenntnisse. Selbst mit neun Jahren Schulenglisch versteht man nur mit Mühe den Dialekt eines Südstaatlers oder manche Besonderheiten der soldatischen Ausdrucksweise. Eine andere Schwierigkeit bestand darin, daß wir mit den Soldaten nur einen Teil ihrer Freizeit verbringen konnten und nur in begrenztem Umfang ihre

Arbeit kannten. Ein großer Teil ihres täglichen Lebens blieb uns verborgen und ist nur durch ihre Aussagen zu erschließen – falls sie dazu überhaupt bereit waren. Das Thema Militär und unsere Fragen schaffte eine unsichtbare, ungewisse Schranke; einige Soldaten verdächtigten mich, eine kommunistische Agentin zu sein, andere waren grundsätzlich gegen eine Untersuchung übers Militär, da sie negative Aussagen befürchteten.

Zur Thematik der Kontakte zwischen Soldaten und deutscher Bevölkerung ergab sich eine leichte Verzerrung der Antworten dadurch, daß wir ja nur diejenigen befragen konnten, die überhaupt die Kaserne verlassen. Viele Soldaten verbringen ihre Freizeit auf ihrer Stube oder im Kasernengelände, und für uns bestand keine Möglichkeit, mit ihnen Kontakt aufzunehmen. Überhaupt war es manchmal überaus schwierig, Kontakte zu knüpfen und sie aufrechtzuerhalten. Im «Deutsch-amerikanischen Kontakt-Club» resignierten die beiden männlichen Studenten unseres Projektes ziemlich schnell, die Soldaten waren deutlich mehr an den jungen Mädchen im Club interessiert. Die jungen Studentinnen klagten, daß die Gespräche entweder oberflächlich seien oder daß die Soldaten sie «anmachten» und es – von ihrer Sicht her – mißverständen, wenn sie sie zu sich nach Hause einlüden. Oft war der einzige gemeinsame Berührungspunkt Musik und Tanzen, doch in der Disco konnte man sich wieder nicht gut unterhalten. Das Problem fehlender gemeinsamer Interessen betrifft nicht nur unsere Gruppe, sondern ist symptomatisch für die Beziehungen zwischen dem größten Teil der deutschen Bevölkerung und den amerikanischen Soldaten. Ich selber fand am ehesten Kontakt zu den Soldatinnen, gleich welchen Alters, und als nächstes zu den Soldaten in meinem Alter.

Das letzte schwerwiegende Problem war die politische Situation. Es ist nicht immer leicht, ein freundschaftliches Verhältnis mit denjenigen zu unterhalten, die eine bedenkliche Rüstungspolitik hier in die Tat umsetzen. Dabei muß man sich klar machen, daß die wenigsten sich fürs Militär verpflichten, um sich und uns vor den Russen zu schützen, sonders höchstens aus einem vagen Patriotismus ihrem Land gegenüber. Die meisten sind ziemlich unpolitisch, sie sind Soldat geworden, um sich ihren Lebensunterhalt zu verdienen und Abenteuer zu erleben. Durch Schulung und Indoktrination übernehmen sie den Standpunkt des Militärs. Wir haben versucht, die Einstellungen und Gefühle dieser jungen Soldaten, ihre Denkweise und Überzeugungen zu respektieren, ohne sie zu verurteilen. Politische Diskussionen wurden selten geführt.

Die Suche nach Literatur war enttäuschend. Obwohl seit über 30 Jahren amerikanische Soldaten in Deutschland leben, gibt es so gut wie keine Untersuchungen über sie. Einige ausführliche Arbeiten stammen aus der Zeit der Besatzung[2], doch in jüngster Vergangenheit hat es ähnliche Untersuchungen nicht gegeben.[3] Von Meinungsforschungsinstituten gibt es Umfragen, aber hier wurde nur ermittelt, welches Bild sich die Deutschen von den amerikanischen Soldaten machen. In den vergangenen Jahren mehren sich Zeitungs- und Zeitschriftenartikel, Rundfunk- und Fernsehsendungen, in denen einzelne Soldaten zu Wort kommen, einige Probleme angesprochen werden und die Meinung offizieller Stellen dazu vorgebracht wird. Aber in 300 Zeilen oder in 60 Minuten Sendezeit lassen sich nicht alle Aspekte darstellen, und nur selten hat sich ein Redakteur lange und intensiv mit dem Thema befaßt – vieles in der Darstellung bleibt notgedrungen an der Oberfläche. Hinzu kommt das Interesse des Militärs, nur Weniges und möglichst wenig Negatives mitzuteilen. Selbst wenn ein Soldat von einem deutschen Journalisten interviewt wird, muß er sich vorsichtig äußern, um keine Schwierigkeiten von seinen Vorgesetzten zu bekommen. Kurzum, ausführliche und zuverlässige Informationen erhält man eher durch längeren intensiven Kontakt, in dem gegenseitiges Vertrauen herrscht.

Von seiten der Sozialwissenschaftler sind Untersuchungen des Militärs bisher gemieden worden. In einer quantitativen Analyse stellt Schneider fest, daß der Anteil militärsoziologischer Arbeiten bei drei von ihm ausgewerteten deutschen Zeitschriften zwischen null und einem Prozent liegt. In der *Zeitschrift für Soziologie* ist zwischen 1972 bis 1977 nichts aus dem Bereich Militärsoziologie erschienen, in *Soziale Welt* sind zwischen 1949 bis 1977 706 Artikel erschienen, davon nur acht über Militärsoziologie. In der angesehenen *Kölner Zeitschrift für Soziologie und Sozialpsychologie* sind im gleichen Zeitraum 873 Artikel veröffentlicht worden, davon acht über Militärsoziologie; das Sonderheft von 1968 zu diesem Thema hat Schneider dabei nicht mitgezählt (Schneider 1979).

Die Militärsoziologie entstand eigentlich erst im Ersten Weltkrieg, als das amerikanische Militär eine neue Abteilung «Research Branch» gründete, die im Laufe von vier Jahren 200 bis 300 Untersuchungen durchführte und dabei über eine halbe Million Soldaten befragte. Samuel Stouffer (u. a.) veröffentlichten das Datenmaterial 1949/50 in einem vierbändigen Sammelwerk. Eine gründliche Darstellung der weiteren Entwicklung der Militärsoziologie, ihrer Fragestellung und Ergebnisse findet man in Roghmann/Ziegler (1977). Sie sehen übrigens die Hauptursache für die relative Bedeutungslosigkeit der Militärsoziologie in der unterschiedlichen Wertorientierung von Militärs und Soziologen:

«Den überwiegend konservativen, die bestehende politische Ordnung bejahende und mit der Existenz gewalttätiger Konflikte rechnenden Militärs erscheinen die vornehmlich antimilitaristisch eingestellten Soziologen als naive und unrealistische Theoretiker. Die Soziologen kritisieren die bestehende Sozialordnung häufig als ungerecht und verbesserungsbedürftig, Militärs als traditionell dogmatisch und den Krieg als gleichzeitig größtes wie auch vermeidbares Übel, das vor allem durch überholte Werte und Sozialstrukturen bedingt ist. Die soziologische Erforschung des Militärs wird von ihnen häufig als Bejahung des Krieges und Beitrag zu erhöhter militärischer Effizienz betrachtet. Zu all dem gehört in Friedenszeiten das Militär sowohl in den angelsächsischen Ländern als auch im Nachkriegsdeutschland keineswegs zu den Organisationen mit hohem Prestige oder besonderer Anziehungskraft.» (Roghmann/Ziegler 1977:143)

Ein Großteil militärsoziologischer Arbeiten befaßt sich mit Problemen der Kampffähigkeit, der Führung und des Verhaltens im Kriegsfall, also militärinternen Fragen, die für unsere Fragestellung unwichtig waren.

Ein anderer Komplex militärsoziologischer Arbeiten untersucht die Diskriminierung von Frauen und Schwarzen, Alkohol- und Drogenmißbrauch, Homosexualität und unerlaubtes Entfernen von der Truppe. Die meisten dieser Arbeiten beziehen sich auf einzelne Standorte in den Vereinigten Staaten oder Vietnam und waren nicht ohne weiteres auf die Situation in Deutschland übertragbar. Wegen der zunehmenden Alkohol- und Drogengefährdung der GIs in Deutschland setzte die amerikanische Regierung 1978 einen Ausschuß ein, der sich diesem Problem vor Ort widmete. Man war um die verringerte Kampfbereitschaft der Soldaten besorgt sowie um den negativen Eindruck, der in der Öffentlichkeit auf Grund von Vermutungen über den Umfang des Drogenmißbrauchs entstanden war.[4]

Die wenigen Arbeiten, die es über GIs in Deutschland gibt, sind auch nicht immer öffentlich zugänglich. Christopher Sarro unternahm 1978 im Auftrag der Harvard Law School eine Studie über die wirtschaftliche Not der Soldaten in Deutschland. In einer Serie der *Frankfurter Allgemeine Zeitung* erwähnt Günter Gillessen diese Studie, die aber nicht veröffentlicht wurde und in Bibliotheken des deutschen und amerikanischen Militärs unbekannt war.

Welche möglichen Erklärungen gibt es für fehlende Untersuchungen über amerikanische Soldaten in Deutschland? Leben sie etwa völlig problemlos unter uns, einfach glücklich mit Familie und Beruf? Nein, gewiß nicht. Aber wie könnten wir denn überhaupt etwas von ihrer Lebenssituation erfahren? Wenn Frauen Probleme mit ihren

Kindern oder dem Ehemann haben, gehen sie zu amerikanischen Beratungsstellen. Wenn GIs Probleme mit Alkohol oder Drogen haben, suchen sie eine militärische Beratungsstelle auf. Bisweilen würden sie das lieber vermeiden und eine zivile Organisation vorziehen, aber da sie nicht deutsch sprechen, bleiben sie mit sich und ihren Problemen allein. Wir Deutschen ahnen nicht, welche Schwierigkeiten Soldaten oder auch Ehefrauen hier haben. Und selbst wenn wir es wüßten – rein organisatorisch sind die amerikanischen Militärbehörden dafür zuständig. Es ist also überwiegend diese «Getto-Situation», die nichts nach draußen dringen läßt. Es ist im Interesse des Militärs, daß «wir unter uns bleiben und unsere Probleme selber lösen». Meint man vielleicht auch, es könne dem politischen Ansehen schaden, wenn wir Deutschen merken, daß hier nicht nur eine «politische Macht» neben uns lebt, sondern Menschen, die die Spannungen und Konflikte ihrer Gesellschaft hier reproduzieren?

Und wie sieht es bei Konflikten mit der deutschen Bevölkerung aus? Im Gegensatz zu anderen Ausländern sind amerikanische Soldaten unter ständiger Kontrolle der militärischen Führung. Jeder GI fürchtet die Militärpolizei, die nicht gerade zimperlich mit ihnen umgeht. Beklagen sich deutsche Nachbarn über den Krach von Kassettenrecordern auf der Straße, so entscheidet der Kommandeur kurzerhand, daß alle Soldaten, die die Kaserne mit einem Kassettenrecorder verlassen, schriftlich erfaßt werden. Der Kessel darf nie überkochen, und wenn er kurz vor dem Explodieren ist (z. B. als es in den 60er Jahren mehrere Taximorde in Frankfurt und Mainz gab), werden alle Informationen, die an die Presse gehen, noch stärker als sonst gefiltert oder sogar ganz zurückgehalten. Das politische Interesse an guter Zusammenarbeit ist größer als das wissenschaftliche Interesse an sozialen Problemen. Diese Form von Kontrolle über das Verhalten der GIs und zulässige Informationen an die Presse hat zur Folge, daß es unter der Bevölkerung kaum ein Bewußtsein über vorhandene Probleme gibt. Man kann wirklich nicht sagen, daß sich die brennenden Probleme einem Wissenschaftler geradezu aufdrängen – ganz im Gegenteil! Und wenn er schließlich doch eine Untersuchung durchführen will, ist es nicht leicht, die militärische Bürokratie zu durchdringen. Entweder man wählt ein Thema, das auch die Army interessiert, oder sie bedauern, einem nicht helfen zu können.

Eine ähnliche Untersuchung wie die hier vorliegende wurde 1969 von Charlotte Wolf unter dem Titel *Garrison Community. A study of an Overseas American Military Colony* veröffentlicht. Die amerikanische Soziologin schildert darin das Zusammenleben der amerikanischen Soldaten und ihrer Familien in der Türkei. Über die Zusammenarbeit mit den Militärs hat sie wenig Ermutigendes zu sagen:

> «Denjenigen, die eine Untersuchung der militärischen Organisation erwägen, kann ich nur sagen, wenn man es auf eine bequeme Art tun möchte, muß man mit leicht erreichbaren Daten arbeiten oder innerhalb des engen Rahmens, den das Militär als angemessen betrachtet und unter der Aufsicht militärischer Einrichtungen. Denjenigen, die gewagte oder originelle Hypothesen testen möchten, kann ich nur wenig Ermutigung geben, was die Bedingungen ihrer möglichen Studie betrifft.» (S. 279f)

Ich habe mich entschlossen, die Aufsicht militärischer Einrichtungen zu meiden. Wer das Militär kennt, wird das verstehen. Das Testen irgendwelcher wissenschaftlicher Hypothesen habe ich gleichfalls vermieden. Wer die Soziologie kennt – Stichwort «Kritische Theorie» – wird auch das verstehen. Statt dessen habe ich mich bemüht, dem Leser eine gut lesbare, nachvollziehbare Vorstellung davon zu geben, wie GIs hier leben. Sie sollen selber zu Wort kommen und schildern, wie sie sich fühlen und wie sie ihre eigene Lage wahrnehmen. Fakten und Statistiken werden als Hintergrundinformation geliefert.

Zu Beginn des Buches wird die gettohafte Isolation der Amerikaner in Deutschland beschrieben. Wer nicht in einer früheren amerikanischen Besatzungszone lebt und das aus eigener Anschauung kennt, macht sich kaum eine Vorstellung dieses nahezu keimfreien «american way of life». Danach schildert ein kurzer historischer Abriß, wie es zur heutigen Situation kam und welches Image der GI damals hatte – sowie die Frauen, die sich mit ihm «einließen». Das dritte Kapitel liefert soziologische Daten über das amerikanische Militär; Alters- und Rangstruktur, Anteil von Minderheiten, Verteilung nach Männern und Frauen, die Motivation junger Menschen, die freiwillig zum Militär gehen.

Wie macht man aus Zivilisten anständige Soldaten? Das vierte Kapitel zeigt ihre Sozialisation in der Grundausbildung. Danach erfolgt die Berufsausbildung und die Versetzung an den ersten Standort, in diesem Fall Mainz oder Wackernheim. Arbeit und Wohnen sind die Themen des fünften Kapitels. Von hier an kommen die Soldaten selber zu Wort. Eine bisweilen rauhe Sprache läßt sich nicht ganz vermeiden – sie soll niemanden in seinen Gefühlen verletzen, sondern die Realität schildern.

Wie verbringen die Soldaten, die zum erstenmal im Ausland sind, ihre Freizeit? Diese Frage wird im sechsten Kapitel beantwortet. Es ist für uns Deutsche oft nicht nachvollziehbar, warum sich die Amerikaner so wenig um die deutsche Sprache bemühen; ich habe versucht, ihre Einstellung – und dazu zählt auch ihre Unsicherheit, ihre Arroganz – verständlich zu machen. Generelle Aussagen über das Freizeitverhalten der GIs zu treffen ist unmöglich – zu verschieden sind ihre Interessen und persönlichen Eigenheiten. Darum beschränke ich mich auf die Aktivitäten der Soldaten, mit denen ich engen Kontakt hatte. Ein besonderer Abschnitt ist dem Thema Freundschaft im Militär gewidmet. Viele Freundschaften sind eher Kumpanei, Zweck- und Zechbündnisse, aber es gibt bisweilen auch tiefe Freundschaften, die lange dauern. Das siebte Kapitel ist den Frauen gewidmet; es zeigt die historische Entwicklung von getrennten Soldatinnen-Einheiten bis zum integrierten Heer. Man gewährt den Frauen Zutritt zur Mehrzahl militärischer Jobs, mit Ausnahme aller Kampftätigkeiten. Sie kämpfen dennoch hart, denn sie haben keinen leichten Stand im Militär. Am schlimmsten sind für alle Frauen die Belästigungen von seiten der Soldaten. Die männlichen Vorgesetzten sind von dem steigenden Anteil der Soldatinnen durchaus nicht alle begeistert, und die Frauen spüren es. Manche verkraften die gesamte Situation seelisch nur schwer, andere behaupten sich besser, leicht hat es niemand. In einem eigenen Kapitel werden Minoritäten im Militär behandelt. In der Army sind fast 30 % Schwarze, ein Prozentsatz, der nicht ohne Reibereien und Spannungen integriert wird. Von den anderen Minderheiten bilden vor allem die spanisch sprechenden Soldaten eine eigene Gruppe.

Alkohol- und Drogengebrauch stellen eine weitverbreitete Freizeitbeschäftigung dar – zum Leidwesen des Militärs. Es gibt viele Ursachen hierfür: Langeweile und Einsamkeit, frühere Gewohnheiten und Gruppendruck, Unzufriedenheit mit dem Militär und der altersspezifische Protest gegen Autoritäten. Auf Grund harter Strafen sinkt derzeit der Drogenmißbrauch, dafür steigt der Alkoholmißbrauch.

Wie verhält es sich mit der deutsch-amerikanischen Freundschaft in einem Stationierungsstandort? Hierzu gibt es mehrere Versionen, einmal die Darstellung in der örtlichen Presse, zum andern die organisierten Freundschaftsbezeugungen, die Wohlwollen signalisieren, und schließlich die spontanen Begegnungen im Alltag mit all ihren Folgen – Diskriminierung, Schwarzhandel, Prostitution und echte Freundschaften. Das letzte Kapitel beschreibt die verschiedenen Formen deutsch-amerikanischer Freundschaft und analysiert die ihnen zugrunde liegenden Motive, einmal die Ebene der materiellen Interessen, zum andern die politischen und humanitären Interessen.

1. «Klein-Amerika» in Deutschland

An einem Samstagmorgen gehe ich mit Chris, einer Soldatin der US-Army, einkaufen. Sie stammt aus einer Farmerfamilie in Pennsylvania, ist Ende Zwanzig und sortiert für ihre Einheit in Wackernheim täglich die eingehende Post. Sie ist klein und kräftig und mit einem deftigen Humor begabt. Chris ist für vier Jahre in Deutschland stationiert, und wir kennen uns bereits seit zwei Jahren. In den vergangenen Monaten haben wir einige gemeinsame Interessen entwickelt: sie findet es praktisch, mein Auto für größere Einkäufe zu benutzen, und ich entdecke immer mehr Preisvorteile in amerikanischen Geschäften. So fahren wir an diesem Samstagmorgen zuerst nach MUHA, einem Wohngebiet mit einigen Läden in der Nähe der Universität. MUHA ist eine der vielen Abkürzungen der Amerikaner, die täglich neue erfinden, und heißt «Mainz University Housing Area». Offiziell hat sich der Name inzwischen geändert, es heißt jetzt «Martin-Luther-King-Village», oder in Kurzform «King-Village».[1]

An der Einfahrt zum King-Village verbietet ein Schild in deutscher und englischer Sprache das Betteln und Hausieren. Auf den Straßen wird nichts bewacht und kontrolliert, jeder Deutsche kann ungehindert hier durchschlendern und sich das Treiben und Leben anschauen. Nur zu Beginn der Besatzungszeit wurden amerikanische Einrichtungen mit Zäunen und Mauern von der deutschen Umwelt abgeschirmt, doch wenige Jahre später, als man sich nicht mehr bedroht fühlte, entfernte man den Zaun. Dennoch blieb eine Grenze – unsichtbar. Wenn ich durch die «Housing Area» gehe, fühle ich mich eher in Amerika als in Deutschland: die Straßen heißen George-Washington-Street und Abraham-Lincoln-Street, die vierstelligen Hausnummern prangen groß und schwarz auf allen Seiten des Gebäudes, auf den Rasenflächen zwischen den meist dreistöckigen Häusern spielen weiße und farbige Kinder, vor jedem Haus parkt eine Reihe Chevrolets, Pick-Up-Trucks und klappriger VWs, die Jugendlichen spielen Basketball und Baseball, und aus dem Wohnheim für alleinstehende Unteroffiziere fetzen im Sommer heiße Rhythmen. Auch ohne Zaun fühle ich mich hier in einer anderen Welt, die beziehungslos neben mir existiert und an der wir Deutschen normalerweise keinen Anteil haben.

Seit ich Chris kenne, nutze ich jede Gelegenheit, hinter diesen unsichtbaren Zaun zu schauen. Heute gehen wir zuerst ins «Foodland», einem kleinen Supermarkt, der die wichtigsten Grundnahrungsmittel, Kosmetika und Arzneimittel führt, aber auch Wäsche und Kleidung, Haushalts- und Papierwaren. Wir kaufen Milch, Brot, Käse und Butter, meist deutsche Produkte, die hier aber 10 bis 40 % preiswerter sind. Chris hat eine Nacht mit vielen Runden Appelkorn und

Wohnviertel für US-Soldaten und ihre Familien

Bier hinter sich und braucht dringend Aspirin. Zu Hause in Finthen hat sie noch Tabletten, aber die Plastikflasche mit 250 Aspirin kostet hier nur 89 Cent, das sind 2,25 Mark. Ich rechne aus, daß hier eine einzelne Tablette nur einen Pfennig kostet, bei der Zwanziger-Pakkung in der deutschen Apotheke bezahle ich dafür zwanzig Pfennig. Chris ist großzügig, sie kauft eine zweite Packung Aspirin und schenkt sie mir.

An der Kasse muß jeder GI, der keine Uniform trägt, seinen Ausweis vorzeigen, Deutsche dürfen also hier nichts kaufen. Die Kassiererin packt die Waren in eine braune Packpapiertüte, an ihrer Bluse prangt eine Anstecknadel mit der tröstlichen Aufschrift «We care» – «Wir kümmern uns um Sie». Letzte Woche hat ein Freund Kuchen und Konserven gekauft und beim Einpacken nicht zugesehen, zu Hause fand er den Kuchen völlig zermatscht unter den Konserven.

Für die Party heute abend will Chris noch eine Flasche Bacardi kaufen, dazu müssen wir in den «Class VI Store». Nur hier gibt es hochprozentigen Alkohol, und zwar pro Soldat fünf Liter im Monat. Für die halbe Gallone Rum (1,6 Liter) zahlt Chris 6 Dollar, das sind 14 bis 15 Mark. Der Kassierer knipst ein Feld aus ihrer Zuteilungskarte heraus, für diesen Monat hat sie damit ihre Ration aufgebraucht.

Draußen riecht es nach Waschlauge – die Düfte aus dem Waschsalon ziehen über den Parkplatz. Der «Laundromat» hat jeden Tag 10 bis 12 Stunden geöffnet, und fast immer wäscht hier jemand. Hektisch geht's zu, wenn ein Manöver vorbei ist und die Frauen um Waschmaschinen und Trockner kämpfen, und zwischendrin dem schreienden Baby schnell die Flasche geben. Neben dem Laundromat ist ein kleiner «Stars and Stripes Bookstore», in dem Chris die amerikanische Soldatenzeitung *Stars and Stripes* kauft. Hier liegen einige hundert Zeitschriften aus, von Politik und Wissenschaft über Comics und Herrenmagazine bis zu Hobby- und Frauenzeitschriften. Daneben gibt es billige Taschenbücher, Romane, Western und Science-fiction, ein paar Koch- und Wörterbücher, Bildbände über «Beautiful Germany», über militärische Geräte und den Zweiten Weltkrieg. Im Hintergrund dudelt Musik, doch als es um elf Uhr Nachrichten gibt, höre ich nicht AFN, den amerikanischen Soldatensender «American Forces Network», sondern SWF 3. Beim Bezahlen merke ich, daß die Kasse von einem Deutschen besetzt ist, einem älteren Herrn.

Im Martin-Luther-King-Village gibt es noch den «Commissary», einen großen Supermarkt für Lebensmittel, in den Deutsche aber nicht hineingelassen werden. Außerdem befinden sich hier noch Schule und Kindergarten, ein Club für gesellige Veranstaltungen und eine Tankstelle, an der Militärangehörige Sprit zum Vorzugspreis tanken. Einige Deutsche versuchen am Rand der Wohnsiedlung ihre Geschäfte zu machen, im Winter mit Glühwein – «sweet hot wine» –, im Sommer mit kitschigen Wandteppichen und Schnitzereien, Uhren und Puppen.

Weil Chris nach einigen Schallplatten sucht, die es im «Audio Shop» in MUHA nicht gibt, fahren wir kurzentschlossen nach Hainerberg. Das ist eine viel größere Wohnsiedlung in Wiesbaden, wo es dementsprechend auch mehr Geschäfte gibt. Nach zehn Minuten sehen wir schon «Lindsey Air Station, eine Kaserne der amerikanischen Luftwaffe in Wiesbaden. Wie alle Kasernen ist sie mit einem hohen Zaun umgeben, an dem alle paar Meter Warntafeln auf deutsch und englisch das Fotografieren und Übersteigen des Zaunes verbieten. Die Wegweiser zu den amerikanischen Einrichtungen stehen überall, an Autobahnen und in der Stadt. Sie sind gesondert aufgestellt, und meist prangt auf ihnen zuoberst das Symbol ihres Landes, die Flagge mit den Streifen und Sternen.

Weiter geht's am Bahnhof vorbei Richtung Sonnenberg, und dann sehen wir schon am Hang das riesige Schild «Hainerberg Housing». Von der New-York-Straße biegen wir in die Washington-Straße ein, auf der ein Verkehrsschild in deutsch und englisch warnt: «Caution – playing children – Vorsicht – spielende Kinder». Am Eingang zum Parkplatz bietet ein amerikanischer Autohändler Chrysler, Ford und Chevrolets zum Kauf an. Wir finden nur mit Mühe einen Parkplatz, ganz selten sehen wir deutsche Nummernschilder. Früher hatten die Amerikaner grüne Autokennzeichen, doch um weniger aufzufallen, haben sie jetzt auf weiße Schilder umgerüstet. Am einen Ende des Parkplatzes ist das «Taunus Theater», ein Kino, davor ein deutscher Taxistand. Neben dem Kino bietet der «Bavaria Shop» Lederhosen, Lodenmäntel, bayrische Hüte und Dirndlkleider an. Eine Amerikanerin im Dirndl ist mir bisher noch nie begegnet – vermutlich ist ein Dirndl für sie so exotisch wie für uns ein Kimono aus Japan.

Chris geht zuerst in den «Audio Shop», um nach ihren Platten zu suchen, während ich draußen warten muß. Diese Läden sind das Traumland eines jeden GIs, der nach Deutschland versetzt wird, denn hier kann er zu ermäßigten Preisen eine hervorragende Stereoanlage kaufen. Aus dem Audio Shop in MUHA weiß ich, daß sie monströse Lautsprecherboxen anbieten, Schallplatten und Kassetten, Fernsehapparate in jeder Preislage und allerlei Zubehör. Bei größeren Anschaffungen muß der Käufer seine I. D.-Card vorlegen, ähnlich unserem Personalausweis, und eine Kaufbestätigung ausfüllen, die Name, Rang und Unterschrift, Ware und Kaufpreis sowie die Einheit

Tankstelle und Schule für die US-Streitkräfte

enthält, bei der er stationiert ist. So will man verhindern, daß amerikanische Soldaten mit billigen Stereoanlagen einen schwunghaften Handel betreiben und die stete Nachfrage von Deutschen zu ihrem Vorteil ausnutzen.

Verglichen mit Mainz ist das Einkaufszentrum am Hainerberg wesentlich größer, hier gibt es auch eine amerikanische Bank und Post, einen Friseur, der weniger auf modischen Stil als auf militärische Vorschriften achtet, einen Optiker, ein Porzellangeschäft mit deutschen Burgen aus Porzellan (das wie der Blumenladen und Bavarian-Shop deutsche Besitzer hat), eine Reinigung und Reparaturannahme und wieder einen «Stars and Stripes Bookstore». Seit einiger Zeit hat sogar ein Wiesbadener Bäcker seine Filiale hier eröffnet, um den Amerikanern deutsches Brot und frischen Kuchen schmackhaft zu machen. Um mich herum sehe ich etliche Daddys in verwaschenen Jeans oder karierter Hose, die ihre Babies auf dem Arm oder eine der braunen Packpapiertüten zum Auto tragen. Fast fühle ich mich ein wenig unwohl in dieser anderen Welt. Ich gehe zum «Commissary», dem riesigen Lebensmittelsupermarkt. Hier darf ich auch nicht rein, eine schwarze Amerikanerin kontrolliert I.D.-Cards. Hinter den Kassen sehe ich 20 bis 30 Jugendliche, die darauf warten, daß sie für ungefähr einen Dollar jemandem beim Einpacken helfen können und den Einkaufswagen zum Auto auf den Parkplatz fahren. Sie sind vielleicht 15, 16 Jahre alt und verdienen sich so ein bißchen Taschengeld dazu. Ich beobachte sie eine Weile und mir scheint, daß sie sich alle untereinander kennen und ihre Arbeit gut organisiert haben: an jeder Kasse stehen drei bis vier von ihnen, und wenn einer das Glück hat, beim Packen helfen zu dürfen, freut sich der Nächste hinter ihm, daß er gleich an der Reihe ist. Von meinem Standpunkt aus sehe ich in großen Regalen tausende Stangen Zigaretten liegen, die es hier steuerfrei gibt. Die Existenz von enormen T-bone Steaks, billigen Konserven und leckeren amerikanischen Spezialitäten wie Mais und Ahornsirup kann ich nur ahnen. Irgendwie kommt mir der «Commissary» wie ein geheiligter (Konsum-)Tempel vor, den nur Eingeweihte betreten dürfen.

Inzwischen ist Chris mit ihrer Plattensuche fertig, und wir gehen in das amerikanische Restaurant. Wie im McDonald's sind Stühle und Tische hier fest montiert, und die Speisekarte ist mit Abbildung hinter der Theke angebracht. Es gibt Tee für nur 20 Cent, Kaffee und Schokolade für 25 cents, «pancake» kostet 75 cents, «burrito with cili» einen Dollar; außerdem kann man «scrambled eggs, hash browns, fried chicken, apple danish, thick shakes, hamburgers und cold drinks» kaufen. Ich fühle mich wie bei meinem Urlaub in Amerika. Drei schwarze Frauen bedienen, einheitlich in Rot gekleidet, mit

Hinweisschilder zu US-Einrichtungen

einer kessen roten Schlägermütze auf dem Kopf und dem unvermeidlichen «We care»-Schild an der Bluse. Auf den Strohhalmhüllen steht die Bitte «Please don't litter. Keep America beautiful» und die Abfalleimer sagen «Thank you». Die bunten Blumen sind pflegeleicht, sie sind aus Plastik. In der Schlange vor der Theke stehen einige ältere Damen mit viel zu weiten Bluejeans, die Hosenbeine unten umgeschlagen. Mir fällt auf, daß ich so gekleidete Damen selten in Mainz in der Stadt sehe. Ob sie etwa nie amerikanische Einrichtungen verlassen? Außer den Uniformen und kurzen Haaren weist nur die Aufschrift AAFES auf den Tabletts darauf hin, daß dies ein Restaurant für Militärs ist. Diese Abkürzung bedeutet «Army and Airforce Exchange Service» und ist eine Organisation, die es schon seit 1947 gibt, und die schon damals große Mengen amerikanischer Güter für die Besatzungssoldaten eingeflogen hat. Als wir gehen, werfe ich einen Blick in das «Amusement-Center» neben dem Restaurant; hier spielen zehn- bis zwölfjährige Kinder an elektronischen Automaten und schießen Weltraummonster tot.

Obwohl ich heute mit Hunderten von Soldaten und ihren Familien in diesen amerikanischen Einkaufszentren herumgelaufen bin, fühle ich mich immer noch als Außenseiter – oder vielleicht jetzt erst recht? Sollte ich vielleicht andersherum sagen: je mehr ich ihr Leben kennenlerne, um so fremder fühle ich mich? Vielleicht geht es den Amerikanern genauso mit den Deutschen, vielleicht bleiben sie unter sich, um sich hier nicht so fremd und isoliert zu fühlen. Ich weiß nicht, ob es eine besondere Fähigkeit oder eine Notwendigkeit ist, daß sie so unter sich bleiben, und ich weiß nicht, ob ich sie darum bedauern oder beneiden soll. Mit Sicherheit sind sie die einzige Ausländergruppe in Deutschland, die diesen Grad von Autonomie – so läßt sich diese Gettosituation positiv umschreiben – erlangt haben.

Im Vergleich zu anderen Ausländern sind die Amerikaner in Deutschland eine höchst komplexe, in sich uneinheitliche Gruppe. Die sozialen Abstände innerhalb des Militärs sind enorm. Vom angelernten Arbeiter über den Mechaniker, Computerspezialisten, Polizisten bis zum Piloten und höchsten General sind alle Berufe vertreten. In bezug auf Herkunft, Alter, Rang, Hautfarbe, sozialen Status, Bildung, Familienstand gibt es große Unterschiede. Sie bilden nur eine Einheit in bezug auf das Soldat-Sein und ihre Zugehörigkeit zu den Vereinigten Staaten von Amerika. Für den Außenstehenden genügt das meist, sie als einheitliche Gruppe wahrzunehmen.

Der amerikanische Soldat lebt in einer ausschließlich amerikanischen Welt, in der er mit anderen Amerikanern zusammenarbeitet, seinen Lohn in Dollar ausbezahlt bekommt, amerikanische Produkte in amerikanischen Geschäften kauft und meist mit anderen Amerikanern zusammen lebt; sein Konto ist bei einer amerikanischen Bank, die Post ist amerikanisch und sie berechnet sogar Inlandstarife für alle Sendungen nach den USA. Offiziere bringen ihren eigenen Wagen aus Amerika mit, wer sich kein Auto leisten kann, fährt kostenlos mit Militärbussen von einer amerikanischen Einrichtung zur nächsten. Die Versicherungen sind amerikanisch und im Krankheitsfall geht man zu amerikanischen Ärzten in ein US-Hospital. Die Kinder besuchen amerikanische Kindergärten und Schulen, und alle Soldaten

Einkauf im «Comissary»

Die Helfer beim Einkauf werden gut belohnt

können in Deutschland amerikanische Universitäten besuchen und Bibliotheken benutzen. Sie haben eigene Feiertage und wissen oft nicht um unsere. Sonntags gehen sie in die amerikanische Kirche, in der Freizeit sehen sie US-Filme in amerikanischen Kinos, essen ihre Hamburger und Steaks in eigenen Snack-Bars und Clubs, treiben Sport in ihrer eigenen Turnhalle, sehen amerikanisches Fernsehen und hören ihr eigenes Radioprogramm. Sie haben ihre eigene Polizei, heizen mit importierter amerikanischer Kohle und telefonieren innerhalb ihres eigenen Telefonnetzes.[2] Kurzum, die Amerikaner leben in Deutschland in Amerika. Die wenigen Dinge, die sie von uns beziehen, sind Strom, Gas und Wasser; sie benutzen unsere Straßen und Mülldeponien. Es gibt amerikanische Ehefrauen, die ihr Wohngebiet nie verlassen – können sie eigentlich ernsthaft sagen, daß sie in Deutschland waren? In einem Buch über Amerikaner in Übersee zitiert Cleveland eine junge Frau, die mit einem Soldaten der Navy verheiratet ist: «Als Navy-Frau bist du nie im Ausland. Du bist immer nur in der Navy.» (1960:61) Hier ist es für manche nicht viel anders, sie sind in der Army oder Air Force, aber eigentlich nicht in Deutschland.[3] Der Aufenthalt in Übersee-Standorten ist sekundär, denn das tägliche Leben wird durch das Militär bestimmt. Und das ist in allen Standorten rund um die Erde fast identisch. Sie sind nur für zwei bis drei Jahre hier stationiert und fühlen sich laut offizieller Sprachregelung als Besucher und Gäste. Aber was für Gäste sind das?

Das Leben unserer amerikanischen Verbündeten ist so organisiert, daß sie völlig autark, von uns unabhängig, leben und sich mit allem, was sie brauchen, selbst versorgen. Das schafft eine Distanz zur deutschen Umwelt, die im Widerspruch zur Parole von den Freunden und Verbündeten steht. Im folgenden möchte ich etwas genauer erklären, durch welche Faktoren diese Distanz verursacht wird.

Der Hauptgrund ist der politische Auftrag des Militärs. Im Spannungsfall müssen sie voll funktionsfähig sein und dürfen nicht von deutschem Personal oder deutschen Organisationen abhängig (und damit verwundbar) sein. Gleichzeitig macht der militärische Auftrag eine ganze Reihe von Sicherheitsvorkehrungen notwendig und fördert so die Isolation. Ein weiteres Phänomen, das mit dem Militär zu tun hat, tritt neben solche organisatorischen Vorschriften. In jeder Gesellschaft bildet das Militär eine eigene Subkultur, in der besondere Verhaltensweisen üblich sind, andere Normen und Kleidervorschriften gelten und eine eigene Rangstruktur (Hierarchie) existiert. Hinzu kommt das Odium des Martialischen, eine gewisse Berührungsangst vor dieser Tötungsmaschinerie. Das Prestige von Militärs ist weder in Deutschland noch in Amerika besonders hoch. Auch die wachsende Kritik vieler Deutscher an der gegenwärtigen Rüstungspolitik schafft Distanz.

Ein zweiter Faktor, der für die Distanz zwischen Deutschen und amerikanischen Soldaten verantwortlich ist, sind Sprache und Nationalität. Die Amerikaner sind zwar befreundete Verbündete, aber im täglichen Leben sind sie Ausländer wie alle anderen. Zum «american way of life» haben viele von uns ein zwiespältiges Verhältnis. In unserer Sprache übernehmen wir ständig Worte aus dem Englischen, jede Woche sehen wir amerikanische Filme im Fernsehen, lassen uns faszinieren, wenn Freunde einen Dia-Abend über ihre Abenteuer «made in USA» veranstalten, hören täglich amerikanische Melodien im Radio, bewundern amerikanische Sportler und Wissenschaftler, Architekten und Künstler, Musiker und Tänzer. Aber vielleicht ist es gerade das, was den Widerspruch erklärt: uns beeindruckt das Außergewöhnliche und Besondere und nicht das alltägliche Leben der meisten Menschen in dieser Gesellschaft, die noch stärker als unsere von Wettbewerb und Vereinsamung gekennzeichnet ist. Und zu diesem Alltag gehört auch das tägliche Leben der Soldaten hier bei uns. Amerikanische Straßenkreuzer, die man in allen größeren Stationierungsstandorten sieht, beeindrucken uns inzwischen kaum noch – eher denken wir mit Grauen an den enormen Benzinverbrauch. Die Eßkultur von McDonald's und Burger King macht manchen Soldaten glücklich, die Deutschen läßt das kalt. Amerikanische Mode? Ein Fremdwort. Obwohl wir Bluejeans, T-Shirt und Sweat-Shirts von den Amerikanern übernommen haben, erkennt man amerikanische Soldaten immer noch leicht an der Kleidung. Abgesehen vom kurzen Haarschnitt weisen bunte Baseballmützen und T-Shirts («Amberg never again»)[4], die langen, weiten Hemden, die über die Hose hängen oder die dicken, wattierten Jacken, bei denen je eine Hälfte der Kapuze über der Schulter liegt, eindeutig auf ihre Zugehörigkeit zum amerikanischen Militär hin. Gewiß, es gibt auch Soldaten, die sich mit Geschmack zu kleiden wissen, aber die fallen natürlich nicht auf. So entsteht der einseitige Eindruck, als ob alle «Amis» mit abgelatschten Turnschuhen und der Coladose in der Hand herumlaufen würden. Es gibt manche Ähnlichkeiten zwischen deutscher und amerikanischer Lebensweise, aber letztlich sind die Unterschiede doch größer. Vieles aus ihrer Kultur und Geschichte ist uns fremd, und schließlich tut die andere Sprache noch ein letztes, um eine relativ große Barriere zu schaffen.

Eine dritte Ursache für die bestehende Distanz sind die ethnischen Minderheiten, die in Amerika leben und auch im Militär dienen. Knapp die Hälfte aller amerikanischen Soldaten sind Nicht-Weiße, fast ein Drittel sind Schwarze, die anderen sind Asiaten, Indianer,

Mexikaner und Puertoricaner. Vor allem die Schwarzen und die Latinos, die spanisch sprechenden Amerikaner, bilden besondere Gruppen mit eigenen kulturellen Werten und Verhaltensweisen. Beide haben Schwierigkeiten, sich in der Welt der Weißen zu behaupten. Hier in Deutschland, wo sie wegen ihrer Hautfarbe diskriminiert werden, haben sie es oft besonders schwer.

So bilden Hautfarbe, Nationalität und Sprache sowie Beruf und politischer Auftrag eine Schranke, die Kontakte zwischen amerikanischen Soldaten und deutscher Bevölkerung weitgehend verhindert. In einem späteren Kapitel soll dargestellt werden, welche Kontakte es im täglichen Leben gibt. Zunächst wenden wir uns der Frage zu, seit wann und warum amerikanische Soldaten in Deutschland leben.

Ernst Kreuder

Inmitten der Niemandszeit *

Der Frühwind strich kühl, die tautriefenden Gräser glitzerten in der Aprilsonne, da sagte Major L. zu uns: «Verzieht euch irgendwohin.» Ich lehnte meinen Püster (98 k) an die Wand des Schweinestalls und verdrückte mich aus dem toten Gehöft. Kameraden folgten mir in den ansteigenden kleinen Wald. Über den Bäumen kreiste ein US-Helikopter. Ich kroch in einen Graben und rauchte. Pistole und Patronen grub ich tief ins Moos. In diesen Minuten endete für mich, einen Obergefreiten Dingsdabumsda, Weltkrieg II. Kein Geschützgeballer mehr, keine Schnauzbefehle. Wir beobachteten den Helikopter, der uns beobachtete. Die Luft roch nach Pilzen, Harz, Moos, Walderde und Schimmel. Dieser Kalendertag war einundvierzigmal für mich vorübergegangen, denn ich war im August geboren. 18. April 1945. Räder müssen rollen für den Sieg. Nach dem Frühstück hatte General Model sich erschossen. Zuvor hatte er den Ruhrkessel übergeben: 21 deutsche Divisionen; jetzt konnten sie die Waffen wegschmeißen. Goebbels tobte. Draußen ging der Endkrieg weiter. US-Truppen vor Magdeburg, vor Nürnberg, Franzosen vor Stuttgart, Briten vor Hamburg. Goebbels bellte, raunzte artikuliert im Reichsrundfunk, wir waren ehrlose Verräter am Großdeutschen Reich.

Wichtig war der Zigarettenvorrat für Wochen, Fleischbüchsen. Durch den Wald schimmerten Nudeln, Mehl, Zucker; geplatzte Papiersäcke, umgekippte Feldküchen. Zentnervorräte. Aber es fehlte an Nachrichten. Seit Mitte Februar wußte ich nichts mehr von meiner Frau, von meinen siebzigjährigen Eltern, meinem Bruder, meinen Freunden. (Oberleutnant H.: «Dortmund wird ab heute zur Festung erklärt! Wegtreten.») Im Wald bei Herdecke verließ mich der Druck, Zwang und Nötigung, atü, fünf Jahre einen Soldaten nachahmen zu müssen. Inwendig hätte man's hören müssen, pfff, aus den ramponierten Schlauchreifen des «Soseins» entwich die Luft der abgestandenen Erpressung. Entpreßt schien ich vogelfrei. Ich fühlte mich verschwitzt, stinkend und ziemlich erleichtert.

In der dunstigen Abenddämmerung fand ich einen bewohnten Hof. Der hinkende Bauer schickte mich zum Heustadel. Ich stellte die Leiter an, stieg hinauf. Auf der vorletzten Sprosse wurde ich von unten angezischt. «Komm mit! Mak snell!» Zwei kartof-

* Den Text von Ernst Kreuder entnahmen wir: Hans Rauschning (Hrsg.), Das Jahr '45 in Dichtung und Bericht, Heyne Verlag, München 1985.

felgrüne, schrägäugige junge Gesichter unterm Stahlhelm starrten 'rauf. Ich nickte den Pistolenmündungen zu, klomm 'runter, trottete zu ihrem Jeep, die GIs hinterher.

Zwei Monate später wurde ich aus Sinzig 'rausgerast nach Kreuznach, zuletzt in Groß-Gerau vom Lkw auf die Landstraße getrieben. Ein Schlachtviehwagen rollte mit mir nach Darmstadt, ein Arzt-Pkw setzte mich in Eberstadt ab. Vorm leeren Schaufenster stand die Metzgersfrau. Sie erkannte den schwankenden Wehrmachtsclochard nicht auf den ersten Blick. Vergammelte, zundermorsche, eingeschnurrte Kluft mit Sandvorräten. Zeltbahnwulst, Brotbeutel, Gasmaske. Löcher in den Backen und unter den Augen, dicke Knie, Schleich- und Knickgang. «Lebt meine Frau noch?» Spannend. Es sind noch 15 Minuten nach Hause. «Steht meine Wohnung noch?» («Marasmus, m, gr.-nlat., die Abzehrung, Entkräftung, Kraftlosigkeit.» Made in Germany.)

«Ich hab' sie gestern noch gesehn», sagt die Metzgersfrau. Neben der Wohnung, im Wald, ging eine Luftmine 'runter. Nix passiert. Geplatzte Fensterscheiben.

Am Treppengeländer hochziehn in den zweiten Stock. Das elfjährige Türschild blieb gleichgültig. Im Bücher- und Schreibtischzimmer saßen bequem in meinen alten Sesseln andere Leute. Ehepaar, Bekannte. Untermieter. Flugs kochte man für mich einen Brei. Meine Frau, sagten sie, radelt noch draußen irgendwo 'rum. Es dunkelte, ahnungslos trat sie ins Zimmer. Ich lehnte in der Bücherecke. Vermutlich hielt sie den verfallenen Kerl im Halbdunkel, der ihr bekannt vorkam, für eine Sinnestäuschung. Später, im Bad, feuerte ich die Klamotten in die Ecke. Es stank, das Ehrenkleid. Sie mußte mit der Wurzelbürste den verkrusteten Dreck von mir 'runterschrubben, geduldig heulend, weil nichts als Haut und Knochen den heimkehrenden Krieger zierte.

Und keine Heldenerzählungen. Latrinenepik. Barraskolportage, Bombenstorys. Das Hausbett war unerträglich weich nach den Jahren auf Brettern und Häcksel. Da alle endlich schliefen, kundschaftete ich zur Küche. Drei Kartoffeln, geschält und feingerieben, ich salzte und mehlte, schnitt Zwiebeln zu, und das hehre Hungerzwangsphantom ward brutzelndes, krustig-heißes Ereignis: Kartoffelpfannkuchen, um drei Uhr in der Nacht. Am Morgen mußte schleunigst der Hausarzt geholt werden. Die Dysenterie hatte volle Fahrt auf den Exitus. Strenges Fasten, als gäb's da noch was abzufasten. Als ich's hinter mir hatte, wurde ich breisüchtig, übersüß. Bald durfte ich den ersten Kaffee trinken. Der Rohkaffee wurde im Backrohr gebrannt. Ergattert hatten wir ihn gegen Schafswolle. Die wurde vom Neckar gebracht, schwarz, dort lebte unsere kaffee- und literatursüchtige Freundin Mila mit ihren Kindern vom Wollespinnen. Ein einsichtiger Schäfer beschummelte die Behörden beim Abliefern und versorgte Mila pfundweise bei Dunkelheit. Wolle gegen Rohkaffee, Rohkaffee gegen Zukker, Zucker gegen Rapsöl, Pfeffer, Muskat und Zimt.

Zeitungslose Zeit der Freilicht-Inserate: Anschlagtafeln aus Kistenbrettern, an Bäume genagelt, an Gartenzäune, Nachrichten- und Tauschzentralen. Vergilbte, verstaubte, verregnete Zettel:

‹Kartoffeln gegen Fahrradbeleuchtung.›

‹Bettwäsche gegen Kaninchen.›

‹Wellensittich gegen zwei Kinderwagenräder.›

Für eine alte Kodak-Box bekam ich einen länglichen Persilkarton voll Knaster, abgetrocknet, Marke ‹Scheuerbambel›, ‹Siedlerstolz› oder schlicht ‹Lungentod›. Feingehackt, in Blättchen aus Durchschlagpapier eingerollt, ergab's krumpelige Zigaretten, Besen genannt. Hunger droht nicht mit Sprüchen, er knurrt und schwächt. Auf zigmal geflickten Schläuchen und mit Lappen (aus alten Hemden) unterlegten Reifen radelte meine Frau wieder einmal über Land, zu Irmgard, an die zwei Stunden ins riednahe Frankenfeld. Die Freundin Milas, ledig, betrieb dort ohne geringste Hilfe eine Kleinsiedelstelle. Irmgard half. Kartoffeln, Zukkerrüben, Gemüse, Fallobst, ein oder zwei Eier, manchmal ein halbes Brot. Höhepunkt der Lustbarkeit war eine Handvoll Ziegenquark. Auf dem gakeligen Gepäckträger heimgestrampelt, bis zu anderthalb Zentner Fahrgewicht, und tagelang wurde in der Küche dann Rübensaft hergestellt; was konnte man nicht damit süßen.

Keine Briefmarken, keine Post. Fremde, freundliche Leute klingelten, hatten's eilig, wollten nur auf der Durchfahrt (Holzkocherautos) einen Brief abgeben, aus München, aus Hamburg, monopolfrei befördert. In Darmstadt: verkohlte Straßen, zerplatzte Häuser; an einer rußschwarzen, einsamen Brandmauer hing im vierten Luftstock eine Klosettschüssel; eine halbe Badewanne; aus dem Schutt unten ragten Torpfosten, Stücke von Parterrefronten. Mit weißer oder blauer Kreide geschrieben, las man Mitteilungen (an Stelle von Postkarten): ‹Für Hassenpflug im Keller der Pauluskirche nachfragen.› Oder: ‹Hier lebt niemand mehr.› Oder: ‹Oma und die Kinder in Beerfelden. Mutti im Südviertel vermißt.›

Früh um früh, noch vor sechs, reiste ich über die Landstraßen. Nicht nur Pilzsammler haben ihre Plätze. Die gediegensten Kippen las ich vor Bänken auf, die von Gebüschen flankiert wurden. US-Soldaten samt Lustgehilfinnen rauchten nächtlings ausgiebig. (Von den Zweigen schaukelten im Frühwind lange weißliche Hüllen gegen Infektion und Konzeption.) Kam ich Minuten später, hatten flinke Frühkippensammler sehr gründlich abgeerntet.

2. Vom Befreier zum Bündnispartner

An einem Freitagabend im November begleitete ich Sam zu einem Country-Western-Abend. Sam ist Hauptfeldwebel und seit 20 Jahren in Deutschland stationiert. Er ist mit einer Deutschen verheiratet, doch er geht noch immer jeden Freitag ins Franklin-Haus, um Country-Western-Musik zu hören. Auf den heutigen Abend freut er sich schon seit einer Woche, weil eine besonders gute Gruppe angesagt ist. Ich bin überrascht, daß fast alle Paare beim Tanz den berühmten Western-Hut tragen. Viele erscheinen auch im Partner-Look, beide mit den gleichen bestickten weißen Blusen und dem gleichen Hut.

Gegen Ende des Abends wird es patriotisch. Man singt gemeinsam Lieder aus der Heimat und schließlich die amerikanische Nationalhymne. Wir stehen alle auf, viele nehmen den Hut ab und legen die Hände auf den Rücken, einige halten die geballte Faust hoch, viele Feuerzeuge leuchten über den Köpfen. Nichts erinnert in diesem Moment daran, daß wir in Deutschland sind. Der Sänger hält eine kleine Rede:

«Gott segne euch. Ich bin in der letzten Zeit überall auf der Welt in militärischen Standorten gewesen, und ihr seid mein bestes und dankbarstes Publikum.»

Er ist stolz auf sein Land und erzählt von einem Telefongespräch mit seinem Sohn, und wie er ihm den Spruch auf der amerikanischen Münze nahebringt, «In God we trust». Zum Schluß fragt er:

«Ist irgendwann mal jemand zu euch gekommen, hat euch offen in die Augen gesehen und gesagt: ‹Ich danke dir dafür, daß du beim Militär dienst?›»

Die Nationalhymne und diese Rede treiben vielen die Tränen in die Augen, das andächtige Zuhören wird nur dann und wann vom Klikken der Billardkugeln unterbrochen. Das letzte Lied wird gespielt, «The green, green grass of home». Ein junges Mädchen kommt zum Sänger und tanzt mit ihm. Sie legt den Kopf auf seine Schulter und weint.

An diesem Abend wird mir zum erstenmal bewußt, wie groß das Heimweh bei vielen Soldaten, ihren Frauen und Kindern ist. Zwischen 220 und 240000 GIs sind in Deutschland stationiert, zusammen mit Ehefrauen, Kindern und zivilen Angestellten leben eine halbe Million Amerikaner in der Bundesrepublik. Hinzu kommen weitere Truppen aus England, Frankreich, Belgien, Holland und Kanada, die zusammen noch mal ein Kontingent von rund 140000 Soldaten stellen.[1] Jedes Jahr kehren 90000 amerikanische Soldaten in die Heimat zurück und 90000 neue GIs, oft noch halbe Kinder, landen auf Rhine-Main-Air-Base, dem amerikanischen Flughafen in Frankfurt. Die meisten sind voll ängstlicher Erwartungen, und viele von ihnen kommen nicht freiwillig hierher. Wer sich unglücklich fühlt, zählt schon bei seiner Ankunft die Tage, die er noch abzudienen hat.

Das amerikanische Militär ist eine der größten Organisationen auf der Welt, und es ist lohnend, sich Größe und Umfang einmal vor Augen zu führen. Einige Zahlen sollen dabei veranschaulichen, welche Macht sich hier verbirgt. In den USA kontrolliert das Pentagon 30 Millionen Acres, das entspricht rund 120 000 km^2. Auf dieser Fläche befinden sich 400 größere Standorte und 5000 kleinere. Im Ausland kontrolliert das Pentagon noch einmal weitere 2 Millionen Acres (8094 km^2) mit 400 größeren und 1900 kleineren Standorten. Das gesamte Gebiet ist so groß wie die ursprünglichen sieben Kolonien und Vermont, oder auf deutsche Verhältnisse übertragen, halb so groß wie die Bundesrepublik (Ackley 1972:53).

Die Zahl der Beschäftigten lag Ende 1980 bei 5,3 Millionen. Davon waren 2 Millionen als Soldaten im regulären Militär, 93 000 Offiziere in der Ausbildung, 2,1 Millionen in der Reserve und der Nationalgarde, und schließlich noch eine Million zivile Angestellte (Uniformed Services Almanac 1982:154).[2]

Die Existenz einer permanenten Überseestreitkraft ist eines der bedeutendsten Merkmale des amerikanischen Militärs. Einer von drei Soldaten, die kurzfristig dabei sind, leisten ihren militärischen Dienst in fremden Ländern ab. Zwei Drittel aller Truppen in Übersee sind in West-Europa stationiert, die meisten davon in Deutschland, weitere 50 000 sind in Italien, Griechenland, Spanien, Portugal, Holland, Belgien, England, Dänemark (Grönland), Norwegen, Island und der Türkei stationiert. Außerhalb Europas gibt es amerikanische Truppen u. a. in Japan, Korea, den Philippinen, in Panama, den Westindischen Inseln (Antigua), auf Bermuda, Kuba, Guam, den Bahrein Inseln und Kanada (Neufundland).

Die militärische Präsenz von so vielen Truppen in Übersee ist eine Entwicklung, die nach dem Zweiten Weltkrieg einsetzte. Die Anfänge hierzu reichen allerdings weiter zurück. Bereits im Spanisch-Amerikanischen Krieg (1898) sandten die Amerikaner Truppen zu den Philippinen, die seit dieser Zeit fast ununterbrochen dort geblieben sind. Als es 1900 in China zum Boxeraufstand kam, schickten die USA Flußpatrouillen und unterhielten bis 1930 Garnisonen dort. Die Aneignung der Panama-Kanal-Zone im Jahr 1903 führte zur Errichtung eines der ältesten militärischen Standorte im Ausland. In der Karibik haben amerikanische Truppen für längere Zeit souveräne Nationen besetzt: Kuba von 1906–1909, die Dominikanische Republik von 1916–1924, Nicaragua von 1922–1933 und Haiti von 1915–1934 (Moskos 1970:79).

In Deutschland stehen amerikanische Truppen heute in Bayern, Baden-Württemberg, Hessen, Rheinland-Pfalz, Bremen und Berlin.[3] Am 12. September 1944 betrat die 1. US-Army deutschen Boden, und seit diesem Tag sind ohne Unterbrechung amerikanische Truppen in Deutschland stationiert. Der Zweck ihres Aufenthaltes hat gewechselt, aus Feinden wurden Besatzungsstreitkräfte und schließlich Gasttruppen von Verbündeten. Wie hat sich die Rechtsstellung amerikanischer Truppen seit ihrem Einmarsch bis in die Gegenwart verändert?

Vom Einmarsch amerikanischer Truppen bis zum Kriegsende am 7. Mai 1945 vergingen noch fast neun Monate. In der Berliner Erklärung der vier Siegermächte vom 5. Juni 1945 heißt es, daß die Siegermächte «hiermit die oberste Regierungsgewalt in Deutschland übernehmen, einschließlich aller Befugnisse der deutschen Regierung, des Oberkommandos (der Wehrmacht) und der Länder, Stadt- oder Ortsregierungen» (zit. nach Griese 1966:9). Weiter heißt es: «Es gibt in Deutschland keine zentrale Regierung oder Behörde, die fähig wäre, die Verantwortung für die Aufrechterhaltung der Ordnung, für die Verwaltung des Landes und für die Ausführung der Forderungen der siegreichen Mächte zu übernehmen. Es ist deshalb geboten, ohne spätere endgültige Regelungen Deutschland betreffend beeinflussen zu wollen, Vorkehrungen zu treffen, damit weitere Feindseligkeiten seitens der deutschen Streitkräfte unterbleiben, damit Ruhe und Ordnung in Deutschland aufrechterhalten bleiben, das Land verwaltet werden kann und die vordringlichen Anforderungen, denen Deutschland folgen muß, ergehen können.» (zit. nach Griese 1966:10) Diese Erklärung begründet die Doppelfunktion der Besatzungsmacht. Zum einen besitzt sie die deutsche Regierungshoheit und übt die einer Regierung zustehenden Rechte voll aus, zum andern besitzen die Streitkräfte die Macht, die das Völkerrecht ihnen auf Grund der Besatzungshoheit zuspricht. Aus dieser Doppelfunktion entsteht auch eine Doppelgleisigkeit in der Interessenlage. Die militärische Besatzungshoheit verfolgt militärische Ziele, hier vordringlich die Sicherheit und Versorgung der eigenen Streitkräfte. Umgekehrt erfolgt die Ausübung der übernommenen deutschen Staatshoheit in deutschem Interesse, wenn auch zugleich mit Rücksicht auf die Ziele der Besatzungspolitik.

Das Besatzungsstatut vom 21. September 1949 änderte die Situation noch nicht grundlegend. Am 23. Mai 1949 waren das Grundgesetz und das Wahlgesetz zum Ersten Deutschen Bundestag verkündet worden, doch auf Grund des Besatzungsstatuts blieb die oberste Gewalt bei den Alliierten. Im Laufe der Jahre wurden die alliierten

Vorbehaltsrechte immer weiter abgetragen und die Staatsgewalt der Bundesrepublik stärker ausgebaut. Die Revision des Besatzungsstatuts vom März 1951 brachte unter anderem die Unabhängigkeit der deutschen Gerichtsbarkeit von der Militärregierung. Gleichzeitig erklärten die Westalliierten den Kriegszustand mit Deutschland für beendet.

Eine vertragliche Regelung, die klarstellte, daß es sich bei den fremden Streitkräften nicht mehr um Besatzungstruppen, sondern um eine bewaffnete Macht handelte, findet sich in den Pariser Verträgen vom Oktober 1954. Der Deutschlandvertrag[4] beendete das Besatzungsregime und hob das Besatzungsstatut auf. Der Aufenthaltsvertrag regelte die Stationierung ausländischer Streitkräfte auf deutschem Boden. Die Pariser Verträge legten außerdem den deutschen Beitritt zur Westeuropäischen Union und zum Nordatlantikpakt fest.

Die Anfänge der NATO reichen bis in das Jahr 1947 zurück. Am 4. März 1947 schlossen Frankreich und Großbritannien in Dünkirchen einen Pakt zur gemeinsamen Verteidigung im Falle einer neuerlichen Aggression Deutschlands. Jedoch hatte man schon damals mehr den sowjetischen Expansionsdrang im Auge als das in Trümmern liegende Deutschland. Am 17. 3. 1948 wurde dieser Verteidigungspakt durch den Brüsseler Vertrag auf die Benelux-Staaten ausgeweitet. Daraus wurde am 4. 4. 1949 durch den Beitritt der USA, Kanadas, Dänemarks, Islands, Italiens, Norwegens und Portugals die NATO. Konkreter Anlaß für dieses Bündnis war die Berlinblockade und der Prager Staatsstreich vom 24. 2. 1948, der die Tschechoslowakei in den Hoheitsbereich der UdSSR eingliederte. In Westeuropa wuchs dadurch die Angst vor einer sowjetischen Aggression. Am 6. Mai 1955 wurde die Bundesrepublik offiziell in die NATO aufgenommen.

Die wichtigsten Artikel des Nordatlantikvertrages lauten: Artikel 5: Die Parteien vereinbaren, daß ein bewaffneter Angriff gegen eine oder mehrere von ihnen in Europa oder Nordamerika als ein Angriff gegen sie alle angesehen werden wird; sie vereinbaren daher, daß im Falle eines solchen bewaffneten Angriffs jede von ihnen in Ausübung des in Artikel 51 der Satzung der Vereinten Nationen anerkannten Rechts der individuellen oder kollektiven Selbstverteidigung der Partei oder den Parteien, die angegriffen werden, Beistand leistet, indem jede von ihnen unverzüglich für sich und im Zusammenwirken mit den anderen Parteien die Maßnahmen, einschließlich der Anwendung von Waffengewalt, trifft, die sie für erforderlich erachtet, um die Sicherheit des nordatlantischen Gebiets wiederherzustellen und zu erhalten (...).

Artikel 6: Im Sinne des Artikel 5 gilt als bewaffneter Angriff auf eine oder mehrere Parteien jeder bewaffnete Angriff auf das Gebiet einer der Parteien in Europa oder Nordamerika, auf die algerischen Departments Frankreichs, auf die Besatzungsstreitkräfte einer Partei in Europa ...

Artikel 10: Die Parteien können durch einstimmigen Beschluß jeden anderen europäischen Staat, der in der Lage ist, die Grundsätze dieses Vertrages zu fördern und zur Sicherheit des nordatlantischen Gebiets beizutragen, zum Beitritt einladen ...

In den Pariser Verträgen wurden den alliierten Streitkräften Rechte zugestanden, die zwar im Vergleich mit denen, deren sie sich als Besatzungsmacht erfreut hatten, stark beschnitten worden waren, die aber dennoch weit über das hinausgingen, was einer NATO-Macht im Gebiet einer anderen zugestanden worden ist (vgl. Griese 1966:61). Dessen war man sich aber schon damals bewußt gewesen, und der Deutschlandvertrag enthielt den Auftrag, neue Vereinbarungen zu treffen, die die besonderen Verhältnisse in der Bundesrepublik betreffen. Als «besondere Verhältnisse» sind die außergewöhnlich hohe Zahl der Truppen, die Dauer ihrer Stationierung und ihre strategische Gefährdung durch die Nähe des Eisernen Vorhangs anzusehen. Das Ergebnis der ab 1955 beginnenden Verhandlungen war das NATO-Truppenstatut und die Zusatzvereinbarungen. Sie traten am 1. Juli 1963 in Kraft und regeln seither die Rechtsstellung der amerikanischen Truppen in Deutschland. Hier wurden Regelungen bezüglich der Gerichtsbarkeit, des Verkehrsrechts, der Abgeltung von Truppenschäden, der Lieferungen und Leistungen an die Truppen festgelegt.

Der Grundgedanke des Verhältnisses zwischen Gaststreitkräften und gastgebendem Staat spiegelt sich im Artikel II des NATO-Truppenstatus wider. «Dort wird angeordnet, daß die Mitglieder und ihre Angehörigen das Recht des Aufnahmestaates zu beachten haben und sie werden verpflichtet, sich jeglicher Tätigkeit zu enthalten, die dem Geist des Vertrages zuwiderläuft. Die Absicht dieser Bestimmung ist eindeutig. Im Aufnahmestaat stationiertes Personal ist nicht mehr dort als Besatzungsmacht, sondern als Mitwirkende an einem gemeinsamen Verteidigungsprogramm und mit ausdrücklicher Billigung des gastgebenden Landes. Deshalb unterliegt es dem Recht dieses Staates, mit Ausnahme der vertraglich festgelegten Sonderregelungen. Der Artikel verpflichtet auch den Entsendestaat selbst, die erforderlichen Maßnahmen zur Durchsetzung dieser Bestimmung zu treffen. Daraus erwächst den USA die doppelte Aufgabe, dafür Sorge zu tragen, daß sich ihr Personal im Aufnahmestaat gesetzestreu verhält und im Gegenfall Strafmaßnahmen zu ergreifen.» (Griese 1966:65)

Im Laufe des Zweiten Weltkrieges kamen 5 Millionen amerikanische Soldaten nach Europa, am Tag des Sieges der Alliierten, dem «V-E Day» («Victory Europe») befanden sich 3 Millionen GIs in Europa. Als der Krieg zu Ende war, kehrten innerhalb eines Jahres 99% aller amerikanischen Soldaten in die Heimat zurück, und am 1.7.1947 waren nur noch 135000 GIs in Deutschland. Erst ab 1950 wuchs die Truppenstärke wieder (Frederiksen 1953:50).

In militärischer, ökonomischer, politischer und sozialer Hinsicht hat das amerikanische Militär während der Besatzungszeit unglaubliche Leistungen vollbracht. Dieses Kapitel der Geschichte deutsch-amerikanischer Beziehungen ist bereits hinreichend in der Literatur dargestellt worden.[5] Von besonderem Interesse sind für mich die privaten sozialen Beziehungen zwischen Soldaten und deutscher Bevölkerung, und ich will im folgenden einen kleinen Eindruck davon zu vermitteln versuchen.

Schon kurze Zeit nach dem Beginn der amerikanischen Besatzung begann der Aufbau von vielen Klein-Amerikas. In dem Bewußtsein, daß der amerikanische Lebensstandard höher und besser als der deutsche oder der europäische war, wurden sofort amerikanische Produkte eingeführt. Zwei Jahre nach Beginn der Besatzung gab es bereits überall dort, wo Amerikaner stationiert waren, Snack-Bars und Erfrischungshallen. Der PX[6] verkaufte fast alles, was es auch in den Staaten gibt: Nahrungsmittel, Limonade, Kleidung, Zigaretten, Toilettenartikel, Schmuck, Uhren, Kameras, Autos, Süßigkeiten, Sport- und Geschenkartikel. Die Organisation EES[7] hatte auch überall Friseurgeschäfte, Kosmetikläden, Reinigungen, Reparaturläden, Fotogeschäfte, Autowerkstätten usw. eingerichtet. Die Preise waren zunächst so wie in den Staaten oder etwas niedriger. Die Nachfrage nach amerikanischen Produkten war so groß, daß im Jahre 1949 ein einziger Monatsumsatz von EES bereits 7 Millionen Dollar betrug (Frederiksen 1953:109).

Eine gewisse Gettoisierung zeigte sich auch im Wohnen. Verbrüderung mit Deutschen war unter Strafe verboten, und wenn die Amerikaner deutsche Gebäude für Wohnzwecke beschlagnahmten, dann mußten alle Deutschen das Gebäude verlassen. Noch lange nach dem Ende der Besatzungszeit mußte eine ganze Häuserflucht in der Nähe des IG Farben-Blocks in Frankfurt, der Sitz der Militärregierung geworden war, beinahe leerstehen, weil einige Amerikaner darin wohnten. Und das Botschaftsgebäude in Bonn wurde so eingerichtet, daß die Diplomaten, die dort lebten, sich verpflegen und die Wäsche gewaschen bekamen, ohne jemals Deutschen begegnen zu müssen (Grosser 1974:79). Zu Beginn der Besatzung waren amerikanische

Wohnsiedlungen von Mauern und Stacheldraht umgeben, doch nach einigen Jahren, als die Beziehung sich entspannte, wurden sie wieder entfernt. Diese strikte Trennung zwischen Besatzern und Besiegten war in diesem Ausmaß, wie die Amerikaner es praktizierten, durchaus nicht notwendig. Bei den Franzosen wohnten nur die Offiziere von der Bevölkerung getrennt, die übrigen Mannschaften lebten direkt mit den Deutschen zusammen, und es kam zu engen und langdauernden Kontakten mit einer großen Anzahl Deutscher. Bei den Amerikanern hingegen lebten sogar die Zivilisten völlig abgeschirmt von der deutschen Umwelt. Auch die Amerikaner, die von Januar 1942 bis zum Mai 1945 nach England kamen, lebten in einer vollständig amerikanischen Umwelt. Obwohl sie doch eine gemeinsame Sprache sprechen, besaßen die Amerikaner eigene Zeitungen und Rundfunksender und sahen ihre eigenen Filme (Hillel 1983:46).

Am 12. September 1944 marschierten die Amerikaner in Deutschland ein, und von diesem Tag an galt das Verbot der Fraternisierung. Nach diesen Richtlinien war es verboten, den Deutschen die Hand zu geben, sie zu bewirten, ihre Wohnung zu besuchen, mit ihnen Sport zu treiben, Geschenke zu geben oder anzunehmen, sie auf der Straße zu begleiten, Tanzveranstaltungen oder andere soziale Ereignisse zu besuchen, mit ihnen zu sprechen oder gar über Politik zu diskutieren, und schließlich war es natürlich auch verboten, Deutsche oder andere Feinde zu heiraten. Ein Urlaub für mehr als 48 Stunden war nur außerhalb Deutschlands möglich. Der amerikanische Soldatensender AFN[8] verbreitete 1945:

> «Wenn du dich in einer deutschen Stadt vor einem hübschen Mädchen verneigst oder ein blondes Kind streichelst, verneigst du dich vor Hitler und seiner Blutherrschaft. Du streichelst die Ideologie, die Tod und Verfolgung bedeutet. Verbrüdere dich nicht!»[9]

Solange das Verbrüderungsverbot galt, durften die GIs zwar in dieselbe Kirche gehen wie die Deutschen, mußten aber getrennt von ihnen sitzen. Mit dem Bau von Kasernen und Wohnsiedlungen wurden auch Kapellen errichtet (allein in den ersten zwei Jahren waren es 270 Kapellen), so daß amerikanische Soldaten auch in bezug auf den Gottesdienst nichts mit Deutschen zu tun hatten.

Im täglichen Leben war das Fraternisierungsverbot praktisch nicht durchzuführen, und das war wohl mit ein Hauptgrund dafür, daß es allmählich gelockert und schließlich ganz aufgegeben wurde. Die Militärgerichte wären gar nicht imstande gewesen, all die Tausende abzuurteilen, die sich weigerten, die Nicht-Verbrüderung zu befolgen. Auf der anderen Seite hatte das Verbot politisch gesehen auch negative Folgen. Zink berichtet, daß Deutsche, die gegen Hitler waren, den Amerikanern ihre Hilfe anboten, und von den Offizieren oft unhöflich abgewiesen wurden. Weder gab man ihnen die Hand, noch bot man ihnen eine Tasse Kaffe oder eine Zigarette an, und oft weigerte man sich auch, ihre Hilfe anzunehmen. Die meisten Deutschen verstanden dieses Verhalten nicht, und es ist unnötig zu sagen, daß sie ihre Hilfe kein zweites Mal anboten (Zink 1957:135).

Das Fraternisierungsverbot wurde allmählich gelockert, zunächst wurde den Soldaten erlaubt, mit deutschen Kindern zu sprechen, später hieß es, sie fürften sich auch mit deutschen Erwachsenen unterhalten. Am 15. Juli 1945 kündigte General Eisenhower diese Lockerung mit folgenden Worten an: «Auf Grund der raschen Fortschritte, die bei der Entnazifizierung und der Ausschaltung führender Anhänger des Nationalsozialismus von allen verantwortlichen Posten im öffentlichen Leben erzielt wurden, erscheint es mir wünschenswert, den unter meinem Kommando stehenden Armeeangehörigen zu erlauben, mit den Deutschen im Erwachsenenalter auf der Straße und in der Öffentlichkeit allgemein ins Gespräch zu kommen. Entsprechende Anweisungen werden noch erteilt.» (Hillel 1983:186) Marc Hillel berichtet weiter, daß Eisenhowers Anweisung an einem Samstag erfolgte und sich am Sonntagmorgen die Straßen in den Städten und Dörfern mit deutsch-amerikanischen Paaren füllten, die die Nacht zusammen verbracht hatten, sonst aber stets darauf bedacht gewesen waren, der Anweisung zu folgen, in der Öffentlichkeit nicht eingehakt zu gehen.

Am 1. Oktober 1945 endete das Verbot der Verbrüderung, nur die Heirat mit Deutschen blieb zunächst noch verboten. In Wirklichkeit hatte es insgeheim schon lange vorher eine beträchtliche Lockerung gegeben. Das Medical Corps der US-Army verzeichnete allein in den ersten beiden Monaten der Besatzungszeit in Deutschland 13000 neue Fälle von Geschlechtskrankheiten, und das waren nur die Erkrankten, die trotz des Fraternisierungsverbots den Mut gehabt hatten, das Krankenrevier aufzusuchen. Nach der Aufhebung des Verbots waren in einigen Einheiten nach wenigen Monaten fast die Hälfte aller GIs betroffen.

Wie wird die deutsche Frau dargestellt, die sich nach dem Zweiten Weltkrieg mit GIs «einließ»? In einer Untersuchung über deutsche Frauen, die amerikanische Militärangehörige geheiratet haben, berichtet Patricia Hough, daß es darüber viele Spekulationen in der Populärliteratur und den Medien gab. Diese Frauen waren Ziel negativer Anti-Fraternisierungspropaganda. Es entstand ein stereotypes Bild einer ökonomisch verzweifelten und ausbeuterischen Frau, oft

Flüchtling aus der Ostzone oder Prostituierte der unteren Klasse, die den Nachkriegsverhältnissen in Europa entfliehen und amerikanische Staatsbürgerin werden wollte (Hough 1979:17–18). Die Geschichte dieser Frauen ist noch nicht geschrieben, und so gibt es nur Vermutungen über die Motive dieser Frauen. Marc Hillel schreibt hierzu, daß sich die Gründe, die so viele europäische Frauen dazu bewogen, den amerikanischen GIs in die Arme zu fallen, in den ersten fünf Jahren nicht änderten: «Anziehungskraft der Neuen Welt und ihrer Traumbilder, engsitzende Uniformen, Leichtigkeit der Annäherung, die etwas aufgesetzte, aber durch und durch bewährte Galanterie der GIs und – last but not least – die Verführungsmittel (Zigaretten, Schokolade, Nylonstrümpfe, Nagellack usw.), die die einheimischen Verehrer einfach nicht besaßen. Außerdem waren die Amerikaner in Anbetracht ihrer Anzahl und ihrer Gier auf alles, was nach Frau auch nur aussah, nicht gerade wählerisch, so daß selbst die Häßlichsten, die Dümmsten ihre Chance bekamen ... Für ein Lächeln, ein einfaches Lächeln, kam Hollywood zu ihnen ins Haus.» (Hillel, S. 75–6)

Der Ethnologe David Rodnick führte Anfang 1946 eine Untersuchung in Hessen durch, in der er 1500 Deutsche interviewte und dabei auch die Einstellung deutscher Frauen zu den GIs erfragte. Er fand, daß die jungen Mädchen aus der Arbeiter- und der unteren Mittelschicht amerikanische Soldaten den deutschen Männern vorzogen, weil sie sie für maskuliner hielten. Sie schienen das aggressive Verhalten der Soldaten für ein Zeichen größerer sexueller Energie zu halten. Da die sexuellen Bedürfnisse mindestens ebenso wichtig waren wie die ökonomischen Vorteile, waren die Beziehungen selten dauerhaft; diese Mädchen gehen mit jedem GI, der ein Interesse an ihnen zeigt. Die jungen Männer auf deutscher Seite fühlen sich sexuell zurückgewiesen und reagieren feindselig. In der ganzen amerikanischen Zone zirkulierten handgeschriebene Plakate, auf denen diese Mädchen als hinterhältige Prostituierte angegriffen wurden.

Während die GIs meist mit heranwachsenden Mädchen der unteren Klasse ausgingen, bevorzugten die amerikanischen Offiziere, so Rodnick, junge Frauen und Witwen aus einer sozial höheren Schicht. Nach Rodnick waren sie sogar noch zynischer und materialistischer als die jungen Mädchen. Die Vorteile, die sich aus der Freundschaft mit einem Offizier ergaben, waren beträchtlich: er konnte seiner Geliebten eine gut eingerichtete Wohnung bieten, extra Lebensmittelrationen, hervorragende Unterhaltung und heiß ersehnte Geschenke aus den Staaten, der Schweiz oder Skandinavien. Und schließlich konnten sie die Waren aus dem PX zu überhöhten Preisen auf dem Schwarzmarkt verkaufen (Rodnick 1948:107).[10]

Die materiellen Interessen deutscher Frauen waren sicher oft der Grund dafür, einem GI freundlich zuzulächeln und mit ihm tanzen zu gehen. Für zahlreiche Frauen entstand daraus die große Liebe ihres Lebens, und sie versuchten, mit ihrem Verlobten oder Ehemann in die Staaten auszuwandern. Allein in England schifften sich nach Kriegsende 96000 Frauen nach New York ein, um dort ihren aus dem Militär entlassenen Mann wiederzusehen. Schätzungen zufolge ließen sich aber 80 % bald wieder von ihm scheiden (Hillel 1983:239). In Deutschland sollen in den ersten Nachkriegsjahren jährlich 5000 Ehen zwischen Deutschen und GIs geschlossen worden sein. Ab 1962 haben die Ehen mit GIs kontinuierlich abgenommen. Während 1962 noch rund 5800 Ehen geschlossen wurden, waren es 1976 nur noch 1400. Lag 1962 der Anteil der Ehen mit Ausländern bei den amerikanischen Soldaten noch bei 24 %, so sank er bis 1976 auf 5 % (Hough 1979:94).

Die anderen Siegermächte waren schockiert, als sie sahen, mit welcher Haltung die Amerikaner den Deutschen gegenübertraten. Viele Amerikaner, die deutscher Abstammung waren, hatten bei ihrer Ankunft eine Liste mit Adressen dabei und taten alles, um die Spuren ihrer Vorfahren zurückzuverfolgen. Die Franzosen und Engländer störten sich weniger an der Disziplinlosigkeit amerikanischer Truppen oder ihrem krankhaften Bedürfnis, den Mädchen nachzulaufen, sondern sie hatten das Gefühl, daß die Amerikaner die Verlierer beschützten.

In Deutschland fühlten sich die Amerikaner auch wohler als in England oder Frankreich, wo sie als eine Art «Ausländer auf der Durchreise» behandelt worden waren. «Der Deutsche hatte den Krieg verloren, und in seiner Zone war der reiche, rundum glückliche GI König.» (Hillel 1983:184) In diesem Land konnte er die faszinierende Erfahrung des Eroberers machen, dem alles zustand. In vielen selbstkritischen Analysen von amerikanischen Journalisten und Zeitzeugen werden die GIs als disziplinlose Soldaten geschildert, die an der eigenen Person mehr interessiert waren als am Ausgang des Krieges. Einer dieser Zeitzeugen war ein Seelsorger, der 20 Monate lang als Hauptmann in Europa gedient hatte. Ende April 1946 publizierte Reverend Kennedy in *Christian Century* dieses wenig schmeichelhafte Bild des amerikanischen Soldaten:

> «Da steht er an einer Straßenecke, der amerikanische GI. Allen möglichen Vorbehalten zum Trotz ist er, generell gesehen, eine mitleiderregende Gestalt. Er weiß nicht, warum er gekämpft hat noch was sein Sieg bedeutet. In Wirklichkeit ist er an diesen Dingen nicht interessiert. Ob Einberufener oder Offizier, ob Rekrut oder Veteran, seine Interessen sind wesentlich primitiverer Natur:
> 1. Eine deutsche Frau finden und mit ihr schlafen.

2. Eine Flasche Cognac kaufen bzw. stehlen und sich betrinken.
3. Heimkehren.
Hier steht er nun, der Eroberer mit seiner lockergeschnittenen Kleidung, fett, überernährt, allein, leicht enttäuscht, nichts sehend, noch weniger verstehend, eine Tafel Schokolade in der einen Tasche, in der anderen ein Päckchen Zigaretten: Das ist ungefähr alles, was der Eroberer anzubieten hat.
Der Durchschnittsamerikaner in Europa war in der Anfangszeit kein schlechter Kerl gewesen. Er hatte tapfer gekämpft, und seine Kameraden waren zu Tausenden gestorben. Er war großzügig, und zwar zu den alliierten Völkern ebenso wie zu den Feinden. Dennoch scheiterte er als Repräsentant unserer Demokratie, des amerikanischen Lebensstils und der amerikanischen Armee. Der G. I. ist ein Banause.
Seine Haltung ist von einem Überlegenheitskomplex geprägt. Es ist unglaublich, wie naiv und dumm er oft sein kann, ohne sich dessen bewußt zu sein: Ob es die Männer sind, die eine Bevölkerung an den wenigen Prostituierten, Betrunkenen oder Schiebern messen, denen sie begegnen, ob die aus ihren Holzhäusern in den Südstaaten herübergekommenen Farmer, die sich über die Steinhäuser der europäischen Landwirte lustig machen; oder die Analphabeten aus Brooklyn, Texas und Los Angeles, die die reichen Traditionen und Bräuche der alten europäischen Gemeinschaften verspotten.
Sie können sich nicht vorstellen, daß Engländer, Franzosen und Deutsche sie als rüpelhafte Banausen betrachten.
Das allermindeste, was von der Haltung des Durchschnittssoldaten zu sagen ist, ist, daß sie laut und gewalttätig ist. Im schlimmsten Fall ist sie kriminell. Im allgemeinen aber ist sie abscheulich und widerlich. Der einfache Soldat (und der Offizier) sieht in jeder jungen Frau eine potentielle Beute und zögert nicht, sie sich zu greifen. Er jagt den Frauen in ganz Europa nach, und zwar nicht nur denen, die von Beruf Dirnen sind.
In dieser Armee wird auch viel getrunken. Der G. I. kennt keine manierlichen und eleganten Trinksitten; er trinkt wie ein Tier.
Wahrscheinlich ist für die Europäer das Unerfreulichste überhaupt die Grobheit der Amerikaner. Die Völker Europas sind der G. I.s überdrüssig geworden. Sie sind so lärmend, so grob und oft so widerlich, daß alle sich freuen werden, den letzten amerikanischen Soldaten abrücken zu sehen.» (Entnommen aus Hillel 1983:228–9.)

General Eisenhower hatte seine Soldaten daran erinnert, daß sie Repräsentanten des «american way of life» seien, und sich so aufzuführen hätten, daß sie ihrem Land und ihrer Uniform alle Ehre machten. Es gibt aber einen deutlichen Widerspruch zwischen dem, was die amerikanische Regierung von ihren Soldaten erwartete und dem, was sie wirklich taten. Das Verhalten vieler Soldaten war, wie Reverend Kennedy zeigte, durchaus nicht dazu angetan, die Deutschen vom «american way of life» zu überzeugen.

Einige Amerikaner haßten die Deutschen und behandelten sie brutal, andere heirateten eine Deutsche und gingen völlig in ihrem deutschen Familien- und Freundeskreis auf. Beide Extreme waren selten, die meisten waren weder sadistisch noch zeigten sie irgendein besonderes Interesse an Deutschland, seiner Kultur und seinen Menschen – außer Sex. Sie waren einfach nur unwissend und überheblich.

Aus politischen Gründen bemühten sich die Amerikaner mit einem geradezu missionarischen Eifer, den Deutschen Informationen über ihr eigenes Land und ihr politisches System zu vermitteln. Hierzu richteten sie Amerika-Häuser ein[11], schufen Nachrichtenagenturen (z. B. den «Amerika-Dienst») und einen Rundfunksender (RIAS Berlin). Solche organisatorischen Aktivitäten, bei denen es kaum direkten Kontakt zur deutschen Bevölkerung gab[12], verliefen recht erfolgreich. Problematisch wurde es, wenn der persönliche Kontakt notwendig wurde. Die Amerikaner gründeten beispielsweise deutsch-amerikanische Clubs und hofften, Deutsche und Amerikaner aus ähnlichem sozialen Milieu und ähnlichem Beruf zusammenzubringen. Doch nur die wenigsten dieser Clubs erfüllten ihren Zweck. In den meisten Clubs waren die Deutschen stark überrepräsentiert, und wenn an einem Clubabend 50 interessierte Deutsche mit nur sechs Amerikanern zusammentrafen, dann verloren die Deutschen verständlicherweise schnell das Interesse an dem Club (Zink 1957:141–2).

Im Prinzip kapselten sich die Amerikaner von ihrer deutschen Umwelt ab. Die meisten Soldaten hatten nur gelegentlich Kontakt mit Deutschen. Acht von zehn jungen GIs trafen sich mehr oder weniger häufig mit deutschen Mädchen, doch sonst waren ihre Kontakte eher zufälliger Art, die sich bei Reisen, im Restaurant oder bei Einkäufen ergaben. Die meisten arbeiteten in der Kaserne und wohnten entweder dort oder in einer rein amerikanischen Wohnsiedlung. Höhere Offiziere hatten auf offizieller Ebene Kontakte mit Deutschen, aber dabei blieb es auch meist. Der überwiegende Teil der sozialen Kontakte spielte sich innerhalb Klein-Amerikas ab. Die Amerikaner lebten zwar in Deutschland, aber sie waren nie Teil einer deutschen Gemeinde.

Zink schließt sein Kapitel über den persönlichen Einfluß der Amerikaner mit der Bemerkung, daß auf Grund der Besatzung die Beziehungen zwischen den Repräsentanten der Besatzermacht und der örtlichen Bevölkerung fast zwangsläufig anomal sind (S. 144). Bedenkt man, daß wir heute nicht Besatzer, sondern Gasttruppen von befreundeten Staaten in unserem Land haben, so wäre zu erwarten, daß sich die Beziehungen inzwischen verbessert haben – dies soll vor allem im 10. Kapitel näher beleuchtet werden.

3. Geschlossene Gesellschaft – zur Struktur des amerikanischen Militärs

«Live by chance,
love by choice,
kill by profession»
(Aufschrift auf einem T-Shirt)

Das Militär ist eine Welt für sich. Hier gelten andere Regeln und Gesetze als in der zivilen Welt. Das war schon immer so und wird sich wohl auch in Zukunft nicht grundsätzlich ändern. Dieses Kapitel will darstellen, wie diese andere Welt aussieht und warum sie so ist. In Grundzügen ist diese Struktur bei jedem Militär gleich, egal ob in Amerika, Rußland oder Deutschland. Doch einige Besonderheiten lassen sich nur verstehen, wenn man die Geschichte des Militärs eines Landes kennt.

Eine der Besonderheiten in Amerika ist das Freiwilligen-Militär. Der historische Rückblick auf das Für und Wider der Wehrpflicht (am.: «draft») verdeutlicht die besondere Grundeinstellung, die die Amerikaner seit Beginn der Republik zu ihrem Militär haben.

Um die gegenwärtige Lage des amerikanischen Militärs zu verstehen, muß man sich die Zusammensetzung und die Eigenschaften seiner Mitglieder ansehen. Dazu gehört die Verteilung auf Grund der Rangstruktur nach Männern und Frauen, Alter, nach Verheirateten und Unverheirateten, der Anteil rassisch-kultureller Minderheiten, der Bildungsstand und die militärische Ausbildung. Rund 40% der einfachen Soldaten verlassen das Militär vor Beendigung ihrer Vertragspflicht. Wie ist das zu erklären? Zum Teil handelt es sich hier um einen Konflikt zwischen den Werten der Zivilgesellschaft und des Militärs, zum Teil ist dieses Phänomen in der Form sozialer Kontrolle und Manipulation begründet, gegen die sich viele Soldaten wehren. Beide Ursachen sollen in diesem Kapitel analysiert werden.

Zunächst eine Erläuterung zur Rangstruktur des amerikanischen Militärs. Die Mannschaften und Unteroffiziere sind die «enlisted men», darüber kommen die «Warrant Officers», vergleichbar mit deutschen Fachoffizieren, und darüber die «Commissioned Officers».[1] Bei den «enlisted men» bilden die Ränge E-1 bis E-4 die Gruppe der einfachen Soldaten, ihr Anteil am gesamten Militär beträgt 60%. Die Bezeichnungen lauten Rekrut (Private), Gefreiter (Private), Obergefreiter (Private 1st class) und Hauptgefreiter (Specialist 4). Ab E-5 beginnen die Unteroffiziere, NCO genannt, d. h.

«Non-commissioned Officer». Der Anteil der Offiziere am Gesamtmilitär liegt bei 15 %, die übrigen 85 % sind die Gesamtheit der «enlisted men». Eine Liste mit den deutschen und englischen Bezeichnungen der einzelnen Ränge und ihren Abkürzungen findet sich im Anhang.

Wehrpflicht und Freiwillige

Seit Januar 1973 ist das amerikanische Militär wieder ein Freiwilligen-Militär. In der über 200jährigen Geschichte des Landes hat es kaum 35 Jahre lang eine allgemeine Wehrpflicht gegeben (vgl. Cooper 1977:46 ff). Die Geschichte der Vereinigten Staaten ist eng verbunden mit der Weigerung, ein eigenes Militär zu unterhalten. Bereits im Unabhängigkeitskrieg wurde die Idee der «citizen militia», der Bürgermiliz oder Bürgerwehr geboren, wonach alle Bürger das Recht und die Pflicht haben, zur Verteidigung ihres Landes Waffen zu tragen. Damit war das Militär nicht mehr eine Klasse für sich, dem Willen eines Herrschers unterworfen. Die Vereinigten Staaten waren entstanden, weil viele Menschen mehr individuelle Freiheit wollten und sich gegen die Übermacht des Staates auflehnten. Ohne diesen Liberalismus ist die intellektuelle, gesellschaftliche und politische Entwicklung Amerikas nicht zu verstehen.

Als George Washington vorschlug, daß alle neunzehnjährigen Männer einige Wochen im Sommer trainiert werden sollten, und zwar in drei aufeinanderfolgenden Sommern, stimmten alle Staaten gegen diese Idee. Sie hatten Angst vor der Macht eines stehenden Bundesheeres und scheuten außerdem die hohen Kosten. Schließlich erlaubte die günstige geographische Lage Amerikas die Ansicht, daß ein stehendes Heer im Frieden nicht mit den Grundsätzen republikanischer Regierung vereinbar sei.

Die erste Wehrpflicht wurde während des Bürgerkrieges im Jahre 1863 eingeführt. Die einzelnen Staaten konnten zwar zu Beginn des Krieges noch genügend Freiwillige werben, doch die Verluste durch Kampf, Krankheiten und Fahnenflucht waren so hoch, daß die Lükken nur durch eine allgemeine Wehrpflicht geschlossen werden konnten. Wer genug Geld hatte, konnte sich jedoch mit 300 Dollar freikaufen oder einen Ersatzmann stellen. Diese offensichtliche Ungerechtigkeit, die den Reichen den Wehrdienst ersparte, verursachte Proteste und gewalttätige Demonstrationen.

Im Ersten Weltkrieg wurde die Wehrpflicht erst im Jahre 1917 eingeführt. Es gab eine starke Gegnerschaft gegen die Wehrpflicht; man hielt eine Anhebung des Wehrsoldes für geeignet, um genügend Freiwillige zu bekommen. Alle Männer, die sich registrieren ließen, wurden in 5 Klassen eingestuft. Wer im zivilen Bereich von höchstem Wert war, gehörte zur Klasse V, während die am wenigsten wertvollen in Klasse I gesteckt wurden. Die Männer in Klasse I wurden zuerst zum Wehrdienst eingezogen, und dadurch waren Schwarze und Arme deutlich überrepräsentiert (Cooper 1977:51).

Im Zweiten Weltkrieg wiederholten sich die Auseinandersetzungen um die Wehrpflicht, die im Dezember 1941 mit nur einer Stimme Mehrheit eingeführt wurde. Erst die drohende Gefahr durch den Angriff auf Pearl Harbor ließ alle philosophischen, historischen und ökonomischen Argumente der Gegner im Kongreß verstummen. Im März 1947 wurde die allgemeine Wehrpflicht beendet, doch bereits im Juni 1948 forderte Präsident Truman ihre Wiedereinführung. Die Besatzung von Deutschland und Japan, die Einrichtung neuer Standorte im Pazifik, der Kalte Krieg, die neue Technologie, die längeres Training der Soldaten erforderte, all das waren Gründe, die Truman und andere überzeugten, daß Freiwillige allein für diese Aufgaben nicht ausreichten.

Welche Gründe gab es 1973, nach 25 Jahren wieder zu einer Freiwilligen-Armee zurückzukehren? Historisch betrachtet kehrte man eigentlich zum Normalzustand zurück – die Wehrpflicht war in Amerika immer als eine Art Ausnahmezustand empfunden worden. Der Widerwille gegen dieses Zwangssystem war ungebrochen. Es entspricht immer noch dem Selbstverständnis der meisten Bürger, daß der Dienst für die Nation freiwillig sein soll. Senator Hatfield (Republikaner) drückte seine Ablehnung so aus:

> «Diese Nation wurde gegründet, um dem Volk zu dienen und nicht umgekehrt ... Ein erzwungener, obligatorischer Dienst am Staat ist eine Grundlage des Totalitarismus.» (zit. in Berger 1981:109)

In der Geschichte Amerikas war es üblich, daß das Militär nach einem Krieg stark reduziert wurde. Im Bürgerkrieg gab es vor Ausbruch des Krieges 12000 Soldaten, die Maximalstärke lag während des Krieges bei 2,3 Millionen Soldaten. Bereits 1866 standen nur noch 30000 Männer unter Waffen, 1878 nur noch 20000 (Ackley, S. 48). Im Zweiten Weltkrieg waren im Dezember 1941 erst eine halbe Million Soldaten unter Waffen. Bis Juni 1945 stieg die Zahl auf 8 Millionen.[2] Innerhalb der nächsten drei Jahre sank die Zahl wieder auf 1,4 Millionen. Erst seit dem Korea-Krieg blieb die Zahl der Streitkräfte auf einem hohen Niveau. 1960 lag die Zahl der Streitkräfte bei 2,5 Millionen,

1968, zur Zeit des Vietnamkrieges stieg sie wieder auf 3,5 Millionen. In den vergangenen zehn Jahren blieb der Stand kontinuierlich bei 2 Millionen Soldaten.

Seit den sechziger Jahren mehrten sich allmählich die Stimmen, die gegen die Ungerechtigkeit der Wehrpflicht wetterten: Warum sollte nur ein kleiner Teil der Jugend, rund 20 % ein so großes Opfer für die Allgemeinheit bringen? Im Frühjahr 1969 erfüllte Präsident Nixon ein Wahlversprechen und setzte eine Kommission ein, die wegen ihres Vorsitzenden Thomas S. Gates als Gates-Kommission bekannt wurde. Rund 40 Politiker, Wissenschaftler, Militärs und viele Ökonomen hatten sowohl die geschätzten Kosten und Ersparnisse einer Freiwilligen-Streitkraft zu untersuchen, als auch die sozialen und ökonomischen Folgen dieses Programms (Cooper 1977:102f). Im Jahr 1970 empfahl die Gates-Kommission die Schaffung eines Freiwilligen-Militärs. Als Hauptgründe hierzu nannten sie die Beendigung sozialer Ungleichheiten, die relativ geringen Kosten, die durch eine allgemeine Solderhöhung entstehen (man schätzte 2 bis 3 Milliarden Dollar), um so die Löhne dem zivilen Sektor anzugleichen. Man prognostizierte verringerten Personalwechsel, sah keinen Anlaß zu einer möglichen Ungleichheit zuungunsten der schwarzen Bevölkerung und war zuversichtlich, daß die notwendige Truppenstärke ohne Schwierigkeiten gehalten werden könne, da die geburtenstarken Jahrgänge noch zunehmen.

Gefördert wurde die Umstellung sicher auch durch den Protest der Jugend, der unüberhörbar geworden war. Der Widerstand erreichte seinen Höhepunkt, als 1968 die Zurückstellung vom Wehrdienst für College-Studenten aufgehoben wurde. 60000 Amerikaner flohen nach Kanada und Europa, 200000 ließen sich nicht registrieren und wurden vom Justizministerium zur Verantwortung gezogen, eine weitere Viertelmillion hatte sich ebenfalls nicht registrieren lassen, wurde aber nicht verfolgt. Während der letzten Jahre haben viele den Antrag auf Kriegsdienstverweigerung gestellt, 20 % wurden als berechtigt anerkannt (Tetlow, zit. in Berger 1981:132). Richard Gabriel, Politikprofessor und ehemaliger Offizier hält die Schaffung des Freiwilligen-Militärs eher für eine politische Entscheidung, die dazu geeignet war, der Opposition der politisch einflußreichen Mittelklasse und ihrer College-Söhne die Spitze zu nehmen. Eine militärische Entscheidung war es seiner Ansicht nach nicht. Das Militär selber äußerte sich damals sogar gegen die Abschaffung der Wehrpflicht, da es eine Verschlechterung der Qualität befürchtete (Gabriel, zit. in Berger 1981:105). In der Gates-Kommission überwogen die Ökonomen, und die Entscheidung fiel vorwiegend nach Grundsätzen betriebswirtschaftlicher Ökonomie. Vergleicht man die Voraussagen der Kommission mit der Situation heute, so sieht man, daß sich keine der Voraussagen bewahrheitet hat.

Zu Beginn der 80er Jahre ist das amerikanische Militär dadurch gekennzeichnet, daß es einen hohen Prozentsatz rassisch-kultureller Minderheiten beschäftigt und einen im Vergleich zu anderen Ländern hohen Anteil an Frauen. Schulbildung, Intelligenz und Lesefähigkeit haben sich deutlich verschlechtert, ebenso Disziplin, Ausbildungsstand und Kampfbereitschaft. Ein großer Teil der Soldaten, rund 40%, beendet seine vertragliche Verpflichtung vorzeitig. Der folgende Abschnitt soll diese Aussagen an Hand von Zahlen verdeutlichen.

Die gesamten Streitkräfte müssen seit Ende der allgemeinen Wehrpflicht jedes Jahr zwischen 400000 bis 430000 neue Rekruten werben. Dabei entfallen rund 180000 bis 200000 auf das Heer. In einigen Jahren wurden die erforderlichen Zahlen nicht erfüllt, 1979 fehlten dem Heer 11% (16000) Rekruten (Ingram 1983:21). In den vergangenen ein bis zwei Jahren hatte das Militär auf Grund der hohen Arbeitslosigkeit keine Schwierigkeiten, die Lücken zu füllen.

Wie schwierig es sein kann, genügend qualifizierte Soldaten zu werben, schildert Snyder in einem Aufsatz von 1978. Danach sind von den in Frage kommenden Siebzehn- bis Einundzwanzigjährigen die Hälfte wegen körperlicher, geistiger und emotionaler Probleme untauglich für den Wehrdienst. Weitere 20% sind College- und Universitätsstudenten, die deutlich andere Interessen haben. 15% sind bereits Veteranen oder Aktive in der Reserve und der Nationalgarde. Es bleiben also nur 15% der Siebzehn- bis Einundzwanzigjährigen, die tauglich sind, und die man für den Soldatenberuf begeistern muß (Snyder 1978:26).

Ein weiteres Problem ist die überproportionale Zunahme der rassisch-kulturellen Minderheiten im Militär, vor allem der schwarzen Amerikaner. In der Gesamtbevölkerung waren 1980 11,7% Schwarze, doch im Militär beträgt ihr Anteil fast 30%. Der Anteil der spanisch sprechenden Minderheit (Mexikaner und Puertoricaner) in der Bevölkerung beträgt 6,4%. Im Heer waren sie 1980 mit nur 4% (30576) vertreten. Der Prozentsatz mag gering erscheinen, doch ist zu bedenken, daß sie verstärkt in den unteren Rängen vertreten sind, möglicherweise ist ihr Anteil da doppelt so hoch. Sie sind besonders zu erwähnen, weil sie meist Spanisch als Muttersprache sprechen, oft nur holprig englisch lesen und verstehen und eine eigene Kultur im ethnischen Sinn bilden.

Ebenfalls mit 4% in der Army vertreten sind nordamerikanische

Indianer, Eskimos und Bewohner der pazifischen Inseln (Guam, Tonga u. a.). Insgesamt gehören damit 38 % aller Army-Mitglieder zu den rassisch-kulturellen Minderheiten.

Die Schwarzen bilden das Hauptproblem im amerikanischen Militär, darum sollen hier noch einige Zahlen genannt werden, die ihre Situation verdeutlichen. Ihr Anteil am Militär ist in den vergangenen Jahren kontinuierlich gestiegen, von 11,8 % (1964) auf 17,5 % (1972), 25,8 % (1977) und schließlich 29,6 % im Jahr 1980.[3] Bei den Rekruten sind die Zahlen noch ungünstiger; nach Marmion waren im Herbst 1978 40 % der männlichen Army-Rekruten schwarz (1981:23). Interessant ist auch der Vergleich zwischen Offizieren und Mannschaften. In den unteren Rängen E 1–4 sind 25–30 % schwarz, bei E-9 sind es nur noch 16 %, und bei den Offizieren sinkt die Zahl auf 6 %.

Innerhalb der Mannschaftsränge gibt es klare Unterschiede zwischen den einzelnen Berufen, Schwarze sind überwiegend in Jobs, die wenig Training erfordern. Moskos nennt 48 %, die mit Mineralöl umgehen («petroleum handling») und 41 % beim Nachschub (1978:44). In Kampfeinheiten sind sie ebenfalls überrepräsentiert, in manchen Bataillonen sind über die Hälfte der Soldaten schwarz. Auf der anderen Seite sind sie eindeutig unterrepräsentiert in hochqualifizierten Berufen wie Elektronik oder Flugzeugtechnik. Selbst wenn viele Schwarze in wenig qualifizierten Berufen arbeiten, so wäre es falsch anzunehmen, daß sie eine geringere Schulbildung als Weiße hätten. In der Gesamtgesellschaft haben Schwarze zwar eine kürzere Schulausbildung, doch bei den Rekruten hat sich das Verhältnis genau umgekehrt. Von den neu Geworbenen des Jahres 1977 hatten 60 % Schwarze, aber nur 40 % Weiße einen High-School-Abschluß. Überspitzt ausgedrückt, so Moskos, könne man feststellen, daß das Militär die Besten der Schwarzen und die Schlechtesten der Weißen rekrutiere.

Im amerikanischen Militär gibt es 170 000 Frauen, die in allen Streitkräften dienen, das sind 8 % aller Soldaten. Einer der Hauptgründe, warum das Militär so viele Frauen akzeptiert, ist das stetige Anwachsen geburtenschwacher Jahrgänge. Wenn das Militär weiterhin eine Streitkraft von 2 Millionen Soldaten unterhält und alle Lükken mit Frauen füllt, dann werden im Jahre 1992 rund 25 % aller Soldaten weiblich sein. (Zur Situation der Frauen in der amerikanischen Armee siehe Kapitel 7.)

Wenig bekannt ist folgende soziale Veränderung. Immer mehr Soldaten heute sind verheiratet und haben Familie. Um die Jahrhundertwende war die Mehrzahl der Soldaten unverheiratet, am ehesten waren ältere Offiziere verheiratet. Seit dem Zweiten Weltkrieg ist die Anzahl der Verheirateten und Kinder in allen Streitkräften ständig gestiegen. Im Heer war die Entwicklung bei Offizieren und Mannschaften wie folgt:

Verheiratet:	**Offiziere (%)**	**Mannschaften (%)**
1953	80,9	30,7
1965	81,8	36,4
1970	80,0	45,9
1974	83,5	50,9

(Auszug aus Goldman 1976 : 126)

Moskos weist nach, daß ähnlich wie bei der Schulbildung auch hier die Entwicklung im Militär entgegen der gesamtgesellschaftlichen Entwicklung verläuft. Zahlen für die amerikanische Gesellschaft belegen, daß das Heiratsalter steigt, d. h. wegen der beruflichen Ausbildung heiraten viele erst später. 1960 waren 51% der Zweiundzwanzigjährigen unverheiratet, 1976 waren es bereits 61%. Die Mehrheit der Mittelschicht, so Moskos, ist stärker an einer qualifizierten Ausbildung interessiert und heiratet darum später. Eine andere Gruppe von Jugendlichen hat ein sinkendes Bildungsniveau und heiratet früher. Die Tendenz geht also dahin, daß das Militär zunehmend Minderheiten rekrutiert; rassisch-kulturelle und soziale Minderheiten sind deutlich überrepräsentiert.

Geklagt wird immer wieder über unzureichende Bildung und niedrige Intelligenz vieler Freiwilliger. Welche Fakten gibt es hierzu? Die meisten Daten, die sich finden lassen, sind unklar und widersprüchlich. So heißt es beispielsweise im *‹Unified Services Almanac›*, einer Publikation, die sich auf Regierungsunterlagen stützt, daß 1979 87,9% aller Mannschaften und Unteroffiziere im Heer einen Highschool-Abschluß haben. Doch in drei anderen Veröffentlichungen sehen diese Zahlen wesentlich bescheidener aus. Moskos spricht von 60% (1981:34); Kojm von 54% (1981:13) und Gabriel nennt schließlich nur noch 42% (1981:102). Die Zahlen klaffen um mehr als hundert Prozent auseinander.

Noch unübersichtlicher wird es bei der Einstufung in Intelligenzkategorien. Das Pentagon betont, daß seit dem Ende der Wehrpflicht weniger Soldaten in der untersten und höchsten Kategorie sind, dafür aber wesentlich mehr in der mittleren Kategorie. Aber es unterschlägt, daß Mitte der 70er Jahre die Testverfahren geändert und die Daten dadurch verschönt wurden. Ein Viertel bis zur Hälfte aller Rekruten gehören statt in Kategorie III in Kategorie IV und das ist «less than average», unter dem Durchschnitt (Cameron 1981:99). Gabriel weist auch auf die Verschlechterung des Leseniveaus hin. War 1973 die Fähigkeit, Texte zu lesen und zu verstehen, noch auf dem Stand der 11. Klasse, so sank sie bis 1981 auf das Niveau der 5. Klasse (1981:102).

Wie schon erwähnt, wurden 1979 nur 89 % des Rekrutierungsziels erreicht, es fehlten 16000 Soldaten. Daraufhin verringerte die Army die notwendigen Anforderungen und ließ auch Männer zu, die die Schule nach der 9. Klasse verlassen haben (Ingram 1983:21).

Das Anwerben von qualifiziertem Personal ist aber auch eine finanzielle Frage. Bei der Air Force kostet es bis zu 900 Dollar, einen hochqualifizierten Mann zu werben, in der Navy steigen die Kosten auf 2000 Dollar und in der Army schließlich auf 4000 Dollar. Im Gegensatz dazu kostet es nur 200 Dollar, um einen Mann der Kategorie IV ohne High-School-Abschluß oder eine Frau zu werben. Diese Männer kriegen kaum einen Job und drängen in die Army; auch viele Frauen wissen die Vorteile einer qualifizierten Berufsausbildung im Militär zu schätzen (Rafferty 1980:41).

Ende 1984 veröffentlicht das Militär Zahlen, die möglicherweise für die Zukunft Besserung bedeuten. Auf Grund der hohen Arbeitslosigkeit sind Highschool-Absolventen dem Militär weniger abgeneigt.

– 89 % der Rekruten im Heer und 99 % in der Luftwaffe haben die Highschool abgeschlossen (*USA Today*, 1.6.1984).
– Von den neuen Rekruten des Jahres 1984 sind nur 9,9 % in Kategorie IV.
– Die erforderliche Zahl neuer Rekruten wurde 1983 rechtzeitig erreicht, und auch für 1984 gibt es genügend interessierte Bewerber (*Army Times*, 13.8.1984).

Die leichte Besserung der amerikanischen Wirtschaft im Jahr 1984 führt aber auch dazu, daß sich viele fürs Militär bewerben, dann aber eine bessere Stelle im zivilen Bereich finden und ihren Dienst nicht antreten. So bleiben wieder nur diejenigen für den Militärdienst übrig, die sonst wenig Chancen haben.

Welche Folge hat das niedrige Bildungsniveau der Soldaten für den militärischen Auftrag? Viele Unteroffiziere und Offiziere klagen darüber, daß es schwierig sei, die freiwilligen Soldaten zu trainieren. Manche sind kaum in der Lage, *Field Manuals* zu lesen und zu verstehen. Ungefähr 40 % arbeiten in Jobs, für die sie nicht hinreichend ausgebildet sind. Möglicherweise führt der Mangel an genügend qualifizierten Rekruten dazu, daß manche sogar trotz physischer Mängel für Arbeiten trainiert werden, die sie später gar nicht ausführen können. Ein Bataillonskommandeur, Colonel Ingram, schreibt, daß ihm zwei Soldaten zugeteilt wurden, die auf einem Auge so gut wie blind waren, so daß sie die Aufgaben an einem Lance-Standort überhaupt nicht erfüllen konnten. Sie waren in den USA fünf bis sechs Monate trainiert worden, waren aber an ihrem Einsatzort in Deutschland nicht einzusetzen, weil sie mit einem Auge weder optische Instrumente lesen konnten noch Auto fahren durften. Eine andere ausführliche Untersuchung der Army, 1978 von Brigadegeneral Frederick Brown durchgeführt, ergab, daß viele Soldaten kaum ihre eigene Ausrüstung instand halten können. Zum Beispiel konnten 45 % der E-2 und E-3 Automechaniker nur 1,3 von 8 üblichen Wartungsaufgaben durchführen, die ihre Ausrüstung täglich funktionstüchtig machen. Einer von vier Panzerschützen kann nicht auf ein Standvisier zielen (Webb, in Berger 1981:86, 92). Es zeigt sich also deutlich, daß der Kampfauftrag der Soldaten durch ihre unzureichende Bildung und Intelligenz beeinträchtigt wird.

Seit 1973, also seit dem Beginn des Freiwilligen-Militärs, ist die Zahl der Soldaten, die vorzeitig entlassen werden, in erschreckendem Maße gestiegen. Moskos spricht von einem schockierend hohen Personalverschleiß (am.: «attrition»), da fast 40 % dem Militär vorzeitig den Rücken kehren, über die Hälfte allein innerhalb der ersten sechs Monate. Deutlich ist, daß Soldaten ohne High-School-Abschluß den Militärdienst wesentlich häufiger verlassen (66 %) als andere, ebenso Soldaten, die jünger als 20 Jahre alt sind (zu 60 %). Die Zugehörigkeit zu einer Minderheitengruppe spielt dabei keine Rolle. Unklar ist, welchen Einfluß berufliche Tätigkeiten haben. Nach Buddin (1981) variiert die Ausfallrate je nach Beruf zwischen 4 % bis 27 %, doch vergleicht man ein und dieselbe Tätigkeit in verschiedenen Standorten in Amerika und Europa, dann ergibt sich kein einheitliches Bild. Zu viele andere Einflüsse sind auch entscheidend, über die es aber keine Daten gibt, z. B. die Lebensqualität in einer Kaserne (Wohnverhältnisse, Freizeitmöglichkeiten, Lage zur Stadt), das Klima, das ein Kommandeur durch seinen Führungsstil erzeugt, und schließlich auch das Umfeld außerhalb der Kaserne.

Auf Grund des besonderen Vertrages beim Militär kann ein Soldat nicht einfach von sich aus entscheiden, ob und wann er den Militärdienst verlassen will, sondern das Militär leitet die Entlassung ein. Rekruten, die unzufrieden sind, können durch gezieltes Fehlverhalten eine Entlassung provozieren. Man kann also im Nachhinein nicht feststellen, ob eine Entlassung vom Rekruten gewünscht oder ob er gegen seinen Willen entlassen wurde.

Das «Trainee Discharge Program» macht es im ersten halben Jahr, besonders in der Grundausbildung, noch relativ einfach, entlassen zu werden. Wer gezeigt hat, daß er die gestellten Anforderungen nicht erreichen kann oder will, wird auf Grund ungenügender Haltung, mangelnder Motivation, fehlender Selbstdisziplin und der Unfähigkeit, sich sozial oder emotional anzupassen, entlassen. Wenn hilfreiche Militärgeistliche und Psychologen bestätigen, daß ein Rekrut Feindseligkeit gegenüber der Army empfindet und unfähig ist, Instruktionen oder Befehle entgegenzunehmen, dann kann er nach wenigen Wochen wieder ins Zivilleben zurückkehren.

Zu einem späteren Zeitpunkt ermöglicht das «Expeditious Discharge Program» (EDP) eine vorzeitige Entlassung mit der Begründung, daß die Leistung des Soldaten unter dem erforderlichen Standard liegt. Weitere Entlassungsgründe sind medizinische Probleme, Alkohol- und Drogenmißbrauch und schlechte Führung (unerlaubtes Entfernen von der Truppe, Homosexualität, Verschweigen früherer Straftaten oder körperliche Defekte u. a.).

Wie ist es möglich, daß so viele unzureichend qualifizierte Soldaten den Militärdienst antreten? Eine von mehreren Ursachen ist bei den «Recruitern» zu suchen, die junge Leute fürs Militär werben. Wie oben schon erwähnt, ist der Pool der möglichen Kandidaten klein, die Zahl der Anzuwerbenden aber hoch. Der Werber steckt nun in einem persönlichen Zwiespalt. Wenn er nur gute Leute akzeptiert, kann er oft nicht gleichzeitig sein zahlenmäßiges Soll erfüllen und gefährdet damit seine berufliche Zukunft. Um seine Haut zu retten, wird er also bisweilen auch solche Leute rekrutieren, die nicht fürs Militär qualifiziert sind. In Extremfällen kommt es vor, daß ein Recruiter dem Bewerber erklärt, wie er den Urintest geschickt manipulieren kann, wenn er drogenabhängig ist.

Der zweite Grund für den hohen Personalwechsel liegt in der Motivation der Bewerber. Ein Bataillonskommandeur untersuchte mehr als zwei Jahre lang eine Gruppe von 93 männlichen Neuzugängen, die innerhalb von acht Monaten zu seiner Einheit nach Deutschland kamen. In Gesprächen mit den jungen Soldaten, die er und andere Offiziere und Unteroffiziere führten, erforschten sie auch deren Motivation. Die Ergebnisse fand Colonel Ingram wenig ermutigend: die Soldaten hatten vor Eintritt ins Militär nur Fehlschläge erlebt, andere Möglichkeiten als das Militär standen ihnen nicht offen (so ihre persönliche Wahrnehmung), und sie erwarteten vom Militär einen schnellen Erfolg mit minimaler eigener Anstrengung; manche Soldaten waren zum Militär gekommen, um der elterlichen oder gesetzlichen Autorität zu entfliehen (Ingram 1983:4). Konfrontiert mit der Realität eines harten Jobs im Militär, reagieren viele wie früher: sie geben schnell auf, fliehen in Alkohol und Drogen und erreichen freiwillig oder unfreiwillig eine vorzeitige Entlassung.

Einer der Hauptgründe, ins Militär einzutreten, ist die Suche nach einem Beruf, der in der Zukunft finanzielle Sicherheit verspricht. Manche Werber nutzen diese Motivation aus und versprechen einen attraktiven Job in der Elektronik oder ähnlichem. Doch wie sieht die Realität aus? Was kann das Militär dem Jugendlichen bieten? In der detaillierten Untersuchung von Harold Wool gelangt der Autor zu dem Ergebnis, daß 13,4 % der Mannschaftsjobs (Infanterie, Kampfaufgaben) kein Gegenstück in der Zivilgesellschaft haben; weiteren 33 % (Waffen, Schiffsmechanik) entsprechen nur 1,5 % ähnlicher Tätigkeiten im zivilen Bereich; und 29 % der Jobs finden zu 9,6 % ihr ziviles Gegenstück. Kurzum, 80 % der Aufgaben im Militär entsprechen nur 11 % der Berufe im zivilen Bereich (Cortright 1975:194). Das Militär ist auch nicht daran interessiert, dem Rekruten fehlende Schulbildung zu vermitteln, wenn es z. B. in der Army allein 29 % aller Soldaten für Kampfeinheiten benötigt (in der Navy und Air Force sind es nur 5 % und 2 %). So kann es nicht ausbleiben, daß viele Soldaten enttäuscht sind, wenn sich ihr Traum von besserer Bildung und attraktivem Beruf nicht erfüllt. In einigen Bereichen wie Elektronik gibt es interessante Berufschancen, aber je höher die Anforderungen sind, um so mehr schulische Voraussetzungen werden erwartet. Wer mit College-Erfahrung oder -Abschluß ins Militär eintritt, hat wesentlich bessere Möglichkeiten für eine qualifizierte Berufsbildung. Letztlich läuft es also darauf hinaus, daß die aus der untersten sozio-ökonomischen Schicht genau in den Positionen enden, die sie nach der Entlassung ins Zivilleben auch nicht weiterbringen werden. Die Enttäuschung vieler Hoffnungen verursacht oft Verbitterung und führt zu vorzeitiger Entlassung.

Die Gates-Kommission hatte 1972 vorausgesagt, daß höhere Bezahlung auch bessere Leute anzieht, doch diese Vermutung oder Hoffnung wurde inzwischen widerlegt. Untersuchungen zeigen, daß schnelles Geld die weniger qualifizierten Jugendlichen motiviert, z. B. solche Schüler, die schlechte Noten heimbringen, oder die ohne Abschluß die Highschool verlassen (Moskos 1978:77).

Moskos bewertet die Anhebung des Militärsoldes, der mit den Löhnen im zivilen Bereich konkurrieren soll, als eine Abwendung vom Militär. Damit würden normative Werte wie Pflicht, Ehre, Vaterland zugunsten marktwirtschaftlicher Berechnungen aufgegeben. Mit diesem Trend entwickle sich der Militärdienst zu einem beliebigen Job neben vielen anderen. Diese Tendenz, so Moskos, lasse sich in allen Rängen beobachten, doch in den Mannschaftsrängen sei sie besonders deutlich. Moskos spricht hier ein Problem an, das von zentraler Bedeutung ist und im folgenden ausführlicher dargestellt werden soll.

Es gibt deutliche Unterschiede zwischen Militär und anderen gesellschaftlichen Institutionen, die durch gegensätzliche Ziele, Wertvorstellungen und Verhaltensweisen sichtbar werden. Dieser Gegensatz führt zu Anpassungsschwierigkeiten und Konflikten, denen nicht jeder gewachsen ist. Das Militär erzeugt ein (Arbeits-)Klima, das vielen Soldaten nicht gefällt – hierin sehe ich den dritten Grund einer frühzeitigen Entlassung aus dem Militärdienst. Diesen Punkt werde ich später ausführlicher erläutern, im folgenden will ich versuchen, den grundlegenden Unterschied zwischen dem Militär und anderen Institutionen unserer Gesellschaft herauszuarbeiten.

Militär und Gesellschaft

Die spezifische Aufgabe des Militärs ist «die organisierte Androhung und Anwendung von Gewalt zur Erreichung politischer Ziele» (Roghmann/Ziegler 1977:157). Der eigentliche Kampf stellt zwar die Ausnahme dar, aber die Vorbereitung darauf gehört zur täglichen Aufgabe. Diese Bereitschaft zu kämpfen und notfalls zu töten ist allen anderen Zielen und Werten unseres täglichen Lebens diametral entgegengesetzt. Damit wird ein Tabu verletzt. Die Rechtfertigung dafür ist die hohe Aufgabe, den Staat und die Gesellschaft in ihrem Bestand zu schützen und die in der Geschichte erworbenen Freiheiten zu verteidigen. Die andere Seite der Medaille des Tötens ist die Gefahr, in einem zukünftigen Kampf selber ums Leben zu kommen. Bedenkt man diese existentielle Gefahr für den einzelnen, und dazu noch die Verletzung des Tötungstabus, so versteht man, daß die militärische Organisation Vorkehrungen treffen muß, um diese Gefühle und Ängste zu bändigen und zu disziplinieren.

In seinem Buch ‹*Der einsame Soldat*› (1963) schreibt Bigler: «In Kriegszeiten wird dem Soldaten das Töten zur Pflicht gemacht, ohne daß ihm gleichzeitig erlaubt würde, mit persönlichen Feinden gleich oder ähnlich zu verfahren wie mit dem fremden Gegner. Das Tötungstabu wird von der militärischen Organisation gestürzt; das Hauptziel muß erreicht, der Gegner vernichtet werden. Von allen Tabus dürfte in der zivilisierten Welt das Tötungsverbot am strengsten beachtet werden ... Bei den meisten Soldaten überwiegt die Scheu zu töten alle anderen Ängste. Sie ist stärker als die Furcht vor dem Getötetwerden. Dennoch überwindet der Soldat die tiefwurzelnden Skrupel und tut, was die Organisation von ihm verlangt. Er tötet, gepeinigt von Schuldgefühlen, seine ‹ursprünglichsten› Neigungen verleugnend.»

(S. 189) Es ist schwer zu entscheiden, was mächtiger ist, die Angst zu töten, oder getötet zu werden. Bigler zitiert den französischen Oberst Ardant du Picq, der in seinen «Etudes sur le combat» (1904) die Angst vor dem Tod als die ewige Achse begreift, um die sich die Psyche des Soldaten drehe: «Nur Organisation und Disziplin vermöchten die lähmende Wirkung der Todesfurcht zu neutralisieren, so wie eine Kraft nur durch eine gleichstarke Gegenkraft aufgehoben werden kann.» (Bigler 1963:35). ‹Diszipliniert› und ‹gut› sind im militärischen Sprachgebrauch gleichbedeutend. Disziplin besitzt Selbstwert: «Die sie also verehren, wissen, daß sie auf rechten Wegen wandeln, denn ‹die Disziplin hat ethischen, moralischen Charakter.›» (Bigler 1963:168)

So wird wohl auch weiterhin Disziplin geübt werden, auch wenn statistisch feststeht, daß nur 25% aller Soldaten an der Front ihre Waffe feuern, und daß zwischen Disziplin und Kampftüchtigkeit kein direkter Zusammenhang besteht (Bigler 1963:179). Heutzutage läßt sich das Tötungstabu weitgehend ausschalten, nämlich durch eine zunehmende Technisierung der Waffen, die den direkten Kontakt mit dem Feind vermeiden. Im Vietnam-Krieg gab es die häufigsten Befehlsverweigerungen bei den Soldaten an der Front; die Weigerung der Bomberpiloten war bei weitem nicht so ausgeprägt (Cortright 1975:126).

Eine besondere Ausprägung der Disziplin ist der Drill. Der Drill geht zurück auf eine Zeit, als die Lineartaktik modern war. Die Soldaten knieten nieder und feuerten in geschlossenen Formationen. Der Soldat wurde zum verläßlich auf Anruf arbeitenden Roboter zurechtgedrillt. «Die Befehle waren solcherart, daß nicht einmal das recht bemessene Auffassungsvermögen eines tumben Pommern überfordert wurde. Dieser Typus war sogar sehr gefragt. Eine beschränkte Anzahl bis zur Bewußtlosigkeit repetierte Bewegungen konnte nach gewisser Zeit auch der Einfältigste ausführen. Zu denken gab es nichts. Alle Befehle waren technischer Art. Was vorher nicht geübt worden war, wurde im Kampf auch nicht befohlen – geklappt hätte es nie ... Der Stock war in jenen fernen Tagen der wichtigste Ausbildungsbehelf des militärischen Zuchtmeisters. Diszipliniert war, wer den Anweisungen gehorchte. Das meinte man damals, als man von Zucht und Disziplin zu sprechen begann.» (Bigler 1963:192f) Diesen scharfen Drill gibt es heute nicht mehr. In gemilderter Form findet man ihn heute noch in der Grundausbildung, wo der Drillsergeant den Rekruten neue Verhaltensweisen, technische Abläufe und gemeinsames Marschieren eintrichtert. Die technische Entwicklung und dazu erforderliche Spezialausbildung kann heute dazu führen, daß ein Hauptgefreiter mit dem Computer arbeitet, den sein Vorgesetzter nicht beherrscht. In bezug auf technisches Wissen sind Ranghöhere bisweilen von Untergebenen abhängig, eine Situation, in der gegenseitiger Austausch und Zusammenarbeit wichtiger sind als einseitige Befehle.

Zusammenfassend läßt sich sagen, daß sich das Militär von allen anderen Bereichen der Gesellschaft darin unterscheidet, daß es zur Erreichung politischer Ziele Gewalt androhen und anwenden kann. Die Verletzung des Tötungstabus und die Angst, selber getötet zu werden, machen eine strenge Disziplin notwendig, bei der Befehle sofort und widerspruchslos durchzuführen sind. Die besondere Aufgabe des Militärs hat noch andere Folgen. Eine davon ist die fast vollständige Trennung des Militärs von der zivilen Gesellschaft. Die militärischen Führer Amerikas sind sich weitgehend darin einig, daß das Militär «a world apart», eine Welt für sich ist und sein soll: «Das Militär muß von der zivilen Gesellschaft getrennt werden, weil es viele individuelle Verhaltensweisen gibt, die in der zivilen Gesellschaft akzeptiert, ja sogar gutgeheißen werden, die aber für die Wirksamkeit des militärischen Berufes zerstörerisch wären.» (Gabriel 1982:89). Es gibt Verhaltensweisen und Werte, die in einer freiheitlichen Demokratie akzeptiert oder geduldet sind, die dem Militär aber schaden würden. General Gard schildert den Gegensatz wie folgt: die militärische Organisation ist hierarchisch, nicht egalitär, und sie orientiert sich an der Gruppe, nicht am Individuum; sie betont Disziplin und Gehorsam, nicht Freiheit der Rede; sie verlangt sofortige Entscheidung und prompte Handlung, nicht gründliche Analyse und lange Debatten; sie verläßt sich auf Training, Vereinfachung und vorhersehbares Verhalten, nicht auf Erziehung und Kultiviertheit. Sie bietet Einfachheit, nicht materiellen Komfort (zit. in Gabriel 1982:89).

So entsteht die paradoxe Situation, daß wesentliche Werte der demokratischen Gesellschaft im Militär, das diese Gesellschaft verteidigen soll, nicht länger gelten: «Um ein wirklicher Diener des Volkes zu sein, darf sich das Heer nicht auf die Werte unserer liberalen Gesellschaft stützen, sondern muß sich auf die harten Werte des Schlachtfeldes konzentrieren.» (General Kerwin, zit. in Gabriel 1982:91)[4]

Wenn sich das Militär von der Zivilgesellschaft absondert, dann wird sich das auch in anderen Einrichtungen widerspiegeln. Eine davon ist das eigene Rechtssystem des Militärs. Wegen der besonderen Aufgabe des Militärs wurden eigene Gesetze aufgestellt, das Militär hat seine eigene Polizei, Rechtsanwälte und Richter, seine eigenen Gerichte und Gefängnisse. Diese sorgen für ein internes, von äußeren Einflüssen unabhängiges System der sozialen Kontrolle.

Zum zweiten ist eine überzeugende Rechtfertigungsideologie notwendig. Das Militär beschützt Staat und Gesellschaft und verteidigt im Konfliktfall so hochstehende Ideen wie Freiheit, Ehre, Vaterland. Nur ein überzeugter Patriot ist ein guter Soldat, denn er muß bereit sein, für diese Ideen zu sterben. Ohne Glaube an die Richtigkeit dieser Ideen ist es schwierig, Opferbereitschaft zu erzeugen, da hilft zunächst der Verweis auf Pflichtgefühl und Loyalität, am Ende aber nur noch Zwang. Diese Überzeugungen sind auch notwendig, um den Auftrag des Kämpfens und Tötens zu rechtfertigen. Philosophisch-anthropologisch betrachtet ist die Beschäftigung mit Kampf und Tod eine «unreine» Sache, die nur durch den Verweis auf die Verteidigung höchster, unverzichtbarer Werte der Gesellschaft geheiligt werden kann.

Ein drittes Merkmal, das die Trennung von Militär und Zivilgesellschaft verdeutlicht, ist die andersartige Sozialstruktur. Mit dem Eintritt ins Militär verlieren alle früheren Statusunterschiede aus dem zivilen Bereich an Bedeutung, und der Rang eines Soldaten innerhalb der Hierarchie entscheidet über seinen «Wert». Es ist lohnend, die Sozialstruktur des Militärs ein wenig genauer zu betrachten. Die Trennung in Offiziere und Mannschaften ist strikt. Sie tragen verschiedene Uniformen, wohnen und essen getrennt und verbringen ihre Freizeit an unterschiedlichen Orten. Allenfalls bei Übungen im Feld, wenn auch die Offiziere im Zelt übernachten, sind die Unterschiede weniger sichtbar. Grundsätzlich muß der Rangniedere den Ranghöheren zuerst grüßen, wobei Offiziere mit «Sir» oder «Ma'am» angeredet werden, Warrant Officers mit «Mister». Wer nicht salutiert, kann wegen fehlenden Respekts bestraft werden. Private Beziehungen zwischen Offizieren und Mannschaften sind streng untersagt, das wäre Fraternisierung und kann bestraft werden; ein Offizier kann sogar deswegen entlassen werden. «RHIP» ist eine häufig verwendete Abkürzung für «Rank has its privilege». Daß jeder Rang seine Privilegien hat, ist sicher kein Merkmal des Militärs allein, doch sind hier die Privilegien exakter geregelt und zeigen sich auch in der Wohnung und Freizeit. So richtet sich zum Beispiel die Wohnungsgröße und -qualität zuerst nach dem Rang, erst sekundär nach den Bedürfnissen (und gar nicht nach den individuellen Wünschen – es sei denn, man wohnt außerhalb der Regierungswohnungen). An allen großen Standorten gibt es getrennte Clubs für einfache Soldaten, Unteroffiziere und Offiziere.

Ranghöhere haben grundsätzlich eine Aufsichtspflicht über Rangniedere, die bis in die Freizeit hineinreichen kann. Auf der Stube ist der Ranghöchste oder -älteste «in command of the room», er ist verantwortlich für Ruhe, Ordnung und Sauberkeit. In einem Mehrfamilienhaus mit Dienstwohnungen für Militärangehörige hat der Ranghöhere für die Einhaltung der Hausordnung zu sorgen. Wenn sich Soldaten betrinken oder sonst unangemessen verhalten, haben zufällig anwesende Offiziere die Pflicht, diese Soldaten zur Ordnung zu rufen. Diese paternalistische Aufsichtspflicht ist auch ein Instrument der sozialen Kontrolle des Militärs – Disziplin hat immer und überall zu herrschen.

Allen Soldaten, besonders aber den Offizieren, wird von Anfang an ein Elitebewußtsein vermittelt. Historisch läßt sich dieses Bewußtsein bis auf die Zeit zurückführen, als nur Ritter und später Adlige hohe militärische Ämter bekleiden konnten. Noch bis vor kurzem bezeichnete man einen Offizier als «officer and gentleman». Dieses Elitebewußtsein gründet sich darauf, daß sie die Verfassung der amerikanischen Staaten schützen und die Existenz ihrer Nation verteidigen und notfalls dafür sterben werden. Der Dienst fürs Land ist eine Ehre – das drücken die drei wichtigsten und höchsten Werte des Militärs aus: «Honor – Duty – Country» (Ehre, Pflicht und Vaterland). General MacArthur bezeichnet sie als die höchsten moralischen Gesetze, und die Soldaten, die ihr Leben für ihre Nation opfern, sind die edelste Entwicklung, die die Menschheit hervorgebracht hat: «Seit anderthalb Jahrhunderten habt Ihr die geheiligte Tradition von Frieden und Freiheit, von Recht und Gerechtigkeit verteidigt, behütet und beschützt.» (1962, zit. in The Army Officer's Guide 1979:VIII)

Anspruch und Realität klaffen oft auseinander, so auch hier. Wenn man täglich mit amerikanischen Soldaten zu tun hat, ihr Verhalten beobachtet, Klagen über ihre Arbeit und Vorgesetzten hört, von kritischen Offizieren erfährt, mit welcher Manipulation dieses System funktioniert, dann kommen einem gewisse Zweifel, ob diese Menschen, wie McArthur sagt, die edelste Entwicklung sind, die die Menschheit hervorgebracht hat. Solche Töne klingen auch hohl angesichts dessen, was in Vietnam geschehen ist. Professor Gabriel, ein ehemaliger Army-Offizier, sorgt sich um die negative Entwicklung im Militär, die er mit den Worten Karrieredenken, Egoismus, Einschüchterung und Lügen bezeichnet. In seiner Abhandlung über militärische Ethik beschreibt er eindrucksvoll alle diese Erscheinungen und erklärt ihr Entstehen durch den wachsenden Einfluß des zivilen Lebens, das Eindringen gewisser Management-Techniken, das Trauma Vietnam und die Auswirkungen des Freiwilligen-Militärs.

Das Bestreben, Karriere zu machen, hat für das amerikanische Militär verheerende Folgen. Gabriel sieht eine der Hauptursachen hierfür in der Übernahme des Kosten-Nutzen-Denkens der Ökonomen.

Zwei Beispiele sollen das verdeutlichen. Im Vietnamkrieg wurden nicht ganze Einheiten ersetzt, sondern nur einzelne Soldaten. Die Militärmanager übernahmen hierzu ein Modell aus der Autoindustrie, um fehlende Teile zu ersetzen. Rein rechnerisch betrachtet sollte dieses System preisgünstiger sein, doch für die betroffenen Soldaten waren die Kosten hoch: der Zusammenhalt in Kampfeinheiten sank, sie wurden Fremde, und die Rate der Meuterei und Kampfverweigerung stieg so hoch wie nie zuvor.[5] Letztlich war jeder nur noch an seinem eigenen Überleben interessiert (Gabriel 1982:59).

Ein zweites Beispiel ist das «Zero-Defect-System», das ebenfalls aus der Industrie übernommen wurde. Ursprünglich war es entwikkelt worden, um Defekte an Maschinen möglichst gering zu halten, beim Militär wurde daraus ein Null-Fehler-System. Mit perfektionistischem Eifer wurde aus dem Wünschenswerten ein absolutes Muß, das kaum jemand erreichen kann. Auf unterer Ebene, wo man in kleinen Gruppen täglich zusammenarbeitet, werden Fehler oft noch sachlich mit dem Gruppenleiter besprochen, doch wenn es darum geht, geforderte Leistungen nach oben zu melden, werden Fehler und Mängel nur ungern zugegeben. Letztlich führt das dazu, daß Berichte gefälscht werden und daß höhere Stellen das zu hören bekommen, was sie hören wollen.

Nach Gabriel wird die Übernahme der Management-Ethik in Gang gehalten durch Hunderte von Praktiken und Verfahrensweisen, die das Militär anordnet. Dazu zählt beispielsweise auch das «Officer Evaluation System», ein Bewertungssystem, das über die weitere Laufbahn entscheidet. Dieser Bericht wird einmal im Jahr von einem Vorgesetzten angefertigt und entscheidet über Beförderung, Versetzung, Umschulung und den Besuch von weiterführenden Schulen. Auch einfache Soldaten unterliegen diesem System, für sie gibt es das «Enlisted Evaluation System» und den «Senior Enlisted Evaluation Report». Alle sind daran interessiert, möglichst positiv bewertet zu werden, vor allem dann, wenn sie Karriere machen wollen. Gabriel kritisiert, daß diese Berichte häufig nichtssagend seien und nur Trivialitäten messen (S. 63).

Wer nicht aufsteigt, muß raus. Dieses «up-or-out»-System, wonach jemand, der bei einer Beförderung umgangen wurde, den Militärdienst verlassen muß, hat negative Folgen. Es fördert die Fluktuation und verringert dadurch den guten Kontakt zwischen Soldaten und Offizieren. Sieht man sich den Karriereverlauf eines Generals an, so fällt auf, daß er in 22 Jahren ungefähr 18mal versetzt wurde, also jeweils nur kurze Zeit an einem Standort oder in einer Tätigkeit blieb (Gabriel, S. 101). Das militärische Beförderungssystem verstärkt die

Fluktuation des Personals, produziert eher «Generalisten» als «Spezialisten» und verhindert dadurch eine enge Beziehung zwischen Kommandeuren und ihren Einheiten. Allein im Jahr 1979 haben 80 % aller Soldaten ihren Standort gewechselt (S. 68).

Eine weitere Regel des Militärs bestimmt, daß ein Offizier Kampferfahrung braucht, um aufzusteigen.[6] Um den Offizieren im Vietnamkrieg die Möglichkeit zu geben, eine Kampfeinheit zu kommandieren, verringerte das Pentagon die Dienstzeit für Offiziere auf sechs Monate. Verständlicherweise reagierten viele einfache Soldaten, die selber 12 Monate kämpfen mußten, mit Unmut darauf. Der relativ kurze Aufenthalt der Offiziere erschwerte eine gute Beziehung zu den Mannschaften. Das war wohl mit ein Grund dafür, daß 1016 amerikanische Unteroffiziere und Offiziere von den eigenen Soldaten getötet wurden – wahrscheinlich war die Zahl noch höher (S. 4). Letztlich führt eine solche Politik des Militärs dazu, daß ehrgeizige Offiziere einen Krieg als eine weitere Möglichkeit zur Beförderung sehen (S. 67).

Das kanadische und britische Militär verfährt ganz anders. Hier kann ein Offizier bis zu 30 Jahren auf einem bestimmten Posten bleiben, ohne dadurch an Ansehen zu verlieren. Im amerikanischen Militär wird der einzelne gezwungen, sich dauernd in einem harten Konkurrenzkampf abzuhetzen: «Dieser wahnsinnige Wettbewerb verbindet die Mitglieder dieses Berufs auf nur einer Grundlage, sie sind gemeinsam Rivalen» (Gabriel 1982:72).

Diese Karrieresucht bringt zudem alle Kritiker zum Schweigen. Kritik wird unterdrückt, da sie als unloyal gilt. Laut vorgebrachte Kritik kann der Karriere schaden, also schweigt man lieber. Gabriel ist empört darüber, daß in den zehn Kriegsjahren in Vietnam nicht ein einziger General aus Protest gegenüber der Politik in Vietnam den Dienst quittierte. Obwohl viele Offiziere Zweifel und Bedenken in bezug auf die Kriegsführung hatten, gab es keine Weigerungen in Form eines Rücktritts. Zwischen 1960 und 1980 ist ein einziger General wegen SALT II zurückgetreten – verglichen mit 27 Offizieren im Generalsrang in Kanada – der Gegensatz ist niederschmetternd (Gabriel, S. 182). Viele Soldaten sind primär an ihrer Karriere interessiert und kümmern sich nicht um ethische Bedenken oder praktische Folgen. Wenn jüngere Offiziere überhaupt mal protestieren, dann nur diejenigen, die nicht im Militär bleiben wollen.

Die Karrieremacher sind übertrieben darum besorgt, ihr Image (und das des Militärs) zu schützen. Allzuhäufig werden dadurch Fehler vertuscht, manchmal bis hin zu kriminellem Verhalten (Gabriel, S. 73). Wenn alles das, was nicht absolut perfekt ist, bereits als Versagen gewertet wird, dann ist es einsichtig, daß Berichte an höhere Stellen geschönt oder, wie aus Vietnam bekannt, gefälscht werden (S. 183). Oft hängt der Karriereerfolg mehr von der Fähigkeit ab, perfekt zu erscheinen, als perfekt zu sein. «Das Verbergen von Fehlern breitet sich immer weiter aus.» (Gabriel, S. 73) Wird die eigene Karriere zum Maßstab des Handelns, dann ist es allerdings schlimmer, Fehler zuzugeben, als Fehler zu machen.

Gabriel beklagt, daß das Kosten-Nutzen-Denken der Ökonomie die Idee zerstört, der Gemeinschaft zu dienen. Wenn das Eigeninteresse der Individuen zur höchsten Norm wird – und diese Einstellung ist in Amerika weit verbreitet –, dann wird das Management der eigenen Karriere höchstes Ziel und höchster Wert. Ein Offizier lernt, seine eigene Karriere durch Manipulation des Systems zu managen (S. 62), er lernt, wie man die richtige Versetzung rechtzeitig erlangt, um sich für die nächste Beförderung zu qualifizieren. Und wenn er seine Karriere richtig plant, dann wird er schließlich mit dem höchsten Ziel belohnt: er wird zum General befördert.

Man kann geteilter Meinung sein, wo die Ursachen dieses übertriebenen Karrieredenkens und eines auf Äußerlichkeiten bedachten Verhaltens liegen. Moskos und Gabriel sind sich darin einig, daß es Verteidigungsminister McNamara war, der ab 1960 marktwirtschaftliche Überlegungen und Management-Techniken ins Militär einführte. Mit dem Freiwilligen-Militär sehen sie das Kosten-Nutzen-Denken noch eindeutiger verwirklicht.

Gabriel drückt zu Beginn seiner Untersuchung deutlich aus, daß die zentralen Werte und Ideen, die die amerikanische Gesellschaft geformt haben, die Interessen der Individuen über die der Gemeinschaft stellen. Das zeigt sich im ökonomischen Leben – hier gilt immer noch Adam Smiths Idee, daß es für das Ganze nur förderlich sei, wenn jedes Individuum seine eigenen Interessen verfolge, im gesellschaftlichen Leben – die Wurzeln reichen bis zum Sozialdarwinismus von Herbert Spencer zurück, wonach die Besten in der Gesellschaft aufsteigen – und schließlich in der politischen Philosophie von James Madison, der niemals in Frage stellt, daß das Verfolgen individueller Eigeninteressen den Daseinszweck der politischen Ordnung begründet. Laut Gabriel dringen diese individualistischen Werte und Verhaltensweisen hauptsächlich durch militärische Anordnung und Verfahrensweisen ein. Aber sind es nicht primär die Menschen, die in der amerikanischen Gesellschaft aufgewachsen sind und die schon in der Schule Konkurrenzverhalten gelernt haben, die dieses Denken dann auch ins Militär tragen?

Es mag bisher der Eindruck entstanden sein, als ob das Militär nur von egoistischen Karrieristen bevölkert wird. Es wäre gewiß eine Verzerrung, wollte man das behaupten. Offiziere sehen sich als eine besondere Gruppe, die die besten traditionellen Werte der Gesellschaft aufrechterhält, und deren Beruf mehr Opfer fordert als andere Berufe. Es gibt Offiziere, die überzeugte Patrioten sind und ihr Bestes für ihr Land geben (das gleiche gilt selbstverständlich auch für einfache Soldaten), doch das muß sie nicht davon abhalten, zugleich ihre Karriere zu verfolgen. Die Verbindung der edelsten Motive mit rücksichtslosem Konkurrenzverhalten ist zynisch. Sie findet sich auch keineswegs nur beim Militär, sondern ist genauso in der Industrie oder in Universitäten zu finden. Es läßt sich nicht beurteilen, wie hoch der Anteil der Karrieristen ist. Zu wenige Offiziere sind offen und ehrlich genug, um darüber zu schreiben. Nicht zufällig ist Professor Gabriel ein ehemaliger Offizier der Army; hätte er dieses Buch während seines aktiven Dienstes veröffentlicht, hätte man ihn vermutlich wegen Nestbeschmutzung und Illoyalität beschimpft und seine Karriere beendet.

Zum Schluß möchte ich noch auf eine neue Entwicklung im amerikanischen Militär aufmerksam machen, die mir geeignet scheint, manche Mißstände zu beheben. Das ist Projekt COHORT, eine Abkürzung für «cohesion, operational readiness, training»; es zielt darauf ab, den starken Personalwechsel in Einheiten zu verringern, die Stabilität zu verbessern und den Zusammenhalt der Einheit, Loyalität und Zugehörigkeit zu fördern. Das Regimentsystem der Briten und Kanadier hat hierfür Pate gestanden.

Im Mai 1981 begann das Programm, und zunächst sollen 20 Kampfeinheiten in Kompaniegröße getestet werden. Im Gegensatz zu früher bleiben die Rekruten vom ersten Tag an zusammen. Sie werden 18 Monate in USA ausgebildet und gehen dann für 18 Monate nach Übersee. Dabei sind bestimmte Überseestandorte bestimmten Standorten in Amerika zugeordnet. Nach der Tour in Übersee kehren sie wieder in ihr Heimatregiment zurück. Auch Karrieresoldaten bleiben im gleichen Regiment. Personalentscheidungen werden nicht mehr im fernen Washington getroffen, sondern am Standort. Das Zentrum für Militärgeschichte wählte die ältesten und historisch bedeutendsten Einheiten aus. Sie sollen sich im Krieg besonders tapfer und ehrenvoll geschlagen haben, und man zählt auf die Unterstützung noch lebender Veteranen.

Die Vorteile dieses Projektes liegen auf der Hand. Die jungen Soldaten bleiben in einer Umgebung, in der sie Freunde und Bekannte haben, selbst dann, wenn sie nach Europa versetzt werden. Das gleiche gilt für Familien mit Kindern, die miteinander befreundet sind und jetzt gemeinsam nach Übersee gehen. Bei einer Versetzung in das Heimatregiment lebt man sich schneller wieder ein und kann jetzt sogar Geld in ein eigenes Haus investieren. Auch die Beziehung zur Gemeinde des Standorts soll verbessert werden. Interessant ist auch, daß die Zeit in USA verlängert und die in Übersee verkürzt wurde; auch das soll wohl helfen, Stressfaktoren zu vermindern.

Wenn Karrieresoldaten im gleichen Regiment bleiben, so läßt das ein verbessertes Arbeitsklima erhoffen. Es könnte mehr Kontinuität in der Personalpolitik und engeren Kontakt zu den Soldaten schaffen, die Lebensqualität insgesamt verbessern und damit das vorzeitige Verlassen des Militärdienstes vermindern.

Lieutenant General Thurmann faßt die Ziele des Projekts COHORT wie folgt zusammen: «Unser Ziel ist es, daß die Soldaten zusammen trainieren, zusammen wachsen, gemeinsam teilen, zusammenbleiben, ein Zusammengehörigkeitsgefühl für das gemeinsame Ziel entwickeln, ihre gegenseitigen Bedürfnisse kennenlernen, sich umeinander kümmern und schließlich, wenn es notwendig ist, füreinander sterben.» (Thurmann 1982:103)

Von den 20 COHORT-Einheiten kommen sieben nach Europa; sie werden in Böblingen, Garlstedt bei Bremen, Göppingen und Neu-Ulm stationiert. Bis 1985 soll es 80 solcher Einheiten geben (Legge/Andrews 1982:198ff).

Inzwischen – im Herbst 1984 – erfährt der Leser aus «Army Times», daß jetzt auch größere Einheiten rotieren werden. Hat man bisher nur Batterien und Kompanien als Ganze ausgewechselt, so plant man für das Jahr 1986 das Auswechseln ganzer Bataillone. Zweitausend Soldaten werden gleichzeitig nach Europa versetzt, die gleiche Anzahl Soldaten kehrt in die Staaten zurück. Die meisten kommen nach Deutschland, nach Göppingen, Garlstedt und Kirchgöns, der Rest fliegt nach Vicenza in Italien. Statt nur drei Jahre bleibt die neue COHORT-Einheit jetzt sechs Jahre zusammen. Sie dienen erst drei Jahre in USA, kommen dann nach Deutschland und kehren anschließend gemeinsam zu ihrem alten Standort zurück. Man darf gespannt sein, wie sich dieses neue System entwickeln wird – die Aussichten sind vielversprechend.

4. Sieben Wochen, die die Welt verändern – die Grundausbildung

**«There is a right way,
a wrong way, and the
Army way.»**

Das «Basic Training», die Grundausbildung, ist der Initiationsritus, durch den aus einem Zivilisten ein «Eingeweihter» wird. Hierzu schreibt Professor Morris Janowitz:

> «Die Angleichung des Rekruten während der Grundausbildung erfordert, daß er sich einer rein männlichen Gesellschaft und einer der Gewaltanwendung verschriebenen Organisation anpaßt. Der Angleichungsprozeß beginnt mit den Bemühungen, den Neuling von allen Bindungen an die zivile Welt zu lösen, die im Gegensatz zu den Anforderungen des Militärs stehen. Sein Selbstverständnis ist auf neuer Basis aufzubauen, indem alte Grundlagen ersetzt werden. Im persönlichsten Bereich gehen dem Rekruten private Schutzzonen verloren, und er sieht sich einem durchgreifenden Kontrollsystem ausgesetzt.» (Janowitz/ Little 1965:88)

In den sieben Wochen des Trainings[1] ist alles anders als vorher, Kleidung und Haarschnitt, Tagesablauf und Umgangsformen, Wohnen und Arbeit. Nicht alle halten das Training durch, und nicht alle können sich an Befehl und Gehorsam gewöhnen. Etliche werden schon bald wieder entlassen, dazu verhilft das «Trainee Discharge Program». Was im einzelnen in der Grundausbildung geschieht, soll in diesem Kapitel dargestellt werden – zum Teil auch mit Beispielen aus der Bundeswehr.

Die Nahtstelle zwischen Zivilleben und Militär sind die «Recruiter», die Soldaten werben. Sie haben die schwierige Aufgabe, geeignete Männer und Frauen zu finden, die nicht nur physisch und psychisch in der Lage sind, im Militär zu arbeiten, sondern die auch Spaß an einer solchen Aufgabe haben. Einige Werbe-Slogans sollen das Interesse am Militär wecken, wobei die meisten auf das Selbstgefühl der jungen Leute zielen:

«The Army can make you feel good about yourself.»
«Army. Be all you can be.»
«Join the Army. Be a man.»

Der Spruch «Keep America green. Join the Army» ist wohl eher als mißglückter Öko-Witz zu verstehen. «There is something about a soldier» läßt es jedem frei, sich etwas anderes darunter vorzustellen

Der Werber (recruiter)

– jeder Soldat hat angeblich «das gewisse Etwas». Mit «Challenge, Travel, Adventure in US-Army» und «Come and see Europe!» wird die Abenteuer- und Reiselust der Jugendlichen angesprochen.

Der Werbeprospekt «This is the Army in Europe» (s. Bild) zeigt auf der Titelseite einen lächelnden GI in seiner grünen Uniform, sauber und mit Bügelfalten, der gerade aus seinem Jeep ausgestiegen ist, weil er von einer Schafherde angehalten wurde. Er ist umringt von Schafen, der Schäfer blickt freundlich drein, Schulkinder gehen vorbei, im Hintergrund sieht man Fachwerkhäuser – all das weckt Assoziationen an ländliches Leben, liebe Menschen und einen nicht zu harten Job.

Die Schwierigkeit für die Werber besteht darin, die vorgeschriebene Anzahl von Soldaten zu werben, wobei sie nach Möglichkeit alle Untauglichen herausfiltern, dazu zählen Analphabeten, Kriminelle, Drogenabhängige und Homosexuelle. Das gelingt ihnen aber nicht immer, teils weil sie nicht die notwendigen Informationen (z. B. von der Polizei) haben, teils weil sie selber an dieser betrügerischen Einschreibung mitwirken.

Es gibt Recruiter, die offen und ehrlich alle Vor- und Nachteile des Militärdienstes aufzählen, andere hingegen arbeiten mit unlauteren Mitteln, um Freiwillige zu ködern. Häufig verschweigen sie bestimmte Schwierigkeiten, z. B. in der Grundausbildung, oder versprechen eine Ausbildung in einem bestimmten Beruf. Über die Berufsart wird aber erst später nach einem gründlichen Test entschieden, und darauf hat der Recruiter selber keinerlei Einfluß. Viele Soldaten beklagen sich auch, daß sie über die Stationierung falsch informiert wurden; der Werber beließ sie in dem Glauben, daß die Wahl der gewünschten Übersee-Stationierung garantiert werden könne (Gottlieb 1980:29). Bisweilen wird der Rekrut auch zu dem gewünschten Standort versetzt, aber nur für 12 oder 16 Monate, den Rest seiner 36 Monate muß er da arbeiten, wo die Army ihn braucht.

Nur in seltenen Fällen gelingt es einem Soldaten später zu beweisen, daß er von seinem Anwerber getäuscht wurde und kann dadurch aus dem Militärdienst entlassen werden. Häufig kennen diese Jugendlichen ihre Rechte nicht und statt vor Gericht zu klagen, leisten sie die drei Jahre mit Wut und Verbitterung ab. Der Werber hat seine Quoten erfüllt, aber gute Soldaten hat er mit dieser Methode gewiß nicht gewonnen.

Welche Motive sind für die Jugendlichen ausschlaggebend, um sich für drei bis vier Jahre freiwillig zu verpflichten? Zur Zeit überwiegen ökonomische Gründe für die, die arbeitslos sind oder kein Geld für eine qualifizierte Ausbildung haben. Aber wie oben schon erwähnt wurde, haben Jugendliche ohne Highschool-Abschluß nur eine sehr

THIS IS THE ARMY IN EUROPE

geringe Chance, im Militär eine qualifizierte Ausbildung zu erhalten. Die meisten enden in Tätigkeiten, zu denen sie nur angelernt werden, oder in Kampfeinheiten, wo sie einen Beruf ausüben, der ihnen später im Zivilleben wenig nützt. Wer bereits einen High-School-Abschluß in der Tasche hat, dessen Chancen sind größer, während der Militärzeit eine College-Ausbildung zu beginnen; sie wird zu 75 % vom Militär finanziert. Manche nutzen auch ein besonderes Spar-Angebot für ihre spätere Berufsausbildung aus: für jeden Dollar, den man selber spart, erhält man vom Militär zwei Dollar geschenkt. Das Sparangebot gilt aber nur bis zu einem Betrag von 8100 Dollar (Eigenbetrag 2700, Zuschuß 5400 Dollar) (Rafferty 1980:100). Auf diese Weise unterstützt das Militär zu zwei Dritteln die spätere Ausbildung.

In zahlreichen Interviews, die der Soziologe David Gottlieb mit jungen Soldaten in Fort Sills, Oklahoma, geführt hat, fand er häufig eine wiederkehrende Motivation: viele haben den Wunsch oder das Bedürfnis, einer unbefriedigenden oder schwierigen Umgebung zu entkommen. Das bestätigte sich auch in Gesprächen in Mainz; etliche Soldaten berichteten von einer unangenehmen Situation zu Hause, der sie ausweichen wollten. George, 23, hatte große Probleme mit seiner Ehefrau und seinen Eltern, die er nicht lösen konnte, und er wollte unter allen Umständen ins Ausland – weit weg von zu Hause. Sam, ein Schwarzer aus Kalifornien, hatte mit seinem Geschäft bankrott gemacht, und er sah in dieser Lage keine andere Lösung für sich als das Militär.

> «Den Grund, den männliche Angeworbene – egal welchen Alters – für ihre Verpflichtung nennen, spiegelt ein Bedürfnis nach einer kontrollierteren und vorausschaubaren Umgebung wider.»[2]

Dieses Bedürfnis nach einer überschaubaren und streng geregelten Umgebung findet sich genauso bei Frauen. Chris und Ruth, zwei Soldatinnen in Mainz, kommen beide aus einer gestörten Familie, arbeiteten mal hier und da, hatten für Monate oder Jahre kein Zuhause und wollten in die Army, um Ordnung in ihr Leben zu bringen und Disziplin zu lernen.

Bei Frauen fand Gottlieb auch häufig das Bedürfnis nach persönlicher Unabhängigkeit; sie wollen neue Karriere-Möglichkeiten testen oder einen gegensätzlichen Lebensstil ausprobieren. Frauen sehen das Militär weniger als beste oder einzige Alternative (Gottlieb 1980:27).

Weitere Motive, ins Militär zu gehen, sind Abenteuer- oder Reiselust, der Einfluß von Vater oder Bruder, die auch im Militär sind, und nicht zuletzt der patriotische Drang, dem Land zu dienen. Vor allem in der zweiten und dritten Generation von Einwanderern ist das Gefühl der Dankbarkeit gegenüber dem Land so groß, daß man sich moralisch verpflichtet fühlt, seinen Teil zum Weiterbestehen der Nation beizutragen.

In dem Buch «Basic Training» vermitteln Burnham Holmes und der Fotograf Dick Frank einen Eindruck von der Grundausbildung in der Army.[3] Sie schildern die ersten Tage mit der Einkleidung ins ewige Army-Grün, dem Haareschneiden, Bettenbauen und den ersten Liegestützen beim P. T. («physical training»). Jede Woche wird mehr gefordert, es beginnt mit dem Marschieren in Linie und Singen («Standing tall and looking good, we oughta be in Hollywood»), dem Gebrauch der M-16, Training in der Gaskammer, Training mit Handgranaten und M-60; die Märsche werden länger und beschwerlicher, es gibt nächtliche Zeltlager mit voller Alarmbereitschaft für 24 Stunden, und in der letzten Woche werden Wettkämpfe zwischen verschiedenen Kompanien ausgetragen und Auszeichnungen dafür verliehen. Neben der praktischen Ausbildung gibt es eine Vielzahl von Vorträgen über die Rolle des Militärs, die Verantwortlichkeit eines Soldaten, die Militärgerichtsbarkeit, über Gefahren des Alkohol- und Drogenmißbrauchs, persönliche Gesundheit und Hygiene, Erste Hilfe und vieles andere. Das Ganze endet mit einer feierlichen Zeremonie, zu der die Eltern eingeladen sind und der General die neuen Truppen inspiziert. Alle haben Grund, stolz zu sein, die Eltern auf ihre Söhne und Töchter, die ihre schwierige Anfangszeit im Militär mit Bravour hinter sich gebracht haben; die strahlenden Soldaten und Soldatinnen, die eine der größten Leistungen ihres jungen Lebens vollbracht haben und die nun auf weiteren Aufstieg und Erfolg hoffen, und nicht zuletzt die Offiziere und Unteroffiziere, allen voran der «drill sergeant», die es mal wieder geschafft haben, aus einem schlappen Haufen von Zivilisten eine stramme Truppe zu bilden.

Wie produziert man eine neue Identität? Wie bringt man die Rekruten dazu, militärische Normen und Verhaltensweisen in sieben Wochen so zu verinnerlichen, daß sie stolz auf sich sind und ein neues, soldatisches (Selbst-)Bewußtsein entwickeln? Mit welchen Techniken der Menschenführung erreicht der Ausbilder dieses Ziel? Wie behandelt er die Jungen und Mädchen, die in den Slums oder dem Häuschen im Grünen aufwuchsen, daß sie alle aufs Wort gehorchen und jeden Befehl sofort ausführen – egal wie peinlich oder schmerzhaft dieser Befehl sein mag?

Holmes schildert in «Basic Training» in Ansätzen, wie die Soldaten angeschnauzt und lächerlich gemacht werden. Der Ausbilder

Sergeant Delos stellt den Rekruten Baker nach einer Schießübung zur Rede:

«Rekrut Baker, was hast du da drüben gemacht?»

«Ich glaube, ich war nur nervös, Sir.»

«Baker, egal was du warst, das sah schlecht aus. Dein Kinnriemen ist nicht zu, das sieht auch schlecht aus. Und ich bin nicht ein Sir, ich bin der ‹drill sergeant›. Hast du das noch nicht gelernt?»

«Ja, drill sergeant.»

«Mach mir 25, Baker.»

Und der Rekrut zählt laut die geforderten 25 Liegestütze:

«Eine, drill sergeant, zwei, drill sergeant, drei, drill sergeant ... vier ... und zwanzig – drill – sergeant, fünf ... und ... zwanzig, dill – sar-dent.»

Am Ende ist der Rekrut so außer Atem, daß er kaum noch sprechen kann.

«Sind das 25, Baker?»

«Ja, drill sergeant.»

«Warum kniest du? Das ist keine Kirche. Bleib unten, bis ich dir sage, du sollst aufstehen. So, jetzt steh auf.»

«Danke, drill sergeant.»

Gleich darauf äußern einige Rekruten ihren Ärger über die höllische Grundausbildung, in der sie sich wie Kinder behandelt fühlen, und andere zeigen sich voller Verständnis für die rüde Behandlung durch den Ausbilder.

«Die Ausbilder erscheinen hart», sagt José, «aber sie tun nur ihre Pflicht. Wenn sie uns nicht auf Vordermann bringen würden, würden sie wahrscheinlich in den Bau gehen.»

«Jetzt, wo ich keine Angst mehr vor dem Ausbilder hab, will ich nur noch seinen Respekt», meint Adam. «Es wäre zuviel verlangt, daß er stolz auf mich sein soll. Seinen Respekt – das ist alles, was ich möchte.»

«Drill sergeants machen dich fertig und sagen dir, wie schlampig du bist», meint Jeff. «Aber ich hab gehört, daß sie dir am Ende erzählen, wie gut du bist. Ich glaube, sie wollen nur, daß du besser wirst.» (Holmes 1979:65–66)

Diese fingierten Dialoge stellen den Ausbilder positiv dar, der ja auch nur seine Pflicht tut. Im Grunde zeigt sich in diesen Äußerungen der Rekruten schon ein verändertes Bewußtsein, eine neue Identität, ein Akzeptieren der militärischen Normen. Wie erreicht das Militär, daß Zivilisten ein militärisches Bewußtsein entwickeln? Wie bringt man sie dazu, daß sie militärische Normen und Verhaltensweisen in nur sieben Wochen verinnerlichen? Wie produziert man eine neue Identität?

Der Ausbilder (drill sergeant)

Der tägliche Sport in der Grundausbildung

Es beginnt damit, daß der Neuankömmling alle früher gewohnten Zeichen seiner Identität verliert. Alle tragen die gleiche Kleidung, den gleichen Haarschnitt, alle äußeren Zeichen seiner Individualität sind verboten (Kleidung, Schmuck, Make-up). Im «amnesty-room» steht ein Abfallbehälter, in den sie alles hineinwerfen können, was verboten ist: Drogen und Alkohol, Messer und Waffen, pornographische Hefte, Süßigkeiten und Nahrungsmittel (wegen Ungeziefer, besonders Kakerlaken), und verschreibungspflichtige Medikamente, für die der Rekrut keine Verschreibung vorweisen kann.[4]

Der Kontakt zur Außenwelt wird für einige Tage und Wochen stark eingeschränkt; nach Holmes dürfen die Rekruten erst nach der dritten Woche ihr Wochenende außerhalb der Kaserne verbringen.

Alle Tätigkeiten und Verhaltensweisen müssen neu erlernt werden und sind bis in Kleinigkeiten festgelegt. Jeder Fehler, jedes Mißgeschick wird sofort hart bestraft, oft auch kollektiv.

Der gesamte Tagesablauf ist minuziös geregelt, die wenige freie Zeit wird oft mit Uniform bügeln und Stiefel putzen verbracht. Es gibt keine Privatsphäre, im Schlafsaal sind meist 30 Soldaten untergebracht, und nur für Frauen gibt es Toiletten mit Türen davor.

Die alle gleichmachende Kleidung, die Isolation von der Außenwelt und das Erlernen neuer Verhaltensweisen erschüttern das Selbstbewußtsein des Rekruten. Die Vorgesetzten behandeln ihn bewußt so, daß er Angst vor Strafe hat. Autor Holmes läßt den Ausbilder Delos sagen:

«Psychologen haben gezeigt, daß man besser lernt, wenn man Angst hat. Und was ist Angst? Furcht. Wenn ihr die Grundausbildung mit etwas Furcht in eurem Herzen mitmacht, werdet ihr mehr leisten.» (Holmes, S. 9)

Wer nicht genug leistet, seinen Vorgesetzten falsch anredet, keine untadelige Kleidung hat, kann auf der Stelle bestraft werden, z. B. mit Liegestützen oder einem kleinen Aufsatz bis zum nächsten Morgen (über die Kleiderordnung usw.). Der Ausbilder übertreibt bewußt jedes kleinste Mißgeschick, und hält so seine Soldaten in ständiger Angst vor Fehlern. Innerhalb weniger Tage müssen sie so viel Neues lernen, daß es unmöglich ist, alles auf Anhieb richtig zu machen.

Ein ehemaliger Bundeswehrsoldat schildert einen Morgen auf dem Exerzierplatz.

> «Die Ausbilder verteilen sich über den Platz in die vier Ecken. Einer schreit: ‹Erste Gruppe in Linie antreten!› Sieben Typen rennen in die Richtung, aus der der Schrei herkam. Niemand weiß, wo er sich hinstellen soll. Alles rennt rum wie aufgescheuchte Mäuse.
> Der Uffz: ‹Erste Gruppe, nach hinten wegtreten!›
> Alle haben kaum Zeit, sich anzuglotzen und müssen schon wieder nach hinten wegrennen.
> ‹Erste Gruppe: Achtung!›
> Alles bleibt wie angewurzelt stehen. Egal wo sie gerade sind, drehen sich dem Uffz zu und nehmen Grundstellung ein: Fäuste in Höhe der Taschen, Ellenbogen eine Handbreit angewinkelt, Füße im Winkel von etwas weniger als neunzig Grad, Fersen zusammengestellt. So muß es sein. Steht in der Vorschrift.
> ‹Erste Gruppe in Linie antreten!›
> Alles rennt wieder los. Das selbe Spiel, keiner blickt durch.
> ‹Erste Gruppe nach hinten wegtreten.›
> Das Wegrennen haben sie schon gut drauf, das lernst du schnell beim Bund. Inzwischen rufen auch die Uffze in den anderen Ecken ihre Gruppen zusammen. Jetzt sieht man die Rekruten auf dem ganzen Platz hin- und herrennen. Sie werden gescheucht, bis ihnen die Zunge aus dem Hals hängt. Manchmal stehen sie für einen Moment vor dem Uffz, der ihnen dann kurz erklärt, was sie falsch machen. Aber nicht so lange, daß sie's kapieren. Sobald sie's richtig machen, wär kein Grund mehr zum

Scheuchen da. Wenn sie nicht gescheucht werden, dann haben sie keine Angst mehr, und das ist das Wichtigste an der Ausbildung. Solange Fick, bis sie die Hose so voll haben, daß sie alles machen. Übrigens findet 'n Uffz immer was auszusetzen. Die Rotärsche müssen gleich an so viel denken, daß es total unmöglich ist, alles richtig zu machen. Aber alle wollen alles richtig machen, weil alle denken: nur nicht wegen mir angeschissen werden.
Nach einer halben Stunde Rennerei und Brüllerei aus allen vier Ecken gibt's eine Pause. Die Rotärsche dürfen eine Kippe rauchen. Dann brüllt der Kühlmann:
‹Zweiter Zug, in Linie antreten!›
Alles rennt los. Die Kippen fallen kaum geraucht aus den Klappen.
‹Was soll denn das, verdammt noch mal! Man hat Ihnen das jetzt zwanzig Mal erklärt und Sie schaffen es noch immer nicht, sich anständig in Linie aufzustellen. Lassen Sie sich eines sagen: Ich habe nichts dagegen, wenn einige dabei sind, die langsamer verstehen als andere. Für die werden wir Extraübungen veranstalten. Aber bei so einer Sauerei muß ich annehmen, daß böser Wille mit im Spiel ist. Und das kann ich überhaupt nicht vertragen, da werde ich ungemütlich.›
Kleine Pause. Die Rotärsche haben weiße Fressen. Der Schweiß läuft ihnen runter ...
Jetzt wiederholt sich das Spiel. Mal dürfen sie rennen, weil es zu lange dauert, bis sie ihren Platz gefunden haben, dann dürfen sie rennen, weil ein paar Typen sich rechtsherum gedreht haben, dann dürfen sie rennen, weil sie nicht weit genug, dann weil sie nicht schnell genug gerannt sind, weil die Grundstellung bei einigen aussieht wie ‹Clowns im Affenzirkus›. Und immer wieder drehen sich welche rechts herum, immer wieder bleiben welche beim Achtung nicht auf der Stelle stehen, immer wieder weiß einer nicht, wo er in der Linie hingehört. Als dann die Linie langsam klappt, heißt es plötzlich:
‹Zwoter Zug in Reihe antreten!›
Jetzt ist das Durcheinander wieder perfekt. Sie rennen bis zum Umkippen. Einer kippt schließlich auch um, knickt zusammen, darf sich ein paar Minuten am Rand ausruhen. Beim Bund lernst du die Sachen dadurch, daß du sie machst, bevor du sie erklärt kriegst. Du machst das, was du lernen sollst, bevor du es gelernt hast. Die Angst macht's möglich. Die hat jeder, alle lernen gleich. Und jeder denkt, es liegt an ihm, wenn er Fehler macht, er könne sich anstrengen, um alles richtig zu machen. Aber da läuft nichts, das kannst du vergessen, den Mist kann keiner richtig machen. Es ist zu viel, was sie von dir verlangen, damit du immer in der Falle sitzt, jeden Moment kann einer sagen, machen Sie mal Ihren Knopf zu, oder: Sie stehn ja da wie Pik 7, oder weiß der Geier.» (Klippel 1980:87–89)

Die Möglichkeiten zu drohen, zu schikanieren, zu bestrafen sind unerschöpflich.

> «Späth reißt die Tür auf und schaut sich an, was die machen. Dann fegt er mit Schwung einem, der gerade schön am Einräumen ist, die Hemden aus dem oberen Fach: ‹Mann, haben Sie noch nie DIN A4 gesehen, so sollen die Hemden liegen. DIN A4, nicht größer, nicht kleiner, verstanden! Merken Sie sich das, Kameraden, sonst kriegen Sie Schwierigkeiten!›» (Klippel, S. 77)

> «Kameraden, schauen Sie mal die Flecken auf den Spiegeln an. Wenn die nachher nicht weg sind, bleiben Sie übers Wochenende da und üben Revierreinigen, verlassen Sie sich drauf!
> Die Typen kratzen mit den Fingernägeln am Glas rum, aber die Flecken gehen nicht weg. Die sind schon seit Jahren im Glas.» (S. 182–3)
> «Funker Meier meldet: ‹Spind des Funker Meier zur Spinddurchsicht bereit!› ‹Aufmachen!› Der Typ fummelt an seinen Schlüsseln rum, schließt den Spind auf und reißt die Tür sperrangelweit auf. Späth kramt in den Fächern: ‹Wo haben Sie Ihr Eßbesteck?› Meier macht das Fach für Essenssachen auf und zieht sein Eßbesteck raus. Späth hält es gegen 's Fenster: ‹Kamerad, sehn Sie mal hier, da ist ja noch Marmelade dran, nennen Sie das sauber? Da schlägt's doch ein: Kamerad, Sie bleiben nach der Parole noch da und stellen das ab. Wir werden später noch mal durchgehn. Wenn Sie dann keine Ordnung in Ihrem Spind haben, dann bleiben Sie übers Wochenende im Block, das garantier ich Ihnen.›» (S. 185–6)

Wehren kann man sich gegen diese Form der Behandlung nicht.

> «So läuft es. Wer das Spiel nicht mitspielt, kommt ins Loch. Wird fertiggemacht. Solange du allein bist, mußt du tun, was sie von dir wollen, weil dir keiner hilft. Sie machen einen fertig, sie machen den ganzen Zug fertig.» (Klippel, S. 176)

Auf diese Weise gelingt es ihnen, jeden möglichen Widerstand zu brechen, die Rekruten einzuschüchtern und sie zu willenlosen Werkzeugen zu machen, die jeden Befehl sofort ausführen. Ein erfolgreiches Kontrollmittel ist auch die Bestrafung eines Kollektivs. Die Kameraden lernen schnell, auf einen Nachzügler Druck auszuüben oder auch ihm zu helfen, damit nicht alle länger arbeiten müssen.

In dem Film *‹Soldier Girls – Frauen in Uniform›*, einem amerikanischen Dokumentarfilm (1981) wird gezeigt, wie die Soldaten gedemütigt werden. Ein Ausbilder: «Kommen Sie mal her, Johnson, Sie grinsen immer noch. Grinsen Sie ruhig weiter. Jedesmal, wenn ich es sehe, werde ich es aus Ihrem Gesicht entfernen, und Sie werden heulen so wie gestern, und ich werde Ihnen dann ins Gesicht lachen.» Eine andere Rekrutin, die ein bißchen verrückt spielt, um aus dem Militärdienst entlassen zu werden, wird von zwei Ausbildern übel beschimpft:

«Ich werde schon krank, wenn ich Ihren Arsch sehe. Wenn Sie heute Nacht abhauen, wär mir das nicht früh genug. Sie sind eine Schande für die Uniform, man muß sich schämen, daß jemand wie Sie sie trägt, Private. Sie besudeln diese Uniform. Wenn ich nur an all jene denke, die gefallen sind in dieser Uniform, und Sie haben die Frechheit hierherzukommen und sie anzuziehen ... Sie haben wahrscheinlich seit ihrem 15. Lebensjahr nicht mehr wie ein normaler Mensch gehandelt, da haben Sie aufgehört zur menschlichen Rasse zu gehören, und wir können darüber froh sein, weil Sie unzumutbar sind. Sie verdienen nicht, in den USA leben zu dürfen. Ihre Zukunft wird so aussehen, daß Sie sich einen Mann suchen, der Sie für den Rest Ihres Lebens versorgen wird. Legen Sie sich bloß keine Kinder zu, es gibt nämlich so was wie Vererbung von Anlagen, und ich hasse den Gedanken, daß es wieder jemand geben würde, der so ist wie Sie. Den Kindern würden Sie damit auch nichts Gutes tun, ich bezweifle, daß Sie die Verantwortung für 'n Kind übernehmen könnten. Sie werden ja nicht mal mit sich selber fertig.» Man droht Private Alves, sie in die Psychiatrie zu stecken und sie mit Drogen vollzupumpen. «Wissen Sie wie das Corosin wirkt? Sie werden wie ein altes Weib gehen, 'ne Stimme wie Frankenstein kriegen, steif und taub werden Sie durch die Gegend schlurfen; Sie brauchen dann auch nie mehr Angst zu haben, sich an irgendwas zu erinnern, man wird Ihnen alle Sorgen abnehmen.»

Solche Erniedrigungen dienen nicht gerade dazu, daß ein Soldat voller Stolz und Vertrauen zum drill sergeant aufblickt. In anderen Fällen, wenn der Ausbilder nicht gerade ein übler Schinder ist, wird er von jungen Soldaten häufig als Vater-Figur erlebt. Er vermittelt das Bild eines idealen Soldaten, der sich auch um seine Schützlinge sorgt (vgl. Faris 1976). Wenn sie ihre Aufgabe erfüllen, werden sie vom Ausbilder anerkannt und gelobt, und das steigert ihr Selbstbewußtsein, das ja zu Anfang arg erschüttert wurde. Lob und Anerkennung werden ganz gezielt eingesetzt. Zu Anfang werden die Rekruten systematisch verunsichert, sie werden ständig kritisiert, fertiggemacht und aller Selbstachtung beraubt. Die zivile Welt draußen wird in den ersten Tagen und Wochen unwirklich, wirklich ist, was in den 24 Stunden, die man ständig mit anderen zusammen ist, geschieht. Man kommt kaum zur Ruhe und zum Nachdenken, sondern ist der neuen Situation ausgeliefert. Egal was man draußen in der zivilen Welt war, arbeitslos oder College-Student, hier drin gelten andere Maßstäbe, nach denen jemand beurteilt wird. Anerkennung und (Selbst-)Achtung gibt es nur innerhalb des Systems, nur wenn man tut, was der drill sergeant befiehlt. Die Isolation steigert die Abhängigkeit von der mi-

Mit Politur und Spucke werden die Stiefel zum Glänzen gebracht

litärischen Umwelt und die schnellere Übernahme militärischer Normen und Verhaltensweisen.

Die Veränderung der Persönlichkeit wird von den Soldaten nicht bewußt und kritisch erlebt. Sie erfahren zu Beginn viel Stress und Frustrationen, Verwirrung und Wut, doch allmählich finden sie sich zurecht. Sie begreifen langsam, was von ihnen erwartet wird und passen sich so an, daß sie diese Erwartungen erfüllen. Sie lernen Schießen und Marschieren, und wenn sie dafür vor anderen gelobt werden, so baut sich dadurch ein neues, soldatisches Selbstbewußtsein auf.

Diese Methode, die die Verinnerlichung militärischer Werte und Verhaltensweisen bewirkt, geht nicht gerade sanft mit den jungen Menschen um. Manche sind zu sensibel und verkraften diese Behandlung nicht. Wie rechtfertigt das Militär solch eine rauhe Behandlung der Rekruten durch die Ausbilder? Nach Lawrence Radine (1977) nimmt das Militär an, daß der Mensch von Natur aus faul und unkooperativ sei und Risiken vermeide. Darum müsse der Führer Zwangsmittel einsetzen, um überhaupt etwas zu erreichen (physische Bestrafung, Schikanierung, Einschränkung der Freizeit). Darauf reagiert der Soldat mit Ärger und Widerstand und bestätigt so die pessimistischen Annahmen. Diese sich selbst erfüllende Prophezeiung rechtfertigt, so Radine, alle Zwangsmaßnahmen und Schikanen.

Radines Erklärung ist wohl nicht ganz falsch, doch trifft sie nicht den Kern der Sache. Einleuchtender erscheint mir die Bemerkung von Rafferty, wonach der Rekrut fähig werden muß zu kämpfen. Das Militär muß sicher sein, daß jeder Rekrut im Heer und in der Marine physisch, geistig und emotional fähig ist, der schrecklichen Belastung eines Nahkampfes standzuhalten und, wenn nötig, einen einzelnen Feind zu töten. Sie können es sich nicht leisten, Rekruten zu verhätscheln. Ein Rekrut, der in der Grundausbildung verhätschelt wird, könnte im Kampf getötet werden. Und er fährt fort: «Das Training soll dich nicht nur so formen, daß du gut aussiehst und dich militärisch verhältst, sondern sie müssen dich in gehärteten Stahl umformen.» (Rafferty 1980:188) Jeff, seit 16 Jahren bei der Army und jetzt Oberfeldwebel in Wackernheim, meint hierzu: «Die Grundausbildung ist heute viel zu sanft. Früher gab es mehr psychologische Kriegsführung, dabei hat man die Rekruten extrem unter Druck gesetzt, um zu sehen, ob sie zusammenbrechen.»

«Und was passiert, wenn jemand zusammenbricht?»

«Dann muß er raus aus der Armee, weil er auch im Krieg zusammenbrechen würde. Sicher, es gibt auch Leute, die halten die Grundausbildung durch und machen im Kampf schlapp, aber das sind nicht so viele.»

Jeff bedauert, daß das Basic Training heute weniger hart ist.

«Ist die Grundausbildung leichter geworden, weil jetzt Frauen dabei sind?»

«Zum Teil, es liegt auch daran, daß sie heute sozusagen öffentlich sind, das heißt, jeder kann kommen und zuschauen, und da halten sich die drill sergeants etwas zurück ...»

Es war schon im vorigen Kapitel davon die Rede, daß das Militär eine Organisation ist, in der Gewalt geprobt und aufs Töten vorbereitet wird. Der Zwang, einen Befehl auszuführen, muß so stark sein, daß die Hemmung zu töten davor zurücktritt. Gleichzeitig muß ein gewisses Maß an Aggression vorhanden sein als auch eine Rechtfertigung für destruktive Handlungen. Beides wird erreicht durch ein Männlichkeitsethos und durch Propaganda und Indoktrinierung. Durch Indoktrinierung sollen individuelle Werte vermittelt, die nationale Einheit bekräftigt und Haß oder Mißtrauen gegen einen aktuellen oder potentiellen Feind geschaffen werden. Die amerikanischen Soldaten wissen, warum sie in Deutschland sind: «We are here to kill Russians!» Der Kommunismus ist der Feind, den man in den schwärzesten Farben schildert, um die Werte der eigenen Kultur in um so hellerem Licht erstrahlen zu lassen, und um Stärke und Präsenz der Streitkräfte zu rechtfertigen. Um 1940 hatte das amerikanische Militär die Abteilung «Moral Branch» gegründet, die die ersten «Why we Fight»-Propagandafilme drehte, Poster entwarf, Lesungen und Diskussionsrunden organisierte. Im Verbund mit Radio- und Fernsehstationen wurde das Indoktrinationsmaterial zusammen mit Musik, Nachrichten und Unterhaltung besonders für die Streitkräfte im Ausland verbreitet.

Kampfbereitschaft und Härte gegenüber einem Feind zu entwikkeln, der nicht sichtbar und sehr fern ist, ist schwierig. In seinem Buch über die Bundeswehr läßt Klippel einen Hauptmann in einer Ausbilderbesprechung sagen:

> «Solange es für die Bundeswehr keinen militärischen äußeren Feind gibt, bekämpfen wir in erster Linie den inneren Feind der Gesellschaft. Die Schlaffheit zum Beispiel, wie sie der Jugend heute anerzogen wird. Wenn wir davon reden, daß die Soldaten den inneren Schweinehund besiegen sollen, so ist das in gewisser Weise der wichtigste Sieg, der heute überhaupt noch von der Bundeswehr gewonnen wird.» (Klippel 1980:103)

Hierin drückt sich auch ein Männlichkeitsethos aus, das Härte und Strenge verlangt: «Join the Army, be a man!» Wer ein Mann ist, hat Kraft und Stärke, Mut und Ausdauer. Er zeigt keine Schwächen wie Angst und Feigheit – die Kameraden würden ihn verlachen! Gefühle? Weiberkram! Disziplin und Ordnung sind die positiven Seiten des soldatisch geprägten Männlichkeitsethos. Die negativen Seiten zeigen sich in einem übersteigerten Männlichkeitswahn, in der Überbewertung sexueller Energie, der Bereitschaft, Argumente mit Fäusten auszutragen und der Abwertung von Frauen.

Die harsche Behandlung durch Vorgesetzte soll die Soldaten hart machen. Diese Behandlungsweise kann aber auch in ihr Gegenteil umschlagen, wenn die Soldaten sich nämlich unterdrückt fühlen und das ganze System ablehnen. Man muß also einen Ausgleich finden, damit die Rekruten lernen, sich dem Militär gegenüber loyal zu verhalten, und sie die Schikanen nur als Mittel sehen, bessere Soldaten aus ihnen zu machen. Holmes bringt diese Einstellung zum Ausdruck, wenn er zwei Soldaten sagen läßt, daß die Ausbilder ja nur ihre Pflicht erfüllen und bestraft würden, wenn sie die Rekruten nicht auf Vordermann bringen würden (Holmes 1979:66). Hierzu wird Lob als positiver Verstärker eingesetzt, um erwünschte Verhaltensweisen zu bekräftigen. Wer bestimmte Anforderungen erfüllt, sei es beim Schießen, Marschieren, Handgranaten werfen oder bei der Inspektion, wird gelobt. Solche Anerkennung entlastet von Unsicherheit, und schließlich wächst der Stolz auf die eigene vollbrachte Leistung. Auf diese Weise wird der Rekrut systematisch dazu gebracht, daß er sich mit dem Militär identifiziert und die geforderten Normen akzeptiert.

Gleichzeitig bemüht man sich, ein Elitebewußtsein zu schaffen. Soldaten sind etwas Besseres als Zivilisten: «Wer steht noch unter den Rekruten im Basic Training? Zivilisten» (Holmes, S. 75). Verhaltensweisen und Eigenschaften aus dem zivilen Leben werden als minderwertig dargestellt, soldatische Tugenden dagegen gelobt. Der Härte des militärischen Lebens wird die Schlaffheit der Zivilisten gegenübergestellt. Da die Soldaten rein physisch tatsächlich mehr leisten als je zuvor in ihrem Leben, entwickelt sich ein Gefühl des berechtigten Stolzes. Klippel schreibt:

> «Ausgerechnet am Wochenende so 'n Sauwetter. Aber ich bin jetzt ganz andre Sachen gewöhnt als son Regen. Wir sind durch Pfützen gekrochen. Einmal, als wir im Freien übernachtet haben, hat's in der Nacht geschneit, und am Morgen warn die Schlafsäcke und Zelte wie Gräber. Uns kann das nicht mehr belasten ... Ich halt den Kopf hoch, es ist kalt, aber macht Spaß. Das ist normale Härte, Natur sozusagen. Die andern Pisser, die hier rumstehen, halten nicht mal mehr die normale Natur aus, sie ducken sich unter ihren Schirmen. Hart sein gegen sich haben wir beim Bund gelernt. Was uns nicht umbringt, macht uns nur härter. Sonst bist du kein Mann.» (S. 9)

«Das Elitebewußtsein ist bei Berufsoffizieren besonders stark ausgeprägt. Sie sehen sich als jemand, der die positiven Werte der amerikanischen Gesellschaft vertritt, und dessen Verhalten besser als das eines Zivilisten ist.» (Janowitz 1971:XXXIX) Teil dieses Elitebewußtseins sind die offiziellen Symbole. Uniformen mit Rangabzeichen und Auszeichnungen, Flaggen, Musik und Paraden erzeugen ein Gefühl des Stolzes und der Zugehörigkeit.

Am Ende der Grundausbildung sind die Soldaten alle erleichtert, das Training erfolgreich überstanden zu haben. Gefühle der Euphorie und des Vertrauens entstehen, besonders am Tag der Graduierungsfeier (s. Stanton 1973:476). Paradoxerweise klagen etliche am Ende, daß das basic training nicht hart genug gewesen sei! Diese Klagen wurden – zu Unrecht – besonders dann laut, als Männer und Frauen das gleiche Training gemeinsam durchliefen. Das einzige, was sich im amerikanischen basic training geändert hat, ist das Verbot von Handlungen, die gegen die Menschenwürde verstoßen (z. B. vor versammelter Mannschaft bellen zu müssen, oder beim Marschieren «Kill! Kill! Kill» zu singen); außerdem darf der Ausbilder den Rekruten nicht anfassen (aber er kann ihn anbrüllen, wenn er nur zwei Zentimeter von seiner Nasenspitze entfernt steht). Nicht selten sind Soldaten später enttäuscht, daß es nicht genauso spannend und abwechslungsreich weitergeht, sondern daß unter Umständen nur ein langweiliger Bürojob auf sie wartet. Im Nachhinein wird natürlich vieles glorifiziert, Mißgeschicke geraten zur Anekdote, der Rekrut hat erfolgreich seine Identität als kampfbereiter Soldat angenommen, der jeden Befehl ausführt. Holmes zitiert einen Colonel der Army, der über die Grundausbildung sagt: «Basic training is a factory. We feed a kid into a hopper, turn a crank, and seven weeks later we spit out a trooper.» (Holmes 1979:1) Zu deutsch: Basic training ist wie eine Fabrik. Wir stecken die Kinder in einen Trichter, drehen an der Kurbel und nach sieben Wochen spucken wir einen Soldaten aus.

5. Von Miami und Harlem nach Wackernheim. Die Versetzung in eine andere Welt

WHEREINTHEHELLIS
Wackernheim
Germany
(Aufschrift auf einem T-Shirt)

Nach sieben Wochen Grundausbildung und neun Wochen beruflicher Schulung am Computer wird Ruth nach Deutschland versetzt. Sie ist in Kentucky bei ihren Großeltern aufgewachsen und spricht einen Südstaatendialekt, den ich nur mit Mühe verstehe. Ihr Großvater hat im Kohlebergbau gearbeitet, bis er eine Staublunge bekam. Ruth hat die Highschool abgeschlossen und dann eineinhalb Jahre das College besucht. Danach arbeitete sie in verschiedenen Fabriken, verließ die Familie, zu der sie keine enge Bindung hat, und reiste ziellos durch die Staaten, bis sie – nicht zuletzt aus Geldmangel – zum Militär ging.

Ruth ist Anfang 20, hat kurze, blonde Haare und trägt eine Brille mit starken Gläsern, die ihre Augen verkleinern und ihr einen stechenden Blick verleihen. Sie spricht sehr schnell und abgehackt, oft nur halbe Sätze, lacht abrupt auf und ist sofort wieder ernst. Als ich sie interviewe, kennen wir uns bereits seit zwei Jahren. Ich frage sie, wie sie reagierte, als sie von ihrer Versetzung nach Deutschland hörte.

«Ich hab mich betrunken und geweint. Ich hatte Angst, ich wußte nicht, wohin ich kommen würde.»

«Wußtest du, wo Deutschland ist?»

«Nein, nicht genau. Und ich habe im Fernsehen verschiedene Sachen gehört und gesehen, weißt du ... Ich wußte nicht, wie sie uns hier behandeln würden ... Ich wußte nicht, ob sie immer noch Amerikaner hassen ...»

Ruth hatte einen Onkel, wie sie mir dann erzählt, der in Deutschland Kriegsgefangener war. Seine Erzählungen prägten ihr Deutschlandbild und erzeugten Ängste vor einem feindlichen Land.

Eine ganz andere Einstellung zur Versetzung nach Deutschland hatte Jill, ein Puertoricaner aus New York. Seine Eltern sind vor rund 20 Jahren aus Puerto Rico nach USA eingewandert, und sie leben, wie so viele Puertoricaner, in Spanish Harlem in einer Sozialbauwohnung. Die Kontakte zur übrigen Familie in Puerto Rico sind noch eng, in den Sommerferien fahren sie oft «nach Hause» – vor allem für die Mutter ist es noch ein Stück Heimat. Jill spricht englisch und spanisch, kann aber Spanisch, im Gegensatz zum Englischen, we-

Auf dem Weg nach Deutschland

der schreiben noch lesen. Wenn er mit seiner Mutter telefoniert, sprechen sie eine für mich unverständliche Mischung aus spanisch und englisch. Eigentlich ist er in zwei verschiedenen Kulturen und Sprachen großgeworden, und der Teil der amerikanischen Kultur, die er am besten kennt, ist die Großstadt. Sein Zuhause sind Harlem und Manhattan, der Central Park und die Discos. Hills Mutter – der Vater hat die Familie schon vor vielen Jahren plötzlich verlassen und kehrte nie mehr zurück – legt Wert auf gute Erziehung; Jill ist einer der höflichsten und liebenswertesten Soldaten, die ich im Laufe der drei Jahre kennenlernte. – Juan, der Cousin von Jill, hatte in der Army in Deutschland gedient, und nach seiner Entlassung aus dem Militär blieb er bei seiner Freundin in Mainz wohnen. Der Zufall wollte es, daß Jill nach Wackernheim versetzt wurde – nur 45 Busminuten von Juan entfernt. «Hier ist es viel weiter weg als in Alabama, wo ich vorher stationiert war, da konnte ich telefonieren, ohne mir allzu große Sorgen um die Rechnung zu machen.»

«Wie hast du dich am Anfang hier in Deutschland gefühlt?»

«Mir gefiel es. Mir gefällt es immer noch. Wie alle anderen fing ich an, meine Tage hier zu zählen.»

Jill fühlte sich nicht allein, er konnte seinen Cousin anrufen, der ihm die Stadt zeigte, Juans Freundin kochte, und sie rauchten zusammen Hasch. – Ich bin neugierig, wie er den Gegensatz zwischen dem ständig aktiven, vibrierenden Harlem und dem ruhigen, langweiligen Wackernheim erlebt hat.

«Am Anfang», so Jill, «konnte ich hier überhaupt nicht schlafen. Das war alles so ruhig, das war ich nicht gewohnt. Zu Hause ist immer Lärm, im Haus und auf der Straße. Aber jetzt habe ich mich daran gewöhnt. Jetzt gefällt mir die Ruhe sogar. Hier ist nicht so eine Hektik, alles geht hier langsamer.»

«Headstart» – das Einführungsprogramm

Nach ihrer Ankunft werden die Soldaten zwei Wochen lang auf ihren Aufenthalt in Deutschland vorbereitet. Sie erhalten einen intensiven Sprachunterricht, in dem sie Begrüßungsformeln lernen, Speisekarten und Zugfahrpläne lesen, deutsches Geld kennenlernen und die Grundbegriffe für eine Unterhaltung mit Taxifahrern und Verkäufern, im Schwimmbad und Hotel lernen.

Das Lehrbuch «Headstart»[1] enthält Dialoge und Übersetzungsübungen, doch keine Grammatik. Manche Situationen werden auch praktisch geübt. Ein Lehrer läßt beispielsweise die Gruppe eine Straßenbahn benutzen und im Restaurant das Essen auf deutsch bestellen.

In manchen Kasernen gehört es zum Programm, an die deutschdeutsche Grenze zu fahren, um so den GIs einen Eindruck zu vermitteln, warum sie hier in West-Deutschland sind.

Für einige Soldaten wirkt die Versetzung nach Europa wie ein Kulturschock. Chris, die aus einer armen Farmerfamilie in Pennsylvania stammt, war nie weiter als 50 Meilen von zu Hause weg. Auch sie kommt aus einer unvollständigen Familie, ihre Mutter hat die Familie verlassen, als sie selber elf Jahre alt war, und Chris leidet im Grunde heute noch darunter. Sie ist Alkoholikerin, hat eine uneheliche Tochter in Amerika, und hat in der Zeit, bevor sie zur Army ging, einige Jahre lang mehr oder weniger auf der Straße gelebt, im Keller gewohnt, mit Zuhältern und Prostituierten verkehrt. Sie ist im Innern labil, verzweifelt und deprimiert, nach außen mimt sie den Clown, den Kumpel, der bei jeder Zecherei mithält und immer die witzigsten Sprüche und Zoten reißt.

Als sie nach Deutschland kam, war sie in der zweiten Einführungswoche so verstört, daß sie ihr Zimmer nicht mehr verließ: «Ich bin die erste in meiner Familie, die jemals irgendwohin gegangen ist, und es war wie ein Schock, als ich schließlich hierher kam. Es war wie – Gott, weißt du, ich kann nicht mehr einfach nur die Straße runter gehen und nach Hause gehen! Und es wird eine lange Zeit dauern, bis ich das überhaupt wieder kann. Und während der zwei Wochen in «Headstart» habe ich die zweite Woche total verpaßt ... Ich war einsam, ich hatte Angst, ich kannte niemanden, und ich fühlte mich sicherer, im Zimmer zu bleiben, als da raus zu gehen.»

Die ersten Wochen und Monate in Deutschland bedeuten für viele Soldaten eine extrem schwierige Zeit. «Ich hatte mich noch nicht ans Militärleben gewöhnt», meint Ruth. Sie hatte gerade erst einen neuen Beruf gelernt, in dem sie sich noch einarbeiten muß, und jetzt wird sie plötzlich auf einen anderen Kontinent versetzt, wo sie kein Wort versteht und nicht weiß, wie sie sich verhalten soll. Selbst diejenigen, die innerhalb Amerikas viel gereist sind, tun sich anfangs hier schwer. Das Leben im Militär, eine neue berufliche Tätigkeit, die Versetzung an einen neuen Standort in einem neuen Land, wo man niemanden kennt – all das sind drastische Veränderungen zum früheren Leben, die ein hohes Anpassungsvermögen erfordern. Manche Soldaten entwickeln Gefühle der Frustration und der Angst, lehnen ihre neue Umgebung ab und glorifizieren alles Amerikanische – eine psychisch verständliche Reaktion, sie fühlen sich überfordert und blocken das

Neue erst mal ab. Andere hingegen stürzen sich voller Begeisterung in das neue Abenteuer. In der Woche, als Jim nach Deutschland versetzt wurde, machte er gleich eine Bootsfahrt vom «Deutsch-Amerikanischen Kontakt-Club» mit. Ich habe Jim nur noch einige Male wiedergesehen, aber ich werde nie vergessen, wie er völlig versunken oben auf der Burg Stahl seine Querflöte spielte, verzaubert vom Blick über den Rhein und überglücklich, daß er in ein so schönes Land versetzt worden war.

Arbeit und Arbeits(un)zufriedenheit

Nach zwei Wochen «Headstart» fängt dann die richtige Arbeit an. Über diesen ganzen Bereich kann ich nur wenige Aussagen machen, da er Außenstehenden verschlossen bleibt und viele Informationen «classified», also geheim sind. Was sich dennoch im Laufe der Jahre herausschälte, war die unterschiedliche Arbeitszeit und die Arbeitszufriedenheit mancher Soldaten.

Je nach Art der Arbeit lassen sich drei unterschiedliche Arbeitsrhythmen unterscheiden. Da sind zunächst die Soldaten, die einen normalen Acht-Stunden-Tag haben und sich auf ein freies Wochenende freuen. Zu dieser Gruppe zählen alle diejenigen, die in der Verwaltung arbeiten oder andere leichtere Tätigkeiten ausüben, z. B. als Zahnarzthelfer, bei der Post, als Lehrer, am Computer. Wer als Mechaniker für Autos oder Hubschrauber einen Acht-Stunden-Tag hat, muß öfter mal Überstunden machen. Wenn eine Inspektion oder ein Manöver bevorstehen, ein Auto plötzlich den Dienst versagt oder ein Hubschrauber defekt ist, sind zehn oder 15 Stunden Arbeit keine Seltenheit.

Zur zweiten Gruppe gehören alle Schichtarbeiter. Wer am Radar arbeitet oder hochtechnisierte Geräte (Raketen) bewacht, Koch oder Militärpolizist ist, hat meist einen 24-Stunden-Tag und danach 24 Stunden frei. Dan, der Direktor eines Freizeitzentrums in Mainz, erzählt mir, daß viele Schichtarbeiter nie ein paar Tage hintereinander frei haben. Sie erhalten in unregelmäßigen Abständen einzelne freie Tage, aber sie können nie langfristig planen. Im Gegensatz zu Dans Informationen erlebe ich bei Ruth, daß sie 9 Tage Schichtarbeit macht und dann drei freie Tage hat. Ihre Freundin Chris hat einen Acht-Stunden-Tag und freie Wochenenden, doch nur einmal im Monat haben die beiden Frauen ein ganzes gemeinsames Wochenende. Ein geringer Teil des technischen Personals hat eine 48-Stunden-Schicht und danach drei Tage frei.

Zwei Soldatinnen auf der Schreibstube

Die Schichtarbeit verlängert sich durch morgendliches Antreten, Inspektionen oder nächtlichen Alarm. Um fünf oder sechs Uhr früh ist «formation», zu der die Mannschaften antreten müssen. Die Anwesenheit wird überprüft, Bekanntmachungen verlesen, und dann wird eine halbe Stunde lang Sport getrieben, «physical training», von den Soldaten P. T. genannt. In der Soldatenzeitung «Stars and Stripes» beklagen sich einige Soldaten darüber, daß sie zwischen dem Appell und dem Arbeitsbeginn um acht Uhr eine Stunde Zeit hätten, in der sie nichts tun könnten, und sie schlugen vor, den Sport auf den Nachmittag zu verlegen, wenn ihre Arbeit beendet ist.

Ein Soldat, der als Militärpolizist Raketen bewacht, klagte mir gegenüber ebenfalls über unzureichende Organisation, die seine Schichtarbeit unnötig verlängert: wenn sein 24stündiger Dienst beendet ist, warten sie oft auf den Wagen, der sie vom Raketenlager zurück in die Kaserne bringt. Diese Warterei und P. T. vor dem Dienst verlängern die Arbeitszeit häufig auf 30 Stunden. – Mindestens zweimal im Monat ist Alarm («alert»), zu dem alle Soldaten, egal wo sie sich gerade befinden, innerhalb weniger Stunden erscheinen müssen; das kann am Wochenende oder mitten in der Nacht sein.

Die dritte Gruppe von Soldaten hat es am schwersten. Sie gehören zur Infanterie und müssen ständig Feldübungen und Manöver machen. Die Infanterie in Wackernheim ist im Jahr 165 Tage im Feld. Dan erzählt, daß sie oft von 5 Uhr morgens bis nachts um elf arbeiten und auch am Wochenende arbeiten müssen. Nach einer 120-Stunden-Woche haben sie dann zwar zwei bis drei Tage frei, aber sie können nie langfristig Pläne zum Verreisen machen.

In der örtlichen Soldatenzeitung «Mainz soldier» schildert ein Bericht, wie hart es für die Soldaten und ihre Familien hier werden kann. Nur ein paar Tage nach «Reforger», dem großen NATO-Herbstmanöver müssen die Soldaten schon wieder für zwei Wochen ins Manöver, diesmal nach Bad Tölz, zu einem der härtesten Trainings in Europa. Wenn sie davon zurückkehren, haben sie nur fünf Tage Zeit, bevor sie für zwei Wochen nach Baumholder zur nächsten Feldübung abmarschieren. «Mainz soldier» berichtet, daß die Ehefrauen der GIs sich beim Staff Sergeant beschwerten. Er lädt schließlich alle Ehefrauen zu einem Treffen ein und erklärt ihnen den Sinn des Trainings. «Meine Frau hat die Nachricht hart getroffen», sagt ein Unteroffizier. «Aber sie versteht, daß es halt eine Anforderung der Armee ist, genauso wie wenn wir nach Baumholder gehen.» – «Selbst die Soldaten wollten zuerst nicht gehen», meint der Staff Sergeant. «Wir hatten wirklich Probleme mit der Arbeitsmoral der Truppen.»

Vor allen Dingen für verheiratete Soldaten ist das eine große Belastung für die ganze Familie. Nach Aussagen von Soldaten ist die Scheidungsquote hier besonders hoch. Aber auch für die unverheirateten Soldaten stellt die fast halbjährige Abwesenheit eine Belastung dar. Es ist schwierig, Freundschaften aufrechtzuerhalten, nicht nur, weil man sich so selten sieht, sondern auch, weil man Verabredungen oft nicht einhalten kann. Sie stehen mehr unter Druck als alle anderen Soldaten. Die Arbeitszufriedenheit bei diesen Einheiten ist häufig gering, es macht einfach nicht allen Spaß, bei jedem Wetter und an so vielen Tagen im Jahr den Ernstfall zu üben.

Wie bei jedem Militär wird vermehrte Arbeitszeit weder bezahlt noch durch Freizeit abgegolten. Manche Soldaten fühlen sich dadurch ausgebeutet. Ihrer Ansicht nach ist die Army in Amerika ein normaler Acht-Stunden-Job, bei dem es nur sehr selten Manöver und Alarm gibt. Nicht alle wissen vorher, daß die Army in Europa eine «ready army» ist, bereit zu kämpfen, und sie sind dann – unangenehm – überrascht, wenn sie das hier herausfinden.

Im krassen Gegensatz zu diesen Klagen über zuviel Arbeit stehen Klagen über zuwenig oder sinnlose Arbeit. So heißt es in einem Bericht des Militärs über Drogengebrauch: «Beim letzten Manöver habe ich zwei Wochen lang hinten in einem Fünftonner gesessen und

Ein Willkommensgruß nach dem Manöver

im Wald Wache geschoben» (Drug abuse, 1978:136). Chico, ein Freund von Jill, Puertoricaner aus Brooklyn, New York, sagt: «Ich hasse Arbeit, nicht jede Arbeit, sondern diese Art der Arbeit. Es ist langweilig!» Chico fühlt sich vom Armeewerber betrogen. Er hoffte, in der Elektronik arbeiten zu können, doch sein jetziger Job hat damit nichts zu tun und wird ihm später im Zivilleben wenig nützen. Während seines 24stündigen Dienstes muß er abwechselnd vier Stunden lang in einem Wachturm sitzen, Nike-Hercules-Raketen bewachen, und kann dann vier Stunden schlafen. «Sie haben Betten da, aber sie sind dreckig, ich schlafe da nicht.» Lesen darf er bei seiner Arbeit nicht, er muß nur da sitzen und das Gelände beobachten. Er ist wütend und enttäuscht über die verlorene Zeit im Militär. Er hat einen Job als Spanischlehrer aufgegeben, um in der Army Elektronik zu lernen, doch jetzt höhnt er, daß er mit dieser Ausbildung höchstens zur Fremdenlegion gehen könne. Als sinnlos empfundene Arbeit ist schlimmer als zuviel, aber sinnvolle Arbeit. Wer sinnlose Arbeit tut, ist enttäuscht, fühlt sich wertlos und empfindet die im Militär verbrachte Zeit als verschwendete Zeit, als vom Militär zu Unrecht verschwendete Zeit.

Viele Angehörige der Militärpolizei arbeiten bei der Raketenbewachung, würden aber lieber wechseln zwischen dem Dienst an Raketen und «white hat duty», also Streife fahren. Sie sind oft enttäuscht und unzufrieden über ihre Arbeit, bei der sie nur stundenlang vom Turm aus hoppelnde Kaninchen zählen können.

Manche Soldaten arbeiten nur Wochen oder Monate in ihrer ursprünglich erlernten Tätigkeit, bevor sie wegen Unfähigkeit oder anderweitigen Bedarfs «umgeschult» werden. Chris wurde im «Advanced Individual Training» zum Mechaniker ausgebildet, doch schon nach zwei Wochen wurde sie auf einem anderen Gebiet eingesetzt. Hier in Deutschland arbeitete sie acht Monate lang in der Küche, half nebenher bei der Postverteilung ihrer Einheit aus und schnitt später erfolgreich bei einer kleinen Prüfung ab, die sie für ihren neuen Job qualifizierte. Mehr durch Zufall gelangte sie in diesen Beruf, doch das selbständige Arbeiten und die relativ freie Zeiteinteilung gefallen ihr, und sie hofft nun, auch nach der Entlassung aus dem Militär Arbeit bei der amerikanischen Post in den USA zu finden.

Am zufriedensten sind diejenigen, die in dem Beruf arbeiten, in dem sie bei Eintritt ins Militär arbeiten wollten, der einigermaßen qualifiziert ist und ihnen bei der Rückkehr ins Zivilleben gute Berufschancen gibt. Aber gerade bei den unteren Rängen trifft das oft genug nicht zu. Wie ein General sagte, sind viele Arbeiten in der Army «dull, dirty, difficult, or dangerous» (Sorley 1979:148), also langweilig, dreckig, schwierig oder gefährlich.

Für das Militär ist die Arbeitszufriedenheit des einzelnen zwar wichtig, aber noch mehr zählt die effektive Arbeitsproduktivität. Und hier hapert es – aus verschiedenen Gründen. Zum einen gibt es zu viele für das Militär Ungeeignete, zum andern verhindert die starke Fluktuation in den Einheiten, daß sich ein guter Teamgeist entwickelt. Sehen wir uns zunächst den ersten Punkt an.

Seit die Arbeitslosigkeit in Amerika steigt, bewerben sich auch mehr qualifizierte Leute fürs Militär. Nun ist man daran interessiert, die «misfits», die Ungeeigneten, schnell loszuwerden. Man änderte einige Artikel des UCMJ[2] und kann jetzt einen Unteroffizier bei einmaligem Vergehen rauswerfen, z. B. wenn er betrunken Auto fährt oder ein Urintest positiv ist, der das Rauchen von Haschisch nachweist. Ein Rekrut oder Gefreiter hat jeweils zwei Chancen, bevor auch er ausscheiden muß. Es gibt aber auch unspezifische Gründe, deretwegen das Militär einen Soldaten vorzeitig entläßt. Die Formel «Individual can not cope with military life» (Das Individuum ist dem Militärleben nicht gewachsen) oder «For the good of the service» (Zum Nutzen der Streitkräfte) läßt einem Vorgesetzten viel Spielraum und ermöglicht ihm, einen Ruhestörer oder Drückeberger, der sich nicht disziplinieren läßt, loszuwerden.

Ein Kommandeur kann auch einen Soldaten daran hindern, sich erneut für drei Jahre weiterzuverpflichten, und zwar mit der Begründung, daß ein Soldat eine negative Haltung dem Militär gegenüber an den Tag legt. Manche Kommandeure benutzen diese Disziplinierungsmaßnahme leider bis zum Exzeß und schaffen so eine noch viel feindlichere Atmosphäre. Das geschah zum Beispiel in Wackernheim, als in einer kleinen Einheit von 60 Mann 40 für eine Weiterverpflichtung gesperrt wurden.

Weitere Maßnahmen zur Selektion sind strengere Standards in den Tests, die für den weiteren Aufstieg zu bestehen sind, und eine generelle Gewichtskontrolle. Einfache Soldaten können sich nicht weiterverpflichten, wenn sie Übergewicht haben, und auch Offiziere werden von der Beförderung ausgeschlossen. Wer mehr Muskeln als Fett hat, kann sein Körperfett messen lassen. Das Militär begründet diese Maßnahme damit, daß physische Fitness zur Erfüllung des Kampfauftrages unverzichtbar ist.[3]

Unter der Überschrift «Strengere Regeln verursachen ein Sinken ehrenhafter Entlassungen» veröffentlichte die *Army Times* am 18.6.1984 eine interessante Statistik. Die Entlassungen wegen Fehlverhaltens, Drogen- und Alkoholmißbrauchs, Homosexualität und Verurteilungen vor dem Militärgericht sind deutlich gestiegen. Wegen «schlechter Führung» wurden 1983 28758 Soldaten entlassen, das ist gegenüber 1982 mit 18956 Entlassungen ein Anstieg von 52%. Beim Drogenmißbrauch stieg die Zahl von 3731 auf 9864, ein Anstieg von 164%. Wegen Homosexualität wurden 1983 1796 GIs nach Hause geschickt, 64% mehr als im Jahr zuvor.

Der zweite wichtige Grund für mangelnde Arbeitsproduktivität ist die ständige Fluktuation in den Einheiten, die Loyalität und Zusammenhalt oft verhindern oder zumindest erschweren. So kehrte man nun probeweise zum alten Regimentsgedanken zurück. Am 19.4.1984 kam die erste dieser sogenannten COHORT-Einheiten nach Mainz. Es sind 120 Soldaten aus Fort Carson, Colorado, die seit der Grundausbildung zusammen sind und schon 18 Monate in den Vereinigten Staaten gedient haben. Jetzt sind sie für weitere 18 Monate in Deutschland stationiert, danach wird die COHORT-Einheit aufgelöst. Kohäsion und Loyalität sollen hier wesentlich besser sein als in anderen Einheiten. Ein wichtiges Kennzeichen dafür nennen sie bereits: niemand unter ihnen stiehlt.[4]

An einem Samstagabend sitze ich mit Chris und Debby in ihrer engen Einzimmerwohnung mit Küche und der Dusche gleich neben dem Kühlschrank. Auf dem winzigen Küchentisch liegt ein gelbes Frotteehandtuch als Decke, und wir spielen Würfelpoker. An der Wand hängen Fotos von Chris' elfjähriger Tochter, die in den Staaten lebt, und von Debbys Eltern und Geschwistern. Chris macht uns dreien eine Tasse heiße Schokolade mit einem Schuß Bacardi-Rum, und die beiden Soldatinnen sind rundum glücklich über ihr kleines Reich in diesem Dorf. Seit einigen Monaten teilen sie sich die wenigen Quadratmeter und die Miete, und zum erstenmal seit über zwei Jahren in Deutschland sagen sie: «Das ist unser Zuhause! Das können wir endlich unser Zuhause nennen!»

Eher bittere Kommentare kenne ich von anderen Soldaten. Vor einigen Monaten fuhr ich Jill zurück in die Kaserne und sagte zu ihm: «Ich fahr dich nach Hause», und er antwortete darauf höhnisch:

«Ich hab kein Zuhause hier, ich habe nur einen Platz, wo ich schlafe.»

Bei einer anderen Gelegenheit fragte ich Sam:

«Wohnst du hier?»

«Nun, ich wohne hier nicht, dies ist nur ein kleiner Platz, den ich belege.»

Beide Male war ich betroffen von dieser Antwort. Das Zimmer in der Kaserne ist kein Zuhause, sondern bloß eine Schlafstelle.

Viele Räume sind überfüllt. Kent, ein Chippewa-Indianer, teilt seine Stube mit elf anderen Kameraden. Ruths Zimmer war eigentlich für vier Betten geplant gewesen, doch im Laufe des Jahres wurden doppelstöckige Betten reingestellt, und jetzt schlafen insgesamt neun Soldatinnen hier. Selbst Bob, ein Unteroffizier, hat entgegen der Regel noch drei Leute bei sich im Zimmer. Der Dollarschwund und die teuren Mieten führen überall in Deutschland zu einer Überbelegung der Kasernen. Man kann sich leicht vorstellen, daß in diesen Unterkünften nicht die Ruhe eines Sanatoriums herrscht. Ruth schildert, wie es manchmal zugeht.

«Manchmal kommst du den Gang runter, und du meinst, dein Zimmer hebt sich vom Boden ab! Da ist laute Musik, oder über dir spielen welche Rock 'n' Roll, und du liegst da – Wumm! Wumm!» Viele Soldaten kaufen sich in Deutschland eine Stereoanlage, die im PX besonders preiswert ist. Die Entscheidung, ob man Disco, Rock oder Country-Western hört, wird oft durch die Wattzahl entschieden: Drehst du deine Anlage auf, stell ich meine noch lauter!

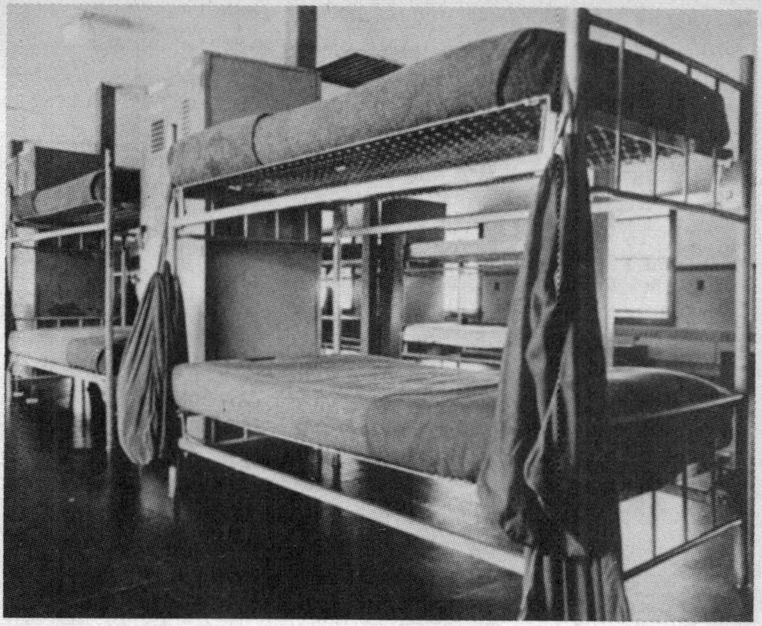

Im Schlafsaal

Ruth hatte gestern eine 24-Stunden-Schicht und wollte heute vormittag schlafen, doch vergeblich:

«Du hast vier, fünf Leute, die rein- und rauslaufen, weißt du, und mein Zimmer – jeder kommt hier rein, es ist mehr wie ein Treffpunkt. Aber wenn da jemand versucht zu schlafen – Türen knallen, reden und so, das geht dir auf die Nerven ... Ich bin aufgestanden und weggegangen.»

Chico, ein Puertoricaner, findet manchmal jemand anders in seinem Bett vor, doch obwohl ihm das nicht paßt, läßt er den anderen gewähren. Er meint, daß er dafür manchmal im Bett des andern schlafen kann, wenn es in seinem Zimmer zu laut zugeht. Und Chris' abschließender Kommentar:

«Ja, an manchen Tagen war es hart. Du hast versucht zu schlafen, wann immer du konntest, und warst dankbar für jedes bißchen Schlaf.»

Manche klagen über mangelnde Hygiene in der Kaserne. Chris erzählt: «Du lernst, mit anderen Menschen zusammen zu leben. Manche sind okay und manche sind wirklich schmutzig. Wir mußten ja alle das gleiche Bad benutzen, und sie ließen persönliche Gegenstände herumliegen, die unhygienisch waren ... manche von ihnen sind einfach dreckig.»

Chris war nicht nur schockiert, daß jemand so unsauber und rücksichtslos sein konnte, sondern sie war erbost und aufgebracht, daß sie von Vorgesetzten dazu gezwungen wurde, eine gebrauchte Binde zu beseitigen.

Jim war seit einer Woche in Finthen Airfield stationiert, als wir uns unterhielten. Er fand, daß die Duschen nicht oft genug geputzt würden. Sie seien so glitschig und schmierig, daß er sich erst Badeschuhe kaufen müsse.

Connie, eine Puertoricanerin aus Harlem, ist Unteroffizier in Kaiserslautern und besucht jedes Wochenende ihre Freundinnen in Mainz. Sie wohnte früher in der Kaserne und hatte dort Angst, sich auf der Toilette eine Geschlechtskrankheit zu holen. Diese Angst ist zwar medizinisch unbegründet, aber dennoch weit verbreitet. Und schließlich ein letzter Fall: Danny hatte eine deutsche Freundin, mit der er allerdings nur eine gemeinsame Nacht verbrachte. Zwei Tage später kam er sehr verlegen wieder und bat seine Freundin, die gesamte Bettwäsche zu kochen und sich selber zu baden, beides unter Zusatz der mitgebrachten medizinischen Salbe. Es klang unglaublich, aber Danny hatte die Krätze. Er hatte sich angesteckt und meinte, daß es in der Kaserne gar nicht so selten sei, Krätze zu bekommen. Einige Monate später hörte ich von drei weiteren GIs, die die Krätze hatten.

Daß diese Situation nicht auf Wackernheim oder Mainz beschränkt ist, zeigt folgendes Zitat aus der *Welt*:

«Ein Blick auf das triste Kasernengebäude aus der Zeit des raschen Aufbaus der Wehrmacht vor bald einem halben Jahrhundert enthüllt einen Zustand der Verwahrlosung, den der Leutnant kurz als ‹schändlich› kennzeichnet. Der Putz blättert ab, die Feuchtigkeit von Toiletten und Waschräumen schlägt durch die Wände. Drinnen wirken die sanitären Anlagen heruntergekommen. Schwarzer Schimmel an den Wänden und in den Ecken, der selbst den regelmäßigen Chlordesinfektionen trotzt; in den Toiletten ist der Urin im Laufe der Jahrzehnte tief in die nicht gekachelten Wände eingedrungen.» (*Die Welt*, 19.9.1981)

Immer wieder kommt es vor, daß gestohlen wird. Wenn Jill zum Duschen geht, schließt er grundsätzlich seinen Spind ab. Vor zwei Monaten hatte Ruth ein Paar neue Kampfstiefel gekauft, und als eine Woche später Inspektion war, waren die Stiefel über Nacht verschwunden und tauchten nie mehr auf.

«Jetzt schließ ich immer alles ab. Was bei mir herumliegt, kostet einen Dollar oder zwei, weißt du, Sachen, die ich morgen im Laden wieder kaufen kann. Aber Kleidung oder Stiefel oder so, das schließ ich ein.»

Chris erinnert sich an ein Mädchen, dem ein sehr teures Radio gestohlen wurde:

«Wir wußten alle, wer es war, aber diese Person hat es am gleichen Tag nach Hause geschickt. Darum konnten wir es nicht beweisen, und wenn du den Gegenstand nicht findest, kannst du es nicht beweisen. In unserer Einheit wird viel gestohlen, besonders Geld. Wie kannst du beweisen, daß ich dir gerade 50 Mark weggenommen habe? Er würde sagen, ‹He, Mann, ich hatte 50 Mark, als ich hierher kam – wovon redest du?› Wie willst du es beweisen? Du kannst es nicht.»

In *Mainz Soldier* heißt es in einem Artikel vom 20.9.1983, daß Diebstahl immer noch ein großes Problem sei. Neulich habe jemand seinen Spind offengelassen und seine Ausgehuniform und Stiefel seien gestohlen worden. «Die Soldaten», so der zuständige Offizier, «lassen ihre Wertgegenstände nicht registrieren, und sie verlieren buchstäblich Tausende von Dollar.» Aber nicht nur die Soldaten in der Kaserne werden beklaut, auch in den Housing Areas ist man nicht sicher. Aus unverschlossenen Autos wurden Auto-Stereoanlagen gestohlen, aus Kellern verschwanden Fahrräder und Möbel, aus unverschlossenen Waschräumen wurde Wäsche gestohlen. Allein im Monat August wurden Gegenstände im Wert von 3000 Dollar gestohlen. Manche Leute sind zu sorglos, da gehen Hausfrauen zum Kaffeetrinken zur Nachbarin gegenüber und lassen die Haustür und Wohnungstür offenstehen.

Es werden auch nicht alle Fälle bekannt. Es kommt vor, daß jemand, dessen Kameraausrüstung gestohlen wurde, Drohungen erhält und den Vorfall dann nicht meldet. Auch wenn Nachbarn oder flüchtige Freunde sich fremdes Eigentum aneignen, vermeiden manche eine Meldung bei der Polizei, um die Beziehungen nicht zu zerstören. Das geschieht vor allem dann, wenn Familien im gleichen Gebäude wohnen oder Soldaten das gleiche Zimmer teilen.

Soldaten und Soldatinnen wohnen in denselben Gebäuden und oft auf den gleichen Stockwerken. Ob sich die Mannschaften (E-1 bis E-4) gegenseitig auf den Zimmern besuchen dürfen und wie lang, ist vom jeweiligen Kommandeur abhängig. Während in Wackernheim Besuche verboten sind, werden sie nebenan in Finthen erlaubt. Man besucht sich natürlich trotzdem und bleibt auch über Nacht. Dabei kommt es darauf an, wer nachts wachhabender Unteroffizier ist; der

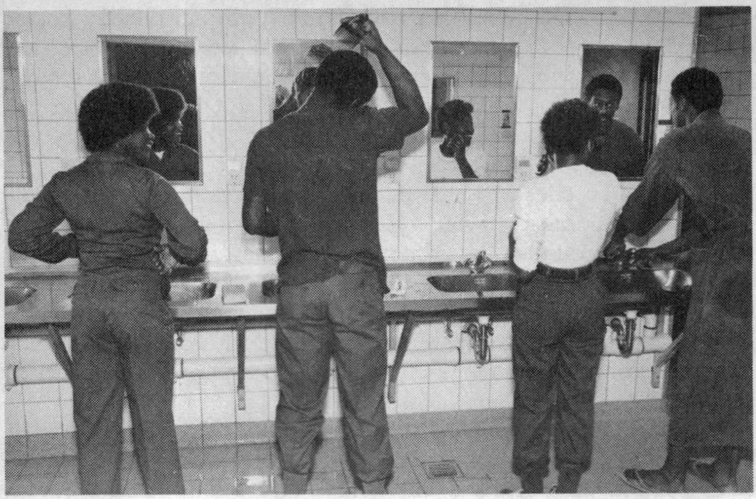

Ein Waschraum in einer Stuttgarter Kaserne

eine drückt ein Auge zu, während ein anderer sich strikt an die Vorschrift hält. Wer nachts erwischt wird, hat nichts zu lachen:

«Ich kenne ein paar Leute, die deswegen verknackt wurden», meint Ruth. «Sie wurden im Zimmer erwischt. Sie verloren ihren Rang und mußten hundert bis zweihundert Dollar zahlen.»

Am 12. Juli 1984 erschien in *Stars and Stripes* ein wütender Leserbrief eines weiblichen Feldwebels. Sie arbeitet seit acht Jahren im Militär, ist unverheiratet und lebt deswegen in der Kaserne (in Mannheim). Trotz ihres Ranges und im Alter von 35 Jahren darf sie ihren Besuch nicht im Zimmer empfangen – es sei denn eine Besucherin. Demgegenüber haben verheiratete Gefreite, die erst zwei Jahre im Militär sind, eine eigene Wohnung, in der sie tun und lassen können, was sie wollen. Während in der Kaserne das strikte Reglement mit dem Fehlverhalten einiger weniger begründet wird, so die Schreiberin, können von einem Wohnungsbesitzer alle Arten von Fehlverhalten bekannt sein (Ehebruch, Gewalttätigkeit gegenüber der Ehefrau, sexueller Mißbrauch), ohne daß das Militär ihnen Vorschriften machen würde, wen sie wann empfangen dürfen. Noch unverständlicher wird das Schauspiel, wenn man die sanitären Einrichtungen betrachtet. Knapp 20 weibliche Soldaten müssen sich in Mannheim die Dusche mit 60 Männern teilen – also eine Dusche für 80 Leute. Außerdem müssen die Soldatinnen über den Männerflur, um zur Dusche zu gelangen. Der Unmut der Frauen, die seit Jahren auf eine Verbesserung der Zustände hoffen, ist verständlich.

Wenn ein Zimmer groß genug ist, versucht jeder, sich durch geschickte Anordnung von Metallschrank und Metallbett ein winziges Stück privaten Bereichs zu schaffen. Die häßlichen kahlen Wände werden mit Plakaten beklebt. Ein Recht auf eigenen Wandschmuck gibt es nicht; wenn dem Sergeant ein Poster nicht paßt, muß es wieder entfernt werden. Das Militär bestimmt, wo jemand schläft, mit wem und wie vielen Leuten er sein Zimmer teilen muß, wie viele Schränke er bekommt, wie sie einzurichten sind. Die Schränke können jederzeit durchsucht werden.

In einem Artikel von *Stars and Stripes* heißt es hierzu: «Wenn ich schon hier leben muß, kann ich mir den Raum ja etwas gemütlicher machen», sagt eine zweiundzwanzigjährige Soldatin aus Stuttgart. «Wenn man die Möbel umstellt, kann man mit ein paar Teppichen und ein wenig Farbe hier wirklich etwas draus machen. Aber der Spieß legte sein Veto ein. Die Fußböden müssen frei bleiben, damit gebohnert werden kann. Zwischen Bett und Tür darf kein Spind stehen, weil das zu einer Gefahr bei Feuer werden könnte. Jetzt ist alles so, wie der Spieß es haben will. Von Wohnlichkeit bleibt aber keine Spur. Das einzige Dekorationsstück in den militärischen Unterkünften ist ein dicker Packen Papier. Er enthält die Dienstanweisung, die Besuchsregelung und die Ruhezeiten. Als Farbfleck findet man nur das an mindestens zwei Stellen der Wand mit roter Farbe verewigte Verbot: ‹Rauchen im Bett verboten!›»[5]

Als Chris nach anderthalb Jahren ein Zimmer außerhalb der Kaserne findet, ist sie unendlich erleichtert. Sie schläft ungestört, ärgert sich nicht mehr über laute Musik, hat ein eigenes Bad und kann saubermachen, wann und was sie will. Sie kann ungestört ein Buch lesen und sich endlich das kochen, was sie gerne ißt! «Ich hab mich viel besser gefühlt, weißt du, denn wenn ich mit der Arbeit fertig war und gehen durfte, konnte ich nach Hause gehen, wirklich nach Hause! Das ist tausend Prozent besser als vorher!»

Die Möbel sind zwar nicht ihre eigenen, aber alles ist schöner als die Army-Metallschränke und -Betten. Jetzt kann sie ihren Schrank nach ihrem eigenen Geschmack einräumen und braucht nichts mehr zu verschließen.

Im Laufe der folgenden Monate wird Chris' Zimmer zu einer Art Mittelpunkt. Hier kann man ungestört feiern und dann in Ruhe seinen Rausch ausschlafen. Die Tür ist nie verschlossen, und wenn Chris nachts nach Hause kommt, sind vielleicht Sharon und ihr Freund da, auch Ruth kann jederzeit bei ihr übernachten, damit sie mal aus der Kaserne rauskommt. Früher ist Chris übers Wochenende schon mal ins Hotel gegangen, nur um endlich ihre Ruhe zu haben. Auch von anderen Soldaten erfahre ich, daß sie sich in Mainz ein Hotelzimmer nehmen, und das Alleinsein oder das Zusammensein mit ihrer Freundin genießen.

Die meisten der von Amerikanern bewohnten Kasernen stammen aus dem Zweiten Weltkrieg oder sind gar noch älter, und die Army hatte viele Jahre lang kein Geld, die Unterkünfte und Werkstätten zu renovieren. Erst unter Reagan, als der Militäretat erheblich erhöht wurde, stellte man Mittel zum Renovieren bereit. In den Vereinigten Staaten sind die Kasernen wesentlich moderner eingerichtet als hier, da haben die Unterkünfte Klimaanlagen, Teppiche und Vorhänge an den Fenstern, und man läßt den Soldaten die Freiheit, sie selber zu dekorieren (vgl. Rafferty 1980 : 17). Es gibt auch in Deutschland Ausnahmen, zum Beispiel in dem völlig neuen Standort Garlstedt bei Bremen, oder in ganz kleinen Standorten, wo man die Unterkünfte in Fertigbauweise errichtet hat.

Zusammen mit Chris besuche ich ihre Freundin Sharon nach ihrer Versetzung in die Eifel. Sie bewohnt zusammen mit einer anderen Soldatin ein gemütliches Zimmer mit schönen Möbeln aus Holz, einem kleinen Schreibtisch, mit Kühlschrank und einem Bad nur für die beiden Mädchen. An der Wand hängen verschiedene Poster, auf dem Bett liegt eine flauschige braune Decke, und zu meiner Überraschung erinnert mich dieses Zimmer eher an ein Studentenwohnheim als an eine militärische Unterkunft. Hier kann man sich wirklich wohlfühlen, aber in diesem Standort mit nur 300 Soldaten, wo sonst fast nichts geboten wird, das nächste Dorf mit ein, zwei Kneipen viele Kilometer entfernt ist und die nächste Stadt gar eine Stunde entfernt ist, braucht man so ein Zimmer, um nicht durchzudrehen.

Üblicherweise sieht es in den Kasernen anders aus. «Die Einrichtungen des Pentagon in Deutschland, die einen Wert von 20 Milliarden Dollar haben, sind jämmerlich rückständig und inadäquat. Die US-Streitkräfte in Deutschland haben einen Instandsetzungsrückstand im Wert von 1,3 Milliarden Dollar. Soldaten leben und arbeiten unter Bedingungen, die in amerikanischen Gefängnissen zu Aufständen führen würden. Glücklicherweise werden die Soldaten nicht rebellisch, sie scheiden statt dessen am Ende ihrer Verpflichtungszeit aus der Armee aus.» Dies zitiert die *Bonner Rundschau* am 24. 7. 1981 aus einem Artikel des amerikanischen Nachrichtenmagazins *Time*. *Time* nennt als besonders krasse Beispiele:

– In einer Kaserne von Hanau seien 18 Soldaten in einem Raum untergebracht.
– Auf dem Flugstützpunkt Büdingen werden Hubschrauber statt in Hangars in Zelten gewartet. Bei kaltem Wetter werde hier entgegen der Vorschrift mit Kerosin geheizt.
– Bei Gießen seien 3000 Soldaten in ein altes Wehrmachtsgefängnis «gezwängt», das ihnen als Unterkunft diene.
– US-Soldaten waschen ihre Panzer im Freien mit Gartenschläuchen, müssen im Winter Eis abkratzen. Die westdeutschen Soldaten hingegen könnten zum Panzerwaschen im Sommer automatische Außenanlagen benutzen, und im Winter stünden ihnen für Säuberung und Instandhaltung ihrer Panzer beheizte Gebäude zur Verfügung.

In einer Reportage der *Welt* (4.11.1980) heißt es über den Standort Hanau: «In einer riesigen Motor- und Werkstatthalle sind die Dächer vergammelt, Fensterscheiben kaputt, die Wände voller Pilz und naß vom durchsickernden Regen, Heizungsrohre verrostet und außer Betrieb. Statt dessen haben findige GIs einen alten Schiffsheizkessel organisiert und trimmen Kohle, um sich zu erwärmen. Oben an den Decken erkennt man Schienen, an denen sich einmal ein Kran für Schwergewichte über eine Laufkatze bewegte, aber der Kran brach eines Tages aus der morsch gewordenen Verankerung mit Donnergetöse herunter. Als Büro dient den I-Trupp-Leuten ein ausgedienter Greyhound-Bus, dem man einfach die Räder amputiert hat ... In einer anderen Ecke werden Lkw-Motoren ausgebaut, repariert und minutenlang auf Hochtouren getestet. Der Lärm ist so infernalisch, daß man sich die Ohren zuhalten muß. Die notwendigen schalldichten Kabinen sind vorhanden – aber die dazu ebenso notwendigen Prüfgeräte zum Einbau der Motoren fehlen, sie wurden vom Kongreß nicht bewilligt; das ganze Projekt scheiterte an der Streichung von 20000 Dollar. Die Werkstatt wurde einmal – im Jahre 1972 – gründlich für 400000 Dollar überholt. Seitdem nicht mehr.

Nicht minder schlimm sieht es in einer kleineren Reparaturwerkstätte für Lastwagen aus. Dort haben Soldaten das durch Sturm und Regen eingedrückte Wellblechtor provisorisch mit Brettern vernagelt, Grundwasser wird laufend abgeschöpft, ist aber nicht wegzubekommen, keine Heizung, im Freien vier Plumpsklos. Einziger Kommentar des verantwortlichen Corporals: ‹Shit.›»

Warum sind die Kasernen in einem so schlechten Zustand? Washington hat die Stationierung der US-Basen immer nur als zeitlich begrenzt angesehen, und jahrelang hat der Kongreß Gelder mit der Begründung verweigert, sie würden verschwendet, da die US-Basen ja doch eines Tages wieder aufgegeben würden. Dann, während des

Vietnamkrieges wurde die Instandhaltung dieser Einrichtungen als zweitrangig eingestuft. Ende 1980 zitiert die *Welt* einen General aus Hanau: «... daß sich der Kongreß wohl kaum zu der dringend benötigten Finanzierung bereit erklären wird, sofern die NATO-Länder keinen größeren Beitrag als die üblichen 3% für die gemeinsamen Verteidigungskosten zusteuern sollten.» (4.11.1980) Unter Reagan war dann plötzlich Geld da, 1982 wurden 1,7 Milliarden DM für die Renovierung der Kasernen ausgegeben, das sind 28% mehr als 1981. Viele Umbauten erfolgen auf Stützpunkten und Truppenübungsplätzen, die wegen des bevorstehenden Modernisierungsschubs von neuen Waffensystemen mit neuen Anforderungen notwendig geworden sind. Dabei sollen 90% der Kosten in deutscher Währung an deutsche Unternehmer gezahlt werden (*Neue Zürcher Zeitung*, 24.6.1982). Es mutet paradox an, daß ausgerechnet jetzt ein massives Instandsetzungsprogramm angefangen wurde, während gleichzeitig die Deutschen – und nicht nur sie – laut überlegen, ob Europa sich nicht selbst verteidigen kann. Im Juni 1984 forderte der amerikanische Senator Sam Nunn, daß Amerikas europäische Verbündete endlich der vor sechs Jahren eingegangenen Verpflichtung nachkommen sollten, ihre Verteidigungsausgaben jedes Jahr um 3% zu steigern. Falls das nicht geschehe, sollte Amerika in drei Jahresraten von 1987 bis 1990 insgesamt 90000 GIs aus Europa abziehen. Amerikas jährlicher Gesamtaufwand für die NATO beträgt 170 Milliarden Dollar, und das bei einem Haushaltsdefizit von 200 Milliarden Dollar. Seit 1980 haben die Amerikaner die Verteidigungsausgaben jährlich zwischen 4 und 9% erhöht, die Europäer aber nur um 1,2 und 1,7%. Nunns Antrag wurde mit 55 zu 41 Gegenstimmen abgelehnt (*Die Zeit*, 29.6.1984).

Das NATO-Truppenstatut und das Zusatzabkommen (1959) verpflichtet die Bundesrepublik Deutschland, auf ihrem Boden Unterkünfte und Liegenschaften unentgeltlich für die Dauer des Bedarfs zu überlassen. Die Entsendungsstaaten sind verpflichtet, alle Betriebskosten, öffentliche Abgaben und die Kosten für Instandsetzung und Instandhaltung der Anlagen zu übernehmen (Artikel 63). Damit ist Substanzerhaltung klar und eindeutig Sache des Entsendestaates, nicht der Bundesrepublik.[6]

Die einfachen Soldaten sind die Leidtragenden in diesem Tauziehen. Nach ihrer Auffassung lassen die Deutschen sie hängen, die rechtliche Situation scheint ihnen weitgehend unbekannt zu sein. Sie sehen nur, daß sie Europa verteidigen sollen, und daß man ihnen in Deutschland Quartiere anbietet, die man in USA längst zum Abbruch freigegeben hätte. In Gegenwart deutscher Reporter und ihrer eigenen Vorgesetzten sagen sie nichts – aber dann. Die Stimmung ist miserabel. Ein Sergeant meint sarkastisch: «Achtzig Meilen von hier verläuft die Zonengrenze. Westdeutschland hält eine Schlüsselstellung in der westlichen Verteidigung, und eure Verantwortlichen hätten allen Grund, uns gut zu behandeln, aber wie sollen wir euch schützen, wenn kein Geld kommt.» Ein anderer läßt die Katze aus dem Sack: «Eure Hospitality ist unter aller Kritik. Ihr Deutschen seid doch nur die feinen und reichen Pinkel und gebt uns Almosen, wir pfeifen auf eure Verteidigung.»[7]

Der Oberbefehlshaber der amerikanischen Armee in Europa, General Kroesen, betrachtete 1980 als Problem Nummer eins den schlechten Zustand von Werkstätten, Truppenunterkünften und den Fehlbestand von rund 25000 Familienunterkünften. Diese Zahl betrifft wohl nur die Armee, denn in mehreren anderen Veröffentlichungen wird ein Fehlbestand von 55000 Wohnungen genannt (z. B. *Welt*, 18.9.81). Welche Ursachen gibt es für diesen Mangel?

1. Heutzutage sind mehr Soldaten verheiratet als früher, und sie wollen natürlich bei einer Versetzung ins Ausland Frau und Kinder mitnehmen. Das Angebot an Regierungswohnungen ist aber begrenzt, sie wurden nicht diesem steigenden Bedarf angepaßt.

2. Als der Dollar noch vier Mark wert war, ließ sich eine erschwingliche Wohnung leichter finden, und amerikanische Mieter wurden gern gesehen. Jetzt leben viele Familien in Wohnungen, die sie sich eigentlich nicht leisten können. Es kommt zu Auseinandersetzungen mit dem Hausbesitzer, zur Verweigerung der Mietzahlung und Zerstörung in der Wohnung. Also geht das Angebot zurück. 1979 hat alleine die Army 9600 Fälle registriert, in denen sich Hausvermieter wegen Mietrückständen und anderem Ärger an das «Housing Referral Office» (HRO) wandten, das sind 700 Fälle mehr als 1978. Wurden dem HRO 1978 noch 46000 Wohnungen angeboten, so waren es 1979 nur noch 44000. Und das Angebot geht weiter zurück. So ist der Dollarverfall mit eine Ursache, daß amerikanische Familien zunehmend in die Regierungswohnungen drängen.

Die einzigen, die aus den von der Regierung gestellten Unterkünften herausdrängen, sind die einfachen Soldaten in den Kasernen. Die Gründe liegen auf der Hand: es ist ungemütlich und laut, sie haben keine Privatsphäre und können jederzeit zu «details» herangezogen werden, das sind besondere Aufgaben wie Wache schieben, Abfall leeren oder Küchendienst. «Man sollte möglichst klein und unscheinbar bleiben, wenn man in der Kaserne wohnt. Und wenn der Spieß im Gebäude ist, zeigt man sich am besten überhaupt nicht mehr. Sonst wird man sehr schnell zu irgendwelchen Arbeiten eingesetzt, falls unerwartet ein eingeteilter Soldat ausfällt», sagt ein GI.[8] Auch Jill verstand es immer gut, sich unsichtbar zu machen, notfalls hechtete er schnell aus dem Fenster und verschwand.

Viele GIs möchten außerhalb wohnen, doch nicht alle erhalten hierzu die Erlaubnis. Sie hängt von mindestens drei Faktoren ab: 1. Von der Entscheidung des Kommandeurs und der Aufgabe der Einheit. In taktischen oder kampfunterstützenden Einheiten ist man oft nicht so freizügig, hier legt der Kommandeur Wert darauf, daß die Mehrzahl seiner Truppen in der Kaserne untergebracht ist. 2. Je nach der Anzahl der Unterkünfte sowie der jeweiligen Truppenstärke variiert die Chance, die Genehmigung für ein Zimmer «draußen» zu erhalten. Sind die Stuben überfüllt, steigt die Chance, nach draußen zu ziehen. 3. Das Verhalten des Soldaten ist auch entscheidend dafür, ob er ausziehen darf oder gar in die Kaserne zurückkehren muß. Wer ständig zu spät zur Arbeit kommt, Schulden macht, die Miete nicht zahlt oder zum Störenfried in seiner zivilen Umwelt wird, der wird in die Kaserne zurückbeordert.

Es wird zwar auch geduldet, daß jemand ohne Erlaubnis außerhalb wohnt, aber dann muß er, so Ruth, seinen Bereich weiterhin in Ordnung halten:

«Wenn du Inspektion oder so was hast, dann mußt du, auch wenn du außerhalb der Kaserne wohnst, herkommen und alles saubermachen und für die Inspektion vorbereiten. Und du mußt Aufgaben erledigen, Latrinen säubern und solche Sachen.»

Schwierig wird die Situation für Rekruten und Gefreite (E-1 bis E-4), die noch keine zwei Jahre gedient haben und die verheiratet sind. Sie gehören zu den «non-sponsored families», d. h. sie werden finanziell weniger unterstützt als alle anderen. Die Familienangehörigen müssen auf eigene Kosten nach Europa reisen; sie haben kein Recht auf möblierte Regierungswohnungen; man bezahlt ihnen nicht die volle Miete und «housing allowance». Das bedeutet, daß ein einfacher Soldat mit geringem Gehalt den Flug seiner Familienangehörigen selber voll bezahlen muß, daß er sich auf dem deutschen Wohnungsmarkt eine Wohnung suchen muß und hierfür nur eine geringe Unterstützung erhält und daß er sich unter Umständen auch noch Möbel kaufen muß. Es läßt sich leicht ausmalen, mit welchen Problemen sich solche Familien herumschlagen. Das Geld ist knapp, die Wohnung entspricht vielleicht nicht den von Amerika gewohnten Standards, die Ehefrau hat sehr wenige Chancen, hier beruflich zu arbeiten, in der deutschen Umwelt fühlt sie sich isoliert und unsicher; ist der Mann dann noch in der Infanterie und die Hälfte des Jahres im Manöver, so sind Katastrophen vorprogrammiert.

Alle anderen als die eben genannten, also alle Soldaten ab Unteroffiziersrang und die im Rang darunterstehenden, die schon länger als zwei Jahre dienen, haben ein Recht auf möblierte Regierungswohnungen oder erhalten, falls sie außerhalb wohnen, die volle Miete ersetzt. Die Wartelisten für die Regierungswohnungen sind lang, vor allem bei den unteren Rängen. Da kann es leicht passieren, daß jemand mehrere Monate auf eine Wohnung wartet und derweil in einem der amerikanischen Hotels wohnt, die es in allen größeren Standorten gibt (in Wiesbaden sind es «American Arms» und «Amelia Erhart»). Wo amerikanische Hotels fehlen, werden die Soldaten in deutschen Hotels untergebracht. Wird eine Familie oder gar eine ganze Einheit innerhalb Deutschlands versetzt, so haben sie Vorrang gegenüber denen, die erst neu aus den Staaten hierhergekommen sind. Solch ein «inter-theater transfer» fand zum Beispiel 1983 statt, als eine Einheit von Baumholder nach Mainz verlegt wurde. Stand ein GI auf Platz 20 der Warteliste, so konnte er jetzt plötzlich auf Platz 120 abrutschen.

Wer sich ein Quartier auf dem deutschen Wohnungsmarkt sucht, muß sich an das «Housing Referral Office» wenden. Dieses Büro erfüllt in Deutschland eine wichtige Mittlerrolle. Hier wird eine Liste mit den Wohnungen geführt, die an Amerikaner vermietet werden. Vermieter, die sich gegenüber den Soldaten diskriminierend oder sonstwie inkorrekt verhalten, werden von einer weiteren Vermittlung ausgeschlossen; sie kommen auf eine sogenannte «schwarze Liste». Das Housing Office sieht sich jede Wohnung vor der Vermietung an, ob sie den notwendigen Anforderungen entspricht. Sie füllen den Mietvertrag aus, der ebenso zweisprachig ist wie die Kündigung. Beim Auszug kommen wieder Angestellte des Büros, um die Wohnung auf Beschädigungen und Sauberkeit zu prüfen. Gegen Bezahlung lassen sie auch auf Wunsch des Mieters die Wohnung reinigen. Dieser Punkt ist besonders deshalb wichtig, weil es in Amerika üblich ist, daß der Vermieter nach dem Auszug eines Mieters die Wohnung auf eigene Kosten instandsetzt. Ohne das Housing Office und ohne Kenntnis der Rechtslage käme es ständig zu Mißverständnissen, der Soldat würde die geforderte Reinigung verweigern, der Vermieter würde klagen. Für die Deutschen liegt ein weiterer Vorteil dieses Büros daran, daß sie hier säumige Zahler oder Rowdies melden können. Das Office wendet sich an den zuständigen Kommandeur des Soldaten, der den Soldaten ermahnt oder in Wiederholungsfällen bestraft. Da die Zahl der Wartenden groß ist, hat der Vermieter kaum Ausfallzeiten, wenn ein Amerikaner kündigt. Das Militär ist an einer guten Beziehung zur deutschen Bevölkerung interessiert, also tut man alles, um einen guten Eindruck zu machen und Schwierigkeiten aus dem Weg zu räumen.

Im allgemeinen erfährt die Öffentlichkeit nichts über mögliche Schwierigkeiten zwischen deutschen Vermietern und amerikanischen Mietern. Das wurde anders, als im Januar 1982 publik wurde, daß eine deutsche Immobilienfirma insgesamt 630 Amerikanern fristlos zum 30. 6. gekündigt hatte. Sogleich stellten sich Sprecher der Parteien und der Stadt Mainz aus sozialen und politischen Gründen auf die Seite der Amerikaner. Was war geschehen?

In zwei großen Betonsilos in Mainz-Gonsenheim sind 273 Apartments an Amerikaner vermietet, insgesamt 630 Personen. Als die Wohnungen in den 70er Jahren bezogen wurden, lebten in den insgesamt vier Häusern Amerikaner und Deutsche bunt gemischt. Dann ging man aber wegen anhaltender Beschwerden der Deutschen dazu über, die amerikanischen Mieter in zwei Häusern zu konzentrieren und in den beiden Nachbarhäusern nur Deutsche zuzulassen.

Das Unternehmen begründet die Kündigung mit den von den US-Bürgern herbeigeführten «unzumutbaren Zuständen» in den beiden Häusern, die den Mietwert «beträchtlich gesenkt» hätten. In den vergangenen sieben Jahren hätten sie einen Sachschaden in Höhe von 100000 Mark verursacht, und deutsche Nachbarn hätten sich fast 300mal über den «american way of life» beschwert. Der Grund: Mal pinkelten «betrunkene GIs aus dem 20. Stockwerk, mal trat ein Soldat mutwillig die Scheibe einer Zwischentür im 2. Stock ein, mal flog ein leerer Bierkasten durch ein geschlossenes Fenster in der 14. Etage, und dann wieder warf eine Lady ihren Hausmüll über die Balkonkante.» Ein GI fummelte «die Drähte aus dem Stecker für die Gemeinschaftsantenne, um 20 Mark für ein Anschlußkabel zu sparen. Ergebnis: er hatte guten Empfang, 609 andere Parteien überhaupt keinen» (*Mainzer Allgemeine Zeitung*, 22. 1. 1982). In einem Leserbrief schildert ein Eigentümer, wie seine Wohnung bei einer angemeldeten Besichtigung aussah: «Ein total verschmutzter und von Zigarettenkippen verbrannter Teppichboden, auf dem der Amerikaner schlief, weil die Bettstellagen kaputt und gewaltsam herausgerissen waren, Hunderte von Kippen und Dosen mit verschimmelten Speiseresten in der Duschwanne, total beschmierte Tapeten, Berge von Unrat und dreckiger Wäsche, die überall verstreut in der Wohnung herumlagen, waren Zeugen für rücksichtslose Beschädigung fremden Gutes. Unfaßbar für mich, wie zivilisierte Menschen solch ein Chaos überhaupt verursachen, geschweige darin leben können ... Ich jedenfalls bin froh, wenn es so bald wie möglich gelingen könnte, derartige Mieter schnellstens aus dem Haus zu entfernen.» (AZ

19.4.1982) Ein Handlungsbevollmächtigter der Verwaltung zur Zeitung: «Die hausen hier, als ob sie in der Prärie wären.»

Eine gänzlich andere Aussage erhalte ich von einer deutschen Familie, die zufrieden inmitten all der amerikanischen Namen, Gesichter und Hautfarben wohnt:

«Dies ist ein ruhiges Haus, und uns gegenüber sind immer alle sehr freundlich und zuvorkommend. Neulich war der Aufzug kaputt, und ich war auf dem Markt einkaufen gewesen und hatte Kartoffeln und anderes Gemüse im Buggy und meine Tochter an der Hand. Ein amerikanischer Offizier sieht mich – es ist unglaublich, was er dann gemacht hat: er hat den Buggy genommen und ihn mir bis in den 8. Stock getragen! Welcher Deutsche hätte denn so was gemacht?» Sie arbeitet als Lehrerin und lädt oft Schülerinnen ein, um ihnen das Haus zu zeigen; viele haben Bedenken, wie laut und häßlich es hier ist, aber sie sind alle überrascht, wie schön man hier wohnen kann. So sind es – wie so oft – mal wieder nur einige wenige, die unangenehm auffallen, doch als Angehörige einer so großen und politisch bedeutenden Gruppe gerät leicht die gesamte Gruppe in Verruf.

Die Situation ist in jeder Hinsicht verwickelt und delikat. Da geht es zum einen um eine komplizierte rechtliche Lage, zum andern um soziale und politische Rücksichtnahmen. Die Eigentumswohnungen gehören Deutschen, direkter Mieter ist das Bundesvermögensamt in Kaiserslautern, das für die Beschaffung von Wohnungen für US-Soldaten zuständig ist. Die Immobilienfirma, die den Komplex verwaltet, wollte die Pauschalverträge in 273 Einzelverträge umwandeln, um einzelnen Rowdies kündigen zu können. Nach Ansicht des deutschen Mieterbundes müßte es aber auch so möglich sein, einzelne Mieter loszuwerden, und andererseits müßten trotz dazwischengeschalteter Vermieterebenen die übrigen Mieter vollen Kündigungsschutz genießen. Wie auch immer, die Zusammenarbeit zwischen Armee, Vermietern, Bundesvermögensamt und Hausverwaltung klappt nicht.

Wie reagierte nun das Militär? Die Mainzer Military Community wies vor der Öffentlichkeit alle Anschuldigungen entschieden zurück; seit zwei Jahren habe es keine Beschwerden der Firma mehr gegeben, sagte eine Sprecherin gegenüber der *Frankfurter Rundschau* (3.2.1982). Die Gründe für den Rausschmiß sehen sie nur in wirtschaftlichen Interessen der Firma, die die Appartments statt für 1,6 Millionen Mark bald für 2 Millionen Mark vermieten wolle. Doch was geschieht? Die Army schickte eine Instandbesetzungsbrigade in die Häuser, nahm von sich aus einige Mieter aus den Wohnungen und setzte einen englischsprechenden Hausmeister ein, der für bessere Verständigung sorgen soll.

Sprecher der Parteien und der Stadt lehnten aus politischen und sozialen Gründen solche pauschalen Kündigungen und Diffamierungen amerikanischer Mieter schärfstens ab. Der Standortkommandant, General Schwarzkopf, dankte für das Engagement der Fraktionen. Vorgänge wie dieser in Mainz würden in den Vereinigten Staaten über die Medien genau verfolgt und könnten den deutsch-amerikanischen Beziehungen schaden.

Inzwischen haben sich die beteiligten Parteien geeinigt. Die Amerikaner können bleiben und die Immobilienfirma wird wahrscheinlich in der Nähe ein weiteres Haus mit 200 Wohnungen ausschließlich für US-Bürger bauen.

In Mainz gibt es rund 1580 Regierungswohnungen, nebenan in Wiesbaden sind es 2600. Die größte amerikanische Siedlung, Martin-Luther-King-Village, beherbergt 650 Familien. Hier wohnen Unteroffiziere und ein Teil der Offiziere. Die Wohnungen in den vierstöckigen Wohnblocks haben fast alle den gleichen Grundriß. Hinter der Wohnungstür liegt gleich das große Wohnzimmer der Familie. In einer Nische steht der Eßtisch, daneben befindet sich die Küche. Gegenüber der Wohnungstür öffnet sich ein Flur, an dem links und rechts Badezimmer und Schlafräume liegen. Die Wohnungen unterscheiden sich nur nach der Anzahl der Schlafzimmer entlang des Flures. Auch die von der Army gestellten Möbel sehen überall gleich aus, Eßtisch und Stühle, Couchtisch, Betten und Nachttisch, Schrank und Spiegel, Teppich und Vorhänge sind funktional, aber nicht gerade von besonderem ästhetischen Reiz.

Die hohen Offiziere und der General wohnen in einer schöneren Gegend und haben natürlich größere Wohnungen. Ein Mitglied des deutsch-amerikanischen Clubs, der dort ein Haus bewohnte, zeigte mir seine Wohnung, die er sich zusammen mit seiner Frau geschmackvoll eingerichtet hatte. An seinem vorigen Standort in Korea hatten sie sich reichlich mit koreanischen Möbeln und Seidenteppichen, Keramik und Porzellan versorgt. Der Oberst war froh, daß er die faden Militärmöbel nicht brauchte.

Das Haus des kommandierenden Generals unterscheidet sich nur geringfügig von seiner deutschen Umgebung. Es ist ein nach außen hin eher unscheinbares Einfamilienhaus, umgeben von Rasen und Sträuchern. Es fällt nur nachts auf, wenn große Scheinwerfer den Rasen ums Haus taghell beleuchten. Einzige Hinweise auf eine nichtdeutsche Enklave sind die großen vierstelligen Hausnummern, die Autos mit amerikanischen Kennzeichen, ein ungewohnter blauer Briefkasten am Straßenrand (der freundlicherweise nahe beim Haus des Generals steht), Mülleimer mit der Aufschrift «Mz. Fac. Eng.»

(Mainz Facilities Engineers») und vor allem das unvermeidliche Schild mit dem Namen der Housing Area und seiner Postleitzahl.

Ein klein wenig anders sieht es hier um Weihnachten herum aus. Da hängt – wie schon während der Besatzungszeit – ein Adventskranz außen an der Haustür, viele Fenster sind rundum mit kleinen, bunten Lichtern geschmückt, die ständig an- und ausblinken, und schon etliche Tage vor Heiligabend leuchten die (vorgeschriebenen) elektrischen Kerzen des Weihnachtsbaums durchs Fenster.

Für hohe Offiziere dürfte die Versetzung nach Deutschland relativ problemlos vonstatten gehen; die meisten haben schon etliche Versetzungen hinter sich, haben Routine beim Umzug und beim Einleben in den neuen Job. Für die einfachen Soldaten, die mit ihren 18 Jahren zum erstenmal von daheim fort sind, ist die Umstellung ungleich schwieriger und unangenehmer. Sie sind neu im Militär, üben eine neue Tätigkeit aus, werden allein in ein fremdes Land versetzt. Für sie dauert es einige Wochen bis Monate, bevor sie sich eingelebt haben, sich an den Job, das Leben in der Kaserne gewöhnt haben. Nach Basic Training und AIT kommt der erste feste Standort und nicht selten die erste Desillusionierung. Nach einigen Monaten fängt die Routine an, die Zahl der noch verbleibenden Tage nimmt nur langsam ab. «Noch 436 Tage» heißt es dann vielleicht. Da beneidet man diejenigen, die schon morgens fröhlich sagen: «Noch 36 Tage und der Rest von heute ...» Aber es gibt auch GIs, die gerne in Deutschland sind, doch Deutschland findet erst nach Feierabend statt.

6. Bier und Burgen
Was GIs in ihrer Freizeit tun

Heute ist ein herrlich klarer und warmer Oktobertag. Von Wackernheim geht der Blick über den Rhein in die Rheingauberge, wo die Traubenernte in vollem Gang ist. Debby hat ihren 24-Stunden-Dienst beendet, und ich überlege, ob ich sie auf meinem Spaziergang oberhalb der Weinberge von Hattenheim mitnehmen soll.

Als ich in Finthen vorbeifahre, sitzt sie gerade vor der Tür und putzt ihre Stiefel mit Hingabe: Kiwi-Politur verreiben, Spucke drauf und verreiben, wieder Kiwi-Politur und immer so weiter – pro Stiefel kann das eine halbe Stunde dauern. Debby liebt dieses Ritual des «spitshine». Je glänzender die Stiefel, desto glänzender die Karriereaussichten. Auch die Uniform muß sie noch bügeln, doch das hat Zeit. Nein, sie hat sonst nichts vor. Also fahren wir über den Rhein und spazieren ein, zwei Stunden durch den herbstlichen, sonnigen Wald. Ohne mich würde sie nicht hierherkommen, nicht nur, weil sie kein Auto hat, sondern weil sie gar nicht wüßte, daß es hier so herrlich ist. Wir genießen die Stille und die Wärme. «Es duftet so gut hier», meint Debby. «Wenn ich wieder in Washington, D.C., bin, werde ich oft hieran zurückdenken. Deutschland kann so schön sein ...»

Auf dem Heimweg überlege ich, was die Soldaten in ihrer Freizeit tun können – und was sie wirklich tun. Welche Möglichkeiten haben sie, welche Möglichkeiten sehen sie selber? Freie Zeit sinnvoll zu verbringen, ist für Soldaten aller Gesellschaften ein Problem. Sie sind herausgerissen aus ihrer Familie, losgelöst von früheren Freunden, Nachbarn und Arbeitskollegen und haben, wenn sie in der Kaserne wohnen, nicht einmal mehr die Privatsphäre, die vorher so selbstverständlich war. Während deutsche Soldaten aber am Wochenende nach Hause fahren können, müssen diese Soldaten darauf verzichten. Eltern und Geschwister, enge Freunde oder gar die Verlobte oder Ehefrau sind so weit weg, daß sie sich einsam und verloren vorkommen. Wenn sie in der Kaserne wohnen, haben sie weder Platz noch Geld, irgendwelchen Hobbies auf ihrer Stube nachzugehen. Wer Schichtdienst hat oder häufig ins Manöver zieht, hat auch nicht die innere Ruhe, sich auf etwas Anspruchsvolles zu konzentrieren. Resultat: die freie Zeit ist oft tote Zeit; ist Zeit, die man totschlagen muß, weil man nichts mit ihr anzufangen weiß. Das gilt übrigens auch für unverheiratete Unteroffiziere, die in den BOQ (Bachelor Officer Quarters) leben. Jeff: «Hier werden immer Parties gefeiert, 24 Stunden lang. Was sollen wir denn sonst schon mit der Zeit anfangen? Irgendeiner feiert immer.»

Eine generelle Aussage über das Freizeitverhalten der GIs zu machen, ist unmöglich – zu verschieden ist ihr persönlicher und kultureller Hintergrund. Unter den Mannschaften gibt es jedoch bestimmte

Gruppen mit ähnlichem Verhalten, von denen ich im folgenden einige etwas ausführlicher darstellen möchte.

1. Da ist zunächst die Gruppe der Soldaten, die ihren Aktionsradius auf die Kaserne beschränken und sie nur selten und ungern verlassen. Und wenn sie das Kasernengelände verlassen, dann oft nur, um eine andere amerikanische Einrichtung zu besuchen, einen PX oder ein Kino.

2. Die jungen Soldaten zwischen 16 und 20 (und älter) sind stark an Discos, Drogen und Sex interessiert. Auf ihrer Suche danach überwinden sie die vorhandenen Barrieren und begeben sich auch auf deutsches Gebiet.

3. Die Lust auf das Neue und die aktive Aneignung der fremden Kultur bleibt auf wenige beschränkt. Sie unterscheiden sich von den anderen durch Alter, Bildung und teilweise durch ihre Einstellung gegenüber Amerika. Eine Randerscheinung sind die Amerikaner, die sich ganz dem deutschen Leben anpassen – «go native», nennen das die Amerikaner.

4. Verheiratete Soldaten, die ihre Familie hier haben, aber wegen ihres niedrigen Ranges nicht weiter unterstützt werden, haben kaum Geld für besondere Freizeitaktivitäten. Hier steht deutlich die Familie im Vordergrund.

Zum Vergleich möchte ich kurz eine Untersuchung erwähnen, die das Freizeitverhalten deutscher Soldaten durch eine Fragebogenaktion analysierte. Hier wird deutlich, daß vor allem die Soldaten, die in der Kaserne untergebracht sind, ihre Freizeitaktivitäten stark verändern. Alle Aktivitäten, die in irgendeiner Weise einen größeren Aufwand erfordern, werden eingeschränkt, dazu zählt z. B. Musizieren in der Band, Tätigkeiten in Vereinen, bei denen regelmäßige Anwesenheit erwünscht ist, Basteln u. a. Vorrang gewinnen die Aktivitäten, die sofort und ohne Aufwand durchführbar sind, und dazu zählt an erster Stelle der Besuch von Wirtschaften, das gesellige Zusammensein mit Arbeitskollegen und der Besuch von Kinos und Tanzlokalen. Bei der Frage, welche Freizeitaktivität sie sehr häufig ausüben, antworteten 63% «Wirtschaften besuchen», 36% «Fernsehen», 33% «Sport treiben». Im Vergleich war «Wirtschaften besuchen» *vor* der Militärzeit nur bei 19% der Soldaten eine häufig ausgeübte Freizeitaktivität.[1] Von den 63%, die sehr häufig eine Kneipe besuchen, fanden nur 9% diese Aktivität sehr sinnvoll.[2] Hier wird also schon ein Konflikt deutlich, daß man durch die Umstände der Situation Dinge tut, die man durchaus nicht für sinnvoll halten muß.

Für amerikanische Soldaten trifft die Veränderung früher gewohnter Freizeitaktivitäten in noch viel stärkerem Maße zu als für ihre deutschen Kollegen. Nur selten haben sie Geld für ein Auto – die Versicherung ist für Amerikaner in Deutschland extrem hoch und für einfache Soldaten kaum zu bezahlen. So sind sie stärker als deutsche Soldaten in ihrer Mobilität gehemmt – bei den Bundeswehrsoldaten haben immerhin 53 % der Mannschaften ein eigenes Auto. Die GIs vermissen hier die großen Sportveranstaltungen im Basketball und Baseball; für die entsprechenden deutschen Ereignisse, nämlich Fußball, interessieren sie sich wiederum nicht.

Was machen amerikanische Soldaten am Wochenende in Amerika? Oberstleutnant Ingraham schildert in seiner Untersuchung, was GIs üblicherweise samstags und sonntags unternehmen. Außer denen, die Wachdienst haben, arbeiten alle nur fünf Tage. So oft wie möglich fahren sie am Wochenende oder an Feiertagen nach Hause zur Familie und zu Freunden. Manche fahren 370 km an einem freien Tag mitten in der Woche, und bis zu 1000 km am Wochenende. An einem langen Wochenende blieben nur 8 von 30 Soldaten in der Kaserne – ihre Gründe: einige hatten kein Auto oder es war kaputt, ein anderer hatte kein Geld, einer mußte Wache schieben, ein weiterer seine Disziplinarstrafe absitzen und der letzte lebte zu weit weg von zu Hause, so daß sich die Fahrt nicht lohnte.

Wer am Wochenende dableibt, vergnügt sich auf andere Weise. Einige fahren 150 km zu einem Vergnügungspark, andere zu einer nationalen historischen Gedenkstätte. Manche besuchen ein Baseballspiel oder ein Museum in der nächsten Stadt. Soldaten, die Geld oder die notwendigen sozialen Kenntnisse haben, wollen Frauen kennenlernen. Nette Mädchen zu finden, ist eher eine Aufgabe für das Wochenende zu Hause, wo man Verbindungen hat und nicht so sehr als «GI» auffällt. So meinte einer der Soldaten nach einem Abend in verschiedenen Discotheken: «Siehst du, wie das GI-Image schadet? Manche Mädchen wollen noch nicht mal mit dir tanzen, wenn sie glauben, daß du ein GI bist. Die Zivilisten haben eine viel bessere Chance, eine Verabredung mit einem Mädchen zu bekommen.» (Ingraham, S. 50) Wahrscheinlich, so Ingraham, ist auch das eher eine Rationalisierung als wirkliche Diskriminierung. Wird ein Soldat von einem Mädchen abgelehnt, so verletzt es ihn weniger, wenn er es als Ablehnung seines Soldat-Seins sieht, statt als Ablehnung seiner Person.

Die meisten amerikanischen Soldaten lernen Deutschland nur oberflächlich kennen, auch wenn sie mehrere Jahres hier stationiert sind. Für uns Deutsche klingt es unfaßbar, daß ungefähr die Hälfte aller kasernierten Soldaten das Gelände selten verläßt, ja daß sie sogar häufig auf ihrer Stube hocken. Diese Stubenhocker, im Amerikanischen «Kasernen-Ratten» (barrack-rats) genannt, fühlen sich auf ihrem Zimmer noch am wohlsten, hören Musik, nehmen einen joint mit Freunden, trinken Bier oder Whisky und zählen die Tage, bis sie wieder zurückkehren dürfen – «back to the World». «Die Welt» ist 4000 Kilometer oder weiter entfernt, hier sitzen sie wie Gefangene ihre Zeit bis zur ersehnten Rückkehr ab. Deutschland ist ihnen absolut gleichgültig, ihre Kommentare lauten: «Why the fuck do I have to be here? – Warum zum Teufel muß ich hier sein?» Oder: «Was, zum Teufel, hat mich bloß hierher verschlagen? Ich hasse es hier. – I hate this place.» Solche Äußerungen erfahre ich natürlich nur über Dritte, von Zimmernachbarn oder Geistlichen.

In einer Reportage der *Welt* heißt es hierzu: «Der GI kann in der Öffentlichkeit nicht mehr mithalten, wenn's ums Geld geht. Die Folge: der größte Teil der Soldaten, die früher in Hanau immer schnell Anschluß fanden, kapseln sich von der deutschen Bevölkerung mehr und mehr ab. Viele gehen, sofern sie dienstfrei haben, nur noch selten aus der Kaserne, ziehen bereits nachmittags die Rolläden herunter und sehen fern. In einer Stube hat die Vier-Mann-Belegschaft Geld zusammengelegt und eine Stereoanlage gekauft. Kommentar: «That's god damned better than the god damned expensive Hanau. – Das ist verdammt besser als das verdammt teure Hanau.»[3]

Der niedrige Dollarkurs hat das Selbstbewußtsein der Amis angeknackst, sie haben sich zurückgezogen. Zur Zeit (Juli 1984) steigt der Kurs stetig – werden die GIs jetzt wieder öfter in deutsche Restaurants gehen? Ein lediger Rekrut, der in der Kaserne lebt und 585 Dollar Sold im Monat bezieht, bekam dafür bei einem Stand von 1,80 DM im Jahre 1979 gerade 1053 DM, beim jetzigen Stand (März 1985) von 3,35 DM steigt der Sold auf immerhin 1960 DM – das ist eine beachtliche Differenz von 907 DM. Laut einer Meldung von dpa im Juli 1984 kaufen Soldaten jetzt eher anspruchsvolle Ware in deutschen Fachgeschäften, bessere Gebrauchtwagen und buchen häufiger Urlaubstrips in deutschen Reisebüros. Aber sind es nicht eher Offiziere und Unteroffiziere, die jetzt wesentlich mehr «Marks» in der Tasche haben und sich was Besseres leisten? Bei ihnen macht sich der Kursunterschied noch weit krasser bemerkbar und sie haben auf Grund ihres höheren Alters und besseren Bildung mehr Ansprüche als achtzehnjährige Rekruten.

Das Desinteresse an Deutschland hat jedoch wenig mit Geld zu tun, hierfür gibt es andere, tieferliegende Gründe. Aus den Gesprächen mit GIs wird deutlich, daß sie viele Barrieren wahrnehmen, die sie daran hindern, ihre neue Umgebung aktiv zu erkunden. Sich außerhalb der Kaserne zu bewegen, ist für viele Soldaten wie ein Schritt in Feindesland. Mehrere Ursachen wirken hier – sich gegenseitig verstärkend – zusammen, dazu zählen fehlende Sprachkenntnisse und ein Gefühl der Unsicherheit. Sehen wir uns zunächst an, was es mit den fehlenden Sprachkenntnissen auf sich hat.

«Deutsch lernen? Wozu?»

Im Headstart-Programm wird zwar Deutsch gelehrt, doch es ist zuviel Stoff in zwei Wochen und zuwenig für die restlichen 18 oder 24 Monate. Grammatische Grundkenntnisse fehlen, und die meisten behalten nur drei bis vier Sätze und radebrechen dann: «Ich spreche ein bißchen Deutsch. Wie heißen Sie? Wo ist der Bahnhof?» Eine Unterhaltung läßt sich damit nicht führen, und wenn ihnen ein Kellner erklärt, daß das Jägerschnitzel nur für den Mittagstisch bestimmt ist, es aber dafür heute abend Hase gibt, der nicht auf der Karte steht, dann ist der arme Soldat rat- und hilflos und geht beim nächsten Mal lieber gleich zu MacDonald's.

Warum lernen die Soldaten nicht Deutsch? Da sind zum einen organisatorische Hindernisse. Einige möchten gern Deutsch lernen, doch es klappt einfach nicht. Ein GI erzählt, daß sich für den Deutschkurs 14 Soldaten angemeldet haben, doch der Kurs findet nur statt, wenn 15 Leute teilnehmen: «Das ist schon das zweite Mal, daß er ausfällt!» Ein anderer berichtet: «Ich war im Deutschkurs drin, doch dann habe ich ein paarmal Überstunden machen müssen und war außerdem drei Wochen im Manöver, und jetzt lohnt es sich nicht mehr für mich. Schade.» Auf diese Weise werden auch Lernwillige abgeschreckt. Es drängt sich der Eindruck auf, daß die Army zu wenig versucht, den Soldaten Sprachkenntnisse zu vermitteln und organisatorische Hindernisse nicht abbaut. Nur einen Soldaten, einen Unteroffizier, kenne ich, der wöchentlich in den Deutschunterricht geht. Bob hat einen regelmäßigen Acht-Stunden-Tag und muß nie ins Manöver. All die anderen, die 165 Tage im Jahr im Manöver sind oder Schichtdienst haben, sind praktisch nicht in der Lage, kontinuierlich einen Sprachunterricht zu besuchen. – Chris, deren Vater und Großmutter Pennsylvania Dutch, eine Mischung von Pfälzisch und Englisch reden, spricht gebrochen Deutsch. Damit kann sie sich in Geschäften und Gesprächen am Tresen in der Kneipe verständlich machen. In ihrem Bekanntenkreis ist sie die einzige, die einigermaßen gut Deutsch spricht. All die anderen Frauen, Ruth, Sharon, Sue, Anne, Connie und Julia radebrechen nur das übliche «Wie geht es Ihnen? Wo ist der Bahnhof?»

Auch Lee spricht ziemlich gut Deutsch, er hat vielfältige Erfahrung im Sprachenlernen. Als halber Mohawk-Indianer ist er im Reservat im Staat New York aufgewachsen und spricht seine Muttersprache sowie Englisch, die Schulsprache, gleich gut. Er hat einige Jahre in Kanada und Italien gelebt, und unterhält sich mit dem Koch unserer Stammkneipe in Wackernheim auf italienisch. In dieser Hinsicht ist er kein typischer Amerikaner. Schließlich kenne ich noch zwei GIs, die fließend Deutsch sprechen, der eine von ihnen ist mit einer Deutschen verheiratet, der andere hat eine deutsche Mutter. Sie hat während der Besatzungszeit einen GI geheiratet und zog nach Amerika. Beide Soldaten behaupten allerdings, daß sie ihre zweite Sprache nicht bei der Mutter oder Ehefrau gelernt hätten, sondern nur in Mainzer Kneipen. Egal, wo sie's gelernt haben, sie sind wie weiße Raben in ihrer Umgebung, und werden gebührend von den anderen bewundert, die es nie so weit bringen werden.

Die organisatorischen Hindernisse für den Sprachunterricht ließen sich gewiß zum Teil beseitigen, doch die psychische Sperre vieler Amerikaner ist wesentlich schwieriger zu überwinden. Viele Deutsche begreifen nicht, warum so wenige Amerikaner hier Deutsch lernen. Man wirft ihnen Arroganz und Desinteresse vor, was sicher zum Teil auch stimmt. Doch das ist nicht Schuld des einzelnen allein, sondern ein historisches und soziales Phänomen. Amerika ist immer noch ein Einwandererland, und man erwartet von allen Immigranten, daß sie schnell und gründlich die englische Sprache lernen. Die englische Sprache, so Klaus Harpprecht, ist das stärkste Element der Einigung und ein Bekenntnis. Die sprachliche Integration wirkt in die Tiefen der Mentalität. Sie zwingen dem Denken Formen auf: mit sprachlichen Begriffen werden Worte und Werte patriotischen Stolzes weitergereicht (Harpprecht 1982:30f). Die Einwanderer selber sprechen oft zwei Sprachen, aber Englisch häufig nur unvollkommen. Die in Amerika geborene Generation lernt Englisch im Kindergarten und in der Schule. Das Schulsystem selber übt einen gewissen Druck darauf aus, daß die Kinder Englisch sprechen. Früher wurden indianische Kinder körperlich bestraft, wenn sie in der Schule untereinander ihre Muttersprache benutzten. Oft genügt auch der Druck der Gleichaltrigen, um Englisch zu lernen: die Kinder wollen nicht anders sein, sich nicht lächerlich machen, sondern sie wollen Amerikaner sein. Dann weigern sie sich sogar, die Sprache ihrer Eltern noch zu lernen.[4] Etwas anders ist es mit den spanisch sprechenden Minderheiten in Amerika, den Mexikanern und Puertoricanern. Nicht nur der Stolz auf die eigene Kultur, sondern auch die Nähe, ja der ständige Kontakt zur Heimat lassen sie ihre Sprache nicht vergessen. Jills Eltern sprachen untereinander spanisch, und mit den Kindern versuchten sie englisch zu reden, aber es blieb immer ein fehlerhaftes Englisch. Inzwischen sprechen die Kinder fließend die neue Sprache, verstehen auch das Spanische, doch können sie es weder lesen noch schreiben.[5]

Für die Einwanderer war es wichtig, als Amerikaner anerkannt zu werden, es hob ihr Prestige, und so nahmen sie es in Kauf, ihre alte Sprache so zu vernachlässigen, daß sie in der nächsten Generation nur noch bruchstückhaft verstanden wurde. Bei uns in Europa hingegen ist es umgekehrt so, daß man gerade mit der Kenntnis von Fremdsprachen besonderes Prestige erwirbt. Hier gehört es zur Bildung, seinen Horizont zu erweitern und eine andere Kultur, häufig die Kultur und Geschichte der Nachbarvölker kennenzulernen. In Amerika gibt es diesen engen nationalstaatlichen Horizont nicht, hier muß man im Gegenteil so viele Kulturen und Sprachen in den großen «melting pot» integrieren, daß das Erlernen der einen Sprache und ihrer kulturellen Werte im Vordergrund steht.

Eine Folge dieser Sprachpolitik ist, daß man den ganzen nordamerikanischen Kontinent bereisen kann, ohne eine andere Sprache sprechen zu müssen. Die Tatsache, 2000 oder 3000 Kilometer nach Norden oder Süden, Osten oder Westen reisen zu können und daß Englisch immer noch das alleinige Verständigungsmittel bei Schwarzen und Weißen, Indianern und Amerikanern asiatischer Herkunft ist, schafft ein Gefühl der Selbstverständlichkeit und ein Bewußtsein (wenn auch ein falsches), als ob alle Welt englisch spräche. Auch das Gefühl, Teil einer wirtschaftlichen, politischen und militärischen Weltmacht zu sein, fördert die Einstellung, daß «die anderen» englisch sprechen sollten.

Es besteht also zunächst keine sachliche Notwendigkeit, eine andere Sprache zu lernen. Das spiegelt sich auch im Schulwesen wider. Fremdsprachen sind in der High-School meist Wahlfach, und nur 16% der High-School-Kinder belegen Fremdsprachenkurse länger als ein Jahr (Harpprecht 1982:30). Generell wird also nicht erwartet, daß jemand mehrere Sprachen spricht.

Unter diesen Voraussetzungen wird es verständlich, daß so wenige Soldaten Deutsch lernen. Wenn sie hierher versetzt werden, sind viele das erste Mal in ihrem Leben im Ausland und müssen einen gewissen Kulturschock verarbeiten. Die Anpassung ans Militär, an eine neue Tätigkeit und einen neuen Standort ist anstrengend, und in dieser Phase ist es normal, daß man alles Überflüssige abwehrt. Wer aber dann nach einigen Wochen mit Hilfe von Freunden gelernt hat, Bus und Taxi zu benutzen und sein Bier und Schnitzel bestellen kann, der sieht keine Notwendigkeit mehr, die wenige Freizeit hinter Grammatiken und Vokabelheften zu verbringen. Und kann man überhaupt eine Sprache in ein oder zwei Jahren lernen? Einen ökonomischen Nutzen oder besonderes Prestige bringen ihnen diese mühsam erworbenen Kenntnisse zu Hause auch nicht. Und wer sich weiterverpflichtet, wird vielleicht nach Korea oder Mittelamerika versetzt – wozu also Deutsch lernen?

Ein zweiter wesentlicher Grund, der GIs daran hindert, ein anderes Land kennenzulernen, ist ihre Unsicherheit. Wer zum erstenmal im Ausland ist, erfährt eine ganz neuartige Verunsicherung; sie ist das Resultat unzähliger kleiner Unterschiede, die im täglichen Leben von Bedeutung sein können: man weiß nicht, ob und wann man jemandem die Hand gibt, verwechselt Du und Sie, hadert mit deutschem Geld und den unbegreiflich vielen Münzen, rätselt, wieviel Trinkgeld man geben muß und wie man es gibt, stolpert über deutsche Kleidergrößen und metrische Angaben, versteht Celsiusgrade nicht, sucht händeringend einen gebrauchten Transformator, um TV und Bügeleisen benutzen zu können, ärgert sich, wenn Deutsche drängeln, statt sich hinten anzustellen und wenn sie einen anrempeln, ohne sich höflich zu entschuldigen, schimpft über das Telefonsystem, das weniger benutzerfreundlich ist als drüben, erschrickt über den aggressiven Fahrstil deutscher Autofahrer, stöhnt über deutsche Ladenschlußzeiten und sehnt sich nach amerikanischem Fernsehen mit den altvertrauten Werbesprüchen mitten im Krimi.

Viele Amerikaner, so Charles Moskos, sind zum erstenmal im Ausland und werden sich ihres Amerikaner-Seins zum erstenmal deutlich bewußt. Angesichts sprachlicher und kultureller Barrieren schließen sie die Reihen, und ziehen es vor, unter sich zu bleiben. Im Vergleich mit der fremden Kultur schneiden die Errungenschaften der amerikanischen Kultur meist besser ab. Ausdrücke wie «a kraut telephone» weisen auf die höhere Qualität der eigenen Produkte hin. Angesichts dieser nationalen Arroganz und amerikanischen Chauvinismus findet Moskos es verständlich, daß sich bei den Deutschen Ressentiments gegenüber den amerikanischen Soldaten entwickeln (Moskos 1970:89f).

In seinem Roman ‹*Off Limits*› (1955) gibt Hans Habe eine interessante Deutung dieses arroganten Verhaltens, wie es schon während der Besatzungszeit zutage trat:

> «Was die Deutschen für Hochmut hielten, für die Verachtung des besetzten Landes, seiner Leute und Sitten, war nicht Hochmut, sondern der absonderliche Mangel an Assimilationsfähigkeit ... Es war ein falscher Schluß, den die Europäer, auch außerhalb Deutschlands zogen: daß die Amerikaner etwa besonders anpassungsfähig sein mußten, weil sie

selbst, ihre Eltern oder ihre Vorfahren, aus Europa ausgewandert waren. Das Gegenteil war der Fall. Nicht als eine überseeische Fortsetzung Europas empfanden die Amerikaner ihr eigenes Reich, sondern als die Fortentwicklung des ‹old country›, eines verwesenden Erdteils, dem man sich so wenig anpassen konnte oder sollte wie dem Friedhof, in dem die Vorfahren ruhten ... Dazu kam Unsicherheit und mangelnde Stabilität der jungen Bürger, die sich sogar in Amerikas Gesetzen offenbarte – den neuesten Bürgern verboten sie für mehr als drei Jahre in ihre einstige Heimat zurückzukehren. Die Versuchungen, die an den Franzosen in Deutschland, den Italiener in Norwegen oder den Deutschen in England herantraten, waren gering: die amerikanischen Gesetzgeber, die Amerikaner selbst, fürchteten aber, vielleicht nicht mit Unrecht, der sterbende Erdteil könnte seine verlorenen Kinder locken, aufnehmen und schließlich aufsaugen. Die Amerikaner wollten sich nicht anpassen, weil sie Europa verachteten und weil sie es liebten, beides uneingestanden und beides in hohem Maße.

Mit äußeren Mitteln, man hätte sie auch oberflächlich nennen können, die sie unbewußt und ohne bösen Willen anwandten, wehrten sich die Amerikaner gegen die Verführung der ‹alten Heimat›. Der Oberkommandierende der amerikanischen Besatzungstruppen, der jetzt in der zerrissenen Hauptstadt Berlin saß, rühmte sich, seines Eingeständnisses nicht bewußt, daß er kein einziges deutsches Wort kannte; kaum war eine amerikanische Siedlung bezogen, als sich die Frauen der Sieger schon geschäftig in Frauenvereinen organisierten; demonstrativ – und daß solche Demonstration ein Schwächebekenntnis war, konnten die Besiegten nicht verstehen – wurden die amerikanischen Kinder in unpassende Wildwest-Kleidung gesteckt; die P.X. und Commissaries und Restaurants der ‹dependents› lieferten in verräterischem Überfluß die gewohnten Genüsse des Gaumens, solcherart auch der verlockenden europäischen Küche kulinarischen Widerstand entgegensetzend; amerikanische Rundfunkstationen boten dem Ohr aufdringlich die Nahrung amerikanischer Sentiments – den Besiegten mußte es so scheinen, als wollten die Sieger um jeden Preis ‹besser› sein, während die sich nur krampfhaft an ihr in wenigen Jahrzehnten mühsam erworbenes Anderssein klammerten» (Habe 1955: 471f).

Reiselust und Reisefrust

Es gibt aber noch eine weitere Ursache, die viele Soldaten daran hindert, in Europa zu reisen. Hier spielt ein anderes Verhältnis zu Zeit, zur Geschichte und zu Europa eine Rolle, die sich nur mit der Besonderheit der amerikanischen Nation erklären läßt. Das, was in amerikanischen Schulen überwiegend gelehrt wird, ist amerikanische Geschichte. «Man wird Amerikaner», so Klaus Harpprecht, «indem man sich die Geschichte Amerikas zu eigen macht.» (1982:49) Die Gier, mit der dort mancherorts lokale und private historische Zeugnisse restauriert und ausgestellt werden, ist teils Kompensation gegenüber dem geschichtsträchtigen Europa, teils andächtiger Stolz auf die eigene Geschichte – wobei die eigene Lokalgeschichte immer im Kontext der nationalen Heilsgeschichte gesehen wird. In der Schule wird Geschichtsbewußtsein als formendes Instrument benutzt. Patriotisches Pathos geht ihnen früh ins Blut über, aber europäische Geschichte wird nur am Rande erwähnt.

Auch der unterschiedliche Zeithorizont macht es den Soldaten schwer, das Gesehene zu verstehen. Daß der Mainzer Dom tausend Jahre alt ist, versetzt die GIs immer wieder in ungläubiges Staunen. Unverständlich ist ihnen das Alter der Burgen am Rhein, und sich ein mittelalterliches Leben in diesen Ruinen vorzustellen, ist für sie so exotisch wie für uns das Japan Shoguns. In ihrem Zeithorizont ist alles alt, was seit 300 Jahren besteht. Selbst ein amerikanischer Militärarzt erzählte mir, daß ihn das Alter europäischer Kulturzeugnisse immer wieder aufs höchste erstaune und beeindrucke. Die Zeitdifferenz zwischen dem 1000jährigen Dom und den 2000jährigen römischen Überresten ist für sie so unwirklich und bedeutungslos wie für den Laien der Unterschied zwischen der Stein- und Eisenzeit – es ist halt alles alt! Die Zahl und Qualität historischer Stätten ist in den Vereinigten Staaten im Vergleich zu Europa begrenzt, und wesentlich auf den Osten des Landes beschränkt. Man kann dort auf dem Kontinent leicht ein paar hundert Kilometer fahren, ohne nennenswerte Sehenswürdigkeiten zu besichtigen. Wer in Amerika reist, besucht vorwiegend Naturschönheiten wie den Grand Canyon oder bewundernswerte Errungenschaften der Neuzeit wie das Disneyland. Kurzum, die jungen Soldaten, die hierherkommen, sind es nicht wie wir gewohnt, von geschichtlichen Denkmälern umgeben zu sein, deren Bedeutung sie zudem gar nicht kennen, und wir können von ihnen nicht erwarten, daß sie sich hier in Deutschland plötzlich wie geschichtskundige Bildungsreisende benehmen.[6]

In der kleinen Zeitschrift *Mainz Soldier* gab es im Januar 1983 ein Sonderheft, das den Soldaten die Orientierung in Mainz erleichtern soll (und gleichzeitig vor Spionen und unerlaubtem Schwarzhandel warnt). Einstieg hierzu ist der Artikel «In Europa stationiert. Erlebe es jetzt, damit du es später erzählen kannst», in dem die Geschichte eines Soldaten berichtet wird, der nach seiner Tour in Deutschland wieder in die Staaten zurückversetzt wurde und dem jetzt zu Hause eine große Willkommens-Party gegeben wird.

Sein Onkel Bill ist neugierig auf die Erfahrungen seines Neffen. Er fragt ihn, wie ihm der Eiffelturm gefallen habe.

«Tja, Onkel Bill, ich hatte nie eine Gelegenheit, Frankreich zu besuchen. Unsere Kompanie hat eine Tour dahin angeboten, aber ich konnte es mir nicht leisten mitzufahren. Ich hatte gerade zwei neue Lautsprecher für meine Stereo-Anlage gekauft.»

«Ich bin sicher, du hast viel von der deutschen Landschaft gesehen ...»

«Mein Bataillon hat einige Feldübungen gemacht. Ich habe viel von Grafenwöhr und Wildflecken gesehen, aber wir mußten im Manövergebiet bleiben. Der Wald dort hat mich an zu Hause erinnert.»

«Hast du München gesehen? Die Stadt mit den großen Biersälen und den Um-pa-pa-Bands? Hast du ein paar deutsche Fräuleins kennengelernt?»

«Nein, nach Bayern bin ich auch nicht gefahren», meint Chuck, der sich bei diesen Fragen schon unwohl fühlt. «Ich habe deutsches Bier getrunken, aber das wurde in Flaschen im NCO-Club am Standort serviert. Der Club spielte viel Disco und Country-Western Musik. Und ich glaube, die Bedienung war eine Deutsche, die Jungens riefen sie Heidi.»

Eine Bootstour auf dem Rhein hat Chuck auch nicht unternommen. «Unser Bataillon hat dort nur eine Übung zur Flußüberquerung gemacht.»

Die kleine Geschichte endet damit, daß Chuck sich seinem Onkel Bill anschließt und nächstes Jahr seinen Urlaub mit ihm in Europa verbringen will.[7]

Interessanterweise wird Chuck so geschildert, daß er zur Infanterie gehört und wegen zahlreicher Manöver viel unterwegs ist. In einem Gespräch mit dem Direktor eines Freizeit-Centers in Wakkernheim meinte dieser: «Die Schichtarbeiter und die Soldaten in der Infanterie haben die größten Schwierigkeiten, ihre Freizeit zu planen. Sie sind oft müde und haben keine große Lust, was zu unternehmen.» Seine nähere Umgebung auf eigene Faust zu erkunden, erfordert eine gewisse Initiative, und die haben viele oft nicht. Das Militär und USO[8] bieten eine Vielzahl von großen und kleinen Touren zu durchaus erschwinglichen Preisen an: da wird die Binding Brauerei besichtigt, die Herstellung von Wurst und Brötchen beobachtet, das Heidelberger Schloß muß man gesehen haben, eine Fahrt nach Bad Homburg soll mit dem Taunus vertraut machen, und immer wieder gibt es Fahrten zu verschiedenen Schlössern; die meisten Fahrten kosten 10 bis 20 Mark. Einige Soldaten nutzen diese Gelegenheiten regelmäßig, vor allem wenn sie eine normale Bürotätigkeit haben und langfristig planen können. Manche sind lustlos und inaktiv, weil sie keine Ahnung haben, welche Sehenswürdigkeiten es gibt. Solche GIs kann man höchstens aktivieren, aufs Oktoberfest nach München zu fahren.

In den Interviews frage ich die Soldaten, was sie in ihrer Freizeit tun, und was sie bisher von Deutschland gesehen haben.

Sue war früher sehr an Geschichte, vor allem deutscher Geschichte interessiert – «die Kriege, weißt du» –, und sie hatte vor, in Deutschland zu reisen. Doch daraus wurde nichts. «In den Staaten hätte ich keine Schwierigkeiten zu reisen, ich würde nach Bakersfield fahren oder Los Angeles am Wochenende und abends bei Mack's essen oder sonstwo. Ich würde das hier auch gerne tun, aber ich kenne das hier nicht so gut, und ich spreche die Sprache nicht sehr gut, was mein Fehler ist, und das schränkt mich ein bißchen ein. Diese Angst muß ich überwinden.» Wenn sie vergleicht, was sie drüben nach Dienstschluß und am Wochenende alles unternahm und was sie hier in Deutschland tut, kommt sie zu dem Schluß: «Unsere Auswahl war drüben nicht sehr begrenzt, und mir scheint, daß sie hier sehr begrenzt ist.» Sie würde hier nie allein irgendwohin gehen, wo nur Deutsche hingehen. «Der Grund ist, weil ich die Sprache nicht spreche. Niemand fühlt sich gerne dumm oder dämlich.»

Auch Ruth ist nie alleine gereist. Mit ihrer Einheit war sie drei- bis viermal in den amerikanischen Ferienzentren in Garmisch und Berchtesgaden und fand es toll. Doch alleine? «Ich hatte Angst vor den Zügen und deutsch zu sprechen. Ich hatte nicht so sehr Angst alleine zu reisen, sondern ich hatte Angst, daß ich irgendwohin komme, wo ich die Sprache nicht genug spreche und daß dann irgendwas passiert, ich hatte immer Angst davor.»

«Und kanntest du nicht jemanden, der ein bißchen Deutsch spricht, so wie Chris, sie kann doch ein bißchen Deutsch.»

«Ja, aber wir hatten nie Urlaub zur gleichen Zeit.»

«Was tust du denn normalerweise in deiner Freizeit, am Abend oder am Wochenende?»

«Das sag ich lieber nicht», meint Ruth und lacht. «Trinken! Nein, manchmal gehn wir ins Kino, in die Wirtschaft, oder wir fahren rum oder gehen zu irgend jemand nach Hause, oder sitzen zusammen, reden, feiern Parties, irgendwas. Ich geh zu Bekannten nach Hause, sehe Video-Filme, oder – ich trinke halt.» Und wieder lacht sie, leicht verlegen, als hätte ich sie bei etwas Verbotenem ertappt.

«Machst du hier andere Sachen als du früher zu Hause gemacht hast?»

«Ja, ich hab hier mehr gemacht als zu Hause. Ich meine, zu Hause

events

WIESBADEN-JULY 1981

Wed, 1 July - BINDING BREWERY - $2.50

2 - 6 July - BERCHTESGADEN - $20.00 adults & $5.00 children under 12
Thur - Mon

Sat, 4 July - RHEIN-IN-FLAMES - DM 27,00

Mon, 6 July - TAUNUS TRIP - $2.50

Tues, 7 July - THE POTTERY ROAD - $3.00

Thur, 9 July - CASTLE RUINS - DM 7,00 adults & DM 5,00 children under 12

Fri, 10 July - HESSEN PARK - DM 7,00 adults & DM 5,00 children under 12

Sat, 11 July - SCHWETZINGEN - DM 7,00 adults & DM 5,00 children under 12

Sun, 12 July - CASTLE HOPPING - DM 16,00 adults and children

Mon, 13 July - MODEL HOMES - DM 7,00 adults and children

Tues 14 July - BUTCHER & BAKER - $2.50

Wed, 15 July - WIESBADEN CITY TOUR - DM 10,00 adults and children

Wed, 15 July - DINING-OUT AT A 11th CENTURY KLOISTER - $2.50

Mid-July - GERMAN/AMERICAN LADIES MORNING PROGRAM

Thur 16 July - TAUNUS WUNDERLAND - DM 10,00

Sun, 19 July - HOLIDAY PARK - DM 15,00 adults and children

Mon, 20 July - IKEA & MAIN-TAUNUS SHOPPING CENTER - $2.50

Tues 21 July - FRANKFURT CITY TOUR - DM 16,00 adults & DM 14,00 children

Sun, 26 July - FRANKFURT ZOO & T.V. TOWER - DM 20,00 adults & DM 15,00 Children

Wed, 29 July - MAINZ CITY TOUR - $2.50

FOR MORE INFORMATION CALL: 2355-5317 or 06121-72074

Reiseangebote von USO

bin ich nicht so oft ausgegangen, während der Woche bin ich mehr zu Hause geblieben, hier geh ich jeden Tag aus. Geh in den Club, oder ins Kino oder so.» Das Kino kostet 50 Cent bis 1 Dollar, ist also auch finanziell erschwinglich. Ruth lebt mit acht anderen Frauen in einem Zimmer. Mit einigen, z. B. Sharon, ist sie inzwischen eng befreundet. Ihr Zimmer ist zu einem sozialen Mittelpunkt geworden, wo man sich trifft und Parties feiert oder gemeinsam abends ausgeht, meist nur nach Wackernheim in die Kneipe. Keine von ihnen hat ein Auto, und die Busse nach Mainz fahren abends nur alle zwei Stunden, also ist es am leichtesten, die zehn, fünfzehn Minuten bis ins Dorf runterzulaufen.

Chris spricht einigermaßen gut Deutsch, und von ihr könnte man erwarten, daß sie sich dadurch freier hier bewegt. Doch ganz im Gegenteil, außer in ihre Stammkneipe in Wackernheim geht sie praktisch nirgendwo alleine hin. Wenn sie nüchtern ist, ist sie zu schüchtern, um ihre Deutschkenntnisse ohne Hemmungen zu gebrauchen. Auch ihre Herkunft aus einer einfachen Bauernfamilie macht es ihr schwer, diese Schranken zu überwinden. Gerade in Deutschland, wo im Vergleich zu Amerika mehr Wert auf gute Kleidung gelegt wird, fühlt sie sich außerhalb ihres gewohnten Umfeldes sichtlich unwohl. Wie viele GIs aus der sozialen Unterschicht hat sie es nicht gelernt, sich in verschiedenen sozialen Umwelten zu bewegen. Ich will ihr viel von Deutschland zeigen, doch nicht selten führt das zu Spannungen und Streit zwischen uns. Ob im Mainzer Dom oder im Theater, im Restaurant oder Hotel – sie bleibt verkrampft und ängstlich und meidet diese ihr fremde Welt. Die anderen Soldatinnen gehen gar nicht erst mit uns mit – das ist ihnen wohl zu anstrengend, und so neugierig auf andere Erfahrungen sind sie nun auch nicht.

Am Sonntagmorgen im Mainzer Dom fühlt Chris sich deplaciert, weil die Deutschen alle so fein angezogen sind. Da sind ihr die Mennoniten aus ihrer Kindheit lieber, bei denen alles einfach und unkompliziert zuging, und jeder herzlich willkommen war. Der Gottesdienst muß sie angestrengt haben, zur Entspannung braucht sie was Bekanntes und auf ihren ausdrücklichen Wunsch hin gehen wir zu MacDonald's frühstücken. An diesem Morgen bekommen wir Streit, wir vertragen beide diesen «Kulturschock» nicht: sie fühlt sich im Dom unbehaglich, und ich mag keinen «Big Mac» nach gregorianischen Chorälen.

Das Wiesbadener Theater beeindruckt sie; zum erstenmal in ihrem Leben besucht sie ein Theater und schreibt es gleich am nächsten Tag ihrer Freundin Angela in Pennsylvania. Abendkleider und Schmuck, goldverzierter Stuck und Malerei, ein Ballett – all das sieht sie mit ihren 32 Jahren zum erstenmal. So was gibt es in New York und Washington – aber bei ihr auf dem Land?

In deutschen Restaurants fühlt sie sich beklommen, allein würde sie nie dorthin zum Essen gehen. Es sind viele Kleinigkeiten, die in den Staaten anders sind als hier. In Amerika wird man in Restaurants an einen Platz geführt, und man setzt sich niemals an einen Tisch, an dem schon jemand sitzt. Hier fühlt Chris sich sehr unsicher, wenn sie sich selber einen Tisch aussuchen muß, und sie hätte nicht den Mut auf deutsch zu fragen, ob am Tisch noch ein Platz frei ist. Dann fehlt ihr hier das Glas Eiswasser, das in Amerika immer gleich als erstes auf den Tisch gestellt wird und nichts kostet. Als wir in München einmal Fisch essen, bekommt sie ein Fischbesteck und ist ganz irritiert, das hat sie noch nie gesehen. Überhaupt, der Gebrauch von Messer und Gabel ist in beiden Ländern verschieden. In Amerika ißt man nur mit der rechten Hand und legt die linke auf den Schoß. Hat man Fleisch, so schneidet man es mit Messer und Gabel, legt dann das Messer zur Seite und nimmt wieder die Gabel in die rechte Hand. Ein Unteroffizier gestand mir einmal, daß er vergeblich versucht habe, mit der Gabel in der linken Hand zu essen: «Meine linke Hand findet einfach nicht den Mund!» Chris versucht es mit mehr Erfolg, aber alles, was neu ist für sie, kostet sie beträchtliche Anstrengung. Das letzte Problem im Restaurant ist die Rechnung, vor allem das Trinkgeld. In Amerika gibt man 10–15% vom Rechnungsbetrag als Trinkgeld, in Deutschland rundet man den Betrag meist auf eine runde Summe auf. Viele Soldaten verstehen unser System nicht, wonach man Trinkgeld geben kann, aber nicht muß, und wie man selber festsetzt, welchen Betrag man gibt.

So wie sie sich zu Hause höchstens 50 Meilen von ihrem Heimatort entfernt, so bleibt Chris auch in Mainz immer in der Nähe. Zweimal besuchte sie den Frankfurter Zoo, doch das war schon ein größeres Unterfangen. Einmal wagte sie eine Auslandsreise, die vom amerikanischen Militär organisiert wurde. Mit einem Bus fuhren sie nach Spanien, nach Barcelona. Am ersten Abend ertränkte Chris ihre Angst in sieben Krügen Sangria. In den folgenden drei Tagen verließ sie zweimal das Hotelzimmer, einmal um in einem Andenkenladen gegenüber vom Hotel Geschenke zu kaufen, und beim zweitenmal, um die Straße am Strand entlang zu gehen. Aus lauter Angst, sich zu verlaufen, nichts zu verstehen und mit dem Geld nicht umgehen zu können, schloß sie sich in ihr Zimmer ein – ähnlich wie damals im Headstart-Programm.

Am Ende ihres dreijährigen Aufenthaltes verreiste sie zum erstenmal alleine. Sie wollte unter allen Umständen das Konzentrationslager in Dachau sehen, doch niemand von ihren Freundinnen hatte Zeit oder Lust mitzufahren. Immer wieder verschob sie die Reise, schließlich packte sie all ihren Mut, all ihre Deutschkenntnisse zusammen und wagte es. Alles klappte, sie fuhr mit dem richtigen Zug nach München, fand ein Hotel in Dachau, im KZ gab es Informationen auf englisch und sie kam – erschüttert von Dachau und begeistert über ihre neu gewonnene Fähigkeit, alleine zu reisen – nach Mainz zurück.

Nur wenige Soldaten habe ich kennengelernt, die großes Interesse an Deutschland hatten, viel verreisten, fotografierten und deutsches Essen ausprobierten. Was war anders an ihnen, was veranlaßte sie, die amerikanische Kultur wenigstens zeitweise freiwillig zu verlassen?

Sam, ein schwarzer Soldat aus Los Angeles, war immer unternehmungslustig gewesen. Früher arbeitete er für eine Filmgesellschaft und mußte für diesen Job innerhalb Amerikas und Kanadas ständig hin- und herfliegen. Mit seinem ersten selbstverdienten Geld – er war damals 18 Jahre alt – flog er kurzentschlossen nach Portugal. Aus politischen Gründen war Portugal damals ständig in den Schlagzeilen, und er wollte einfach wissen, wie es dort aussah. Obwohl Sam kein Wort Portugiesisch sprach, kam er blendend zurecht, redete mit Händen und Füßen oder fand Menschen, die ein paar Brocken Englisch verstanden. Er war begeistert von dieser neuen Erfahrung, und flog seitdem immer wieder in fremde Länder. Bevor er – mit Ende 20 – ins Militär eintrat, war er schon in Deutschland gewesen, und die Versetzung hierher konnte ihn nicht erschüttern – ganz im Gegenteil! In Mainz arbeitet er 48 Stunden am Radar und hat dann drei Tage frei, die er immer zum Reisen nutzt; ständig ist er unterwegs und ruft aus Heidelberg, Frankfurt, Gießen oder Mannheim an.

Auch John, ebenfalls ein schwarzer Soldat aus dem Staat Alabama, reist viel. Er arbeitet in der Verwaltung seiner Einheit, hat also einen angenehmen Job auf der Schreibstube mit freien Wochenenden und ohne Manöver-Aktivitäten. Dadurch kann er langfristig planen und bucht Reisen nach Paris, Rom, in die Schweiz, ja selbst nach Moskau. Besonders häufig fliegt er nach England, wo seine Freundin lebt. Er nutzt die preiswerten Reiseangebote des Militärs aus und kehrt immer mit einigen belichteten Dia-Filmen zurück. John ist ebenso wie Sam einige Jahre älter als die meisten anderen, ich schätze sein Alter auf Ende 20. Sein Vater war lange Jahre im Militär, und so hat er schon früh gelernt, immer wieder umzuziehen und Neues kennenzulernen. Er genießt es, daß er hier in Europa im Vergleich zu Alabama weniger diskriminiert wird. Er überlegt, ob er nicht ganz nach Europa, am liebsten sogar nach Deutschland ziehen soll. Ebenso wie Sam ist er ein Einzelgänger, beide sind nicht sonderlich darauf erpicht, ihre Freizeit mit anderen Soldaten zu verbringen. Bisweilen gehen sie zum deutsch-amerikanischen Kontakt-Club, aber eigentlich nur dann, wenn sie nichts Besseres zu tun haben. John erzählt oft stolz, wo er letzten Monat überall war, und welche neuen Reiseziele er bereits ins Auge gefaßt hat. Die anderen Soldaten bewundern und beneiden ihn zum Teil, und John genießt die Bewunderung. Er zeigt Bilder herum, damit die anderen sehen, wie schön es in Luxemburg und Paris ist. So findet er vor sich selber und vor anderen Selbstbestätigung durchs Reisen.

Untypisch sind auch Bob und Billy, beide aktive Mitglieder im deutsch-amerikanischen Kontakt-Club. Billy, dessen Deutsch fast akzentfrei ist, hat eine deutsche Mutter und besucht hier seine Verwandten in Süddeutschland. Er bewegt sich mühelos in der neuen Kultur, mit der er schnell vertraut wurde. Bob ist Feldwebel und schon seit über zehn Jahren im Militär. Das bedeutet, daß er Erfahrung im Ortswechsel hat und mehr Geld als die anderen verdient. Er ist ausgesprochen höflich und freundlich, das Wort «shit» kommt nie über seine Lippen. Bob reist zwar nicht so viel wie John, aber er ist in jeder Hinsicht «beweglich»: er lernt Deutsch und fährt mit seinem weißen Käfer nach Ingelheim oder Wiesbaden, um neue Restaurants auszuprobieren.

Zwei weitere Soldaten, deren positive Einstellung Deutschland gegenüber von der Einstellung der meisten anderen GIs abweicht, sind in jeder Hinsicht untypisch für meine «Stichprobe». Sie sind Offiziere, der eine Hubschrauberpilot, der andere, Captain Hill, ist Geistlicher. Beide lernen Deutsch und wollen für immer in Deutschland bleiben. Beide äußern sich manchmal kritisch gegenüber Amerika, seiner Politik, seiner Lebensweise, und Captain Hill empfindet, daß er keine Wurzeln in Amerika hat. Seine Eltern kamen beide aus Europa, und ihn zieht es zurück nach Europa. Das amerikanische Militär hat kürzlich eine Regelung aufgehoben, wonach Soldaten nicht länger als 60 Monate in Deutschland Dienst tun dürfen, dann müssen sie erst wieder in Amerika dienen, bevor sie nach «Old Europe» zurückversetzt werden dürfen. Man will vermeiden, daß die Soldaten wie die Einheimischen leben, «go native». Hatte Hans Habe recht, daß Amerika fürchtet, die Alte Welt könne ihre verlorenen Kinder locken, aufnehmen und schließlich aufsaugen?

Freizeitangebote in der Kaserne

Nach dieser ausführlichen Schilderung über Reisefrust und Reiselust von GIs in Deutschland wenden wir uns nun den Freizeitmöglichkeiten innerhalb der Kaserne zu. In allen Standorten mit einer gewissen Mindestgröße gibt es ein Standardangebot, das aus Turnhalle, Bibliothek, «craft-shop», in dem man handwerklichen Tätigkeiten nachgehen kann, und dem unvermeidlichen NCO-Club besteht. Je größer ein Standort ist, desto größer natürlich das Angebot. In Wackernheim befindet sich ein Kino und eine Bowling-Bahn, ein kleines Theater, eine Sporthalle, die bis 21 Uhr geöffnet ist, ein Freizeit-Center (Recreation-Center), eine kleine Bibliothek und ein NCO-Club, der aber auch von Mannschaften besucht wird. In Lee Barracks in Mainz-Gonsenheim sind die vorher genannten Einrichtungen größer und besser ausgestattet, außerdem gibt es eine Reparaturwerkstätte, in der man unter Anleitung sein Auto selber reparieren kann, einen Verleih für Camping-Ausrüstung (Zelte, Schlafsäcke, Ski-Ausrüstung) und einen «craft-shop», in dem allerlei Handwerkliches angeboten wird: Herstellung von Keramik, Körben, Batik, Puppen, Ölgemälde, Ledergürtel, Glasmalerei und Makramé. In den Freizeit-Centern beider Standorte werden Tischtennis, Schachturniere, Pool-Billiard, Video-Filme, Gesellschaftsspiele (Backgammon etc.), Bingo und sogar mal eine Weinprobe angeboten. Beim Sport spielen verschiedene Gruppen Volleyball, Basketball, Baseball und – für Anfänger – Fußball. In Gonsenheim kann man auf dem Kasernengelände auch Tennis spielen. Hingewiesen wird auch auf Volksmärsche in der näheren Umgebung und Marathonläufe. Und schließlich gibt es noch «out-door recreation», dazu zählen Rollschuhfahren, Schießen und die Aktivitäten des Angel-und-Jagd-Clubs (Rod and gun club).

Der Wiesbadener Standort ist noch um einiges größer als der Mainzer und beherbergt neben Armee-Einrichtungen auch die mit mehr Prestige und Geld ausgestattete Air Force. Das dokumentiert sich nicht zuletzt in einer schönen Golfanlage oberhalb der Stadt. In der Kaserne sind die Bowling-Anlage und Bibliothek größer, wesentlich besser ausgestattet und länger geöffnet. Von verschiedenen Universitäten werden Kurse in Soziologie, Kunst, Geschichte, Programmieren, Politik, Wirtschaft und Management abgehalten, und es lassen sich hier Universitätsabschlüsse erreichen. Sprachkurse gibt es nicht nur für Deutsch, sondern auch für Französisch, Russisch und andere Sprachen.

Vergleicht man das Freizeitangebot zwischen den Kasernen in Amerika mit denen hier in Deutschland, dann schneiden die Stand-

Freizeitangebot einer Wiesbadener Kaserne

orte in Deutschland natürlich schlechter ab. Die Soldaten sind manchmal enttäuscht, daß sie hier nicht auch überall Tennisanlagen, Schwimmbäder und Golfplätze vorfinden. Sie vergessen dabei, daß die Garnisonen drüben riesige Anlagen außerhalb der Städte sind, denen es an Platz nicht mangelt. In Deutschland hat man verständlicherweise weder das Geld noch das Personal, um 2000 oder auch 10000 Soldaten das gleiche zu bieten wie drüben 30000 Militärangehörigen.

Wie werden die vorhandenen Angebote genutzt? Das ist natürlich je nach Einrichtung, Standort, Organisation und Management grundverschieden. So kann ich hier nur Impressionen bieten, die ein bißchen Einblick gewähren.

Um das «Rec-Center» kennenzulernen, wähle ich eine günstige Gelegenheit: zum erstenmal soll sich der deutsch-amerikanische Club in Wackernheim in der Kaserne treffen. Damit will man neue Mitglieder werben und den GIs Gelegenheit geben, den Kontakt-Club und ein paar Deutsche kennenzulernen. Ich erhoffe mir eine gute Chance, neue Kontakte zu knüpfen, nachdem alle meine früheren Freunde in die Staaten zurückversetzt wurden. Der Abend beginnt mit einer Überraschung: ich bin die einzige Deutsche und sitze neben einem einzigen GI, der Deutsche kennenlernen will. Ansonsten befinden sich nur die im Freizeit-Zentrum Angestellten und drei, vier normale Besucher in der großen Eingangshalle. Der Direktor hat einen schwarzen Soldaten eingeladen, der die erwartete Gruppe mit Zauberkunststücken unterhalten soll. Es wird die vergnüglichste Privat-Show, die ich je genossen habe! Andererseits bin ich enttäuscht, daß sonst niemand da ist. In den folgenden Monaten komme ich noch einige Male wieder, um Pool-Billard zu spielen, oder ich sehe den Schachspielern zu und unterhalte mich mit einigen Soldaten. Die Atmosphäre hier ist ruhig, es darf kein Alkohol getrunken werden, also gibt es auch keine Betrunkenen.

Der Direktor ist ein leidenschaftlicher Schachspieler. Des öfteren treffe ich ihn in der Eingangshalle, wo er einen Soldaten auf einen Schachwettkampf vorbereitet. Meist sind zwischen fünf bis 15 Soldaten abends anwesend. Je nach Aktivität verteilen sie sich in kleinere Nebenräume, in denen sie Zeitung lesen, fernsehen, Billard spielen oder Video-Filme anschauen. Mir fällt auf, daß keiner der Anwesenden die sonst unter Soldaten übliche unflätige Ausdrucksweise benutzt. Dan, der Direktor, erklärt mir, daß er Wert auf eine «normale» Sprache lege und das ohne große Schwierigkeiten hier auch durchgesetzt habe. Unklar bleibt mir, ob er die Sprachgewohnheiten der Leute ändert, oder ob er einen bestimmten Typ von Soldaten, der die

Die Bibliothek in Lee Barracks, Mainz-Gonsenheim

Das Recreation Center in Mc Cully Barracks, Wackernheim

Kraftausdrücke auch nicht mag, anderen so vorzieht, daß die Rowdies schließlich wegbleiben.

Wieviel Zuspruch ein Rec-Center findet, hängt von den Angeboten, der Persönlichkeit des Direktors, vielleicht auch von der Architektur der Anlage ab. In Lee Barracks erfahre ich von Jane, der Direktorin, daß hier wöchentlich bis zu tausend Soldaten kommen, das sind fast zehnmal so viele wie in McCully. Hier in Gonsenheim sind zwar auch viel mehr Soldaten stationiert, aber auch andere Faktoren spielen eine Rolle. «Ich glaube, daß die größeren Räume, die ineinander übergehen, für die Soldaten wichtig sind», meint Jane. «Sie sehen sich gegenseitig, rufen sich quer durch den Raum was zu, hier ist Musik, es ist lauter, das mögen sie eher.» Es stimmt, in Wackernheim ist alles auf kleine Räume und verschiedene Stockwerke verteilt, und es ist leiser. Hinzu kommt Janes Persönlichkeit, sie ist ein mütterlicher Typ und oft kommen Soldaten und schütten ihr Herz bei ihr aus; sie wird zur Anlaufstation für manche unglücklichen GIs.

Ob ein Rec-Center viel Zulauf hat, kann teilweise auch vom örtlichen Kommandeur abhängen. Ein früherer Kommandeur in Wakkernheim wollte, daß seine Männer kämpfen, stark sind und einen Schluck vertragen können. Ein solches Männlichkeitsideal fördert natürlich die Sauferei, wobei die Lautstärke für sie ein Zeichen ihrer Stärke ist. Dan: «Er (der Kommandeur) sah das Recreation-Center als Versteck an und hat uns überhaupt nicht gefördert!» Statt dessen trafen sich die Soldaten zu einem Umtrunk nebenan im NCO-Club.

Dieser Männlichkeitswahn, der sich nicht nur lautstark, sondern auch obszön äußert, führt sogar innerhalb des Militärs zu Problemen. Don Burns, damals Herausgeber von *Mainz Soldier*, beschreibt das Verhalten und die Sprache von GIs in einem amerikanischen Club:

«Wie langweilig! Da ist kaum 'ne Frau an diesem (...) Ort, mit der man tanzen kann.»

«Yeah», antwortet sein Freund, «nicht viel (...) Action hier. Komm, wir gehen in die Kaserne zurück.»

Ein paar Minuten später springt ein Soldat auf und schreit: «Hey, ihr (...), spielt ‹Country Roads›, weil ich aus (...) West Virginia bin!»

Don Burns hat verheiratete Freunde, die ihre Frauen nicht mit in den Club oder ins Kino nehmen. Die Ehemänner finden diese unflätige Sprache der Soldaten so schlimm, daß es ihre Frauen und zivilen Gäste abstößt.[9]

Auch im amerikanischen Kino hat man Probleme mit dem Verhalten der Soldaten. Einige Gäste gebrauchten unanständige Worte und brachten Alkohol mit. Schließlich kamen nur noch wenige Gäste, das Kino hatte einen schlechten Ruf. Inzwischen hat man an die Soldaten appelliert, beim Gebrauch ihrer Worte an die Frauen und Kinder zu denken, die auch im Kino sitzen. Der Manager des Kinos läßt sie wissen, daß er gern auf ihr Geld verzichtet, wenn sie allen anderen Anwesenden die Vorstellung mit ihren Kraftausdrücken vermiesen. Sie dürfen auch keine größeren Behältnisse mehr mit ins Kino bringen, in denen sie z. B. Zwei-Liter-Flaschen Wein verbergen. Ein paar Flaschen Bier werden zwar immer noch hereingeschmuggelt, doch insgesamt hat sich die Situation verbessert.[10]

Den größten Zuspruch finden die Freizeitveranstaltungen, die an die Heimat erinnern. Country-Western-Music und Bingo zieht Hunderte an, eine kostenlose Weinprobe hingegen nur einige dutzend Besucher.

An jedem Standort finden die Soldaten einen NCO-Club. Der alte Club in Wackernheim strahlte die Gemütlichkeit einer Bahnhofshalle aus, nach dem Umbau gibt es Teppichboden, gedeckte Tische und eine kleine Bühne mit Tanzfläche. Von Freitag bis Sonntagabend wird abwechselnd Rockmusik, Country-Western- oder Latin-Music gespielt, die jeweils unterschiedliche Zuhörer findet. Rockmusik zieht hauptsächlich die Schwarzen, aber auch viele Weiße an; bei Country-Western- bleiben nur die Weißen, und bei Latin-Music versammeln sich die spanischsprechenden Soldaten aus Puerto Rico und Mexiko. Mindestens einmal die Woche kommt eine Live-Band, und dann kann es voll werden. Es sind immer die gleichen Bands, die in amerikanischen Standorten spielen. Weil die Deutschen in der Regel nur in Begleitung von Amerikanern auf das Kasernengelände gelassen werden, gibt es kaum deutsche Mädchen hier, und die wenigen, die gekommen sind, haben einen amerikanischen Freund als Begleiter.

An einem Abend ist eine Country-Western-Gruppe im Club in Wackernheim. Ich sitze mit Chris, Ruth und anderen Frauen an einem Tisch, außer uns sind sonst keine Frauen da. Rund 50 Leute hören zu, niemand tanzt. Alle starren zur Bühne, trinken, schweigen. Die Musik ist so laut, daß man sich nur schreiend unterhalten kann. In der Pause tönt die Musik, diesmal etwas leiser, aus dem Spielautomaten. Links neben mir sitzt ein betrunkener GI und versucht mich anzumachen, ich sähe aus wie eine Lehrerin. Er drückt seine Dose Bier zusammen und rülpst.

Inzwischen hat man die Clubs mit Spielautomaten ausgestattet. In Finthen Air Field wurden gleich 29 Apparate installiert, in Wackernheim sind es 12. Bei der Eröffnung gab es lange Schlangen, jeder wollte für einen Vierteldollar Einsatz schnell 75 Dollar gewinnen. Angeblich sollen diese Automaten 93 % des Einsatzes an den Spieler wieder ausschütten, die restlichen 7 % gehen ans Militär.

In der Küche des NCO-Clubs in Wackernheim arbeitet Frau Porth, eine deutsche Köchin. Sie erzählt, wie vornehm es hier nach dem Krieg zuging. Jeden Abend spielte eine Kapelle auf. Die Bedienung trug eine weiße Bluse, einen schwarzen Rock und eine weiße gestärkte Schürze. «Heute müssen sich die Soldaten ihr Essen selber holen, und manchmal bringen sie ihren leeren Teller zu mir in die Küche zurück, damit ich nicht zu laufen brauche.» Sie kann gut verstehen, daß viele Soldaten sich in der Kaserne und im Club nicht sonderlich wohl fühlen. Immer wieder kommen Soldaten zu ihr und fragen: «Mutti, hast du nicht ein Mädchen für mich?»

Discos, Drogen, Mädchen

Es gibt einige wichtige Motive, deretwegen amerikanische Soldaten die Kaserne verlassen. Die jungen Soldaten sind auf der Suche nach Discos und Sex; Drogen erhalten sie zwar auch in der Kaserne, doch in manchen Discos spielen Drogen eine große Rolle. Im Sommer besuchen Hunderte von GIs Rockkonzerte im Freien und rauchen dabei Haschisch oder Marihuana. Rockkonzerte sind beliebt, aber nicht allzu häufig. Was machen sie normalerweise nach der Arbeit? Ich frage Jill, was er in seiner Freizeit tut und erhalten eine offene, unverblümte Antwort: «Okay, das erste, woran ich normalerweise denke, ist Sex. Das war das einzige, woran ich wirklich gedacht habe. Und high zu werden. Aber ich bin nicht gerne alleine high, ist nicht gut, alleine high zu sein, du sitzt bloß da und lachst vor dich hin. Darum suche ich normalerweise irgend jemand, den ich kenne, von dem ich weiß, wenn der was hat, kommt er zu mir und wir ziehen gemeinsam einen durch ... ja, das war das erste, woran ich normalerweise denke.»

Anfangs hatte Jill eine Freundin daheim in New York, aber wie bei so vielen GIs ging die Freundschaft in die Brüche, und Jill macht sich jetzt auf die Suche nach deutschen Mädchen. Meist geht er in eine Disco nach Ingelheim und mit seinem charmanten Lächeln, seinem liebenswürdigen Wesen fällt es ihm nicht schwer, Bekanntschaften zu schließen. Die Sprachschwierigkeiten nimmt er nicht so ernst. Ihm reichen die paar Brocken Deutsch, die er kann, und beim Tanzen, meint er, brauche man ja nicht zu reden und alles weitere finde sich dann schon. Viele Mädchen sprechen ein bißchen Englisch und das, so Jill, reiche völlig aus. Er vertraut voll seinen nonverbalen Überredungskünsten!

Für Jill, der in Harlem und Manhattan gelernt hat, sich durchzuschlagen, vorsichtig zu sein, einem Fremden erst mal zu mißtrauen, sind Mainz und Ingelheim ein leichtes Pflaster. Wenn er zu Hause in New York nachts in den Discos unterwegs war, mußte er immer seine Mutter anrufen und ihr sagen, wo er gerade steckte, auch wenn es zwölf oder zwei Uhr nachts war. Falls ihm irgendwas passierte, wußte sie dann wenigstens, wo er zuletzt war. Hier in Deutschland reagiert er immer noch wie ein New Yorker. So wird er einmal nachts um Mitternacht am Mainzer Bahnhof von zwei jungen Männern angesprochen, die zunächst von seiner «Gehaltserhöhung» sprechen, und ihn dann von hinten packen – wohl um ihn auszurauben. Jill schlägt die beiden k.o., und erst als beide bewegungslos am Boden liegen, verschwindet er schleunigst und nimmt sich ein Taxi nach Wackernheim. Ich treffe ihn am Tag darauf und sehe, daß seine Hand verletzt und dick geschwollen ist. «Ich hatte einen Zusammenstoß mit einem Gesicht», meint er lachend und erzählt mir von dem nächtlichen Überfall. Ich frage, warum er denn beide k.o. geschlagen habe, er hätte doch vorher wegrennen können. «In New York kannst du das nicht machen», erklärt er mir, «wenn er sich noch bewegen kann, rennt er dir entweder hinterher oder er kann noch schießen. Der muß k.o. sein.» Auch in den Discos ist Jill vorsichtig, er kauft nie ein Stück Hasch von ihm Unbekannten.

Eine der beliebtesten Discotheken ist in Wiesbaden in dem amerikanischen Hotel *‹Amelia Erhart›*. Als ich an einem Abend im Mai dort hingehe, ist Disco-Nacht und ich sehe nur schwarze Amerikaner. Am Eingang zum Hotel sitzen zwei «Kontrolleure», die achtgeben, daß keine deutschen Männer ohne amerikanische Begleitung die Disco besuchen. Deutsche Frauen sind erlaubt, auch allein, allerdings müssen wir unseren Paß abgeben und werden mit allen zur Identifizierung notwendigen Daten in ein großes Buch eingetragen. Fast wundere ich mich, daß ich nicht auch noch ein Visum brauche, wenn ich diese Grenze zwischen Deutschland und Amerika überschreite. Ordnung muß sein, auch in der Disco. Warum aber dürfen deutsche Männer – unter Abgabe ihres Passes – nicht hinein? Waltet hier die ausgleichende (Un-)Gerechtigkeit, weil deutsche Gastwirte GIs vor der Türe stehen lassen? Vermutlich will man vermeiden, daß sich deutsche und amerikanische Männer um die raren Mädchen prügeln, aber wenn man nur möglichen Ärger verhindern möchte, so tun die deutschen Wirte doch genau das gleiche. Da kann man nicht die Diskriminierung von deutscher Seite anprangern, wenn man sie selber auch praktiziert.

Der Eintritt kostet einen Dollar, danach kann man in die laute Musik eintauchen. Hier lernt man wieder Zeichensprache, notgedrungen. Über der Tanzfläche flimmert rasend schnell im Rhythmus der Musik ein Farben- und Formenspektakel. Wer nicht tanzt, wird gleichsam optisch beschäftigt. Optische Abwechslung bieten auch die anwesenden Damen: Jeans sind hier verpönt, statt dessen tragen sie Bermudashorts oder Miniröckchen, zeigen einen langen Schlitz hinten im Kleid oder tragen eine Bluse, die seitlich offen ist – diese Kleidung läßt keinen Zweifel an den wohlgeformten Reizen ihrer Trägerinnen aufkommen. Und das bei den sonst puritanischen Amerikanern, erstaunlich.

Der Anblick der Herren ist gleichfalls ermunternd. Da promenieren die Infanteristen aus Georgia und New York im feinsten Anzug – aber kaugummikauend. Ein schwarzer GI trägt einen weißen Anzug mit schwarzem Hemd, weißer Krawatte und weißen Schuhen – sein strahlendes Lächeln offenbart eine Zahnlücke. Jemand schlendert in rotem Jackett mit Strohhut vorbei – im Ohr blitzt ein kleiner Ohrring. Manchen sieht man an, daß der Anzug ungewohnte Kleidung ist, der mal spannt, mal schlottert. Viele Soldaten möchten elegant wirken und imponieren, manchen gelingt es, andere wirken eher rührend oder lächerlich.

Der Raum ist groß, fast ein Saal, und die Hälfte der über 300 Disco-Fans steht dicht gedrängt an der Bar oder schlendert mit dem Glas in der Hand durch die Tischreihen, auf der Suche nach bekannten Gesichtern oder hübschen Abenteuern. Die deutschen Damen sind keine Teenies mehr, sie sind zwischen zwanzig und vierzig.

Schließlich komme ich mit einem Infanteristen aus Mannheim ins Gespräch. Er ist extra für heute abend hergekommen und hat sich für 16 Dollar ins Hotel einquartiert. Nein, Deutsche dürfen hier kein Zimmer nehmen, erklärt er mir, aber deutsche Frauen dürfen mit Amerikanern nach oben aufs Zimmer. Hat er mich deswegen angesprochen? Er klagt über Mannheim, dort sei die Busverbindung zur Stadt so schlecht, und in den Clubs gäbe es häufig Schlägereien um Frauen – hier jedoch nie.

In einer Gesprächspause bleibt von all den vorbeiflanierenden Soldaten einer stehen, der gerne wissen möchte, ob ich noch frei bin. Er zeigt mit dem Finger auf mich und meinen Nachbarn, sieht meinen Nachbarn fragend an, winkt dann beschwichtigend mit der Hand ab, nickt beruhigend und verschwindet im Gewühl. So klappt das also mit Zeichensprache und ohne Schlägerei.

Ich frage den Mannheimer, welche Frauen hierherkämen. «Das sind Soldatinnen und Familienangehörige», meint er. «Manche sind Krankenschwester im Air Force Hospital, andere sind Ehefrauen, deren Mann im Feld ist.» Er ist froh, daß er endlich mal aus der Kaserne raus ist, aber er ist heute abend zu spät in die Disco gekommen. Die wenigen Tische waren schnell besetzt, und jetzt muß er die ganze Nacht stehen.

Als ich gegen Mitternacht gehe, hat der Donut-Laden immer noch geöffnet. Hier kann man eine bestimmte Art von Gebäck kaufen und dazu Kaffee trinken. Diese Läden sind eine typisch amerikanische Mischung aus Café und Schnellimbiß. Im Hotel und in der Discothek ist alles hundertprozentig amerikanisch, die Sprache und das Geld, das Verhalten der Menschen und die problemlose Mischung aller Hautfarben. Ich kann gut verstehen, wenn GIs sich hier in ihrer eigenen Kultur wohler fühlen. Das ist entspannender, als sich mit deutschen Wortbrocken herumzuschlagen oder sich gar in der deutschen Disco abends um zehn Uhr vor die Tür schicken zu lassen.

Für manche GIs hat das *Amelia Erhart* einen Nachteil: mit Drogen läuft hier gar nichts. Wer auf der Suche nach Hasch und anderen Drogen ist, kann sich entweder in der Kaserne damit eindecken, oder weiß, in welchen Discotheken damit gehandelt wird. Und das sind nun ausnahmslos deutsche Discos, sei es in Ingelheim oder Mainz, Wiesbaden oder Frankfurt – und natürlich Rockkonzerte. Als ich einmal mit Chris die «Strange machine» in Ingelheim besuche, hat sie nach wenigen Minuten Hasch erworben. Sie war vorher nie hier gewesen, kannte aber etliche Soldaten aus Wackernheim.

Wenn junge GIs nach Deutschland kommen, sind sie neugierig zu erfahren, wie in diesem Land die Prostitution geregelt ist. In Amerika ist Prostitution verboten, und so mancher Soldat will nun hier neue Erfahrungen sammeln. Ich bin überzeugt, daß mangelnde Deutschkenntnisse sie nicht daran hindern werden; und die Damen dieses Gewerbes werden sich wohl im eigenen Geschäftsinteresse die notwendigen Englischkenntnisse aneignen. Zweimal im Monat ist Zahltag für die Soldaten, dann haben sie Geld für ein Taxi und für das «Crazy Sexy» am Bahnhof. Am Zahltag wird's voll, und um möglichen Ärger schnell zu regeln, schickt die Army ihre «Courtesy Patrol» (CP) dorthin. Ist ein GI zu betrunken oder randaliert er, so bringt die CP ihn nach Hause.

Eine besondere Variante bei der Suche nach Sex sind Schwulen- und Lesbenbars. Da Homosexualität vom Militär streng bestraft wird und meist mit Entlassung endet, müssen die Soldaten hier sehr vorsichtig sein. Im katholischen Mainz gibt es kaum attraktive Treffpunkte für die «gays», da müssen sie schon nach Wiesbaden oder Frankfurt fahren. Vor allem in Frankfurt finden sie diverse Discos, in denen sich die deutschen Schwulen mit Amerikanern treffen, wobei weiße und schwarze Soldaten in verschiedene Discos gehen. Soldaten sind seit jeher ein Symbol der Männlichkeit, und die besonders athletisch gebauten Soldaten gelten als sehr attraktiv. Und hier läuft gleichzeitig ein schwungvoller Handel mit Drogen. Diskriminierung und Sprachprobleme spielen keine Rolle, in dieser Szene haben Deutsche und Amerikaner gleiche Interessen und finden problemlos zueinander.

Gut besucht sind in Mainz und Umgebung all die Discotheken, in denen die Amerikaner willkommen sind. Manche dulden zwar weiße GIs, aber keine schwarzen Soldaten. In Mainz ist «La Bastille» zu einem Treffpunkt für Puertoricaner geworden, doch Jill, ebenfalls Puertoricaner, kommt trotzdem nicht herein, er ist zu dunkelhäutig. Besonders hart traf es mal Billy, der mit mehreren deutschen Bekannten tanzen gehen wollte. Obwohl er fließend Deutsch spricht und gut gekleidet war, verwehrte man ihm den Eintritt. Am Haarschnitt hatte ihn der «Aufpasser» als GI erkannt, und das reichte. Die Methode, mit der man die Soldaten am Eintritt hindert, ist oft wie folgt: man behauptet, es handele sich um einen Club und alle männlichen Gäste müßten eine Clubkarte besitzen; sich eine Clubkarte zu kaufen, wird ihnen nicht verwehrt, aber die bekommen sie nur beim Manager, und der Manager ist leider gerade nicht da. Da kann der Soldat so oft kommen, wie er will, der Manager ist immer «gerade eben» weggegangen. Oder man behauptet, sie könnten einen Antrag auf eine Clubkarte stellen, doch es würde bis zu einem Jahr dauern, bis sie ausgestellt werde. Ein anderer Club erlaubt zwar schwarze GIs, doch um zehn oder zwölf Uhr abends ist Zapfenstreich, der Disc-Jockey fordert sie auf zu gehen, und sie gehen widerspruchslos. Die meisten Schwarzen fahren nach Wiesbaden, wo es mehrere Discos gibt, in denen fast nur Schwarze und deutsche Mädchen verkehren.

Welche Gründe haben deutsche Gastwirte für dieses Verhalten? Im allgemeinen haben sie gegen einzelne Amerikaner nichts einzuwenden. Einige Schwarze erzählen mir, daß sie öfter alleine ausgingen und dabei keine Schwierigkeiten bekämen. Doch sobald Soldaten in Gruppen auftauchen, wird es laut, es wird oft zuviel getrunken, und es kann dann leicht Streit und Schlägereien geben. Außerdem wissen die Gastwirte, daß deutsche Kundschaft wegbleibt, wenn zu viele laute Soldaten kommen. Und schließlich steigt die Wahrscheinlichkeit, daß mit Drogen gehandelt wird, was wiederum die Polizei anzieht und die Kundschaft vertreibt.

Oft wird gesagt, daß die GIs gern gesehene Gäste waren, als der Dollar noch bei vier Mark stand. Das ist nur zum Teil richtig, denn dabei wird übersehen, daß damals weniger illegale Drogen konsumiert wurden als heute und daß Wehrpflicht bestand. Die Soldaten waren größtenteils weiß und entstammten eher der Mittel- bis Oberschicht. Einige Gaststätten helfen sich heute, indem sie ein Schild ins Fenster stellen, auf dem die Soldaten lesen, daß sie willkommen sind, wenn sie sich in Kleidung und Verhalten dem Niveau des Lokals anpassen.

«In der Army hast du keine Freunde, nur Kumpel» – Freundschaft im Militär

Zwei Monate nachdem ich meine Untersuchung begonnen hatte, machte ich folgende Notiz:

«Das zieht sich wie ein roter Faden durch alles durch: Abschiednehmen. Ständig geht jemand, Manuel, David im August, Tom im November, Linda nächste Woche, das farbige Ehepaar, Renée, Juttas Melvin. Und es ist immer traurig. Ich frage auch immer, wie lange jemand bleibt. John bleibt noch drei Jahre. Und Jill? Und Sam? Lee? Ich frage, weil sie Informanten sind, aber auch weil sie Freunde sind. Diese Fluktuation ist mit ein Grund, warum manche Freundschaften oberflächlich bleiben. Manche Amerikaner bleiben absichtlich auf Distanz, um eine zu enge Beziehung und eine schwere Trennung zu vermeiden. Es hat Auswirkungen auf die Beziehungen der Amerikaner untereinander und auch auf die Beziehungen zwischen Amerikanern und Deutschen.»

Im Laufe der drei Jahre merke ich, daß es sehr wohl enge Freundschaften gibt, aber die Regel heißt: «In der Army hast du keine Freunde» – und erstaunlicherweise gilt das auch für die Offiziere. Nicht nur das ständige Kommen und Gehen verhindert engere Beziehungen, sondern auch die berufliche Vorsicht, niemanden in die eigenen Karten schauen zu lassen. Mißtrauen gegeneinander gibt es bei den Rekruten wie bei den Leutnants, wenn auch aus verschiedenen Gründen. Eine Untersuchung des Psychologen und Oberstleutnant Ingraham schildert, wie im Militär in Amerika Freundschaften geschlossen werden und welche Soldaten ihre Freizeit gemeinsam verbringen. Vieles davon trifft auch auf Deutschland zu, darum will ich seine Ergebnisse hier ausführlich darstellen.

Ingraham machte seine Forschungen in Fort Marshall, einem Standort mit 30000 Soldaten, für amerikanische Verhältnisse ein Standort normaler Größe. Rein rechnerisch bietet so ein großes Fort unzählige Möglichkeiten, Bekanntschaften zu schließen, doch in

Wirklichkeit trifft ein GI immer wieder mit den gleichen Leuten zusammen, vielleicht ein paar Dutzend. Welche Gründe sind dafür ausschlaggebend, daß sich solche Gruppen bilden? Ingraham nennt vier Faktoren, die zur Bildung sozialer Gruppen im Militär führen: Arbeitsgruppe, Wohnort, Rang und Rasse.

Die wichtigste Determinante ist die Kompanie, der man zugeteilt ist, eine Einheit von rund 200 Mann. Ingraham schildert aus seinen Beobachtungen in Fort Marshall, wie in einer Unterkunft zwei Kompanien untergebracht waren, daß es aber keinerlei gegenseitigen Besuch gab. Selbst wenn man sich zufällig beim Sport kennenlernte, wurde der Kontakt danach nicht weiter aufrechterhalten.

Eine Kompanie ist weiter unterteilt in vier oder mehr Züge («platoons»); da die Schlafplätze in dieser Kaserne nach Zügen verteilt werden, verbringen die Leute, die zusammen wohnen und arbeiten, auch ihre Freizeit miteinander. Dabei sind die psychologischen Barrieren zwischen den Zügen fast so stark wie die zwischen den Kompanien.

Entscheidend ist auch, zu welchem Zeitpunkt jemand neu in die Kompanie kommt. Ein Neuer kann sich entweder in eine bereits bestehende Gruppe integrieren oder warten, bis mehrere Neue eine eigene Gruppe bilden.

Die zweitwichtigste Determinante bei der Bildung sozialer Gruppen ist Rang und Alter. Die Gefreiten bleiben ebenso unter sich wie die Unteroffiziere und die Offiziere. Fast kann man von drei verschiedenen sozialen Gruppierungen innerhalb des Militärs sprechen, die ihre eigene geschlossene Gesellschaft bilden.

Ein dritter Faktor, der soziale Gruppierungen beeinflußt, ist der Wohnort. Ein Soldat, der verheiratet ist oder mit seiner Freundin außerhalb der Kaserne wohnt, sieht seine Prioritäten in der Familie, Nachbarschaft und Gemeinde. Ein verheirateter Soldat meinte: «Nach 16 Uhr 30 will ich so weit weg von der Scheiß-Army, wie ich nur kann; ich will keine Freunde haben, die im Militär sind.» (Ingraham, S. 63) Andere in der Gruppe äußerten ähnliche Gefühle. Nur bei Abschiedsfesten oder wenn es in der Ehe kriselte, wurden Kollegen aus dem Militär eingeladen.

Die vierte Determinante ist Rasse. Auch wenn das Militär eine der am besten integrierten Institutionen in Amerika ist, so bietet das Freizeitverhalten ihrer Angehörigen ein anderes Bild.

Aufgrund von Army-Vorschriften nehmen alle Soldaten ihr Essen in der gleichen Kantine ein, aber niemand kann ihnen vorschreiben, daß sie am gleichen Tisch sitzen sollen. In der Freizeit, so Ingraham, ist die Army ziemlich streng segregiert (S. 64). Auch wenn die Betten von Schwarzen und Weißen nebeneinander stehen, wurden Weiße nie in informelle Gruppen von Schwarzen eingegliedert. Schwarze hatten wie alle anderen alltägliche Beziehungen zu weißen Arbeitskollegen, doch nach der Arbeit zogen sie sich um, verließen die Kaserne und verbrachten den Feierabend mit anderen Schwarzen. Die spanischsprechenden Soldaten sonderten sich von den Weißen wie von den Schwarzen ab.

In Befragungen fühlen sich Weiße und Schwarze gleichermaßen diskriminiert, und sie führen die gleichen Gründe an: die jeweils andere Gruppe faulenze mehr, werde seltener bestraft, und der Koch bevorzuge ihre «Nationalgerichte» bei der Aufstellung des Speiseplans. Nach Ingraham lassen sich alle Vorurteile sachlich widerlegen: «Die Spannungen zwischen Schwarzen und Weißen haben wenig mit der Army als Institution an sich zu tun. Die Army liefert nur eine weitere Situation, in der das Majoritäts-Minoritäts-Machtgefälle, das in der größeren Gesellschaft verwurzelt ist, definiert und überprüft wird.» (Ingraham, S. 66)

Einer der Soldaten, die als Beobachter in der Kaserne leben, wird von einem Rekruten instruiert, wie er sich den Schwarzen gegenüber zu verhalten habe: «Werd nicht nervös, wenn sie dich ‹honkey› oder ‹cracker› nennen, sondern mach das Spiel mit und nenn sie ‹nigger› oder ‹black SOB's› (schwarzer Hundesohn). Du mußt lernen, wann ‹honkey› ernst gemeint ist und wann sie Spaß machen . . .» (S. 66)

Es gibt einige wesentliche Unterschiede in der Sozialstruktur einer Kaserne in den Staaten und hier in Deutschland. In den Vereinigten Staaten werden Soldaten meist in Heimatnähe stationiert. Daraus folgt, daß die meisten möglichst viel ihrer freien Zeit bei Freunden und Verwandten verbringen und möglichst wenig in der Kaserne. Der Militärstandort ist ein Platz zum Arbeiten und Schlafen, nicht mehr. Persönliche Beziehungen zu anderen Soldaten bleiben oberflächlich, niemand erwartet, daß die Beziehung nach einer Versetzung oder nach Ablauf des Wehrdienstes aufrechterhalten wird. Im allgemeinen, so Ingraham, sind Soldaten durchschnittlich 12 Monate zusammen stationiert (S. 70).

Eine der dümmsten Fragen, die man einem Soldaten stellen kann, ist die nach seinen Freunden im Militär, denn meist wird er antworten: «Ich habe keine Freunde in der Army, nur Kumpel.» Freunde hat man zu Hause, doch im Militär hat man Kumpel, mit denen man zusammenarbeitet und mit denen man sich im täglichen Leben arrangiert. Man ist freundlich zu ihnen, um sich das Leben zu erleichtern.

Meistens bilden sie Gruppen von zwei oder drei Leuten, und manchmal tun sich zwei Gruppen zusammen. Selten ist eine Clique größer als die Anzahl Leute, die in ein Auto paßt. Unter bestimmten Umständen entwickeln sich größere soziale Gruppierungen: wird von Vorgesetzten Druck ausgeübt, so schließen sich die Gefreiten gegen die «Karrieristen» zusammen; wenn neue Soldaten sich nicht an die herrschenden sozialen Normen anpassen, stehen die Altgedienten den «newbies» gegenüber und zwingen sie zur Konformität; bei wieder anderen Gelegenheiten stehen die «heads» oder Drogenbenutzer denen gegenüber, die Drogen ablehnen. Immer geht es darum, soziale Macht zu mobilisieren und gemeinsame Interessen durchzusetzen.

Wenn ein Neuer auf die Stube kommt, dauert es zwei bis drei Tage, bis die anderen wissen, ob er okay ist und sich in die Gemeinschaft einfügen wird. Trotz der amerikanischen Doktrin, daß jeder «seinen eigenen Kram» machen kann, werden bestimmte Eigenschaften, Einstellungen oder Verhaltensweisen von den anderen schnell kritisiert oder gar zensiert. Niemand will einen «Jesus freak» neben sich haben, oder jemand, der die Regeln des Ordnungshaltens und der äußeren Erscheinung zu lax oder zu streng nimmt; hört der Neue Country-Western-Musik, ist er ein «redneck», Rock und Soul-Musik wird akzeptiert; trägt er in seiner Freizeit gebügelte Hemden, Pullover, Hose und Schnürhalbschuhe, so gilt er als spießig oder gar schwul. «Normal» hingegen sind verblaßte Jeans, Turnschuhe und schlampige Sweatshirts. Bilder nackter Frauen sind eher annehmbar als Bilder von der Familie.

Bei dem ersten gemeinsamen Gespräch sucht man nach Gemeinsamkeiten; die wichtigsten Fragen an den Neuen lauten: «Wo kommst du her? Wo warst du vorher? Was arbeitest du hier?» Nach zehn Minuten weiß man, aus welcher Stadt er kommt, welche Sportart er bevorzugt, warum er in der Army ist, ob er ein Auto hat, ob er in Übersee stationiert war, welche Tätigkeit er im Militär ausübt, welche Erfahrung er darin hat und seine Einstellung zur derzeitigen Versetzung. Nach dem Namen des Neuen braucht man nicht zu fragen, der steht auf seiner Uniform. Vornamen sind ein Zeichen enger Freundschaft und werden selten gebraucht; manche Soldaten arbeiten monatelang zusammen und reden sich nur mit dem Nachnamen an.

Ingraham nennt drei weitere Normen, denen sich ein Soldat anpassen muß, um voll akzeptiert zu werden. Die «Anti-Army-Norm» lautet: «Wenn du nichts Schlechtes über die Army sagen kannst, dann sag lieber gar nichts.» Häufig gehen die GIs nicht zu Veranstaltungen, die von der Army angeboten werden, eben weil sie von der Army angeboten werden. Das Kino am Standort ist billig, doch sie fahren lieber in die nächste Stadt, wo sie mehr zahlen, aber vom Militär nichts hören und sehen. Nicht selten, so Ingraham, langweilen sie sich lieber, als Angebote des Militärs wahrzunehmen. Rationalisiert wird ihre Ablehnung unter anderem mit dem Argument, daß zu solchen Veranstaltungen doch nur die Karrieristen und ihre Familienangehörigen hingehen, und man da keinen Spaß habe – was vielleicht im Klartext heißt: da können sie keinen Joint rauchen.

Eine weitere Regel, gegen die man tunlichst nicht verstoßen sollte, lautet: «Verpetze keinem Vorgesetzten, wer wann was getan hat.» Beschwerden über rüpelhaftes Verhalten, laute Musik zu später Stunde und Zerstörung von Eigentum werden untereinander geregelt. Wer es wagt, sich beim Sergeant über andere zu beschweren, wird beschimpft oder physisch angegriffen und bedroht.

Die einzige Ausnahme von dieser Regel ist Diebstahl. Wer beim Stehlen erwischt wird, wird sofort dem Kommandeur gemeldet.

Stehlen ist ein großes Problem in den Kasernen. Verurteilt wird, wer die Kameraden in der eigenen Kaserne bestiehlt. Aber Diebstahl von Kameraden in der Nachbarkaserne (und Nachbarkompanie) wird akzeptiert. Wie zerbrechlich die sozialen Beziehungen sind, zeigt folgende Begebenheit:

> Ein Soldat, Ranson, hatte sich für einige Tage unerlaubt von der Truppe entfernt und wurde bereits wie ein Fremder behandelt. Zwei Soldaten brachten nach einer Woche Abwesenheit seine Sachen vorschriftsmäßig in einen Extra-Raum (supply-room) und fertigten ein Inventar an, wobei sich folgender Dialog entspinnt:
> «Siehst du irgendwas, was du willst?»
> Der eine hätte gerne einen Gegenstand, doch er bekommt Bedenken.
> «Was ist denn mit der Inventarliste?»
> «Ich hab's nicht eingetragen.»
> «Was ist, wenn Ranson zurückkommt?»
> «Scheißspiel, Mann.»
> Ranson zeigt durch seine Abwesenheit, daß er nicht mehr dazugehört, und die anderen kündigen ihre Solidarität mit ihm auf. (Ingraham, S. 82).

Diebstahl von der Army gilt nicht als Stehlen, hier wird nur eine offenstehende Rechnung beglichen. Feldjacken, Stiefel und Decken sind beliebte Objekte, und nicht selten sind die dafür verantwortlichen Soldaten im Nachschub behilflich, den Diebstahl zu verschleiern – nicht zuletzt, um ihre eigene Beliebtheit zu erhöhen.

Ob ein Neuer sich schnell an die bestehende Sozialstruktur anpaßt, hängt davon ab, wieweit er sich den geltenden Normen unterordnet, welche Güter oder Dienstleistungen er anbieten kann (Auto, Fernseher, Stereoanlage, Zeitschriften) und welche sprachlichen Fähigkeiten er besitzt. Für Geschichtenerzähler besteht immer große Nachfrage, und Geschichten über sexuelle Abenteuer und Eroberungen finden reißenden Absatz. Andere herabsetzen und verspotten ist eine wichtige Form, seine hervorragende Position zu behaupten. Wer andere verächtlich macht und jede Bemerkung griffig kontert, steigert sein Prestige in der Gruppe. Wer nicht schnell und gut antworten kann, gerät an das untere Ende der Hackordnung. Die Hänseleien stammen fast ausschließlich aus der Sexual- und Fäkalsprache, und es gewinnt derjenige, der das letzte Wort hat.

Soweit die Schilderung von Larry Ingraham. Einige Punkte seien noch erwähnt, die in Deutschland anders sind. Nach meinen Erfahrungen schließen sich die Soldaten in Deutschland enger zusammen, als sie das in einer Kaserne in den Staaten tun würden. Hier sind sie Außenseiter, die Sprache und Land nicht kennen, und manche Barrieren zwischen den Soldaten fallen weg. Für viele ist es hart, so weit von zu Hause fort zu sein, und von den Frauen weiß ich, daß sie sich gegenseitig trösten, wenn eine von ihnen das heulende Elend bekommt. In dieser Situation sind sie offen zueinander, erzählen von sich und ihrer Situation, und so entsteht ein engeres Band, das im Laufe der Jahre manchmal sehr eng werden kann.

Ich habe auch sehr wohl Schwarze und Weiße gesehen, die zusammen Billard spielen und Bier trinken. Sam aus Los Angeles und Billy aus Florida sind ein schwarz-weißes Freundespaar. Eine solche enge Freundschaft wie die zwischen Sam und Billy ist sicherlich eher die Ausnahme als die Regel. Ihre Stationierung im Ausland mag dazu beitragen, daß sie sich hier näherkommen, als es drüben der Fall wäre.

Daß Verheiratete sich weitgehend in der Freizeit vom Militär zurückziehen, ist hier nicht möglich. In Deutschland ist es ungleich schwieriger, Freunde außerhalb des Militärs zu finden, da müssen Kompromisse geschlossen werden. Lee ist verheiratet, und er kommt oft zusammen mit seiner Frau zu Gerti in die Kneipe, um zu essen und deutsche und amerikanische Freunde zu treffen.

Weil sie abgeschlossen von der zivilen Welt leben, können sie es sich auch nicht leisten, auf alle von der Army angebotenen Veranstaltungen zu verzichten. Kino gibt's nur beim Militär, das deutsche Kino würden sie nicht verstehen.

Nachdenklich stimmt mich Ingrahams «Anti-Army-Norm». Es stimmt, es wird viel Schlechtes über das Militär gesagt, aber ich finde es meistens berechtigt, oder ich verstehe, in welcher subjektiven Lage sich jemand befindet, und daß er, statt die Verantwortung für sein Handeln zu übernehmen, die Schuld der Army gibt. Andererseits gibt es immer wieder Soldaten, die stolz auf ihre Leistungen und ihre Karriere sind und sich für weitere drei oder sechs Jahre für den Militärdienst verpflichten. Auch Anne, die oft genug über die Army mekkerte, hat sich entschieden, dabeizubleiben. Diejenigen, die sich weiterverpflichten, sind meistens auch etwas älter als die Achtzehn- und Neunzehnjährigen. Möglicherweise stimmt die «Anti-Army-Norm» eher für die jüngeren Soldaten in der Kaserne.

Zurück zum Thema Freundschaften. Im Interview frage ich Jill, welche Freunde er hier in McCully Barracks hat.

«Zu Anfang, als ich ein ‹newby› war, haben viele Leute nicht mit mir gesprochen, weil sie nicht wissen, wie man ist, und die einzigen Leute, mit denen ich reden konnte, waren die Puertoricaner.»

«Hast du dich auch mit anderen angefreundet, die damals in deinem Zimmer waren?»

«Ja, der Stubenälteste hat sich zuerst mit mir angefreundet, er war Mexikaner; wir wurden ziemlich gute Freunde. Dann wurden auch die anderen freundlich zu mir.»

Von den zwei Schwarzen, die das Zimmer mit bewohnten, kam einer aus New York; er schloß sich Jill, der auch aus New York stammte, sofort an.

Als ich Chris frage, ob sie mehr enge Freunde in Deutschland oder Amerika hat, antwortet sie ohne Zögern: «In Deutschland. In Amerika habe ich nie jemand an mich herangelassen.» Eine ihrer besten Freundinnen ist Anne, mit der sie lange Zeit zusammen lebte. Im Januar 1983 geschieht folgendes: Mittags will ich Chris nur kurz Bescheid sagen, daß wir uns morgen treffen. Als ich ins Zimmer trete, liegt Anne auf dem Boden, den Kopf auf der Bettkante und Chris bemüht sich um sie, redet auf sie ein. Mir erklärt sie:

«Sie ist betrunken, sie wurde gewalttätig und wir mußten sie zurückhalten.»

Später kommt sie zu mir und erzählt mehr.

«Als ich vom Einkaufen kam, saß Anne am Tisch und weinte. Sie kann nicht über ihre Gefühle reden, sie fragte mich nur: Wie kannst du es so leichtnehmen?»

Es geht um Freundschaft und Zusammenleben. Anne fühlt sich so eng mit Chris und Julia verbunden wie nie zuvor in ihrem Leben – und in fünf Monaten ist alles vorbei. Sie wird damit nicht fertig, sie fühlt sich kurz vor einem Zusammenbruch. Chris: «Ich bin es gewohnt, daß Freunde weggehen. Es ist für mich auch hart, aber ich werde damit fertig.»

Anne war sehr betrunken, sie fing an, die Küche auseinanderzunehmen, später warf sie Kassetten durchs Zimmer und drohte, eine

Packung Bier an die Wand zu werfen. Keine Beruhigung half, ihre ständige Antwort war:

«I have the right to fuck up! – Ich habe das Recht, Mist zu bauen!»

Eine halbe Stunde lang versuchte sie schwankend, ihre Zigarette an der Heizplatte anzuzünden. Wenn alles nicht so traurig wäre, müßte man laut lachen.

Am nächsten Tag erinnert Anne sich schwach an die Vorkommnisse. Man sagt ihr, daß ich auch da war, und das ist ihr unangenehm. In meiner Gegenwart vermeidet man, über die Ursachen von Trunkenheit und Gewalttätigkeit zu reden, oder zu zeigen, wie kaputt man ist. Nur im Zwiegespräch erfahre ich mehr.

In den folgenden Monaten verstärken sich die Spannungen. In Wackernheim wird eine Einheit aufgelöst, alle gehen früher oder später zurück, jeder woanders hin. Die ungewohnt engen Beziehungen, die einige hier haben, machen ihnen Angst; sie haben das Abschiednehmen auf dieser Ebene nicht gelernt. Einige Male beobachte ich, wie Wochen vor dem eigentlichen Abschied ein Streit ausbricht und aus der vorher engen Freundschaft eine oberflächlichere Beziehung entsteht. So erleichtern sie sich unbewußt die bevorstehende Trennung.

Ein andermal gibt es ein Kämpfchen zwischen Anne und Chris. Anne hat Chris mit dem Kopf gegen die Wand geworfen und ihr etliche blaue Flecken am Körper beigebracht. Am Arm sehe ich rötliche Spuren eines kräftigen Bisses, außerdem einen dicken Knutschfleck. Ruth hat es spaßeshalber fotografiert. Chris meint dazu: «Wir sind so rauh wie die Männer», und sie hat in einem doppelten Sinne recht: sie sind nicht nur so rauh, sondern sie wollen ihre Gefühle nicht zeigen und bauen emotionale Spannungen ab, indem sie scheinbar aggressiv werden. Immerhin ist der Knutschfleck ein Zeichen ihrer Zuneigung, trotz aller Aggressionen.

In der Woche, in der Sharon versetzt wird, lädt sie Chris, Anne, Ruth, mich und noch ein, zwei Bekannte ein. Wir wollen uns im NCO Club treffen. Aus der Abschiedsparty wird nichts, weil außer Chris und mir niemand kommt, nicht mal Sharon. Wir sind wütend und enttäuscht. Später stellt sich raus, daß Sharon und Ruth zu Bett gegangen waren – sie hatten sich am Tag zuvor zerstritten und reden nicht mehr miteinander. Und Anne war angeblich krank. Die Stimmung wird immer gereizter, die Beziehungen werden immer chaotischer. Die meisten ertränken ihren Kummer im Alkohol oder sind ständig high. Auch für mich ist es hart, weil jetzt alle gehen, die ich kenne. Chris bleibt als einzige noch ein paar Monate länger, aber auch das endet böse. Sie trinkt ständig, sie wird immer unberechenbarer, sucht Streit, wird ausfallend und äußerst aggressiv. So provoziert sie auch das Ende unserer Freundschaft.

Ein Jahr bevor alles dies geschah, hatte ich Chris im Interview gefragt, warum von den anderen Soldatinnen niemand engeren Kontakt zu Deutschen hat. Chris ist die einzige, die wirklich mit Deutschen befreundet ist. Chris' Antwort: «Vielleicht sind sie unsicher. Unten bei Gerti zusammenzusitzen ist kein Problem, aber zu jemandem ins Haus zu gehen – sie tun's nicht. Anfangs war ich auch vorsichtig, habe aufgepaßt, was ich sage oder tue. Und als ich mich dran gewöhnt hatte, war's okay. Aber sie tun's nicht gerne, sie weigern sich. Sie fühlen sich nur bei ihren eigenen Leuten sicher. Vielleicht empfinden sie, daß sie ständig aufpassen müssen, was sie tun und sagen, ich weiß es nicht. Oder sie fürchten, daß sie beobachtet werden. Sie müssen sich sehr unwohl fühlen, sonst würden sie es tun.»

Auch mit Ruth führe ich ein sehr langes Gespräch über Freundschaft, vor allem über Freundschaften im Militär. Hier wird noch einmal deutlich, daß es einen Unterschied gibt zwischen den oberflächlichen Beziehungen, die sie alle von den Staaten kennen, und der engeren Bindung, die hier in der Fremde entsteht. Was Ruth hier gefällt, ist die Nähe zueinander, vor allem unter den Frauen.

«Man fängt an, miteinander zu reden, und kommt sich so näher, das hilft bei vielen Problemen. Weil du über die Probleme reden kannst, jeder weiß, wo du herkommst, wir sind alle zusammen in dieser Situation. Darum stützt man sich aufeinander, darum fühle ich mich jetzt viel näher zu Leuten. Das habe ich früher nie gemacht.»

«Hattest du enge Freunde in den Staaten?»

«Nicht so eng wie hier. Ich habe Freunde, ja, aber nicht so wie hier. Hier würde ich meine Freunde wirklich verteidigen, in den Staaten hätte ich das nicht getan.»

«Warum ist es hier leichter für dich, enge Freunde zu haben als drüben? Nur weil ihr zusammen seid und diese Situation gemeinsam meistern müßt?»

«Nein, eigentlich nicht. Man lernt sich viel besser kennen. Hinzu kommt auch, daß manche Frauen von den Männern belästigt werden, das bringt uns auch näher. Wenn du in Schwierigkeitsn bist, wo kannst du schon hingehen? Zu den anderen Frauen. Und du findest bald heraus, wer den Mund halten kann und wer nicht. Und die, die schweigen können, halten zusammen, und nach einer Weile kennt man sich wirklich gut – manche leben dann zusammen außerhalb der Kaserne, und man geht zu ihnen nach Hause zum Abendessen und so.»

Dann erzählt Ruth von einer verheirateten Soldatin und ihren Schwierigkeiten.

«Ich kannte diese eine Frau, sie war zum erstenmal alleine, ohne ihren Mann weg. Und sie war über einen oder zwei Monate hier, und sie sagten immer wieder, daß sie noch warten und warten muß, bis sie eine Wohnung bekommt, und dieses Mädchen hat jede Nacht geweint. Und ihre Kinder – sie hatte drei Kinder – waren bei ihrem Mann, sie konnte sie nicht besuchen. Sie ist bald verrückt geworden. Und so kommt man sich mit den Frauen in der Kaserne näher, denn du sitzt zusammen, und du umarmst sie und redest ihr zu – ‹Ja, wir wissen, was du durchmachst . . .›»

«Gilt das alles auch für die Männer?»

«Ja. Wir hatten eine Party neulich nachts und ich redete mit diesem Jungen, weil wir uns ja alle jetzt fertig machen, um zurückzugehen. Und er sagt, daß er niemals solche Freunde kennengelernt hat wie hier in Deutschland. Er sagt, daß er sich an jeden erinnern wird. Er war drei Jahre hier. Er ist jünger als ich, ungefähr 21. Und er meinte, daß er sich hier sehr geändert hat, daß er erwachsen geworden ist, vorher war er naiv.»

Im Frühjahr 1983 ist das Hauptereignis, daß die ganze Einheit mit Nike-Hercules Luftabwehrwaffen und fast tausend Soldaten aufgelöst wird. Ich frage Ruth:

«Wie fühlst du dich jetzt, wo alle gehen?»

«Es ist hart. Ich werde wahrscheinlich zusammenbrechen. Die anderen sind alle schon mal vor versammelter Mannschaft zusammengebrochen, ich noch nicht. Es wird mir wohl passieren, wenn ich alleine bin. Es ist eine merkwürdige Situation, in der ich noch nie zuvor war. Als ich zum Beispiel in die Army gegangen bin, hab ich es noch nicht mal meinen Freunden erzählt. Ich bin einfach so weggegangen. Aber hier – wir haben eine Bindung – so eng, weißt du. Und wir alle wissen, das war's, jetzt ist es aus. Und du weißt nicht einmal, ob du diese Leute je wiedersehen wirst oder nicht. Und wir haben alle das gleiche durchgemacht, verrückte Sachen, Lachen, Weinen. Ich habe hier alle Stimmungen durchgemacht, mit jedem, das ist mit ein Grund – in den Staaten haben wir nicht alle dasselbe mitgemacht. Und weißt du, wenn du eine Dummheit machst, und du jemanden verletzt, am nächsten Tag kannst du zu ihnen gehen, und sie sagen: ‹Hey, das ist in Ordnung, wir kennen dich.› Aber wenn du das in den Staaten getan hättest, dann würden sie wahrscheinlich gar nicht mit dir reden – ‹Ich will nicht mehr mit dir reden› – oder sie versuchen, dich zu verletzen. Aber hier, wir wissen, jede Person hat eine andere Persönlichkeit. Das ist Ruth, das ist Chris, das haben sie getan, so sind sie. In der einen Nacht bauen sie Mist – ja und? Am nächsten Tag – alles vergessen. Und du kannst sagen, ich entschuldige mich dafür, aber du mußt es nicht wirklich tun. In den Staaten würde ich das nicht tun. Ich würde weggehen. Ich habe hier eine Menge Gefühle gezeigt, ich hätte nie gedacht, daß ich sie zeigen würde. Ich habe mir Sorgen gemacht um Leute, ich habe Leute geliebt, ich hatte schlechte Beziehungen, gute Beziehungen. Ich habe so viel mitgemacht – jeder hat das. Ich weiß nicht – es scheint, daß wir hier alles miteinander durchgemacht haben.»

Mögen die zwei, drei Jahre in Deutschland für Ruth, Chris und andere manchmal hart, ja unerträglich gewesen sein, so stimmen sie doch zu, daß die Freundschaft untereinander eine Bereicherung war. Hier waren sie mehr als nur Kumpel, dafür sind sie dankbar. Die Erinnerung an ihre Zeit in Wackernheim, in der sie zusammen geweint, zusammen gelacht haben, wird ihnen unvergeßlich bleiben.

7. «Was wollt ihr bloß bei uns?» Der Kampf der Frauen in der Army

«Man sagt, daß in der Army
die girls sind wirklich fein.
Sie laufen wie der Wolfmann,
sehn aus wie Frankenstein.»
Marschlied

Keine militärische Organisation der Welt beschäftigt so viele Frauen wie das amerikanische Militär. In den russischen Streitkräften sind 10000 Frauen unter vier Millionen Soldaten, das entspricht 0,2 %. Bei den Israelis waren es 1976 5 %, bei den Amerikanern sind es heute rund 8 %.

Frauen arbeiten in Amerika im militärischen Abschirmdienst und reparieren Torpedos. In Arizona bewachen sie Titan II Interkontinentalraketen. In Fort Kampbell, Kentucky, lehren sie Fallschirmspringer Überlebenstechniken. In Pease Air Force Base, N.H., tanken sie riesige C-5-Transportflugzeuge in 8000 Meter Höhe auf. In Fort McClellan, Alabama, kommandiert Major General Mary Clarke 13000 Soldaten – davon sind 75 % Männer. Und in West Point, der militärischen Elite-Akademie, haben 1980 bereits die ersten weiblichen Kadetten ihr Offizierspatent erhalten.[1]

Sehen wir uns zunächst die Entwicklung an, die dazu geführt hat, daß in den USA so viele Frauen im Militär beschäftigt sind. Dabei wird auch schon deutlich, mit welchen Schwierigkeiten sie in ihrem Beruf zu kämpfen hatten.

Schon im 18. und 19. Jahrhundert hatten Frauen als Krankenschwestern bei Kriegszuständen gearbeitet und im Ersten Weltkrieg hatten 34000 Frauen in Army und Navy gedient. Sie übernahmen auch andere Tätigkeiten, da Männer fehlten, doch nach Beendigung des Krieges mußten viele Frauen – außer den Krankenschwestern – das Militär wieder verlassen, da ihre Dienste nur als zeitlich gebunden angesehen wurden. Im Zweiten Weltkrieg, 1941, wurde zunächst das «Women's Army Auxiliary Corps» (WAAC), eine Hilfsorganisation gegründet. Die Kongreßabgeordnete Rogers stellte die Gesetzesvorlage vor. Sie wollte erreichen, daß Frauen die gleichen Rechte und Privilegien bekommen wie die Männer. Im Ersten Weltkrieg, als Frauen ohne Militärstatus dienten, konnten sie bei durch den Krieg bedingten gesundheitlichen Schäden keinerlei Hilfe von der Army erwarten. So entstand schließlich 1943 durch Präsidentenbeschluß das WAC – «Women's Army Corps», das vollen Militärstatus hatte.[2] Den Frauen wurde nahegelegt, innerhalb von 90 Tagen entweder vom WAAC ins WAC überzuwechseln oder heimzugehen – 100000 Frauen blieben.

Ein bedeutender Tag für die Frauen in der Geschichte der US-Army war der 20. Juli 1942: von 30000 Bewerberinnen wurden 400 Weiße und 40 Schwarze ausgewählt, um die erste Klasse für Frauen in der Offiziersschule zu besuchen. Frauen sollten also nicht mehr nur in untergeordneten Positionen dienen, sondern man öffnete ihnen auch die Offizierskarriere.

Im Winter 1942 standen den Frauen 406 berufliche Tätigkeiten offen, 222 blieben ihnen verschlossen – darunter alle Jobs, die in Washington D.C. auszuführen waren. General Somervell wollte schlichtweg keine weiblichen Soldaten dort sehen (Rogan, S. 132). Die Hälfte aller Frauen arbeitete in konventionellen Berufen (Sekretärin, Telefonistin, in der Wäscherei), die andere Hälfte arbeitete als Flugzeugmechaniker, am Radar, als Tischler, bei der Ver- und Entschlüsselung von Informationen, als Radiomechaniker, als Topograph und Chemiker, als Luftbrückenpilot und Wetter-Beobachter ... (Rogan, S. 134). In Europa waren sie willkommen: «Eine WAC-Sekretärin ersetzt zwei Männer und ißt dabei nur halb so viel.» (Rogan, S. 134)

Insgesamt war das amerikanische Militär davon angetan, wie tüchtig diese 226000 neuen Soldatinnen unter so widrigen Umständen ihren Dienst erfüllten. Sie meldeten sich zwar häufig krank, doch waren ihre Krankheiten kürzer und weniger ernsthaft als die der Männer. Sie neigten nicht dazu, sich zu betrinken, sich unerlaubt vom Dienst zu entfernen oder «Articles of War» zu verletzen. Schwangerschaft und Geschlechtskrankheiten waren verschwindend gering, ebenso menstruelle Probleme. Die Moral der weiblichen Truppe scheint außerordentlich hoch gewesen zu sein; Rogan berichtet immer wieder, wie viele Frauen täglich zehn Stunden und mehr arbeiteten, kein freies Wochenende hatten und es auch unter schwierigsten Umständen schafften, aus schäbigen Barracken wohnliche Quartiere zu zaubern.

Problematisch war die Anwesenheit der weiblichen Soldaten weniger für sie selbst als für ihre männlichen Kollegen und Vorgesetzten. Damals wie heute ist das Militär eine traditionelle Institution, die von Männern regiert wird. Von Anfang an war der Widerstand gegen weibliche Soldaten groß. Die Gründe hierfür waren – wie heute auch – teils sachlicher, teils emotionaler Natur.

Zum einen fürchtete man um die physische und psychische Gesundheit der Frauen – zum anderen fürchtete man, daß die Männer in Gefahrensituationen eher daran denken, die Frauen zu beschützen, statt die Situation zu meistern.

Für viele Soldaten bedeutete die Anwesenheit von Frauen eine Ent-

EADES

wertung ihres mystisch verklärten Soldatenberufs. Wurden sie nicht erst im Militär zu richtigen Männern? Wurden sie nicht durch die Ankunft der Frauen ihrer Männlichkeit, ihres besonderen Status beraubt? Viele Männer reagierten mit Beschimpfungen und Obszönitäten auf die Anwesenheit der Soldatinnen.

Manche Kommandeure reagierten auf die neue Situation mit Überprotektion. Soldatinnen in Neu Guinea wurden hinter Stacheldraht eingezäunt – angeblich aus Schutz vor Vergewaltigung durch «Neger-Truppen». Beim Ausgang zur Arbeit oder abends ins Kino marschierten sie unter männlicher Bewachung. Wollten sie sich mit einem Freund verabreden, so mußten sie seinen Namen 24 Stunden vorher bekanntgeben. Autos, die Frauen beförderten, durften unterwegs nicht angehalten werden. Verständlicherweise fühlten sich die Frauen wie in einem Konzentrationslager (Rogan, S. 143).

Probleme gab es aber auch an Standorten, an denen sie nicht derart «eingesperrt» waren. Viele WACs waren gebildete Frauen aus der Mittelschicht, die sich in der Gesellschaft von Offizieren weit wohler gefühlt hätten als bei den Mannschaften, doch das Verbot der Fraternisierung zog strikte Grenzen zwischen diesen beiden Klassen von Menschen.

Harte Arbeit und primitive Unterbringung allein konnten dem Patriotismus der Soldatinnen nur wenig anhaben, doch die ablehnende Einstellung von Kollegen und Vorgesetzten führte zu lauten Protesten der Frauen und damit schließlich zu einer sinkenden Rekrutierungsrate von Frauen.

So wie schwarze Männer traditionellerweise in eigene schwarze Einheiten zusammengefaßt wurden, so trennte man zunächst auch schwarze und weiße Frauen.

In der Offiziersschule, in der 10 % der Frauen schwarz waren, bildeten sie einen getrennten Zug und schliefen in einer separaten Zone des Wohnheims. Bei den Mannschaften wohnten schwarze Frauen in getrennten Kasernen, aßen in der Kantine an getrennten Tischen, saßen im Kino getrennt.

Paradoxerweise wurden schwarze Männer von weißen Offizieren kommandiert, schwarze Frauen jedoch nur von schwarzen weiblichen Offizieren. Diese schwarzen Offiziere waren sozial völlig isoliert, mit den ebenfalls schwarzen Mannschaften durften sie auf Grund des unterschiedlichen Ranges nicht verkehren, mit den weißen Offizieren durften sie auf Grund ihrer anderen Hautfarbe nicht verkehren (Holm, S. 76–78).

Auch nach dem Zweiten Weltkrieg blieben die Frauen Bestandteil des Militärs, doch hatten sie bis 1978 ihre eigenen Einheiten und ihre eigenen Trainingszentren in Fort McClellan, Alabama, und in Fort

Jackson, South Carolina. Sie hatten weibliche drill sergeants, die ab 1974 durch männliche Ausbilder ergänzt wurden. Heute trainieren Männer und Frauen überall zusammen. Fort McClellan war das Zentrum der WAC-Ausbildung seit 1954, und Helen Rogan beschreibt eindringlich, wie stolz die Frauen dort auf ihre früheren Leistungen sind.

Es gibt einen deutlichen Unterschied zwischen der integrierten Armee heute und der Zeit vor 1978, als die WAC-Soldatinnen in eigenen Einheiten organisiert waren. Helen Rogan läßt einige weibliche Offiziere zu Wort kommen, die begeistert von der Zeit vor 1978 erzählen, als die Frauen aus patriotischer Überzeugung zum Militär gingen, und in bezug auf Kleidung, Sauberkeit, Drill und Marschieren alle anderen Einheiten ausstachen. Da sie in der Army als viertklassige Bürger betrachtet wurden, mußten sie gerade deswegen beweisen, daß sie besser waren (Rogan, S. 149). Sie waren «strac», geschniegelt und gestriegelt, alle Kleidervorschriften wurden bis zum i-Tüpfelchen erfüllt, die Stiefel gewienert, bis man sich drin spiegeln konnte.

Alle Vorgesetzten waren ebenfalls Frauen, bis hin zu einem weiblichen General! (Seit November 1978 gibt es den ersten weiblichen Zweisterne-General, Mary Clarke wurde zum Major General befördert.) Diese Tatsache ist in mehrfacher Hinsicht von Bedeutung. Die Soldatinnen waren stolz darauf, daß sie nicht nur in untergeordneten Positionen dienten, sondern auch Offiziere stellten. Das machte es ihnen leichter, sich mit dem Militär zu identifizieren. Infolge der weiblichen Hierarchie wurden Beschwerden über sexuelle Belästigungen durch männliche Soldaten ernst genommen und sofort verfolgt – etwas, was heute durchaus nicht selbstverständlich ist. Dadurch fühlten sich die Frauen sicherer, mächtiger und beschützter. Auch für die Karriere spielte die weibliche Hierarchie eine Rolle – es war nicht möglich, daß eine tüchtige Soldatin bei der Beförderung wegen eines Mannes übergangen wurde.

Nicht wenige Frauen damals waren oder wurden lesbisch, doch solange es das WAC gegeben hat, scheint das kein ernsthaftes Problem gewesen zu sein. Zeitweise, so eine Soldatin, schienen alle wichtigen und netten Leute «gay» zu sein. Sie waren eine verschworene Gemeinschaft und sie brauchten die Männer bei ihrem Job (und im Bett) nicht (Rogan, S. 155).

Als die ersten Männer in Fort McClellan ankamen, tauchten Schilder auf, die ihnen den Zutritt verboten: «OFF LIMITS TO MALE PERSONNEL». Viele Männer erfuhren zum erstenmal Vorurteile ihnen gegenüber. Das ging in Einzelfällen so weit, daß man sie gezielt in kompromittierende Situationen brachte und dadurch zwang zu gehen.

Am 21. März 1979 wurde das Women's Army Corps offiziell aufge-

Weibliche Ausbilderin

Frauen in der Grundausbildung (Basic Training)

löst, und man integrierte die Soldatinnen in andere Einheiten. Viele WAC-Offiziere bedauern diesen Schritt zutiefst, in ihrer Auffassung war der Preis für diese Integration viel zu hoch. Ihre Karrieremöglichkeiten wurden drastisch beschnitten, ihre etwas geringere physische Leistungsfähigkeit spielte plötzlich eine unnötig große Rolle, es gab wahre Hexenjagden auf lesbische Frauen, die Frauen wurden sexuell belästigt und fühlten sich zunehmend unerwünscht. Man warf ihnen weiter vor, daß sie wegen Schwangerschaft und Menstruation häufiger als Männer vom Arbeitsplatz abwesend seien. Und man hielt ihnen entgegen, daß ihretwegen der männliche Kameradschaftsgeist leide und sie als Frauen unfähig seien, solch ein Kameradschaftsgefühl zu entwickeln, das aber schwäche die Kampfkraft der Truppe.

Die Behauptung, daß Frauen im Dienst häufiger abwesend seien als Männer, ist inzwischen widerlegt worden. Es ist erwiesen, daß Frauen insgesamt – Schwangerschaft miteinbezogen! – seltener am Arbeitsplatz fehlen als Männer. Das mag überraschen, doch der Grund liegt darin, daß die Männer deutlich häufiger wegen Alkohol- und Drogenmißbrauch fehlen, sich unerlaubt von der Truppe entfernen oder im Gefängnis Strafen abbüßen (Holm, S. 257, 384).

Die Autoren Binkin und Bach nennen in ihrer Untersuchung über Frauen im Militär (1977) einige aufschlußreiche Zahlen der Navy. Von Juli bis September 1976 verlor die Navy 385 000 Arbeitstage wegen unerlaubter Abwesenheit oder Fahnenflucht. Daran sind die Frauen mit weniger als 1 % beteiligt (ihr Anteil an der Navy lag damals bei 4 %). In einer Tabelle listen Binkin und Bach Gründe für Abwesenheit und deren prozentuellen Anteil auf.

Gründe für verlorene Zeit	**Verlorene Tage**	**(als Prozentanteil ganzer Tage)**
	Frauen	**Männer**
Alkohol-Mißbrauch	0,09	0,12
Drogengebrauch	0,02	0,12
Unerlaubte Abwesenheit (AWOL)	0,05	0,24
Fahnenflucht	0,07	0,62
Abtreibung	0,03	–
Schwangerschaft	0,37	–
Total	0,63	1,10

Ebenso häufig hört man den Vorwurf, daß Frauen rein physisch für viele Tätigkeiten ungeeignet seien. Auch hier hat man inzwischen Neues dazugelernt. In der Akademie in West Point untersuchte man die Leistungsfähigkeit des Herz-Lungen-Systems und war überrascht,

«Kein Zutritt für Männer» – diese Schilder gibt es auch heute noch

daß sie sich bei den Frauen in viel schnellerem Maße verbesserte als bei den Männern. Innerhalb weniger Wochen holten die Frauen die Männer fast ein (Rogan, S. 67).

Auch die Anforderungen im Basic Training sind fast gleich. Die Frauen (und manche Männer) haben Schwierigkeiten bei langen Märschen mit vollem Gepäck und bei allem, was Kraft in den Armen erfordert. Heide Karlstorfer nennt eine Untersuchung von 1978, wonach 8 % der männlichen Rekruten den Testanforderungen nicht gewachsen waren gegenüber 19 % der weiblichen Rekruten (1980 : 15). Der neue PT-Test, der seit 1980 von allen Soldaten zweimal jährlich absolviert werden muß, nimmt große Rücksicht auf die Frauen: die Männer (unter 25 Jahren) machen 40 Liegestütze, 40 «sit-ups» (vom Liegen zum Sitzen), und laufen 2 Meilen in 17,55 Minuten. Die Frauen machen 16 Liegestütze, 27 «sit-ups» und laufen die gleiche Strecke in 22,14 Minuten (Rogan, S. 232). Die Air Force Academy in Colorado Springs erlaubte den Frauen nicht 4,19 Minuten mehr, sondern nur eine Extraminute – das reichte bereits, um 81 % der Kadetten beim Test bestehen zu lassen.[3]

Daß Frauen angeblich die männliche Kameradschaft stören, ist für viele Soldaten ein wichtiger Grund, sie vom Kampfgeschehen fernzuhalten. Hierzu möchte ich nur Charles Moskos (1970) zitieren, der bei seiner Untersuchung in Vietnam feststellte, daß diese Freundschaften durch die Umstände des Krieges entstanden, daß die Kameraden im Grunde austauschbar waren und letztlich das Eigeninteresse des einzelnen überwog. Die halbmystische Bindung endete, sobald ein Soldat auf Heimaturlaub ging. Nur selten gab es überhaupt Briefkontakt mit den vormals so engen Kameraden an der Front (Moskos 1970:145–146). Nancy Goldman erwähnt in ihrer Arbeit über weibliche Soldaten, daß Frauen etwas Ähnliches wie «male bonding» entwickeln und daß ihre Anwesenheit keine Gefahr für die Männer bilde (1982:11).

Viele befürchten, daß gemischte Einheiten nicht funktionsfähig seien, daß die Männer entweder die Frauen beschützen, statt selber zu kämpfen, oder daß es zu Promiskuität kommt. Hierzu ein Gegenbeispiel aus England, wo im Ersten Weltkrieg mehr als eine halbe Million Frauen Kriegsdienst verrichteten. Die gemischten Einheiten arbeiteten in jeder Hinsicht besser als reine Männer-Einheiten, und es gab keine Promiskuität (Rogan, S. 90). – Bei der NATO-Übung Reforger im Jahr 1977 wurde 30 Tage lang die Effektivität gemischter Einheiten untersucht. Zur Überraschung der einen und zur Bestürzung der anderen wurde die Leistung der Einheit durch die Anwesenheit der Frauen nicht beeinträchtigt (Holm, S. 257f).

1980 waren 171400 Frauen im Militär tätig, das entspricht 8,3 % der Gesamtstreitmacht (2050600). Bei den Mannschaften und Unteroffizieren der Army betrug der Anteil der Frauen 8,4 %, bei den Offizieren 7,7 %. Zwischen den einzelnen Rangstufen gibt es deutliche Unterschiede, wie folgende Tabelle zeigt:

Anteil der Frauen im Heer

	Mannschaften			**Offiziere**	
Rang	absolut	Prozent	Rang	absolut	Prozent
E 1	9861	10,5	0 1	2010	14,0
E 2	7582	11,6	0 2	1356	13,0
E 3	12112	12,1	0 3	3075	9,0
E 4	17777	10,4	0 4	696	4,4
E 5	11170	7,5	0 5	267	2,5
E 6	2190	2,0	0 6	90	1,6
E 7	552	0,7	0 7	1	0,7
E 8	87	0,5	0 8	1	0,7
E 9	20	0,3	0 9	–	–
			0 10	–	–

(Absolute Zahlen aus «Uniformed Services Almanac 1982, S. 153)

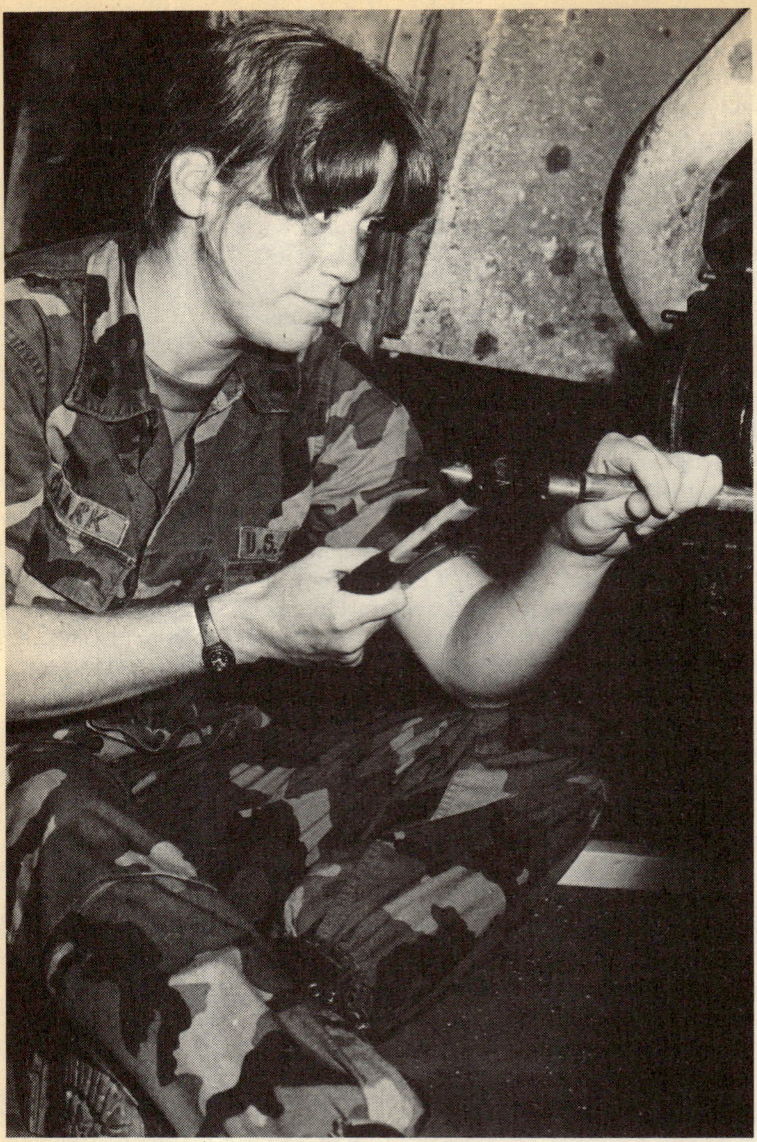

Die Army hat viele Jobs für Frauen – an der Schreibmaschine ... und an anderen Maschinen

In der Zeit von 1973–76 waren die Frauen im Schnitt ein Jahr älter (Männer: 18,9 Jahre, Frauen: 20 Jahre) und hatten fast alle einen Highschool-Abschluß (Männer: 62,9%, Frauen: 91,7%). Wenige Jahre später, 1980, war die Zahl der Frauen mit High-School-Abschluß auf 86% gesunken (Holm, S. 391). 1979 änderte man die Vorschriften: das Alter für die Frauen zur Einschreibung ins Militär wurde von 18 auf 17 Jahre herabgesetzt und entspricht damit dem Alter der Männer. Außerdem akzeptiert das Militär jetzt auch Frauen, die die Highschool ohne Abschluß verlassen haben. Bei der Einstufung in «mental categories» schneiden die Frauen gut ab, sie gehören alle zu den oberen drei Kategorien von insgesamt fünf, während bei den Männern – zumindest nach Ansicht kritischer Autoren – ein Viertel bis zur Hälfte in Kategorie IV – unter dem Durchschnitt, gehören (Cameron 1981:99, siehe Kap. 3 dieses Buches). – Bei den Intelligenztests erzielen die weiblichen Rekruten sehr viel bessere Ergebnisse. «Bei einer maximal erreichbaren Punktzahl von 100 erwarben sie durchschnittlich 94 Punkte, während die männlichen Rekruten im Durchschnitt 66 Punkte errangen» (Karlstorfer 1980:15).

Die Motivation, zum Militär zu gehen, ist bei den Frauen ganz unterschiedlich. Wie bei den Männern gibt es hier Abenteuer- und Reiselust, Suche nach einer beruflichen Existenz, Flucht vor der langweiligen Kleinstadt oder schwierigen persönlichen Beziehungen. Das Bedürfnis nach einer überschaubaren, geordneten Umgebung findet sich auch bei Frauen. Chris und Ruth stammen beide aus unvollständigen Familien, haben Jahre des ständigen Orts- und Berufswechsels hinter sich und wollten in die Army, um Ordnung und Disziplin in ihr Leben zu bringen.

Oft haben Frauen auch das Bedürfnis nach persönlicher Unabhängigkeit; im Militär können sie neue Karrieremöglichkeiten testen oder einen gegensätzlichen Lebensstil ausprobieren. Nach einer Untersuchung des Soziologen David Gottlieb in Fort Sills, Oklahoma, sehen Frauen weniger als Männer das Militär als beste oder einzige Alternative (1980:27).

Während bei Männern oft der Bruder oder Vater Soldat ist, sind es bei den Frauen eher die Ehemänner, die im Militär sind. Debbys Ex-Ehemann ist seit Jahren Soldat, und so war sie mit den Aspekten der ordentlich gebügelten Uniform und den auf Hochglanz polierten Stiefeln bereits bestens vertraut.

Sue wuchs in einer behüteten Familie in Kalifornien auf, und nach der Highschool hing sie fast zwei Jahre lang zu Hause herum. «Mein Leben lang ist mir immer alles gegeben worden, und ich brauchte nicht raus, um zu arbeiten, ich hatte keine Disziplin. Ich konnte auf-

Ausbildung mit der leichten Panzerfaust

stehen, wann ich wollte. Ich konnte alles machen – und wirklich keine Disziplin, keine Disziplin, daß ich mich mal hinsetze und eine Ausbildung bekomme. Die Schule war auch zu langweilig.»

Die Grundausbildung war für keine der Frauen, die ich fragte, ein Problem. Es war hart, ja, aber es gab neben manchen schwächlichen Mädchen immer auch ein paar Weichlinge bei den Jungen, die es nicht schafften und die das Heulen kriegten. Chris, Ruth und Sue sagten von sich, daß sie schon als Kinder so wild wie Jungen waren – «tomboys». Ruths Großvater, bei dem sie aufwuchs, war Bergmann, und sie hatte früher oft schwere Kohlensäcke getragen. Als sie im Basic Training 20 Meilen marschieren mußte, mit voller Ausrüstung auf dem Rücken, konnte sie gut mithalten. Und mit einem Gewehr umgehen zu können, ist in Amerika auf dem Land nichts Besonderes.

In Fort Jackson wurde getestet, ob Männer und Frauen das gleiche Training machen können. Zwei Bataillone nahmen daran teil, 800 Männer und 800 Frauen. Der zuständige Colonel war überrascht, wie viel die Frauen leisten können. Von da an war das Training für Männer und Frauen fast identisch. Insgesamt ist die Grundausbildung heute etwas anders als früher, als man noch acht statt wie heute üblich sechs Wochen lang trainierte, dadurch wurde z. B. das Waffentraining gekürzt. Und zusätzlich gibt es jetzt auch Unterricht zur Verhütung von Schwangerschaft und Vergewaltigung.

Vor 1977 war das Gewehrtraining freiwillig, heute ist es Pflicht. Übrigens, so Helen Rogan, erzielen die Frauen dabei gute Ergebnisse. Während die Männer nämlich meinen, sie seien John Wayne und wissen eh schon alles übers Schießen, so daß sie beim Unterricht nicht zuzuhören brauchen, spitzen die Frauen die Ohren und schneiden dadurch oft besser als die Männer ab (Rogan, S. 52).

Auch für Sue war die Grundausbildung nicht hart. «Als ich ins Basic Training kam, dachte ich: ‹Und darüber beklagen sich alle?› Ich meine, wirklich, wir müssen eine Menge ‹pussies› in der Army haben. Das ist nichts im Vergleich zu dem, was mein Daddy mir erzählt hat, weißt du, ehrlich.» Bei den Frauen waren sich einige zu fein, sich die Finger schmutzig zu machen. Und bei den Männern gab es einige Feiglinge – «richtige Babies, weißt du. Aber ich war immer ein ‹tomboy›, ein Wildfang.»

Ein Geistlicher, der in Fort McClellan für 1200 Rekruten zuständig war, berichtete mir, daß mehr als zwei Drittel seiner Beratungen Frauen waren, obwohl sie nur 15–20% der Rekruten stellten. Sie hatten häufig Heimweh, Anpassungsprobleme und große Familienprobleme. So kam es des öfteren vor, daß der Ehemann arbeitslos war und sich nicht für die Army qualifizieren konnte, also ging sie zum

Militär, und der Ehemann sollte auf das Kind aufpassen. Captain Hill: «Das klappt selten, meist kümmert sich der Mann nicht genügend ums Kind oder gibt es zu Verwandten. Die Frauen machen sich dann große Sorgen und verlassen das Militär wieder. Mir ist auch aufgefallen, daß die Mehrzahl der Frauen, die mich aufsuchte, aus unvollständigen Familien kam.»

In welchen Berufen arbeiten die Frauen, die ich kenne? Chris ist in der Postverteilung beschäftigt, obwohl sie ursprünglich zum Mechaniker ausgebildet worden war. Nach dreimonatiger Ausbildung arbeitete sie genau zwei Wochen in ihrem neuen Beruf, wurde dann aber wegen Personalmangel in die Küche abkommandiert, wo sie acht Monate lang arbeitete. Während dieser Zeit half sie um Weihnachten herum in der Poststelle ihrer Einheit aus, und als dieser Posten frei wurde, bewarb sie sich darum, bestand einen Test und konnte so in einen neuen Job überwechseln. Sie ist eigentlich die einzige, die einen ziemlich frauentypischen Beruf hat.

Sue hat Elektronik gelernt und repariert hier Elektronikteile – im Grunde kein schlechter Job, aber Sue ist unruhig wie ein Zappelphillip, und es fällt ihr bei der Arbeit ungeheuer schwer, immer nur auf einem Fleck zu sitzen. Sie wollte eine Tätigkeit im Bereich Elektronik lernen und war auch zunächst froh darüber, doch jetzt klingt sie eher unglücklich: «Ich weiß nicht, ich mag meinen Job nicht, ich hätte besser was anderes gemacht, es ist zu beengt. Du kannst dich nicht viel bewegen, und ich muß immer auf einem Platz sitzen und an einer Sache arbeiten und es reparieren. Ich mag das nicht, ich wollte, ich könnte mich mehr bewegen.» Jeder, der sie ein paar Minuten beobachtet, kann sie verstehen. Sue ist dünn, überaktiv und sprudelt die Worte nur so heraus. «Ich wollte, ich könnte mich längere Zeit auf eine Sache konzentrieren, das würde helfen. Das würde mir bei meinem Job ganz gewaltig helfen.»

Ruth arbeitet mit Computern im Bereich des Nachschubs und der Finanzen – genaueres hat sie mir nie erzählt. Wie überhaupt manche der Frauen äußerst vorsichtig mir gegenüber waren, über ihren Beruf zu reden. Von Sharon und Anne weiß ich überhaupt nicht, was sie machen. Sie verweigerten – ebenso wie Julia und Connie – ein Interview.

Debby ist absolut glücklich bei der Militärpolizei. Sie ist Anfang Dreißig, kennt das Militär durch ihren geschiedenen Mann. Von allen Frauen war Debby die einzige, die in jeder Hinsicht (wenn man mal in bezug auf Drogen und ihre Neigung zu Frauen ein Auge zudrückt) eine hundertfünfzigprozentige Soldatin. Ihre Uniform war makellos, die Stiefel glänzten jeden Tag wie neu, und sie erfüllte gewissenhaft ihre Pflicht. Sie will Karriere machen, und ich bin überzeugt, sie wird es schaffen.

Noch 1972 arbeiteten 90 % aller Frauen in traditionell weiblichen Berufen, bis 1980 war ihr Anteil auf 54 % gesunken. Häufig blieben die Frauen aber nicht lange in den neuen Jobs. Die Army fand heraus, daß von den Frauen, die 1973 in elektronischer Ausrüstung ausgebildet wurden, drei Jahre später nur noch 24 % hier tätig waren (und 49 % der Männer). Im Bereich Wartung («maintenance fields») blieben nur 10 % aller Frauen dabei, gegenüber 47 % aller Männer (Holm, S. 276).

Die Abwanderung der Frauen ist in den technischen Berufen besonders hoch. Woran liegt das? Grundsätzlich spüren die Frauen im Militär immer wieder, daß sie dort nicht willkommen sind, doch in den technischen Berufen scheint die Abwehr besonders stark zu sein. Für die Männer ist es leichter, die Frauen als Sekretärin oder Köchin zu sehen («Wenn schon in der Army, dann wenigstens am angestammten Platz»), statt als Mechanikerin oder Computer-Fachfrau. Helen Rogan besuchte eine Hubschraubermechanikerin in Kitzingen, die in einem großen Hangar mit rund 100 Männern und vier bis fünf Frauen arbeitet. Obwohl sie physisch stark genug war, ihren 50 Pfund schweren Werkzeugkasten selber zu tragen und sie ihren Beruf liebte, hat man sie nach drei Monaten an den Schreibtisch abgeschoben. Viele Frauen lassen sich auch auf eigenen Wunsch hin versetzen, weil sie mit dem Job oder den Kollegen nicht zurechtkommen, oder weil sie z. B. schwanger werden.

Ich frage Sue nach ihren Erfahrungen in der Elektronik und ob sie Schwierigkeiten hatte, akzeptiert zu werden. «Diskriminierung», sagt sie, «gab es meist von den älteren Männern in der Army, die 20 Jahre und länger dabei sind. Sie finden, daß Frauen nicht in die Army gehören. ‹Warum, zum Teufel, seid ihr bloß hier?› Und ich war ausgerechnet die erste Frau, die jemals unter seinem Kommando stand, weißt du.» «Wie haben sie dich behandelt?» – «Ganz nett, ganz nett – aber, dann heißt's ‹Sie taugt nichts in ihrem verdammten Job›, weißt du, so was, oder: ‹Komm, ich helf dir dabei›. Sie sind richtig süß zu dir, aber hinter deinem Rücken – ‹Wir wollen sie nicht in der Army›, ‹Sie sollte nicht hier sein›. Ich merke keine völlige Diskriminierung der Army gegen mich. Nach meinem Gefühl gibt's das eher bei älteren Männern, Männer, die 20 oder 25 Jahre in der Army sind und noch vom alten Schlag. Ich habe auch viele Männer getroffen, die noch länger in der Army sind, und die stören sich nicht daran, wenn du nur deinen Job tust. Tu deinen Job und leiste gute Arbeit, das allein zählt. Egal, ob du ein Mann oder eine Frau bist, tu deine Arbeit. Chauvinisten findest du halt überall.»

Grundsätzlich sind alle Jobs, die nichts mit direktem Kampf zu tun haben oder die besondere physische Stärke verlangen, für Frauen offen. Von 345 Berufen, die im Militär angeboten werden, sind nur 28, also 5 %, nicht für Frauen zugänglich. Doch das macht 21 % aller tatsächlich vorhandenen Stellen aus.

Diese Regelung, wonach Frauen nur dort arbeiten dürfen, wo sie nicht direkt in Kampfhandlungen verwickelt werden könnten, ist eine äußerst umstrittene und heikle Angelegenheit. Hier werden Voraussetzungen gemacht, die es zu überprüfen gilt. Drei Argumente sind von zentraler Bedeutung: den Frauen fehlt es an Kraft; Jobs, die im Kriegsfall zum Kampf führen, lassen sich eindeutig von Nicht-Kampf-Jobs trennen; man muß Frauen vor kriegerischen Grausamkeiten schützen. Sehen wir uns diese Argumente etwas genauer an.

1. «Gerade Jobs in Kampfeinheiten erfordern große physische Kraft, die den Frauen aber fehlt.»

Für dieses Argument spricht eine Untersuchung von rund 600 Männern und 500 Frauen und ihrer körperlichen Kraft. 92 % der Männer konnten 100 Pfund mehrfach hintereinander heben, bei den Frauen waren es ganze 11 %. Es läßt sich nicht leugnen, daß Frauen bei Arbeiten, die ständig Muskelkraft erfordern, den Männern unterlegen sind. Die zentrale Frage bleibt: in welchen und wie vielen Jobs braucht man diese Kraft?

Air Force General Jeanne Holm (inzwischen pensioniert) argumentiert, daß Waffensysteme und Kriegführung mittlerweile so hochentwickelt seien, daß Intellekt Muskeln ersetze. Wie viele Muskeln brauche man schon, um eine Rakete abzufeuern? Nach Angaben des Pentagon erfordern weniger als 10 % aller Jobs im Militär Infanterieaufgaben[4]; bezogen auf das Gesamtmilitär ist diese Zahl niedrig. Anders sieht es aus, wenn man sich den Anteil schwerer und sehr schwerer Arbeiten in der Army ansieht. Nach Aussagen Offizieller erfordern 64 % der Army-Jobs sehr schweres Heben und 12 % schweres Heben. «Schweres Heben» bedeutet Heben bis zu 100 Pfund und häufiges Heben von 50 Pfund. «Sehr schweres Heben» erfordert das Heben von mehr als 100 Pfund und ebenfalls häufiges Heben von 50 Pfund. 1982 wurden 23 Berufe in der Army für Frauen geschlossen, da sie entweder sehr schweres Heben erfordern oder zu nah am möglichen Kampfgeschehen sind. Damit waren Soldatinnen von 53 % aller Army-Jobs ausgeschlossen (*Stars and Stripes*, 4. Sept. 1982).

2. «Kampf und Nicht-Kampf lassen sich klar abgrenzen.»

Für Militärs scheint die Trennung einfach zu sein: wer einen Bomber auftankt, kämpft nicht (das dürfen Frauen tun), wer ihn fliegt, kämpft (das dürfen Frauen nicht). Das entscheidende Kriterium bei dieser Einteilung ist die Gefahr einer wahrscheinlichen Feindberührung. Diese Einteilung in Kampfberufe und Nicht-Kampfberufe hat effektiv in allen bisherigen Kriegen eine Rolle gespielt und ist fest im Bewußtsein vieler Soldaten verankert. Soldaten im Nachschub oder bei der Reparatur von Flugzeugen sind nun mal nicht so nah am Feind dran wie Bomberpiloten, Panzerfahrer oder Infanteristen. Aber wie wird das im nächsten Krieg aussehen? Läßt sich diese Trennung bei den modernen Langstreckenwaffen noch aufrechterhalten?

Charles Moskos spricht es deutlich aus: «Es wird stillschweigend anerkannt, daß in dem Moment, wo in Europa ‹die Sache steigt›, weibliche Soldaten schon in Positionen sind, wo sie zweifellos Verluste erleiden würden.» (1978:69) Bei der Einteilung von Jobs bleibt das Militär bei der althergebrachten Abgrenzung von möglicher Feindberührung, so fragwürdig sie auch sein mag. Der Grund ist einsichtig: man könnte sonst nicht genügend Frauen beschäftigen. Jeanne Holm kritisiert, daß die Abgrenzung von Kampf und Nicht-Kampf ziemlich willkürlich gezogen worden sei und vermutet, daß man Frauen von vornherein von bestimmten Berufen fernhalten wolle. Dazu benutze man noch ein weiteres Argument:

3. «Im Kriegsfall müssen weibliche Militärangehörige vor den Risiken und Grausamkeiten des Kampfes geschützt werden.»

Diese Trennung führt zu einer Einteilung in Soldaten erster und zweiter Klasse. Nur wer kämpft, ist ein «richtiger» Soldat, die anderen nehmen an der wesentlichen Aktivität des Kriegs nicht teil. Demzufolge kommen sich manche Frauen in ihren weniger soldatischen Jobs minderwertig vor.

Kampf ist das Kriterium der militärischen Organisation, und wer daran nicht teilnimmt, gehört eigentlich nicht richtig dazu. Das spiegelt sich auch in den Voraussetzungen für eine Karriere wider: nur wer in Kampfeinheiten gedient hat, kann hohe Positionen erreichen. Hat Jeanne Holm recht, daß man also auf diese Weise Frauen von der Karriere ausschließen wolle? Es wäre möglich, beweisen läßt es sich nicht. Vermutlich spielen beide Gründe eine Rolle, der Ausschluß von Frauen aus hohen Positionen als auch ihr Schutz vor Grausamkeiten. In allen Ländern der Welt, nicht nur in Amerika, lehnt man den vollen Einsatz von Frauen im Krieg ab. Kein Militär hat Frauen in so vielen Positionen eingesetzt wie die Vereinigten Staaten. Dennoch will man den Frauen noch einen gewissen Schutz zukommen lassen, ohne jedoch genau zu wissen, wo die Grenze zu ziehen ist. Das führt auf beiden Seiten zu Mißmut und Ungerechtigkeiten, wie die folgenden Beispiele zeigen.

Früher war es üblich, daß Soldaten zwischen einem Einsatz in

Kampfeinheiten und Unterstützungs- oder Nachschubeinheiten rotieren, doch seit so viele Frauen in Unterstützungs- und Nachschubeinheiten arbeiten, verringert sich für die Männer die Möglichkeit, hin und her zu wechseln. Auch in der Navy gab es das Problem, als Soldaten länger zur See fahren mußten, da Frauen alle Jobs an Land ausfüllten – inzwischen dürfen Frauen in Friedenszeiten auch auf Schiffen (und Flugzeugen) dienen (Rogan, S. 275). So führt der Schutz der Frauen vor Kampftätigkeiten zu einer Verschiebung vorhandener Jobs zuungunsten der Männer. Eine Frau, die als Telefonistin oder Sekretärin arbeitet, oder auch als Mechanikerin und Computer-Spezialist, verdrängt letztlich die Männer, die bisher dort gearbeitet haben, in Kampfberufe. Von der Sicht hoher Offiziere aus ist gerade das der erwünschte Effekt – man will, da man nicht genug Soldaten hat, durch den Einsatz der Frauen erreichen, daß mehr Männer für Kampfberufe frei werden. Vom Standpunkt des einzelnen Mannes aus muß das durchaus kein erwünschter Effekt sein – im Gegenteil! Er sitzt vielleicht zehnmal lieber auf der Schreibstube als bei Hitze und Kälte Panzer zu fahren oder durch den Schlamm zu robben. Am Ende fühlen sich manche Frauen schuldig, weil sie einen angenehmen Job haben, und die Männer haben einen Grund mehr zu fragen: «Was wollt ihr bloß in der Army?» Wenn Frauen sich beklagen, daß ihre Karrieremöglichkeiten eingeschränkt sind, so äußern Männer inzwischen die gleichen Klagen.

1982 wurden 23 Berufe für Frauen in der Army geschlossen, da sie zu schwer oder zu nah am Kampfgeschehen waren. Einige Monate später öffnete man rund die Hälfte dieser Tätigkeiten wieder für Frauen, allerdings mit einigen Einschränkungen. Frauen erhalten jetzt gezielt die Jobs, die leichter und weniger gefährlich sind. So sitzen bei der Militärpolizei die Männer im Wachturm, während die Frauen Streife fahren und Innendienst machen. Reaktion der Männer: sie sind sauer!

Hinzu kommt die Ungewißheit, ob Frauen im Falle eines Kriegs zurückversetzt werden. Kann man sie dann überhaupt noch als wertvolle Mitglieder dieser Einheit akzeptieren? Sind sie nicht nur Ersatzsoldaten ohne Risiko? Ein Journalist einer amerikanischen Truppenzeitung meinte: «Wenn es hier knallt, werden Frauen abgezogen und durch Männer ersetzt. Hinterher werden dann doch 50 % der Frauen befördert – das ist eine schreiende Ungerechtigkeit. Darum haben viele Männer den Frauen gegenüber Vorbehalte.» Hier wird mit zweierlei Maß gemessen, und das führt zu Verbitterung. Für gleiche Bezahlung haben die Soldatinnen eine leichtere Tätigkeit und ein geringeres Risiko, ins Kampfgeschehen verwickelt und verwundet zu werden. Es gibt natürlich keine Garantie für die Frauen, vom Krieg ferngehalten zu werden, in einer großen kriegerischen Auseinandersetzung wären sie in den Nachschublinien genauso gefährdet – aber für die männlichen Soldaten ist diese ganze Diskussion auch ein Aufhänger, ihre Vorbehalte gegenüber weiblichen Soldaten zu zementieren.

Das geschieht auch bei dem Thema Beförderung. Die meisten Frauen in den unteren Rängen werden gleich schnell wie die Männer befördert, ja, manche meinen, sie würden sogar schneller als ihre männlichen Kollegen befördert. Das hängt vielleicht mit der Politik des Militärs zusammen, Minderheiten wie Farbige und Frauen möglichst nicht zu benachteiligen, und führt bisweilen zu einer Bevorzugung dieser Gruppen. Es ist verständlich, daß manche Soldaten – vorsichtig ausgedrückt – mit Unwillen und Verärgerung darauf reagieren. Selbst wenn in Einzelfällen Soldatinnen tatsächlich besser sind als Soldaten, wird ein Soldat das kaum anerkennen. Daß eine Frau in einem ausgesprochenen Männerberuf besser sein könnte als ein Mann, ist schwer zu akzeptieren. Von daher kann das Argument, Frauen würden bevorzugt, auch eine Rationalisierung der Männer sein. Der Vormarsch der Frauen wird auch in Regierungskreisen mit Skepsis betrachtet. Sie wollen nicht, daß ausgerechnet das Militär zum Experimentierfeld für soziale Experimente wird, wodurch sie letztlich die Kampfkraft geschwächt sehen. «Das Heer ist zum Töten da und nicht zur Gleichberechtigung», heißt es dann.

In die höheren Ränge aufzusteigen, bleibt weiterhin meist den Männern vorbehalten. Von den 148770 Frauen in den «Enlisted Ranks» befinden sich 80% in den unteren vier Rängen E-1 bis E-4, die restlichen 20% verteilen sich auf die Unteroffiziersränge E-5 bis E-9. Hier wirken dann ähnliche Mechanismen wie im zivilen Sektor, wo eine Frau oft besser sein muß als ein Mann, um als gleichwertig anerkannt zu werden. Helen Rogan zitiert eine Soldatin: «Niemand scheint dir Erfolg zu gönnen. Wenn du eine Frau bist und gut bist, wirst du nicht gelobt. Du kriegst nur mehr Arbeit» (Rogan, S. 241). Wenn ein Mann Mißerfolg hat, so sieht man das als individuelles Versagen, wenn eine Frau Schwierigkeiten hat, so ist das ein Versagen aller Frauen im Militär. Dann heißt es nicht: «Du bist eine Niete!», sondern gleich: «Was wollt ihr Frauen überhaupt im Militär?» Eine einzelne Frau repräsentiert gleich alle Frauen. Besonders in den technischen Berufen fühlen sich Frauen unter ständiger Beobachtung und klagen über diese emotionale Belastung.

Ähnlich reagieren übrigens viele Männer, wenn es um physische Stärke geht. Einem schwächlich gebauten Mann wird sofort selbstverständlich geholfen, wenn er schwere Lasten heben muß. Hat eine Frau die gleichen Schwierigkeiten, so beschweren sich die Männer schriftlich bei ihrem Vorgesetzten darüber – ohne der Frau zu helfen! Und umgekehrt – wenn eine Frau sehr gut etwas alleine bewältigen kann, dann gewährt man ihr gönnerhaft oder paternalistisch Hilfe (Rogan, S. 26). Alle diese Beispiele zeigen, wie verkrampft das Verhältnis zwischen männlichen und weiblichen Soldaten heute noch ist.

Eine zusätzliche Belastung ergibt sich für die Frauen, wenn sie Familie und vor allem Kinder haben. Es war ein langer Kampf für die Frauen, bis sie überhaupt als Verheiratete, als Schwangere und Mutter im aktiven Militärdienst bleiben durften.

Erst seit 1971 werden verheiratete Frauen zum Militärdienst zugelassen. Es dauerte noch einmal zwei Jahre, bis auch ihre Ehemänner als abhängige Familienangehörige anerkannt wurden. Jeanne Holm schildert den Fall eines Leutnants, die wegen dieser Diskriminierung vor Gericht ging. Ihr Ehemann besuchte das College und hatte monatlich 200 Dollar eigenes Einkommen. Das Militär stufte den Leutnant als ledig ein, verweigerte den beiden die sonst Verheirateten zustehende Regierungswohnung und verweigerte dem Ehemann die sonst Ehefrauen zustehende medizinische Versorgung. Das Militär mußte diese diskriminierende Regelung schließlich ändern (Holm, S. 290f).

Rund 80 % der verheirateten weiblichen Soldaten sind mit einem Militärangehörigen verheiratet. Für die Verwaltung ergibt sich daraus die zusätzliche Schwierigkeit von «joint assignments», d. h., bei einer Versetzung muß auch für den Ehepartner am neuen Standort ein passender Job gefunden werden.

In den unteren Rängen ist der Prozentsatz der Verheirateten bei Männern und Frauen etwa gleich groß, bei den Rekruten je 14 % (Binkin/Bach, S. 18), bei den Mannschaften und Unteroffizieren insgesamt rund 50 %. In den Offiziersrängen bietet sich ein ganz anderes Bild. Bei den Männern sind rund 80 % verheiratet, bei den weiblichen Offizieren aber nur 31 % (Landrum, S. 162). Die Gründe hierfür liegen auf der Hand: ein Offizier, der Karriere machen will, muß damit rechnen, alle zwei bis drei Jahre versetzt zu werden – welcher Ehemann, der selber nicht Soldat ist, wäre schon bereit, sich ständig eine neue Stelle zu suchen? In diesem Fall kann die Frau nur auf Kosten der Karriere ihres Mannes Karriere machen.

Schwangerschaft und Adoption stellten ebenfalls viele Jahre lang die Frauen vor große Probleme. Nach Ansicht des Militärs konnte eine schwangere Frau ihren Dienst nicht ableisten und mußte darum entlassen werden. Für manche Frauen war es damals eine Katastrophe, daß sie ihre Karriere wegen einer Schwangerschaft abbrechen mußten. Unverheiratete Schwangere wurden dabei wie Kriminelle behandelt, sie wurden unverzüglich unehrenhaft entlassen. Seit 1975 können Schwangere – ob verheiratet oder ledig – selber entscheiden, ob sie im Militär bleiben wollen oder nicht. Abtreibung wird bis zum heutigen Tag strikt bekämpft und bestraft (außer bei medizinischen Indikationen). Während Soldaten in den USA immer noch auf Ärzte im zivilen Sektor ausweichen können, sind sie z. B. hier in Deutschland in einer weitaus schwierigeren Situation. So wurde ich in einem Fall gebeten, mit einer Soldatin zur Beratungsstelle von «pro familia» zu gehen, um dort wegen einer unerwünschten Schwangerschaft Hilfe zu bekommen.

Nicht wenige mißbrauchen das System heute, indem sie entweder die Schwangerschaft benutzen, um möglichst schnell das Militär verlassen zu können, oder indem sie möglichst billig auf Staatskosten ihr Kind zur Welt bringen und dann das Militär verlassen. Nach Angaben der Zeitschrift *The Economist* äußerten drei von vier Schwangeren, daß sie gezielt die Sozialleistungen des Militärs in ihrem Interesse nutzen.[5]

Alleinstehend Kinder zu haben und großzuziehen, wurde erst 1975 erlaubt – den Frauen wohlgemerkt. Für alleinstehende Väter scheinen Kinder nie ein Hindernis für eine erfolgreiche Karriere gewesen zu sein. Das beweist auch folgendes Zahlenverhältnis: derzeit gibt es allein in der Army 3700 alleinerziehende Mütter gegenüber 14500 alleinerziehenden Vätern. Für Frauen hingegen galt, daß sie ihren militärischen Beruf an den Nagel zu hängen hatten, wenn sie ihr Kind länger als 30 Tage im Jahr bei sich haben wollten. Man glaubte, im Interesse des Kindes und im Interesse des Militärs zu handeln, wenn man Frauen dahin schickte, wo sie hingehören: zu Kindern, in die Küche und zur Familie. Nach etlichen Prozessen gegen diese Form der Ungleichbehandlung und sexuellen Diskriminierung trat schließlich im Mai 1975 die neue Regelung in Kraft. Ob verheiratet oder ledig, Frauen können jetzt frei entscheiden, ob sie Kinder haben wollen.

Trotz der formalen Gleichbehandlung empfinden viele Militärs ein Unbehagen bei der neuen Situation. 1978 wurden 8% der Army-Frauen schwanger, 10% aller Frauen sind ständig wegen Schwangerschaft und Geburt außer Dienst.[6] Schwangere Frauen sind nicht überall und jederzeit einsetzbar – man stelle sich nur eine Parade vor, die von einer Hochschwangeren angeführt würde; oder einen weiblichen Air-Force-Piloten im achten Monat. Viele Offiziere befürchten auch, daß Mütter bevorzugt behandelt und andere Soldaten dadurch übermäßig belastet werden. Ab dem 7. Monat wird Schwangeren die 40-Stunden-Woche erlaubt. Nicht selten verschlechtert sich das Arbeitsklima, wenn Männer dadurch mehr arbeiten müssen. Andererseits fehlen auch Männer wegen der Schwangerschaft ihrer Frauen. Rund 500 Männer werden jedes Jahr von Übersee-Standorten in die Vereinigten Staaten zurückgeflogen, weil ihre Ehefrauen hochschwanger sind. Ihre Abwesenheit dauerte 12 Wochen. Im Vergleich dazu beträgt die Abwesenheit schwangerer Soldatinnen vom Dienst 11 Wochen (Holm, S. 301). Wird hier nicht wieder mit zwei Maßstäben gemessen?

Allein in der Army gibt es, so Newsweek, 18000 alleinerziehende Eltern, und Frauen in Übersee-Standorten haben Manöver verpaßt, weil sie keinen Babysitter finden konnten.[7] Was machen sie im Ernstfall? Die Regelung, daß Frauen im Militär verheiratet und Mütter sein dürfen, hat gewiß viele Ungerechtigkeiten beseitigt, aber mit Sicherheit auch viele neue Probleme geschaffen.

Ein weiterer heikler Punkt ist die Beziehung zwischen Offizieren und Mannschaften. Seit es das WAC gibt, war der Kontakt zwischen meist männlichen Offizieren und weiblichen Mannschaften ein heißes Eisen. Während des Kriegs mußten alle Militärangehörigen auch in der Öffentlichkeit Uniform tragen, und es entstanden Situationen, in denen Bruder und Schwester nicht in ein Restaurant zusammen essen gehen konnten, da der eine Offizier, die andere Soldatin war. Die Situation wurde entschärft, als sie in der Öffentlichkeit Zivil trugen, doch gab es weiterhin große Probleme bei der Heirat. Das Ehepaar konnte kein von der Regierung gestelltes Haus bewohnen, da einfache Soldaten nicht mit Offizieren zusammen wohnen durften. Sozial wurden sie zu Außenseitern, weil der Offiziersclub für Mannschaften «off limits» war und umgekehrt Offiziere in Clubs für Mannschaften nicht gerngesehen sind. 1978 wurde ein Hauptmann (Captain), der die Akademie von West Point besucht hatte, gezwungen, seinen Dienst zu quittieren, weil er eine Soldatin geheiratet hatte (Holm, S. 76). Im Juli 1984 wurde ein Pilot der Marine unehrenhaft entlassen, weil er sich mit einer einfachen Soldatin verlobt hatte. Man hatte dem Hauptmann, 27 Jahre alt und seit 8 Jahren im Militär, verboten, seine Freundin zu treffen. Er wurde verurteilt, weil er sich diesem Verbot widersetzt hatte. Die unehrenhafte Entlassung hat zur Folge, daß er bei keiner kommerziellen Fluggesellschaft angestellt wird und alle Pensionsansprüche verliert. Seine Existenz ist vernichtet, und das Militär verliert einen Offizier, für dessen Ausbildung es hohe Summen investiert hat.[8]

Schwierig wird es zum Beispiel auch für einen ledigen Offizier, der in einen Übersee-Standort versetzt wird. Aus mangelnder Sprachkenntnis ist der Kontakt zur lokalen Bevölkerung meist eingeschränkt. Bei den Angehörigen der eigenen Nationalität gilt das Fraternisierungsverbot, wonach Freundschaften mit Mannschaftsmitgliedern streng untersagt sind. Im *Army Officer's Guide* heißt es dazu: «Beide, der Offizier und das Mannschaftsmitglied, würden im Fall einer solchen Beziehung den Zorn ihrer Kollegen erregen, und die Effektivität beider Mitglieder der Army würde verringert. Jedem Offizier, der an eine Verbindung mit einem Mitglied der Mannschaft denkt, können wir nur einen Rat geben: TU'S NICHT!» (1979:17)

Daß andererseits manche Karrieren nur durch das Bett des Vorgesetzten zu erreichen sind, ist ein offenes Geheimnis. Teils nützen manche Frauen schamlos ihre Reize aus, teils nutzen manche Vorgesetzte ebenso schamlos die Abhängigkeit ihrer Untergebenen aus. Hierüber Informationen aus erster Hand zu bekommen, ist schwierig – welche Frau gibt schon gerne offen zu, daß sie ihren Job nur nach der Devise «Screw up, move up» bekommen hat – frei übersetzt: wer vögelt, steigt auf (Rogan, S. 228f). Und was man über andere Frauen munkelt, läßt sich oft nicht überprüfen.

Chris war die einzige Soldatin, bei der ich das Problem hautnah erlebte. Am Anfang schwärmte sie, was für einen guten Boss sie hätte und daß er sie nicht verpfiff, wenn sie mal zu spät zur Arbeit käme. Dann schwieg sie sich eine Zeitlang aus – sein Name fiel nicht mehr, ihr Gesicht wurde starr und abweisend, wenn ich ihn erwähnte. Meine Neugier war geweckt, aber nur zögernd kam die ganze Misere ans Licht. Zunächst erzählte sie, daß sie es vermied, mit ihm alleine im Büro zu sein, er sei in letzter Zeit ziemlich aufdringlich geworden. Dann gab der Boss, ein First Sergeant, ihr öfter mal einen Tag frei. Er wußte, wo sie wohnte, und unter dem Vorwand, einen Schlüssel holen zu müssen, stand er morgens plötzlich ohne anzuklopfen bei ihr und Anne im Zimmer. Chris' engste Freundin war Debby, die ungefähr ein halbes Jahr lang mit Chris (und Anne) zusammenlebte. In dieser Zeit machte Debby endlich den ersehnten Aufstieg zum E-4. Als Debby dann noch ihren Traumjob in den Staaten angeboten bekam, ließ sie Chris im Stich. Sie verzichtete auf eine Verlängerung in Deutschland, und Chris war verzweifelt und verbittert. Erst einige Wochen nach Debbys Abreise erzählte sie mir, was geschehen war: Um Debby den Aufstieg zu erleichtern, hatte Chris ihren Widerwillen gegen den ihrer Ansicht nach einflußreichen First Sergeant fallengelassen und war mit ihm ins Bett gegangen. Sie hatte Debby nie davon erzählt. Seitdem verfolgte sie der First Sergeant noch hartnäckiger. Er wußte, daß Chris lesbisch war (und hätte sie dadurch aus dem Militär werfen lassen können), und fand, daß sie nur einen richtigen Mann brauche, um wieder «normal» zu werden.

Diese ganze Situation belastete Chris sehr: «Ich kann mit niemandem darüber reden. Ich ekel mich selber an, und ich hasse die Army, die mich dazu gebracht hat.»

Es ist ungewiß, ob Chris oder andere Frauen ihr Ziel wirklich nur durchs Bett erreicht haben. Tatsache ist, daß sie sich prostituiert haben und daß sie den Eindruck hatten, es gäbe kein anderes, besseres Mittel zum Aufstieg. Das Handbuch für Unteroffiziere weist darauf hin, daß manche Vorgesetzte die Unwissenheit junger Soldatinnen in bezug auf ihren wirklichen Einfluß ausnutzen (Cragg 1982: 116). Hinzu kommt, daß bestimmte soziale Minderheiten keine Erfahrung haben, welche Verhaltensweisen und Taktiken man in großen Institutionen braucht, um sich durchzusetzen und aufzusteigen. Also – und das trifft bei Chris exakt zu – greifen sie auf Verhaltensweisen zurück, die sie entweder schon kennen oder von denen sie annehmen, daß man sie von ihnen erwartet.

Sex zwischen Vorgesetzten und Untergebenen fängt schon im Basic Training an. Es gibt Ausbilder, die mit den weiblichen Rekruten schlafen. In einer Kompanie in Fort McClellan, Alabama, hinderten die männlichen Ausbilder eine weibliche Ausbilderin daran, beim Biwak mit allen zusammen draußen zu übernachten. Die Männer hatten nämlich vor, mit den Soldatinnen zu schlafen (vgl. Rogan, S. 228). Captain Hill, der drei Jahre lang als Geistlicher Rekruten in der Grundausbildung zu betreuen hatte, bestätigte mir diesen Sachverhalt: «Viele Drill-Sergeants schlafen gelegentlich mit weiblichen Rekruten, die sich ihnen anbieten. Sie zwingen eine Frau nicht, sie nehmen nur die, die willig sind. Und für einen Rekruten ist es das höchste Ziel, ihr Bett mit einem Helden zu teilen, einem Mann, der Macht ausübt! Die Army will von solchen Praktiken nichts wissen, sie leugnet, daß es weit verbreitet ist. Aber manche Drill-Sergeants haben tatsächlich einen ganzen Harem. Alle sieben Wochen kommen neue Rekruten, in dieser Hinsicht ist das ein guter Job für sie.»

Weibliche Offiziere äußern sich verbittert über diese Situation, sehen sich aber außerstande, irgend etwas zu ändern. Am meisten wurmt sie, daß man mal wieder pauschal den Frauen die Schuld für diese verfahrene Situation in die Schuhe schiebt (Rogan, S. 228).

Immer wieder gibt es Soldatinnen, die das Zeug zum Unteroffizier hätten, aber dann doch lieber eine Karriere im zivilen Bereich suchen. Was sie abstößt, sind die sexuelle Belästigung und das ständige Zotenreißen der Männer um sie herum. Chris berichtet mir von einem Leutnant, der nach Wackernheim strafversetzt worden war und der hier auch schon wieder Soldatinnen belästigt hatte. Drei Frauen schrieben einen Bericht darüber und meldeten die Vorfälle. Und was passierte? «Sie beförderten ihn – und nichts passierte. Und die Moral der Frauen ist jetzt im Eimer. Eine wollte sich weiterverpflichten, jetzt verläßt sie das Militär. Die andere wird in eine andere Einheit versetzt – die sagen, damit ist das Problem gelöst, aber das ist es eben nicht! Sie versetzen sie und machen sie unglücklich, und er ist noch da, wenn die nächste Frau kommt, nichts ahnend. Das löst das Problem nicht. Also, was sie eigentlich tun, ist, die Frauen dafür zu bestrafen, daß sie sagen: ‹Dieser Mann hat uns sexuell belästigt:›» Die Soldatinnen erwarteten mindestens eine Bestrafung nach Artikel 15. Sie wissen oft nicht, daß diese für einfache Soldaten relativ harmlose Bestrafung für einen Offizier das Ende seiner Karriere bedeutet. Wahrscheinlich wurde der betreffende Leutnant «nur» mündlich verwarnt – viele Soldaten sehen hierin eine Ungleichbehandlung von Offizieren und Mannschaften, die sie verbittert.

Ständiger sexueller Mißbrauch durch Worte und Gesten und Vergewaltigungen sind ein großes Problem für das Militär. In dem amerikanischen Standort Fort Dix kommt es jährlich zu 60 Vergewaltigungen,[9] und in Europa wurden im Jahr 1981 in Army und Air Force 241 Vergewaltigungen offiziell bekannt. Dabei handelt es sich lediglich um die Spitze eines Eisbergs, wie *Stars and Stripes* schreibt. Die Dunkelziffer hat nach internen Schätzungen ein bedrückendes Ausmaß erreicht. Oft ist es Angst oder Scham, Furcht vor Benachteiligung bei der Beförderung, aber auch die geringe Bestrafung der Peiniger, die die Frauen resignierend schweigen lassen. In San Francisco wiesen ein Militär- und ein ziviles Gericht die Klage einer vergewaltigten Soldatin wegen Körperverletzung zurück: eine Vergewaltigung sei für eine in der Armee dienende Frau ein «Berufsrisiko», befand das Gericht (*Frankfurter Rundschau*, 22. 9. 1984).

Aus einer Umfrage bei fast 300 Frauen, die in Deutschland in einer Infanteriedivision dienen, geht hervor, daß 70 % von ihnen über verbale unsittliche Annäherungsversuche und 50 % über unsittliche Berührungen von seiten männlicher Kameraden zu berichten hatten (*Bonner Generalanzeiger*, 14. 4. 1980). Ich frage Chris, wie sie denn in einer solchen Situation reagiert, und sie erzählt: «Da war ein Typ, B., der kam in unsere Einheit. Immer, wenn er an mir vorbeikam, berührte er meine Schulter, packte meine Hand und machte sexuelle Bemerkungen. Und ich sagte ihm, daß er mich physisch krankmacht. Und daß er seine sexistischen Bemerkungen für sich behalten soll. Lieber fick ich einen Hund als ihn! Ja, und das kapierte er schließlich.» Ein einfaches «Nein, laß mich in Ruhe» hilft hier nicht, das glauben sie nicht, erst muß man sie, so Chris, erniedrigen, bevor sie begreifen.

Auch Ruth kann sich selber verteidigen: «Ich habe mich schon mit den Kerls geschlagen. Wenn die zu mir so fies sind, dann bin ich so fies und schlage sie. Die könnten mir den Schädel einschlagen, aber dann pack ich eine Flasche oder irgendwas – ich verletze ihn, bestimmt! Die sich mit mir mal angelegt haben, die haben nie mehr was zu mir gesagt, die meiden mich!» Und dann erzählt sie von einem Soldaten, der Ruth und zwei ihrer Freundinnen mal belästigt hat. Er war betrunken, und als die drei Frauen vorbeigingen, meinte er: «There goes a bunch of *dikes*. – Da geht ein Haufen Lesben.» Ruth, wütend, ging zurück und fragte: «Was hast du gesagt?» Und er antwortete: «Ihr seid ein Haufen Lesben. Ihr kriegt mehr Ficks als wir Männer.» Ruth: «Mir gefällt nicht, was du da sagst.» Sie wollte ihn gerade schlagen, als die anderen sie festhielten. Schließlich zwangen sie den Soldaten wegzugehen. Am nächsten Morgen mußte er beim First Sergeant erscheinen, und der war wütend: «Sie kommen nicht hier in meine Kompanie und sagen solche Sachen zu meinen Frauen! Sie können Ihren Rang deswegen verlieren!» Den Frauen legte er nahe, einen Bericht zu schreiben, doch sie verzichteten darauf. «Bis jetzt», so Ruth, «hat er den Mund gehalten und ließ sich nicht mehr bei uns blicken.» Und er weiß, was ihm blüht, wenn er sich noch mal so äußert. Wenn Ruth ihn in der Kneipe trifft, wirft er nur böse Blicke rüber. Die Soldatinnen sind froh, daß sich der Unteroffizier auf ihre Seite stellt und sie verteidigt.

Das Verhalten der Frauen in dieser von Männern geprägten Organisation ist nicht einheitlich. Da gibt es manche, die die Weibchenrolle spielen und die sich durch gezielten Beischlaf alle erdenklichen Vorteile zu verschaffen wissen. So drücken sie sich vor unangenehmen Arbeiten, was dann wiederum die anderen Soldaten in Harnisch bringt und ihre Vorurteile gegenüber Frauen verstärkt.

Am unauffälligsten sind sicher diejenigen, die sich einen Freund anschaffen, um dann möglichst schnell zu heiraten. Das verschafft ihnen Schutz und Sicherheit, und, wenn sie wollen, können sie im Falle einer Schwangerschaft das Militär vorzeitig verlassen.

Eine dritte Variante finde ich ausgeprägt bei Chris, Ruth, Sue, Sharon und Connie. Sie haben viele männliche Verhaltensweisen und deren Sprache übernommen und wirken auf Außenstehende rauh und aggressiv. Offiziell sollen sich zwar alle Soldaten einer zivilisierten Sprache befleißigen, aber kein Militär der Welt wird je all die obszönen und vulgären Ausdrücke ausmerzen können. Werden Frauen rot, wenn Männer Zoten reißen, so werden sie zum Gespött. Da kehren dann manche Frauen den Spieß um und übernehmen teilweise deren Sprache und Verhalten. Frederick und Henry Elkin sehen die Ursache für aggressives Sprachverhalten in einem Bild der Härte, wie es in der sozialen Unterschicht dominiert, und in der emotionalen Unreife junger Soldaten, die ihre Unsicherheit hinter tabuisierten Kraftausdrük-

Die Bücher kosten nur noch
ein Fünftel ihres früheren Preises …

... schrieb der Bischof von Aleria 1467 an Papst Paul II. Das war Gutenberg zu verdanken.

Heute, 500 Jahre später, kosten Taschenbücher nur etwa ein Fünftel bis ein Zehntel des Preises, der für gebundene Ausgaben zu zahlen ist. Das ist der Rotationsmaschine zu verdanken und zu einem Teil auch – der Werbung: Der Werbung für das Taschenbuch und der Werbung im Taschenbuch, wie zum Beispiel dieser Anzeige, die Ihre Aufmerksamkeit auf eine vorteilhafte Sparform lenken möchte.

ken verstecken – tabuisiert vor allem in der Familie von Mutter und Schwester. Hinzu kommt, so Henry Elkin, daß das Militärleben die primitiven Aspekte der Persönlichkeit mehr herausbringe (1945–46, S. 413).

Ein Abend im NCO-Club in Wackernheim. Nach der Renovierung ist es hier gemütlich geworden, und am Wochenende spielt Monicas Band im Club. Heute abend sind rund 70 Gäste da, doch nur an unserem Tisch sitzen Frauen. Niemand tanzt. Ruth, Chris und Sharon haben schon ein paar Flaschen Bier getrunken, ob sie vielleicht Drogen genommen haben, weiß ich nicht. Sie gehen alle rauh miteinander um, packen sich heftig am Arm, werfen sich warnende Blicke zu und machen Drohgebärden. Im Laufe des Abends sehe ich Eiswürfel, abgebissene Rosen und brennende Zigaretten durch die Luft fliegen. Wenn Ruth sich umdreht, um mit zwei Schwarzen am Nachbartisch zu reden, so geschieht das abrupt, der Stuhl kippt beinah um, und die Tischdecke liegt fast auf dem Boden. Keine der Frauen bewegt sich so, als wolle sie einem Mann gefallen – eher das Gegenteil. Chris und Sharon sind betrunken. Als sie zur Toilette gehen, stolpern sie, schwanken und fallen. Alle lachen, schließlich kommen zwei Soldaten und helfen ihnen auf. Manchmal kommt es auch vor, daß sie sich in ihrem Übermut schlagen und treten. Niemand regt sich auf, wenn volle Biergläser umkippen.

Debby schnuppert Richtung Küche: «Ich rieche was.» Chris: «Hast du deine Beine offen gelassen?» Da wird selbst Debby verlegen.

Als Sharon mit einem Soldaten heimgehen will, fragt Chris laut: «You wanna go home with that fucking guy? – Mit dem Scheißtyp willst du nach Hause gehen?» Sharon kontert: «Fuck you!» Chris, ironisch: «Du hattest deine Chance, aber du hast's vermasselt.» Es gibt keine Situation, in der Ruth oder Chris nicht mit einer witzigen Zote kontern könnten. Am Ende des Abends meint ein Schwarzer kopfschüttelnd: «Und ich dachte, wir wären rauh!»

Später in den Interviews frage ich Ruth und Chris nach den Ursachen ihres Verhaltens und erhalte ganz verschiedene Antworten. Chris: «Das ist unsere Verteidigung, besonders bei mir oder Ruth und Anne und Sharon. Wenn du jemanden siehst, der sich so verhält – mit dem legst du dich nicht an! In neun von zehn Fällen. Die durchschnittliche Frau, der durchschnittliche Mann würden es nicht tun, weil sie nicht wissen, wie sie reagieren sollen. Sie denken, die sind verrückt, und lassen sie in Ruhe, wirklich, Dutzende von Leuten sagen mir das. Bis sie mich wirklich kennenlernen. Wir verteidigen uns, bevor wir angegriffen werden. Das können wir. Ich bin sicher, es gibt bessere Wege, um das zu erreichen, aber – wenn wir dich zuerst angreifen, wie zum

Teufel kannst du uns dann angreifen?!» Die Sprache im Militär war Chris nicht neu: «Das kannte ich alles schon. Ich hab ein paar Dinge hier in der Army gehört, die mich vor den Kopf gestoßen haben, aber, weißt du, nicht wie jemand, der hier neu ist.»

Ruth war anfangs sehr schüchtern und schweigsam, auch Sharon. Zuerst konnten sie Chris nicht leiden und hatten Angst vor ihr, doch dann tauten sie auf und wurden schließlich genau wie sie. Nachdenklich meint Ruth, daß sie früher nie ein Rowdy war: «Aber hier kannst du du selbst sein, weißt du. Alle werden lockerer hier, wir werden kampflustig und verrückt, und du denkst wahrscheinlich, wir wären übergeschnappt!» Ich beruhige sie, daß ich genauso kampflustig und verrückt sein kann, und Ruth erklärt weiter, daß sie sich untereinander nicht wirklich fertigmachen, sondern daß alles nur Spiel ist. Und sie genießt dieses Spiel.

Hier in Deutschland empfindet Ruth eine Entlastung vom familiären Druck, von der Rücksichtnahme auf das, was Nachbarn und Großeltern denken könnten. Sie kann sehr aggressiv werden und fühlt sich hier wahrscheinlich befreit, daß sie sich nicht mehr verstekken und anpassen muß. Gleichzeitig hilft ihr dieses Verhalten, sich gegen die Männer zur Wehr zu setzen.

Irgendwann im Dezember 1982 bin ich mit Chris und Sue in unserer Stammkneipe. Chris hat Drogen genommen, ihre Reaktionen sind deutlich langsamer als sonst. Sue ist hektisch wie immer und kann keine Minute ruhig stehen oder langsam reden. Ein schwarzer Soldat, noch in seiner grünen Arbeitsuniform, leicht betrunken, kommt zu uns rüber und fragt Sue nach einer Zigarette. Gleichzeitig sieht er mich an und streckt mir anzüglich die Zunge raus. Sue sieht das und drückt ihm sofort die glühende Zigarettenspitze auf die Zunge. Er zuckt erschrocken zurück. Sie lacht laut auf: «Du wolltest doch unbedingt eine Zigarette, da!» Er guckt benommen und irritiert und geht. Chris ist entsetzt, Sue lacht triumphierend, ich bin entsetzt, aber muß auch lachen. Das war eine schlagfertige Reaktion, außerdem mir gegenüber eine solidarische Handlung. Ich finde es ein bißchen brutal, jemandem die brennende Zigarette auf die Zunge zu drücken, aber vielleicht muß man sich mit solchen Mitteln wehren, um in Ruhe gelassen zu werden. Es hat deutlich gewirkt, mit dieser Masche wird er es bei uns nicht noch mal probieren. Chris meint später: «Hier lernst du schnell, dich zu wehren. Du mußt, sonst trampeln sie auf dir herum. Darum will ich auch raus hier ...»

Leicht resigniert erzählen Chris und Ruth mir, wie die Männer die Frauen in der Army kategorisieren. Ruth: «Besonders Schwarze und Typen, die's nicht besser wissen, belästigen uns. Wenn du's nicht mit denen treibst, bist du eine Lesbe. Das sagen sie sehr schnell. Aber dann, wenn du mit Männern ausgehst, dich mit ihnen einläßt, dann betrachten sie dich als Hure. Egal, was du tust, du verlierst.»

Chris, deren Freundin Angela in den Vereinigten Staaten als Rechtsanwältin aktiv für die Gleichberechtigung der Frauen eintritt, sagt bitter: «In der Army bist du zunächst mal nur ein Stück Arsch, eine Nummer. Entweder du fickst oder du tust es nicht. Sie klassifizieren uns in zwei – eigentlich drei Gruppen: du bist entweder lesbisch, ein Nigger-Liebchen oder einfach bekloppt.» «Nigger-lover» ist ein Ausdruck für die weißen Army-Mädchen, die einen schwarzen Freund haben. Chris meint, daß viele Mädchen hier – fern der Heimat und elterlichen Aufsicht – endlich alles Verbotene probieren, z. B. schwarze Freunde oder Drogen. «Bekloppt» sind die Frauen, die kein Interesse an Männern haben, von denen man aber auch nicht weiß, ob sie lesbisch sind. Jedenfalls sind sie nicht normal.

Wie viele Frauen tatsächlich lesbisch sind, weiß niemand genau. Man schätzt, daß es rund 10 % sind. Etliche Frauen wollen das Neue auch nur mal ausprobieren, bezeichnen sich vielleicht eine Zeitlang als lesbisch oder bisexuell, aber wenn sie einen netten Freund hätten, wären sie sofort wieder «straight». Andere Frauen wollen von den chauvinistischen Männern im Militär nichts wissen und wenden sich deswegen Frauen zu. Während sie in Amerika immer noch Freunde im zivilen Leben haben können, sind sie hier isoliert und bleiben unter sich. Mehrere hundert Frauen werden jährlich entlassen, darunter auch solche mit «homosexuellen Tendenzen» oder solche, die gewöhnlich mit bekannten Homosexuellen zu tun haben.

Auch Debby und Chris haben Angst, mit ihrer (Zu-)Neigung aufzufallen. Wenn ich Debby auf der Arbeit anrufe, dann erfindet sie einen Männernamen für ihre Freundin und redet von «ihm». Sich auf der Straße unterzuhaken, gilt in Amerika als Zeichen für Homosexualität (ein Relikt viktorianischer Prüderie?), und Chris staunte bei ihrer Ankunft in Deutschland, wie unglaublich viele lesbische Frauen hier leben! Daß in der Disco Frauen zusammen tanzen, ohne lesbisch zu sein, ist für Amerikanerinnen ebenfalls neu. In der Kneipe richtet sich das Verhalten von Chris und ihren Freundinnen danach, ob Fremde anwesend sind oder ob man unter sich ist. Völlig ungezwungen verhalten sie sich nur in ausgesprochenen Schwulen-Bars, im *Pussy-Cat* in Wiesbaden und im *No name* in Frankfurt.

Nicht selten weiß ein Vorgesetzter, wer schwul oder lesbisch ist. Nach einer ungeschriebenen Regel unternimmt er so lange nichts gegen sie, wie sie ihre Arbeit ordentlich tun. Sie werden stillschweigend ignoriert. Um so aggressiver reagieren manche Macho-Männer, deren

Männlichkeitsideal hier ins Wanken gerät. Sie wollen nicht glauben, daß Frauen nicht nur ihren Beruf übernehmen können, sondern daß sie ihnen auch noch ihre Qualitäten im Bett streitig machen. Sie fühlen sich bedroht und reiten, wie der Vorfall mit Ruth zeigt, wütende Attacken, vor allem, wenn sie auch noch betrunken sind.

Kann man insgesamt sagen, daß Frauen im Militär heute anerkannt sind? Was sagen leitende Offiziere dazu? Allein von der Arbeitskraft her sind die 170000 Frauen heute nicht mehr aus dem amerikanischen Militär wegzudenken. In vielen Berufen haben sie sich überraschend gut bewährt, und hohe Army-Offiziere waren nach systematischen Vergleichen beeindruckt: «Wenn sie gründlich trainiert und gut geführt werden, sind Frauen sowohl im Feld als auch in der Kaserne gute Soldaten» (Holm, S. 258).

Aber es bleibt ein Unbehagen, ein emotionales Unbehagen, das sich an der Anwesenheit von Frauen in einer Kampforganisation entzündet. Soldaten haben Frauen immer als schwach und hilfsbedürftig betrachtet, als Menschen, für die sie kämpfen mußten, um sie zu beschützen. Die Debatte, ob Frauen kämpfen dürfen oder nicht, ist, so Helen Rogan, nur deswegen so hitzig, weil die Männer die Frauen nicht auf ihrer Seite haben wollen, und nicht, weil sie zögern, sie dem Angriff des Feindes auszusetzen. Das Problem ist nicht die Unfähigkeit der Frauen. Es ist ein Problem der Unfähigkeit der Männer, wenn Frauen neben ihnen stehen, sie sogar anführen, und besonders, wenn Frauen bewaffnete Angreifer sind (Rogan, S. 296). Im Krieg wird Männlichkeit durch Kampf bewiesen. Kampf und Krieg wurden immer schon mystisch überhöht: Der Krieger hat besondere Eigenschaften, als edler Verteidiger seines Landes und besonders der Frauen und Kinder. Uniform und Gewehr verleihen ihm zusätzliche Macht und Potenz, die sich auch in Vergewaltigungen zeigt. Die Grausamkeit des Kriegs scheint den Krieger zu adeln. In allen Gesellschaften ist der Krieger janusköpfig: der brutale Kämpfer – der edle Beschützer; der barbarische Soldat, der auch mal plündert und vergewaltigt – der heroische Verteidiger des Vaterlandes und seiner Werte. Weibliche Soldaten berauben die Männer ihrer Männlichkeit, indem sie zeigen, daß sie auch Soldaten sein können. Darum bestehen die Männer immer wieder darauf, Frauen zu beschützen, sie nicht dem furchtbaren Kampf auszuliefern. Darum – zum Schutz ihrer eigenen Männlichkeit – wollen sie lieber Frauen beschützen, als ihnen zu zeigen, wie sie sich selbst (und die Männer) beschützen können!

Wie reagiert die Regierung auf die Problematik? Unter Carter wurde noch diskutiert, ob Frauen ebenso wie Männer registriert werden sollen.[10] Man entschied, daß Frauen nicht registriert werden. Unter Reagan hatte das Militär die Quoten für Frauen zunächst rapide gesenkt. Bis 1986 sollte es 60000 Frauen weniger im Militär geben. «Führerschaft und Autorität sind männliche Attribute, von Gott verliehen», verkündete der Direktor der Moral Majority, einer extrem konservativen Richtung in den Staaten. «Frauen, die kämpfen, verletzen die Schöpfungsordnung, den Willen Gottes» (Holm, S. 342). Am 14. Januar 1982 verkündete Verteidigungsminister Caspar Weinberger, daß die Rolle der Frau im Militär gestärkt werden soll und institutionelle Barrieren abzubauen sind. Die Anzahl der Frauen soll steigen, so daß bis Ende 1987 über 210000 Frauen aktiv im Militär Dienst tun (Holm, S. 398f). An der Front werden sie nicht kämpfen müssen, statt dessen kämpfen sie gegen Belästigungen und Vergewaltigungen und für ein faires Maß an Gleichberechtigung.

8. Ethnische Minderheiten in Uniform

«After Harlem
the Army is a piece
of cake»
(Connie)

Schwarze, Indianer, spanischsprechende Gruppen – ihnen allen ist gemeinsam, daß sie in den Vereinigten Staaten wegen ihrer Hautfarbe, Sprache und Kultur diskriminiert werden. Das mag je nach Gesellschaftsschicht, Bildung und Anpassungsgrad unterschiedlich sein, völlig problemlos lebt niemand von ihnen in einem Land, das von Weißen gegründet wurde und beherrscht wird.

Auch das Militär gehört zu den Institutionen, die wesentlich unter dem Einfluß weißer Amerikaner steht. Wenn heute fast 40 % aller amerikanischen Soldaten zu verschiedenen kulturellen Minderheiten gehören, so ahnt man, daß diese Mischung nicht ohne Probleme ist. Werden Soldaten nach Deutschland versetzt, so haben Minderheiten im Vergleich zu weißen Amerikanern hier größere Schwierigkeiten: sie sind Ausländer und Soldaten und dazu noch andersfarbig.

In der Army gehören 38 % der Soldaten zu den rassisch-kulturellen Minderheiten, und davon ist der überwiegende Anteil Afro-Amerikaner; der folgende Abschnitt wird darum überwiegend Geschichte und Probleme der Schwarzen im Militär behandeln. Sehen wir uns zunächst an, wie hoch der Anteil der Minderheiten im Jahre 1980 in der Army war.[1]

Minderheiten in der US-Army (1980)

	absolute Zahlen	Prozent
schwarze Amerikaner	228476	29,6
spanischsprechende Amerikaner	30576	4,0
Indianer, Eskimos, Bewohner der pazifischen Inseln (Guam etc.)	31832	4,1

Die Schwarzen sind im Vergleich zur Bevölkerung überproportional vertreten. 1980 gab es in der Gesamtbevölkerung 11,7 % schwarze Amerikaner, im Heer wird es bald dreimal so viele Schwarze geben. Zum Vergleich dazu: der Anteil der spanischsprechenden Bevölkerung beträgt 6,4 %, im Heer stellen sie einen Anteil von 4 %. Seit 1917 unterliegen auch Puertoricaner der Wehrpflicht. Sie haben an beiden Weltkriegen teilgenommen; allein am Vietnamkrieg waren 27000 Puertoricaner beteiligt.[2]

Auch Indianer haben auf amerikanischer Seite gekämpft. Im Ersten Weltkrieg waren sie noch nicht wahlberechtigt und unterlagen auch nicht der Wehrpflicht, dennoch meldeten sich mehr als 17000 Indianer, um am Krieg teilzunehmen. Im Zweiten Weltkrieg hatten bis 1945 rund 25000 Indianer in den Streitkräften gedient. Mehr als 42000 Indianer kämpften in Vietnam. Inzwischen waren sie auch wehrpflichtig geworden wie die anderen Amerikaner, doch unzähligen Indianern, die den Kriegsdienst aus religiösen Gründen verweigern wollten, wurde dieses Recht, das jedem Christen zusteht, nicht gewährt. Man unterwarf sie den gleichen Pflichten, gewährte ihnen aber dennoch nicht die gleichen Rechte.[3]

In den vergangen Jahren hat sich die Zahl der Schwarzen ständig erhöht. Wie die untenstehende Statistik zeigt, hat sich ihr Anteil seit 1949 stetig vergrößert, und in den zurückliegenden Jahren war der Anstieg besonders hoch.

Anteil schwarzer US-Bürger im Militär

Jahr	gesamtes Militär	Army	Air Force
1949	5,9 %	8,6 %	4,5 %
1954	7,9 %	11,3 %	7,5 %
1962	8,3 %	11,3 %	7,8 %
1966	9,1 %	11,3 %	9,1 %
1970	9,8 %	12,1 %	10,0 %
1972	11,9 %	15,6 %	11,1 %
1976	14,8 %	21,3 %	12,6 %
1980	19,3 %	29,3 %	13,9 %

(Quelle: Young 1982 : 227, Tab. 16)

Schon seit frühester Zeit wurden Schwarze in kriegerischen Auseinandersetzungen eingesetzt; Warren Young nennt als ein Beispiel das Jahr 1619, als die Schwarzen den weißen Amerikanern bei ihren Auseinandersetzungen mit Indianern halfen (1982:192). In den darauffolgenden Jahrzehnten und Jahrhunderten schwankte man zwischen dem Ausschluß schwarzer Truppen und der Notwendigkeit, sie wegen fehlender Mannschaftsstärke zu akzeptieren. Letztendlich kam es zu einer Segregation, d. h., die Schwarzen bildeten eigene Einheiten, die zunächst von Weißen, später auch von Schwarzen kommandiert wurden. Im Ersten Weltkrieg dienten 350000 Schwarze im Militär, das sind 13,1 % der gesamten Streitmacht. Schwarze konnten Schwarze befehligen, doch alle höheren Positionen waren von Weißen besetzt. Umgekehrt war es absolut undenkbar, daß ein Schwarzer jemals Weiße befehligen könnte. Zu stark waren damals noch die Vorurteile den Schwarzen gegenüber, denen man nachsagte, sie seien sorglos und unverantwortlich, unaufrichtig und unmoralisch, heimlichtuerisch und träge. Wegen ihres «geringen Werts» setzte man sie vorwiegend bei einfachen Dienstleistungen ein, aber weit weniger im direkten Kampf.

Auch die Intelligenztests der Armee schienen zunächst die Minderwertigkeit der Soldaten zu beweisen, denn 80 % aller Rekruten fielen in die unteren beiden Kategorien von insgesamt fünf Kategorien. Doch später wiesen andere Autoren nach, daß diese Tests weniger die Intelligenz, sondern viel eher das Bildungsniveau maßen. Die meisten Schwarzen kommen aber aus dem Süden, und dort wurde lange Zeit für die Bildung der Schwarzen kaum etwas getan.[4]

Erst im Zweiten Weltkrieg mischte man schwarze und weiße Soldaten und war überrascht, wie erfolgreich diese gemischten Einheiten waren. Im Koreakrieg stieg die Anzahl integrierter Einheiten, und erstaunlicherweise sanken die Rassenspannungen – entgegen allen Erwartungen. Das Militär kam bei weiteren Untersuchungen zu dem Schluß, daß sogar ein Prozentsatz von 15–20 % Schwarzer die Effektivität der Truppen nicht minderte, sondern im Gegenteil steigerte. Und ein weiteres Resultat: Je integrierter die Schwarzen waren, desto besser erfüllten sie ihre Aufgaben. Folglich schaffte man die getrennten schwarzen und weißen Einheiten schrittweise ab – seit dem 1. November 1954 gibt es nur noch gemischte Einheiten.

In den folgenden Jahren blieb die Rate der schwarzen Freiwilligen hoch. Auch die Rate derer, die sich nach Ablauf von zwei oder drei Jahren weiterverpflichteten, war bei den Schwarzen höher als bei den Weißen. Viele sahen im Militär neue Karrieremöglichkeiten, aber auch wirtschaftliche Sicherheit und eine größere Gleichbehandlung als in der zivilen Gesellschaft. Hinzu kommt, daß die beim Militär erworbenen Kenntnisse und Fähigkeiten oft nicht ins Zivilleben übertragen werden können; wer ein guter Panzerfahrer oder Infanterist ist, wird damit im zivilen Sektor keine Berufsaussichten haben. Also bleibt er lieber in der Armee.

Im Jahre 1970 war die Arbeitslosigkeit bei den schwarzen Amerikanern doppelt so hoch wie bei den weißen. Das gilt nicht nur für ungelernte, sondern ebenso für qualifizierte Berufe, und daran hat sich bis heute wenig geändert. Inzwischen hat sich – im Vergleich zu früher –

der Bildungsstand der Schwarzen im Militär verbessert. Von den Rekruten des Jahres 1977 hatten 40% der Weißen einen High-School-Abschluß gegenüber 60% der Schwarzen. Der Grund hierfür ist einsichtig: Weiße mit qualifizierter Schulbildung suchen zunächst nach einem Beruf im zivilen Sektor; Schwarze werden in der Zivilgesellschaft immer noch benachteiligt, darum gehen sie vermehrt zum Militär. Inzwischen hat sich das Niveau der Schulbildung im Militär auch bei den Weißen verbessert, das liegt aber weniger an der Attraktivität des Militärs, sondern an der hohen Arbeitslosigkeit selbst qualifizierter Leute im zivilen Bereich.

Eine Folge der weniger attraktiven Tätigkeiten für Schwarze in der Armee ist die geringere Zufriedenheit am Arbeitsplatz und mehr selbstverschuldete Fehlzeiten während der Arbeit. In einem Artikel der *Europäischen Wehrkunde* heißt es hierzu, daß Schwarze dreimal häufiger als Weiße am Arbeitsplatz fehlen. Und zur Arbeitszufriedenheit: «Nur 24% der schwarzen Soldaten sind mit der gegenwärtigen Verwendung einverstanden; lediglich 16% sind mit ihrer Karriereerwartung zufrieden. Bei den weißen Soldaten ist dagegen fast die Hälfte (46%) mit der erreichten Dienststellung einverstanden, und ca. 36% beurteilen die Aufstiegschancen positiv.» (Karlstorfer 1980:16)

Rund 30% aller Soldaten sind Schwarze, doch sind sie sehr ungleich in den einzelnen Rängen und Berufen verteilt. Da sie überwiegend in Kampfeinheiten eingesetzt werden, beträgt ihr Anteil hier bisweilen 50%.[5] In Bereichen wie Elektronik und Medizin sind sie nur zu 3,5 und 4,5% vertreten.[6]

Wie ist nun ihre Verteilung in der Rangstruktur? 1949 waren 1,9% aller Offiziere in der Armee schwarz, bei den Mannschaften waren es damals 11,1%. Bis 1980 stieg ihr Anteil auf 7,2% (Offiziere) und 32,5% (Mannschaften).[7]

Bei den Mannschaften und Unteroffizieren lag ihr Anteil 1980 je nach Rang bei mindestens 23,7% und maximal 39%.[8]

Große Auseinandersetzungen, so Captain Dansby aus Ohio[9], finden zur Zeit nicht statt, doch kleinere Zwischenfälle gibt es immer noch. Die Atmosphäre ist weder gespannt noch harmonisch. Man toleriert sich gegenseitig, manche verhalten sich sowohl bei der Arbeit wie in der Freizeit freundlich. Bei der Arbeit funktioniert die Zusammenarbeit, danach trennen sich die Wege oft.[10] Heute sind die Schwarzen in höheren Positionen besser repräsentiert als andere Minoritäten. Das hat – neben dem Unterricht in «Rassenbeziehungen» – mit dazu beigetragen, Spannungen abzubauen.

Welche Probleme sind heute noch von Belang? Jede Gruppe

glaubt, daß die andere Gruppe besser behandelt werde. Die Schwarzen sind überempfindlich und wittern überall Rassismus; die Weißen klagen, die Schwarzen würden nicht gleichberechtigt, sondern bevorzugt behandelt. Nach Ansicht der Weißen nutzen die Schwarzen ihre Situation aus, indem sie sofort «Vorurteil» und «Diskriminierung» schreien, wenn ihnen gegenüber irgendwelche Kritik geäußert wird, und manche weiße Vorgesetzten beugen sich leider diesem Druck.

Als Jack von Oklahoma nach Finten versetzt wurde, kam er hier in ein Zimmer mit zwei Schwarzen. Er klagte, daß er nachts nicht schlafen könne, die beiden kämen oft spät nach Hause, machten das Licht und die Stereoanlage an, redeten laut und würden keine Rücksicht auf ihn nehmen. «Sie haben Vorurteile, für die bin ich nur ein ‹whitey›», meinte Jack. Ich frage ihn, warum er sich nicht beschwere und auf ein anderes Zimmer verlegen ließe. «Damit bestätige ich doch genau ihre Vorurteile!» widerspricht er. Erst, als der nächtliche Krach nicht aufhört, geht er zum zuständigen Sergeant und erreicht eine Verlegung. Jetzt hat er zwar wieder einen Schwarzen und einen anderen Farbigen auf der Stube, doch das ist ihm egal, jetzt kann er endlich schlafen.

Einige Tage später meldet Jack der Militärpolizei, daß seine Querflöte gestohlen wurde. Ein schwarzer Oberfeldwebel (E-7) behandelt ihn, so Jack, wie den letzten Dreck. «Ich habe wirklich versucht, sehr höflich zu ihm zu sein.» Als er kurz darauf erfährt, daß jemand in der Mainzer Altstadt eine Querflöte zum Verkauf angeboten hat, meldet er das wieder bei der MP, doch dort liegt sein Vorgang nicht vor. Angeblich seien seine Angaben zu vage gewesen – so der schwarze E-7, darum habe er keinen Bericht angefertigt. Jack schäumt vor Wut, die Querflöte war sehr teuer, und er hat kein Geld für eine neue. Er fühlt sich von diesem Schwarzen diskriminiert. Was dann das Faß zum Überlaufen bringt, ist ein kleiner Vorfall in der Kantine. Der schwarze Koch gibt dem schwarzen Sergeant vor ihm einen tüchtigen Schlag auf den Teller, Jack bekommt nur eine kleine Portion. Er beschwert sich, doch der Koch wiegelt ihn ab: «Wovon redest du? Was willst du überhaupt?» Jack, der früher den Farbigen gegenüber offener war, wird nun abweisend.

In einer Untersuchung über Rassenbeziehungen in einem US-Standort fand Captain Dansby in Interviews, daß schwarze Soldaten sich ihrer Rasse extrem bewußt seien, indem sie sich zuerst als Schwarze mit ihrer eigenen Geschichte und Kultur sehen und erst in zweiter Linie als Soldaten. In gemeinsamen Diskussionen über Rassenprobleme erscheinen Schwarze mit dieser Einstellung als Rassisten, die ihrerseits Weiße ablehnen, nicht gerne Befehle von Weißen

Ein General in Bad Kreuznach, der um gute Zusammenarbeit bemüht ist

entgegennehmen und keinen Wert auf eine weiße Freundin legen. Schwarze beklagen sich, daß sie öfter und härter als Weiße bestraft würden, daß ihre äußere Erscheinung öfter kritisiert werde, daß sie bei der Beförderung eher übergangen würden und daß Vertreter ihrer Rasse in den hohen Rängen fehlten.

Manchmal ist die Situation verfahren, wenn nämlich – was sehr wohl vorkommt – Schwarze wegen ihrer Hautfarbe befördert werden, sie aber nicht ausreichend für den Job qualifiziert sind. Das geschieht aus einer übersteigerten Rücksichtnahme (und Schuldgefühl?) den Schwarzen gegenüber, erzeugt aber bei den anderen nur erneuten Rassismus. Aus Angst vor Schwierigkeiten geben weiße Vorgesetzte ein Lippenbekenntnis zur Rassengleichheit ab – und mehr nicht. Dansby zitiert einen weißen Offizier: «Ich glaube, der Grund, warum Chancengleichheit so stark gefördert wird, liegt nicht in der Chancengleichheit, sondern sie dient dem Wohl des Militärs, um Rassenunruhen und Rassenspannungen zu vermeiden. Die Hauptfunktion ist die, daß das Militär reibungslos funktioniert, und erst zweitens die Förderung der Chancengleichheit für Schwarze.»[11]

Das Militär hat die Chancengleichheit nicht freiwillig von sich aus angestrebt, sondern erst der massive Druck und die Proteste schwarzer Soldaten zwangen sie, ihre Politik zu ändern. 1971 wurde in Florida das «Defense Race Relations Institute» gegründet. In Gruppen, die in bezug auf Rasse, Erziehung, Rang und Geschlecht gemischt waren und während dieser Tage oder Wochen auf engem Raum zusammenlebten, lernten sie viel Neues:

– Wissen über Minoritäten, ihre Geschichte und ihren Beitrag zur Entwicklung der USA;
– die Rolle kultureller, sozialer und psychologischer Faktoren, die mit der Rasse zusammenhängen;
– die Dynamik des Verhaltens, wenn es zu Spannungen und Konflikten in einer Gruppe kommt;
– Techniken, um Diskussionen zum Thema Rassendiskriminierung und Rassengleichheit zu leiten;
– die Fähigkeit, mit Kommandeuren zusammenzuarbeiten und ihnen die Notwendigkeit von Diskussionsgruppen zu erläutern (Hope 1979:42).

Mit Sicherheit änderte sich die Einstellung der Teilnehmer dieser Seminare, doch nicht immer war gleichzeitig eine Verhaltensänderung zu beobachten. Druck von seiten der Altersgenossen und des Kommandeurs an ihrem Standort zwang sie oft, das alte Verhalten beizubehalten. Erst wenn auch der Kommandeur Minderheiten gegenüber aufgeschlossen war, besserte sich in einer Kaserne das Klima insgesamt.

Das Militär würdigt Minderheiten, indem es verschiedene Wochen zu Ehren dieser ethnischen Minoritäten zelebriert. Da gibt es die «Native American week», die «Hispanic week» und den «Black History month». Während der «Native American week» erschien im Oktober 1982 ein Artikel in *Mainz Soldier,* der den Beitrag der Indianer in zwei Weltkriegen hervorhob. Gerühmt wurden besonders die Navaho Indianer, die im Zweiten Weltkrieg als Funker arbeiteten und dabei ihre eigene Sprache benutzten – diesen Code konnte kein Feind entschlüsseln. Im «Black History month» werden in der Bibliothek und bei *Stars and Stripes* Bücher zur afro-amerikanischen Kultur und Geschichte angeboten; in der Kantine oder im NCO-Club gibt es besondere Spezialitäten ihrer Küche; einige Musik- und Filmvorführungen sind ganz auf die Interessen der Schwarzen abgestimmt. Auch wenn nicht allzu viele Weiße an diesen Veranstaltungen teilnehmen, so ist das Hauptziel sicher schon erreicht, wenn wieder einmal bewußt gemacht wird, daß Schwarze, Latinos und Indianer ihre eigenständige Kultur haben, die es zu achten gilt.

Es gibt eine gewisse Neigung, die Freizeit lieber unter seinesgleichen zu verbringen. Hierbei handelt es sich aber nicht um eine Diskriminierung Andersfarbiger, sondern um eine kulturelle Wertschätzung der eigenen Kultur. Bei Schwarzen und Latinos ist diese Wertschätzung am stärksten ausgeprägt. So sprechen Puertoricaner und Mexikaner die gleiche Sprache, kommen beide aus der stark spanisch geprägten Kultur mit ihren spezifischen Machismo-Idealen der Männlichkeit, und sie mögen ihre eigene Salsa-Musik. Die Bevölkerung in Puerto Rico ist eine Mischung aus Schwarzen, Weißen und Indianern. Seit der Abschaffung der Sklaverei 1873 gab es hier keine Diskriminierung aufgrund der Rasse wie auf dem Festland. 1898 wurde Puerto Rico von den Amerikanern annektiert. Die rassischen Merkmale sind hier so gemischt, daß es unmöglich wäre, eine Trennung aufrechtzuerhalten. Viele Puertoricaner waren schockiert, als sie aufs Festland zogen und dort mit rassistischen Einstellungen konfrontiert wurden. In New York City werden Puertoricaner als Weiße bezeichnet, es sei denn, sie haben deutlich negroide Züge (Marden/Meyer 1978:262f). Aus diesen Gründen ist Jill hier in Deutschland in einer schlechten Position, wenn alle seine puertoricanischen Freunde in die Discothek gehen, er aber wegen seiner dunkleren Hautfarbe und stärkeren negroiden Züge nicht eingelassen wird.

Einmal frage ich ihn, mit wem er sich zuerst angefreundet habe, als er nach Wackernheim versetzt wurde. Sein erster Freund war ein Schwarzer aus New York, danach kamen Puertoricaner. Jill stammt aus Spanish Harlem, einem Stadtteil von New York, wo alle Hautschattierungen zu finden sind; letztlich ist für ihn die Hautfarbe sekundär, was zählt, sind die gemeinsame Herkunft und Kultur, und das heißt: New York und Puerto Rico. Auf seiner Stube liegen sieben Soldaten, vier Schwarze, ein Indianer, einer aus Hawaii und er selber aus Puerto Rico. Bisher hat es keine besonderen Schwierigkeiten gegeben.

Bei den Schwarzen ist das Bewußtsein für die Hautfarbe stärker ausgeprägt, da sichtbarer und folgenreicher. Die jahrhundertelange Sklaverei, Unterdrückung und Diskriminierung haben ein anderes Bewußtsein geschaffen, und sie messen der Farbe eine andere Bedeutung bei als die Puertoricaner. Inzwischen ist das Selbstbewußtsein der Schwarzen gestiegen, bei einigen so sehr, daß sie ihre Situation zu ihren Gunsten auszunutzen versuchen. Hierzu ein Bericht einer deutschen Studentin über ihre Erfahrungen mit schwarzen GIs:

> «Oft sprechen die farbigen GIs deutsche Frauen an. Mir ist das bei den verschiedensten Gelegenheiten passiert, aber ich habe immer gleichzeitig die Isolation amerikanischer Soldaten, besonders Farbiger in einem weißen Land vor Augen gehabt. Ich schwankte dann zwischen einem Gefühl des Mitleides, der Neugierde, aber auch der Verachtung. Mir ist es auch schon passiert, daß ich abends auf der Straße angesprochen wurde. Wenn ich nicht darauf reagierte, kamen die Soldaten immer wieder mit dem Argument, ich sei arrogant, rassistisch, eine «white princess». Wenn man naiv und gutgläubig ist, läßt man sich vielleicht auf Grund dieser Anschuldigung in ein Gespräch verwickeln, besonders um die eigene Vorurteilslosigkeit unter Beweis zu stellen. Das endet jedoch meist damit, daß man die betreffende Person so leicht nicht wieder los wird.
>
> Mir kam dann oft der Eindruck, daß Schwarze manchmal ihre oft negative Situation ausnutzen, um Mitleid zu erwecken.»

Ob schwarze GIs in Deutschland das Gefühl haben, hier mehr als in den Vereinigten Staaten diskriminiert zu werden, hängt stark von ihrer Herkunft ab. Wer aus dem Norden kommt, wo man sie mehr toleriert, fühlt sich hier manchmal stärker in seiner Freiheit eingeengt; wer jedoch im Süden der Vereinigten Staaten aufgewachsen ist, fühlt sich hier vergleichsweise freier. Als ich einmal mit einem schwarzen GI und seiner deutschen Freundin in Mainz über die Straße gehe, freut er sich: «Das wäre zu Hause undenkbar, daß ich mich mit zwei weißen Frauen in der Öffentlichkeit zeige.» Auch John, der aus Alabama stammt und viel in Europa reist, möchte lieber in Deutschland oder England bleiben, als in die Staaten zurückzukehren. Nur bei der Wohnungssuche, klagt John, hätten Schwarze deutlich größere Schwierigkeiten als Weiße. Er selbst wohnte eine Zeitlang in Heidesheim, doch bereits nach kurzer Zeit wurde ihm gekündigt, ohne daß

Soldaten aus Puerto Rico und Mexico

man ihm den Grund mitteilte. Also nahm er an, daß den Hausbesitzern oder den Nachbarn seine Hautfarbe nicht gefiel. Ziemlich deprimiert zog er wieder zurück in die Kaserne, fand aber schließlich doch noch ein kleines Zimmer in Mainz-Bretzenheim, wo er bis zu seiner Versetzung in die Staaten wohnen blieb.

Werden amerikanische Soldaten wegen ihrer Hautfarbe zurückgewiesen, so reagieren sie enttäuscht, bitter oder resigniert. Selbst wenn sie «nur» wegen ihrer Zugehörigkeit zum Militär abgelehnt werden, sind sie enttäuscht. Im übrigen lassen sich die Gründe, den Eintritt in ein Lokal zu verweigern, nur schwer voneinander trennen, und ein Farbiger wird sich in einer weißen Gesellschaft zunächst wegen seiner Hautfarbe abgewiesen fühlen. In seltenen Fällen haben Soldaten Verständnis dafür, daß deutsche Wirte keine Rowdies mögen; ihre Wut richtet sich weniger gegen Wirtsbesitzer als vielmehr gegen ihre Kollegen, die sich unzivilisiert benehmen und ihnen selber dadurch das Leben schwermachen. Politisch interessierte Soldaten wittern hinter jedem «off limits» eine Ablehnung des gesamten Militärs und des politischen Bündnisses und fragen sich dann, warum sie Deutschland verteidigen sollen. So wie ein Wirt überreagiert, wenn er in jedem Soldaten einen Radaubruder sieht, so reagiert auch der Soldat zu heftig, der in jedem «off limits» eine Ablehnung der Bündnispolitik seines Landes sieht.

9. «Let's get drunk» – Alkohol- und Drogenmißbrauch

«My boss, an E-6 alcoholic, and me, an E-5 alcoholic ...» (Lee)

In Wackernheim ist die Luftabwehr stationiert, auf englisch «Air Defense Artillery», abgekürzt ADA. Bei den Soldaten wird ADA auch anders übersetzt, nämlich als «Alcohol and Drug Addicts», Alkohol- und Drogenabhängige.

Im Juli rede ich mit Joe, einem jungen, blonden GI aus Wisconsin. Freimütig erzählt er über seinen Gebrauch von Drogen.

«So zwei-, dreimal die Woche rauche ich Hasch. Viele tun es.»

«Wo kaufst du Haschisch?»

«In der Kaserne, das ist kein Problem.»

«Und wo rauchst du?»

«Auch in der Kaserne. Es ist sogar sicherer, dort zu rauchen als anderswo. Einmal war ich draußen auf den Feldern und hab geraucht, und ich hatte so eine Angst, daß mich ein Deutscher sieht. Jetzt schließe ich mich mit den anderen ins Zimmer ein, wir sind immer die gleichen Leute, die zusammen rauchen.»

Joe bedauert, daß er hier kein Marihuana kriegt, sondern nur Hasch. Die Preise sind ihm zu teuer:

«Drüben zahl ich 7 Dollar für so ein piece und hier 25 Dollar. Aber neulich war jemand in Koblenz auf einem Festival, da war der Preis viel niedriger.»

«Hast du auch früher schon mal Drogen genommen?»

«Oh, ja, ich rauche, seit ich 12 oder 13 bin. Eine Zeitlang habe ich 9 bis 12 joints am Tag durchgezogen. Das ist üblich drüben, das machen alle. Ich hab auch gedealt, ich war erfahren, aber unreif damals. Dann haben sie mich mit einem Kilo Marihuana erwischt, und ich kam ins Gefängnis. Nach einem Jahr haben sie mich auf Bewährung rausgelassen; zweimal die Woche mußte ich zur Urinprobe und zum Unterricht, und einmal im Monat mußte ich mich polizeilich melden.»

«Welche Drogen hast du so genommen?»

«Eigentlich alles. Bis ich 19 Jahre alt war, war ich schwer in der Drogenszene. Bis auf Heroin, das ich einmal gespritzt habe, habe ich alles genommen; Kokain habe ich nur geschnupft. Heroin, das war so fantastisch, das nehm ich nicht noch mal, sonst werd ich abhängig.»

«Warum nimmst du das alles?»

«Warum trinkst du Alkohol? Nur zur Entspannung, und wegen der Erfahrung.»

«War es denn nicht schwierig, dann in die Army zu kommen?»

«Überhaupt nicht. Ich habe einfach geschworen, daß ich erst einmal in meinem Leben Marihuana probiert habe!»

Wenn Joe behauptet, «alle» würden «9 bis 12 joints am Tag» nehmen, so gibt uns das einen Hinweis darauf, daß er sich in einem Umfeld bewegt hat, in dem er «normal» handelte. Um den Gebrauch von Drogen bei amerikanischen Soldaten zu verstehen, muß man den Gebrauch der gleichen Drogen von einer breiteren Schicht der gesamten Bevölkerung der USA betrachten. Viele junge Soldaten sind in einer Umgebung aufgewachsen, wo der Gebrauch von Drogen einschließlich illegaler Drogen nicht nur toleriert, sondern sogar befürwortet wurde. Aufschlußreich ist eine von der amerikanischen Regierung unter Abelson u. a. durchgeführte Untersuchung des Drogengebrauchs mit dem Titel «National Survey on Drug Abuse» (1977). Die hier vorgelegten Daten beziehen sich zwar nicht auf eine Befragung von Soldaten, sind aber dennoch interessant. Sie stellen allgemeine Trends dar, von denen Soldaten zu einem gewissen Grad abweichen. Außerdem sind die Daten repräsentativ für die Gesellschaft, aus der sie kommen; hier wurde ihr Verhalten und wurden ihre Einstellungen geformt. Es wird deutlich, daß junge Amerikaner im Alter zwischen 18 bis 25 Jahren erheblich mehr Erfahrung mit allen Drogen außer Tabak und Alkohol haben als ihre älteren Mitbürger. Im großen und ganzen war das Ergebnis zu erwarten, dennoch mag überraschen, daß bei den jungen Erwachsenen fast so viele einen Joint (Marihuana, Haschisch: 60,1%) geraucht haben wie eine übliche Zigarette (67,6%). 18,7 % der Altersgruppe der Achtzehn- bis Fünfundzwanzigjährigen gab zu, daß sie an mindestens fünf Tagen der Woche Marihuana rauchen im Vergleich zu 1,5 % der Erwachsenen über 26 Jahre.

Wenn man bedenkt, wie weit verbreitet der Gebrauch vor allem leichter Drogen in den Staaten ist, wie weit Drogen von Jugendlichen akzeptiert werden, dann ist der Konflikt mit dem Militär vorprogrammiert. Plötzlich sind sie in einer Umgebung, wo das, was früher erlaubt und geduldet war, strikt verboten ist. Nicht alle nehmen das Verbot so ernst. Jeff, ein Oberfeldwebel, meint hierzu:

«In manchen Staaten oder Counties drüben zahlt man für den Besitz von einem Pfund Marihuana ein Bußgeld wie hier für falsches Parken. Wie sollen diese Kinder dann den Ernst der Lage begreifen, wenn sie ins Militär kommen! Sie denken ‹Ach, die kriegen mich schon nicht.› Aber viele kriegen wir eben doch.»

Drogengebrauch im Alltag einer US-Kaserne

Bevor wir uns die Situation in Europa ansehen, möchte ich zum Vergleich die Untersuchung von Ingraham (1984) heranziehen, der in Fort Marshall Alkohol- und Drogenmißbrauch untersucht hat. Die Studie macht deutlich, daß Drogen- und Alkoholgebrauch weit verbreitet sind, besonders unter den Mannschaften. Soldaten und Alkohol gehören seit jeher zusammen, und oft wird der Konsum von Alkohol gefördert, um Kameradschaft, Kohäsion und Gruppensolidarität zu verbessern. Zu den Schattenseiten des Alkoholkonsums gehören Streit und Kämpfe, Zerstörungswut und die Unfähigkeit, gut zu arbeiten. Nach Ingraham ist das Militär gegenüber dem Gebrauch von Alkohol ambivalent; bei manchen Gelegenheiten wird der Alkoholgebrauch gefördert, zu anderer Zeit verboten, und dann wieder ist das Militär indifferent (S. 91).

Erlaubt ist Alkohol, wenn Kompanie oder Bataillon feiern, wenn man Sportveranstaltungen besucht, und wenn man Bier in der Kaserne trinkt. Nicht erlaubt in Fort Marshall ist Alkohol während der Dienstzeit; Wein oder Schnaps in der Kaserne, oder starkes Trinken, das in Vandalismus endet. Dennoch, so der Autor, trinken die Nachtwachen und die Soldaten im Wachturm am Gefängnis, die Soldaten in Feldübungen und die in der Kaserne. Man tut es heimlich und kontinuierlich. Oft fährt abends jemand los, um im «liquor store» außerhalb der Kaserne Nachschub zu holen.

Das ist nun in Deutschland anders, wo billiger Alkohol rationiert ist auf rund fünf Liter pro Monat und man abends nur noch in einem deutschen Gasthaus Nachschub holen kann – dann aber nur Bier oder Wein und keinen Schnaps. Oft habe ich abends in Gertis Kneipe erlebt, wie sich zwei, drei GIs eine Pizza und einige Flaschen Bier holten und damit in die Kaserne zurückkehrten.

Der höchste Alkoholverbrauch findet außerhalb der Kaserne statt. Ingraham beobachtete, daß viele Soldaten, sobald sie Geld und Fahrmöglichkeiten haben, in eine Bar oder einen Club fahren. Solange das nicht in Unfällen, Zerstörungswut und Arrest endet, kümmern sich die Vorgesetzten nicht weiter darum. In Deutschland ist man aus politischer Rücksichtnahme heraus vorsichtiger. Vor allem an Zahltagen gibt es an Orten mit vielen Soldaten die sogenannte «Courtesy Patrol», eine Patrouille, die betrunkene Rowdies schnell und unauffällig aus dem Verkehr zieht.

Wie sieht es nun mit dem Drogengebrauch in Fort Marshall aus? Als Sozialpsychologe kommt Oberstleutnant Larry Ingraham zu der bei Militärs höchst seltenen Ansicht, daß der Gebrauch von Drogen in den Kasernen normal ist. Er sieht es nicht als abweichendes, sondern weit verbreitetes Verhalten, das von den meisten Gefreiten toleriert und gefördert wird (S. 131).

Fast jeder der in der Untersuchung befragten Soldaten hatte vor Eintritt ins Militär Erfahrungen mit Drogen gesammelt. In der Grundausbildung und im *AIT* sinkt der Verbrauch meistens, doch sobald der Soldat an einen festen Standort versetzt wird, kehrt er zum gewohnten Rhythmus zurück oder raucht sogar mehr als vorher.

Wie gelangen illegale Drogen in die Kaserne? Sie kommen nur in kleinen Mengen, der Nachschub ist nie gesichert. Meistens bringen Soldaten, die das Wochenende zu Hause verbracht haben, Haschisch oder Marihuana mit. Örtliche Kontakte finden in Bars und auf Parkplätzen statt. Nur wenige Soldaten haben Kontakte am Standort, die meisten bringen Nachschub aus den Heimatstädten mit. Man erfährt leicht, wer gerade was verkauft, unter Drogenbenutzern ist das ein häufiges Gesprächsthema. Der Verkauf von Drogen ist nach Ingraham eher eine freundliche Geste, die den eigenen Status aufrechterhält, als ein Geschäft. Die Risiken, größere Mengen zu transportieren und zu lagern, sind dafür viel zu groß und lohnen den Aufwand nicht.

Wie Bier so werden Drogen in Fort Marshall auch während des Dienstes genommen. Marihuana hat dabei den Vorteil, daß man es im Gegensatz zu Bier nicht am Atem riecht und man keine Dosen oder Flaschen beiseiteschaffen muß. Jeder isolierte Dienst wie Wache schieben oder MP Patrouille sind bestens dafür geeignet. Oft fährt man auch mittags kurz mit dem Auto aus der Kaserne raus, um einen Joint zu rauchen. Ob am Standort oder bei einer Feldübung, Gelegenheiten finden die jungen Soldaten immer. Allerdings sind sie dabei meistens so vorsichtig, nur so viel zu nehmen, daß sie noch ihren Dienst angemessen verrichten können.

Nach Feierabend rauchen die meisten lieber außerhalb der Kaserne, doch Ingrahams Informanten beobachteten immer wieder Gelegenheiten, bei denen Soldaten auf ihrer Stube Kokain schnupften, Hasch und Marihuana rauchten oder LSD nahmen.

Drogen werden wie Alkohol zur Entspannung und Erholung benutzt. Der Unterschied zum Alkohol liegt darin, so Ingraham, daß beim Drogengebrauch die individuelle Wahrnehmung von Bedeutung ist und nicht so sehr irgendwelche Aktivitäten. Das Ereignis eines Trips in der Gruppe ist sowohl sozialer wie individueller Art. Man erzählt sich gegenseitig von seinen visuellen und anderen Erfahrungen. Es gibt keine gemeinsamen Erlebnisse, sondern nur individuelle Erlebnisse, die man aber gleichzeitig in der Gemeinschaft hat. Auch solche Parties sichern der Gruppe wieder für eine Weile ihre Identität und festigen den sozialen Status derer, die dabei waren.

Drogengenuß schafft eine noch stärkere Gruppenbildung als Alkoholgenuß in dieser insgesamt instabilen Situation. Alkohol ist im Militär erlaubt, Drogen sind verboten. Dadurch bilden die Drogenbenutzer eine klar definierte Gruppe mit Wir-Gefühl und schaffen stabilere Beziehungen als in Alkohol-Gruppen. Das Risiko des Entdecktwerdens vereinigt sie, der Glaube, daß ihre Handlungen gerechtfertigt sind, die gemeinsame Sprache. Der Gebrauch von Drogen hat dadurch eine viel stärkere, einigende Funktion als Alkohol.

Alkohol- und Drogengebrauch in Deutschland – Fakten und Vermutungen

Wie groß ist nun das Problem des Alkohol- und Drogengebrauchs bei unseren Verbündeten hier in Europa? Immer wieder geraten die GIs in die Schlagzeilen, wenn es heißt: «US-Armee verkürzt Dienstzeit wegen Suchtgefahr in Europa» (9.11.1979, *Süddeutsche Zeitung*), «US-General: Drogenmißbrauch auch bei Besatzungen von Nuklearbombern» (25.2.1981, *Bonner Generalanzeiger*), «Die Drogen und der Kampfauftrag. Jeder vierte US-Soldat in Europa nimmt irgendwann mal Rauschgift» (21.9.1981, *Frankfurter Rundschau*). Die Army schätzte Ende der siebziger Jahre, daß 7 bis 15 % der Soldaten harte Drogen wie Kokain und Heroin benutzten und 20 bis 40 % weiche Drogen wie Marihuana und Haschisch. Als die amerikanische Regierung 1978 einen Untersuchungsausschuß einsetzte, der sich vor Ort ein Bild von der Situation verschaffen sollte, kam man zu anderen Zahlen: 15–20 % nehmen harte Drogen, 75–85 % weiche Drogen.[1] Dabei sind das immer noch grobe Schätzungen; die Zahlen differieren je nach Einheit, je nachdem, ob man die gesamte Einheit oder nur die Mannschaften, die ‹Enlisted Men› mit oder ohne Unteroffiziere, die Mannschaften innerhalb und außerhalb der Kaserne betrachtet. Und es gibt Unterschiede, wenn man nach der Häufigkeit des Konsums fragt, ob täglich, wöchentlich oder nur monatlich Drogen konsumiert werden.

Als der Bericht des Untersuchungsausschusses veröffentlicht wurde, schrieb die *Frankfurter Rundschau* hierzu:

> «Drogenverbrauch während der Dienstzeit wurde bei der Armee bei 42,6 Prozent der Befragten festgestellt, bei der Luftwaffe in 17 Prozent der Fälle. Bei den Marines, den Landetruppen, haben 34,6 Prozent, bei

der Navy, der Marine, sogar 49,2 Prozent der Befragten berauschenden Substanzen zugesprochen. ‹High on duty›, berauscht während des Dienstes, heißt das im Militärjargon.

‹High on duty› ist auf dem US-Kriegsschiff ‹Forrestal› im Verlauf eines Monats angeblich eine Mehrheit von 60 Prozent des Personals gewesen. Ihr ‹High› verschafften sich die Matrosen hauptsächlich mit Amphetaminen und Cannabis. Doch auch der alte Seemannströster Alkohol war mit 20,9 Prozent noch gut vertreten. Die Armee brachte es sogar auf einen 28prozentigen Wert in der Rubrik ‹Alkoholmißbrauch im Dienst›. Unverändert hoch – verglichen mit einer ähnlichen Erhebung im Jahr 1978 – liegt auch jetzt noch der ‹tägliche, chronische Gebrauch von Cannabis›: 16 Prozent der unteren Dienstgrade in den Kasernen von Hanau, Aschaffenburg, Schweinfurt, Bad Kreuznach oder Büdingen lassen beim Haschen keinen Tag aus. In der Kriegsmarine steigt der Anteil der regelmäßigen Hascher auf ein Viertel ...

Der Anteil der heroinabhängigen GIs ist von zehn auf vier Prozent zurückgegangen» (FR 21. 9. 1981).

Ob der Mißbrauch von Heroin langfristig niedrig bleibt, ist noch fraglich. Während 1982 sieben Soldaten in Europa an Heroin starben, waren es bereits in den ersten fünf Monaten des Jahres 1983 acht US-Soldaten. Einen Grund für die Steigerung der Todesrate sehen Fachleute darin, daß vierzig- bis sechzigprozentiges reines Heroin auf dem schwarzen Markt zu kaufen sei, während in der Vergangenheit der Reinheitsgrad um 5 % gelegen habe.

Wie reagiert das Militär auf diese Herausforderung? Die Antwort auf diese Frage ist schwierig. Das, was das Militär als Institution aus Propagandazwecken veröffentlicht, stimmt nicht immer mit dem überein, was in den Kasernen wirklich geschieht. Es gibt sicher auch Unterschiede zwischen den Kasernen in Deutschland und Amerika. Ganz allgemein kann man sagen, daß das Militär das Problem nur unzureichend löst. Die meisten Ursachen hierfür liegen in der Art der militärischen Führung und sollen am Ende dieses Kapitels ausführlich erörtert werden. Grundsätzlich ist die Reaktion des Militärs autoritärer Art: verbieten – kontrollieren – bestrafen – «behandeln» (rehabilitieren).

Lange Zeit setzte man den illegalen Gebrauch von Drogen gleich mit «Mißbrauch», erst seit 1979 differenziert man zwischen denen, die mal haschen, ohne abhängig zu sein und denen, die physisch oder emotional nicht mehr von der Droge loskommen.

Rund 77 % aller Rekruten haben vor Eintritt ins Militär mit Drogen experimentiert[2] – allein diese Tatsache läßt ermessen, wie schwierig es sein wird, das Problem zu lösen; hinzu kommt, daß in jeder Kaserne in Deutschland alle gewünschten Drogen erhältlich sind.

Welche Kontrollen führt das Militär durch, um das Verbot illegaler Drogen durchzusetzen? Es gibt Razzien und Urintests, man schleust Spitzel ein und versucht die Zusammenarbeit mit deutschen Behörden, um langfristig den Nachschub neuer Drogen einzudämmen.

Der Urintest, von den GIs Pinkel- oder Pißtest genannt, wird ohne Vorankündigung ein- bis zweimal pro Monat durchgeführt. Im allgemeinen gilt, daß ein Offizier oder Unteroffizier nur eine Chance bekommt. Wenn sie beim Gebrauch illegaler Drogen erwischt werden, können sie entlassen werden. Ob er jedoch tatsächlich entlassen wird, entscheidet sein Vorgesetzter auf Grund der Fähigkeiten und bisherigen Führung des Soldaten. Die Armee will den Gebrauch von Drogen einschränken, ohne dabei der Einsatzbereitschaft zu schaden.

Wird ein einfacher Soldat erwischt, so soll er an einem Rehabilitationsprogramm teilnehmen. Das wird bisweilen schwierig, wenn zu viele gleichzeitig erwischt werden, und wenn es eine Infanterie-Einheit ist, die häufig im Feld ist. Wer bereits im Rehabilitationsprogramm ist und beim Urintest noch einmal auffällt, kann sofort entlassen werden.

Wie hoch die Rate positiver Befunde ist, hängt davon ab, ob eine Einheit als Ganzes überprüft wird, oder ob ein Kommandeur gezielt drogenverdächtige Soldaten zum Urintest schickt. Im Frühjahr 1982 ordnete ein Bataillonskommandeur in Mannheim einen Test für alle an. Resultat: von 700 Leuten hatten 120 eine Urinprobe, die Haschisch und anderes nachwies. Wie soll man 120 Leute gleichzeitig in ein Rehabilitationsprogramm schicken? Der Kommandeur beorderte sie alle an einem Samstagvormittag ins Kino, wo ihnen eine Lektion zum Thema Drogen erteilt wurde. Hätte man ihnen nicht diesen Gruppenunterricht geboten, so hätten etliche Soldaten erst im Herbst oder kurz vor Weihnachten einen Drogenberater aufsuchen können. Grund: ständige Feldübungen und fehlendes Beratungspersonal.[3]

Das große Labor, in dem alle Urinproben auf Cannabis, Kokain, Opiate, Amphetamine, Barbiturate und Methaqualone untersucht werden, ist in Wiesbaden. Jeden Monat werden bis zu 30000 Proben analysiert. Die Rate positiver Befunde liegt bei 9,5 %, also werden jeden Monat über 2500 GIs entdeckt, die sich illegal berauschen. Da die Tests in unregelmäßigen Abständen durchgeführt werden, haben gelegentliche Kiffer eine gute Chance, unentdeckt zu bleiben. Nur wer dreimal pro Woche oder noch öfter hascht, und das über längere Zeit hinweg, wird irgendwann mit Sicherheit geschnappt – es sei denn, er kennt die Tricks, den Test zu überlisten. Wenn ein GI nicht beobachtet wird, nimmt er vielleicht den Urin eines anderen, oder er mischt dem eigenen Urin Wasser und Salz bei. In manchen Einheiten beobachtet ein NCO den Vorgang und unterschreibt, daß alles seine Richtigkeit hatte. Wie in der Untersuchungskommission der amerikanischen Regierung berichtet wurde, gibt es auch Unteroffiziere, die Hasch und harte Drogen verkaufen – und sie sind gleichzeitig für die Sicherheit der Tests verantwortlich. Also schützen die NCOs ihre Kunden, denn wenn diese geschnappt würden, könnten sie selber auch gefaßt werden.

Inzwischen wurde das Testverfahren angegriffen. Man bezweifelt, ob es so exakt ist und ob es verfassungsmäßig ist, eine Karriere nur auf Grund eines einzigen Meßwertes zu beenden. Nun mußte das Militär zugeben, daß es Schwierigkeiten gibt. Am 23. Juli 1984 gab die *Army Times* bekannt, daß 60000 bis 70000 Soldaten, die in irgendeiner Form wegen eines positiven Urintests bestraft worden waren, jetzt Berufung einlegen können. Jeder Soldat kann überprüfen lassen, ob er Opfer von Ungerechtigkeiten oder Irrtümern geworden ist. Der Artikel läßt unklar, was genau geschehen ist. Es heißt, daß von 102000 positiven Befunden die Hälfte durch fehlerhafte Behandlung, unsachgemäße Prüfung und unzureichende Registrierung der Werte so ruiniert sind, daß sie vor einem Gericht nicht bestehen könnten. Dennoch beharrt das Militär darauf, daß alle Proben, die positiv waren, trotz aller Fehler tatsächlich Spuren von Drogen enthielten. Ganz überzeugend ist diese Behauptung nicht, wenn die *Army Times* zu bedenken gibt, daß es zunächst 102000 positive Resultate gab, nach Überprüfung aber nur 60–70000 übrigblieben, die dann bestraft wurden.

Zu den verhängten Strafen gehören Sperrung der Wiederverpflichtung ins Militär, Verlust des Ranges, Geldstrafen, nichtgerichtliche Bestrafung (also nach Artikel 15), Versetzung in einen neuen Job, Gefängnis oder Entlassung. Und manche erhielten nur die Auflage, am Rehabilitationsprogramm teilzunehmen. In den Jahren 1982–83 wurden mehr als 34600 Bestrafungen nach Artikel 15 verhängt; mehr als 4850 erhielten ein Verfahren vor dem Militärgericht (court martial); mehr als 8000 wurden wegen Drogen- oder Alkoholmißbrauchs aus der Armee entlassen. Laut *Army Times* vom 18. 6. 1984 wurden 1982 sogar 3731 GIs deswegen entlassen, und 9864 im Jahr 1983, das sind in den zwei Jahren fast 13600 Fälle.

Das Militär sichert denen, die sich freiwillig zum Rehabilitationsprogramm melden und es erfolgreich durchstehen, Straffreiheit zu. Nur ein geringer Teil der Soldaten nutzt dieses Angebot aus – warum? Die Soldaten mißtrauen diesem Angebot – und zu recht. Nicht immer wurden medizinische Berichte vertraulich behandelt, und nach einer Rehabilitation wurden manche zu ihrer Einheit zurückversetzt und formell als Abweichler («deviant») stigmatisiert und als solche von ihren Vorgesetzten behandelt (Henderson, S. 169).

Während es im zivilen Leben eine Trennung von Beruf und privaten Problemen gibt, ist das im Militär anders. Familie und Privatleben unterliegen einer gewissen militärischen Kontrolle – die vor allem bei Fehlverhalten jedweder Art spürbar wird (Ehebruch, Schulden, Alkoholismus). Auch Seelsorger und Psychiater bilden eine unheilige Allianz mit dem militärischen Kommando (Lifton 1976:55). Darum haben viele Angst, Probleme zuzugeben – es kann das Ende ihrer beruflichen Sicherheit bedeuten.

Was dem Rehabilitationsprogramm gleichfalls nicht zum Erfolg verhilft, ist die mangelnde Motivation und die gleichbleibende Situation vor und nach dem Drogenmißbrauch. Ein Gefreiter hierzu: «Viele sind zu jung, um über ihr Leben zu reflektieren und sich zu entscheiden, ohne Drogen zu leben.»[4] Und nicht zu vergessen: sie leben in einer Umgebung, in der ständig Drogen angeboten und konsumiert werden; die Gefahr, rückfällig zu werden, ist sehr groß. «Wenn man die Drogenabhängigkeit eines Individuums aufhebt und wenn das Individuum ohne die Drogen nicht glücklich wird, kehrt die Person zur Gewohnheit zurück» (Eisenhart, S. 182). Während ein Drogenabhängiger im Zivilleben sein Umfeld, seine Arbeit, seine Freizeitbeschäftigung ändern kann, so daß er sich wohl fühlt, ist das im Militär unmöglich. Die gesamte Situation mit all ihren Unzulänglichkeiten bleibt bestehen. Das einzige, was einen Gefreiten motivieren könnte, mit seinen Gewohnheiten zu brechen, wäre die Absicht, im Militär Karriere zu machen. Wer im Militär ist, weil er sonst keine Alternative hat, wird seine Probleme lieber verstecken wollen. In Deutschland wird die Situation dadurch erschwert, daß es keine zivilen Hilfsorganisationen gibt – selbst bei den Anonymen Alkoholikern sind nur Militärangehörige.

Wer sich freiwillig zur Rehabilitation meldet und dann rückfällig wird, hat keine Chance mehr. Er wird mit der Begründung «Versagen in der Rehabilitation» aus dem Militärdienst entlassen. Wer also nicht hundertprozentig sicher ist, daß er den Drogen den Rücken kehren will – und kann – wird sich nicht freiwillig zur Rehabilitation melden.

Wie lange dauert das Rehabilitationsprogramm? Zwei Monate lang müssen die Soldaten einmal wöchentlich zum Unterricht, acht Monate lang einmal im Monat. Und zweimal pro Monat wird der Urin getestet. Von 10000 Soldaten, die jährlich im Drogen- und Rehabilitationsprogramm sind, erhalten 9000 weniger als 12–18 Stunden Behandlung (*Stars and Stripes*, 15. Juni 1982). Freiwillige sind selten, man schätzt sie auf drei bis fünf Prozent. Von allen, die – gezwungenermaßen – im Programm sind, wollen 10–15% wirklich Hilfe, die übrigen lassen das Programm über sich ergehen und werden später weiter Drogen nehmen. Rund ein Viertel ändert sein Verhalten für die Monate, während derer es unter Beobachtung ist, danach ist alles wieder wie vorher. Oft geben sie offen zu, daß sie überhaupt keine Lust haben, mit Drogen aufzuhören. Für die Berater muß es entmutigend und frustrierend sein, wenn die Mehrzahl ihrer Klienten sie ablehnt und der Erfolg nur minimal ist.

Manche GIs hätten die Hilfe eines Psychologen oder Psychiaters nötig, weil sie ernste Schwierigkeiten haben. Für diese 10000 Soldaten, die jährlich beraten werden, gibt es in Europa in diesem Programm nicht einen Psychiater und nur 19 Psychologen. Beratungen werden üblicherweise von Sozialarbeitern durchgeführt.[5] Vor dem Untersuchungsausschuß sagte ein Gefreiter aus, der mit seinen 23 Jahren eine Einheit von 1300 Leuten betreut und 42 Fälle derzeit behandelt. Ob er wirklich die Lebenserfahrung und die Autorität hat, um die achtzehn-, neunzehnjährigen GIs wirksam zu beraten und zu beeinflussen? Und welche Ausbildung haben diese Berater? In einer erneuten Anhörung im Jahr 1979 gibt Dr. Moxley zu bedenken: «Für einige dauerte das Ausbildungsprogramm 10 Wochen, und nach unserer Ansicht ist es schwierig, jemanden in 10 Wochen damit vertraut zu machen, wie man Leute berät, die Probleme mit Drogen- und Alkoholmißbrauch haben.»[6]

Für Entziehungskuren von harten Drogen gibt es in ganz Deutschland 130 bis 150 Betten. Dr. Backers, ein Arzt und Psychiater aus dem Frankfurter US-Hospital, bedauert, daß zivile Fachleute aus ihm unverständlichen Gründen nach drei Jahren wieder versetzt werden. Nicht nur ginge wertvolles Personal verloren, sondern auch kostbare Zeit, um neues Personal einzuarbeiten.[7] Mir scheint, daß hier eine Vorschrift des Militärs ohne Rücksicht auf ihren möglichen Schaden angewendet wird.

Viele Soldaten sehen das Rehabilitationsprogramm als eine Strafe des Kommandeurs an. Das klingt dann so: «Ich mag Deutschland nicht, ich will nicht hier sein, und sie schikanieren mich, und ich tue immer nur das, was der Kommandeur will.»[8] Neun von zehn Personen, die ins Drogenprogramm kommen, nehmen illegale Drogen nur gelegentlich, ohne abhängig zu sein. Für sie ist es zur Gewohnheit, aber nicht zur physischen Abhängigkeit geworden. Wenn sie nun Angst bekommen, noch einmal erwischt und entlassen zu werden, fangen sie an, mehr zu trinken. So wird das Problem auf eine legale Droge verlagert, ohne wirklich gelöst zu sein – weder für den Soldaten noch für das Militär. Oder genügt es dem Militär, mit sinkenden Zahlen für Rauschgiftmißbrauch eine steigende Kampfkraft beweisen zu wollen?

Neben den wenigen Freiwilligen in der Rehabilitation gibt es noch eine andere kleine Gruppe, die gerne kommt, nämlich diejenigen, die sich hierdurch eine vorzeitige Entlassung aus dem Militärdienst erhoffen. Das ist leicht zu manipulieren und alle kennen den Trick: positiver Urintest – Bestrafung nach Artikel 15 – Rehabilitationsprogramm – wieder positiver Urintest – sofortige ehrenhafte Entlassung. Gerade der letzte Punkt wird häufig kritisiert, daß nämlich Drogenabhängige und Drückeberger ehrenhaft entlassen werden und auch noch alle Vergünstigungen für Veteranen erhalten.

Ursachen des Drogengebrauchs

Der nach Deutschland entsandte Untersuchungsausschuß des Repräsentantenhauses – «Select Committee on Narcotics Abuse and Control» – führte im November 1978 eine umfangreiche Anhörung in Stuttgart durch, bei der deutlich wurde, wie kompliziert und manchmal hoffnungslos die ganze Situation ist, wie wenig Kommandeure vor Ort tun können oder wollen. Aus dieser höchst aufschlußreichen Anhörung will ich hier ausführlich berichten.

Der Ausschuß befragte zunächst Generäle und dann die im Rang Darunterstehenden bis hin zum Gefreiten. Dabei zeigten sich die Herren Generäle bei weitem nicht so gut informiert wie ihre einfachen Soldaten. Mal kennen sie den Unterschied zwischen Hasch und Marihuana nicht («Ist Hasch stärker?»), meinen, daß nur 20% weiche Drogen nehmen und glauben, daß ihre Truppen kampffähig seien. General Fitts: «Wir haben am Sonntagnachmittag ohne vorherige Ankündigung Alarm gegeben, und es gab keine ernsten Probleme.» Mrs. Collins vom Untersuchungsausschuß: «Aber wir haben mit den Soldaten gesprochen, und sie sagen, daß sie sich überhaupt nicht kampftauglich fühlen. Sie fühlten sich ein bißchen zittrig und sie hatten große Bedenken, eben wegen des Gebrauchs von Drogen.»[9]

Faßt man die von der Untersuchungskommission genannten Faktoren und einige in anderen Publikationen erwähnten Ursachen zusammen, so lassen sich insgesamt 17 Faktoren nennen, die den Drogengebrauch begünstigen. Leider gibt es bislang keine systematische Untersuchung, die diese Ursachen in ihrer jeweiligen Bedeutung und Korrelation erfaßt; wäre das Militär wirklich ernsthaft besorgt um die Kampfkraft seiner Truppen, so hätte eine solche Untersuchung längst durchgeführt werden müssen.

Sehen wir uns die einzelnen Ursachen genauer an.

1. Wie oben schon erläutert, werden Drogen in weiten Teilen der amerikanischen Gesellschaft, besonders aber unter Jugendlichen und jungen Erwachsenen akzeptiert. Junge Soldaten, die in die Armee gehen, haben Wertvorstellungen, die 18 Jahre lang in dieser Gesellschaft geformt wurden. Wenn Ratliff und Eads berichten, daß 77 % aller Rekruten vor Eintritt ins Militär Drogen probiert haben, so kann man nicht behaupten, daß erst das Militär zum Drogenkonsum verführe.[10]

2. Diese jungen Erwachsenen befinden sich in einer Phase, in der sie elterliche Kontrolle zurückweisen und sich gegen jede starke Autorität auflehnen. Nun kommen sie in eine Umgebung, die extrem autoritätsgebunden ist – es erscheint mir verständlich, daß sie ihre Verweigerung und ihren Protest durch den Gebrauch illegaler Drogen ausdrücken.[11]

Wie sehen sie selber ihre Situation im Vergleich zu früher? Sie sind in einer Kultur aufgewachsen, die individuelle Freiheit, Gleichheit und Wahlmöglichkeit betont, die Initiative und Individualität belohnt. Alle diese Charakteristika sind der militärischen Tradition diametral entgegengesetzt. In diesem Beruf steht der militärische Auftrag an erster Stelle, die Bedürfnisse des Individuums sind sekundär. Wer die unterdrückenden Elemente des militärischen Lebens nicht akzeptiert oder nicht verkraftet, wird Disziplin und Autorität zurückweisen, Befehle nicht ausführen, Fahnenflucht begehen oder Flucht in Alkohol und Drogen suchen. Es gibt auch Selbstmorde im Militär, die sich auf diese unerträgliche Situation, sich der Disziplin und Autorität unterwerfen zu müssen, zurückführen lassen.[12]

Mit Eintritt ins Militär, so Duncan Stanton, verlieren die Rekruten Privilegien, Rechte und einen gewissen Luxus, den sie vorher kannten. Sie fühlen sich machtlos, ohne Kontrolle über ihr privates Geschick. Sie können das System nicht ändern, ohne sich zu verbrennen. Das führt zu passiv-aggressivem Verhalten (Stanton 1973: 473f).

3. Was den Mißbrauch illegaler Drogen stark fördert, ist ihre

leichte Erreichbarkeit und der relativ erschwingliche Preis. Es ist kein Geheimnis, daß man in der Kaserne so ziemlich alles bekommt, was man will. Oft habe ich Soldaten gefragt, ob sie den Stoff in der Kaserne kaufen. Und immer war die Antwort: «Oh, ja, da gibt es immer jemanden, der was hat, auf jedem Stockwerk. Du lernst die Verbindungen schnell.» Harte Drogen sind weniger stark verbreitet, aber auch hier gibt es «connections». Eine der Soldatinnen wollte für einen Bekannten Kokain besorgen. Sie wußte, wen man ansprechen muß. Dieser Dealer, ebenfalls Soldat und wahrscheinlich Unteroffizier, war etwas älter als die meisten Gefreiten und fuhr einen besseren Wagen als die meisten von ihnen; nach 24 Stunden übergab er den Stoff an die Soldatin. Man muß also nicht selber die Dealer kennen, man muß nur wissen, wer die Dealer kennt.

Im Juli 1984 erzählte mir Jeff, ein Oberfeldwebel, daß man an einem Samstagmorgen kurz nach dem Zahltag in der Kaserne eine Razzia mit Hunden gemacht habe. Dabei habe man rund 15 Pfund Haschisch gefunden und alle nur denkbaren anderen Drogen. «Egal, was du nennst, es war alles dabei. Das meiste ist an allen zugänglichen Orten versteckt, da weiß man nicht, wer der Besitzer ist. Aber ein paar hatten es in ihrem Schrank versteckt, die fliegen natürlich aus der Army raus.» Unabhängig von dieser Razzia sind bereits zehn von 150 Soldaten dieser Einheit wegen Drogenhandels vom Militärgericht verurteilt worden und sitzen im Gefängnis.

Der Untersuchungsausschuß fragte einige Soldaten, wie schnell ihnen nach der Versetzung nach Deutschland Drogen angeboten wurden und von wem.

Sergeant Henderson: «Ich selber wurde einen Tag nach meiner Ankunft von einem Gefreiten gefragt,ob ich Drogen wollte. 10% der NCO nehmen selber Drogen» (S. 111).

Sergeant Brooks: «25–30% werden gleich in der ersten Woche angesprochen. 5% der NCOs verkaufen selber Drogen» (S. 111).

Rekrut Rucker: «Fünf Minuten nach meiner Ankunft in Deutschland wurden mir von einem NCO Drogen angeboten» (S. 127).

Hauptgefreiter George: «Mir wurden im Flugzeug vor der Landung in Frankfurt Drogen angeboten. Und in der Kaserne wurde ich sofort vom NCO angesprochen, der CQ war und mich in die Kaserne einschrieb» (S. 128).

Hauptgefreiter Jeffreys: «Ich wurde nach 15 Minuten von einem Gefreiten angesprochen» (S. 128).

Sergeant Winn: «Ich war CID (Kriminalpolizei) und mir wurde nichts angeboten. Es gibt keine Kaserne in Europa oder Amerika, die nicht Drogen hat» (S. 128).

Ein ehemaliger Heroin-Abhängiger berichtet, daß er in Frankfurt im «shit- Park» ein Gramm Heroin für 130 Dollar kaufte und 25 hits für 20 Dollar das Stück weiterverkaufte, also einen Gewinn von 370 Dollar einsteckte. «Die Leute kamen in meine Stube, um mir Heroin abzukaufen. Alle wußten, daß ich verkaufe. Andere dealten auch, viele wurden geschnappt und nach Mannheim geschickt» (S. 130). Dieser ehemalige Dealer schätzt, daß 30 % der Mannschaften in der Kaserne Heroin schießen oder schnupfen und daß 85–90 % haschen, während der Arbeit und in der Freizeit.

Den größten Umsatz machen die Dealer am Zahltag, am 1. und 15. jeden Monats. Ein Gefreiter: «Wenn ich am Zahltag in fünf verschiedene Räume gehe, raucht jeder dort Hasch. Abends sehe ich die Leute, die Heroin schießen oder schnupfen. Wenn ein NCO reinkommt und Hasch riecht oder es auf dem Tisch liegt, kann er nichts machen, weil das ein öffentlicher Bereich ist. Nur wenn es direkt bei jemand oder im Schrank gefunden wird, kann man ihn festnehmen» (S. 124).

Diaz: «Ich als NCO kann sie nicht anzeigen, wenn ich keinen Zeugen habe, und am besten einen anderen NCO als Zeugen. Die unteren Mannschaften halten zueinander» (S. 101). Sie verkaufen, so Diaz, Hasch, Heroin, Mandrax und Speed (S. 112); Hasch und Heroin wird jede Woche angeboten, die anderen werden zwei- bis dreimal im Monat verkauft. «Ich sehe sie, wenn sie miteinander reden und verschwinden. Man ahnt, was sie tun. Sie gehen nicht etwa Tee trinken oder so was ...» (S. 102).

4. Von den GIs werden zwei Gründe für ihren Drogenkonsum besonders häufig genannt, nämlich Unzufriedenheit mit der Arbeit und Langeweile in der Freizeit.

Eine Drogenberaterin, die zuerst in Dexheim bei Mainz tätig war, fand, daß dieser Standort «ein übles Loch» war – bis sie zu einem der Raketenstandorte nach Dechtelbach oder Wackernheim kam. An einem der Orte konnten die Soldaten kein amerikanisches Fernsehen empfangen, weil er im Tal lag; viele Dienstleistungen fehlten, weil nur hundert Mann da sind. Aus Gesprächen mit den Raketenbewachern weiß ich, wie alle darüber stöhnen. Wer vier Stunden hintereinander im Wachturm sitzt und zuschaut, «wie das Gras wächst und die Karnickel Junge machen», der hat nicht das Gefühl, «ganze Arbeit» geleistet zu haben. Es ist unbestritten, daß die Bewachung von Rakete notwendig ist, aber für diese tatendurstigen Achtzehnjährigen ist es eine Qual, Stunde um Stunde ereignislos die Zeit abzusitzen. Viele halten die Raketen für veraltet und den Job deswegen für wertlos.[13]

Nach Ansicht der Drogenberaterin Bruce benutzen bis zu 70 % dieser Raketeneinheiten Drogen, und wenn sie keine Drogen nehmen, trinken sie exzessiv Alkohol – und das tun 100 %. Trotzdem sind nur wenige von ihnen im Drogenprogramm. Der Grund: wer in diesem Job als Drogenabhängiger identifiziert wird, verliert diesen Posten – und die Leute sind knapp.

Während die Generäle nicht glauben wollen, daß ihre Soldaten im Dienst «high» sind, erzählen die GIs von ihren Erfahrungen. Ein Gefreiter berichtet, daß harte Drogen auch während der Arbeit genommen werden. «Die Wirkung hängt vom Körper ab, manche arbeiten genausogut wie sonst und man merkt nichts» (S. 103). Hasch, so ein anderer, beeinflusse die Arbeit kaum, aber Heroin – sie schlafen ein oder vergessen Sachen (S. 131). Rekrut Diaz: «Im Motor Pool gibt es keine Latrine. Dadurch haben sie einen Grund, in die Kaserne zu gehen und kommen dann ‹brandneu› wieder» (S. 110).

An einem Abend besucht Chris mich, sie redet und bewegt sich unnatürlich langsam, ihre Augen sind etwas starr, die Pupillen vergrößert. «Gestern abend hab ich ACID genommen, deswegen konnte ich gestern nicht mit zum Kontakt-Club kommen», entschuldigt sie sich. «Das Zeug ist stark! Der Trip war schlimmer als sonst. Das nehm ich nicht noch mal!» Nachmittags war sie vor Erschöpfung im Dienst eingeschlafen. Ihre Kollegin Anne mußte sie eine halbe Stunde lang rütteln und anschreien, bis sie aufwachte. Chris war heilfroh, daß ihr Boss nicht da war, das hätte Schwierigkeiten gegeben. Anschließend mußte sie mit dem Jeep nach Lee Barracks fahren; aus Angst, einen Unfall zu bauen, bat sie Anne, mitzukommen – es ging alles noch mal gut.

In vielen Fällen dulden Vorgesetzte den Gebrauch von Haschisch, es sei denn, die Arbeit wird dadurch beeinträchtigt. Erst wenn es Unfälle oder Schlägereien gibt, wird ermittelt. Ein krasses Beispiel hierfür war der Absturz eines Düsenflugzeuges auf den Flugzeugträger der USS Nimitz im Mai 1981. Ein Schaden in Höhe von 100 Millionen Dollar entstand, und 14 Tote blieben zurück. Ärztliche Untersuchungen ergaben, daß sechs der Toten Marihuana geraucht hatten, und der Pilot eine hohe Dosis einer Arznei ohne Rezept an diesem Tag eingenommen hatte. Einflußreiche Zeitungen und Fernsehsendungen beschäftigten sich ausführlich mit der Frage, ob das ganze Militär süchtig wäre. Ein Sonderausschuß des Kongresses unternahm seine eigene Studie zu dieser Frage: auf einem anderen Flugzeugträger gaben 60 % der Befragten, E-1 bis E-4 zu, während des Dienstes Drogen benutzt zu haben.

Während es bei leichten Drogen seltener zu Zwischenfällen kommt, werden durch harte Drogen und Alkohol – oft beides zusammen – immer wieder schwere Autounfälle, plötzlicher Tod, Tod durch Ertrinken oder Sturz von der Treppe und aus dem Fenster gemeldet. In den Jahren 1973 und 1974 gab es allein 26 solcher Todesfälle in Europa, bei denen als Hauptursache der Gebrauch von Methaqualone – vor allem Mandrax – nachgewiesen wurde.[14] Die Zahl der Vergiftungen ohne Todesfolge ist wesentlich höher; für das Jahr 1973 werden 713 Fälle in deutschen US-Hospitälern gemeldet.[15] Der Untersuchungsausschuß nennt für 1977 26 Drogentote und für die ersten sechs Monate des Jahres 1978 bereits 25 Drogentote.[16]

Was läßt sich gegen die Arbeitsunzufriedenheit tun? Immer wieder schlagen Vorgesetzte vor, mehr zu trainieren, öfter ins Feld zu gehen. «Ein dynamisches Trainingsprogramm», so ein General, «ist die einzig große Sache, um den Mißbrauch von Drogen zu reduzieren.»[17] Aber ist das wirklich die Lösung?

5. Die überfüllten Kasernen führen dazu, daß die Soldaten sich nicht so entspannen können, wie sie es zu Hause tun würden oder in einer Kaserne mit Zwei- und Dreibettzimmern. Die Räume, so ein Sergeant, müßten besser eingerichtet sein, z. B. mit Teppichboden oder der Möglichkeit, jederzeit heiß duschen zu können (S. 136). Und der Kongreßabgeordnete Evans ergänzt: «... so daß man auch mal nicht Soldat ist.»

Ruth erzählt im Interview: «Es ist hart, in der Kaserne zu leben. Deswegen trinken viele Leute, werden Alkoholiker, ‹barrack rats›.»

«War das auch für dich ein Grund, mehr zu trinken?»

«Ja, ich glaube schon. Bevor ich hierherkam, habe ich nie so viel getrunken. Ich hab damit angefangen, als ich hierherkam und in der Kaserne lebte. Wir wußten nicht, wo wir hingehen sollten, was wir tun sollten, und tranken halt. Schließlich kam's dann so weit, daß wir rausgingen und uns betranken.»

6. Lassen sich die Soldaten leichter zum Drogengebrauch verführen, wenn die anderen auch alle kiffen und haschen? Ein Rekrut berichtet vor dem Untersuchungsausschuß: «Als Neuling ist man ein Stück Scheiße, und ich dachte, sie würden mich akzeptieren, wenn ich mitrauche und trinke» (S. 132).

An einem Abend bin ich bei Chris zum Essen eingeladen; außer uns sind noch Lee, Sue und ein anderer GI da, den ich nicht kenne. Alle nehmen LSD. Lee, der sowieso ein guter Erzähler ist, ist jetzt in seinem Element. Er führt uns vor, wie er einmal mit vier Säcken Holzkohle auf dem Moped von Finthen nach Wackernheim fuhr. Der Sessel wird zum knatternden Moped – mit defekten Bremsen –, und wir spüren alle, wie in jeder Kurve ein anderer Sack Holzkohle ins Rutschen gerät – eine bühnenreife Vorstellung. Dann berichtet Lee von früheren Drogenexperimenten, und es scheint kein Rauschgift zu geben, das er nicht kennt und allein oder in Kombination mit anderen schon probiert hat. Chris und ihre Gästen hören gebannt zu – da hat wirklich jemand Erfahrung! Ausführlich schildert Lee seine Experimente, die bis zur zeitweiligen Erblindung führten. Und ausgiebig genießt er die Anerkennung, die die anderen Gäste ihm auf Grund seiner profunden Kenntnisse zollen.

Exakte Daten über den Gebrauch von Alkohol und Drogen vor und während des Militärdienstes liegen nicht vor. Ratliff und Eads führen eine Befragung an 188 Soldaten durch, die vor einem Militärgericht zu weniger als sechs Monaten Gefängnisstrafe verurteilt worden waren. Von ihnen haben jeweils rund 10% mit dem Gebrauch von Drogen oder Alkohol im Militär aufgehört oder ihn vermindert. Demgegenüber haben ebenfalls 10% mit dem Gebrauch dieser Drogen begonnen, und 37–42% verstärkten ihren Gebrauch im Vergleich zur Zeit vor dem Militär.[18] Dies wird auch bestätigt durch Gespräche mit Chris, Ruth, Sue und Jill: alle haben früher weniger getrunken und gehascht als jetzt.

Die folgenden vier Faktoren gehören eng zusammen und verstärken sich gegenseitig:

7. Die Soldaten sind zu jung und unreif, wenn sie ins Militär kommen und wenn sie nach Deutschland versetzt werden.
8. Sie werden zu früh nach Deutschland versetzt, wenn sie sich noch kaum ans Militär gewöhnt haben.
9. Sie bleiben zu lange in Deutschland.
10. Sie fühlen sich einsam, isoliert und haben Probleme – mit sich, der Familie oder Freundin.

Von den jungen Soldaten sind viele das erste Mal für längere Zeit von zu Hause fort, und wenn sie dann gleich nach dem Basic Training und AIT hierher versetzt werden, bedeutet es für manche einen Schock. Debby: «Alle die Kinder, die zum erstenmal von zu Hause weg sind, fangen hier an zu trinken oder nehmen Drogen.» Und der Abgeordnete Evans: «Die Soldaten empfinden, daß sie in eine irgendwie feindselige Umgebung geworfen werden, bevor sie sich noch richtig mit dem Dienst im Militär vertraut gemacht haben» (S. 16).

Soldaten, die sich für vier Jahre verpflichtet haben, wurden früher direkt nach der beruflichen Schulung (AIT) nach Deutschland versetzt und blieben 40 bis 42 Monate hier. Inzwischen bleiben sie nur noch 24 Monate, doch wünschenswert wäre eine Aufenthaltsdauer von 18 Monaten (S. 16). Das neue COHORT-System ist in dieser Hinsicht ideal: die Soldaten sind erst 18 Monate in USA stationiert, bevor sie, als ganze Gruppe, nach Deutschland versetzt werden. Zu diesem Zeitpunkt sind sie damit schon etwas älter, sind ans Militär gewöhnt, bleiben nicht zu lange und sind in einer Einheit zusammen mit Freunden und vertrauten Vorgesetzten.

Das Thema Einsamkeit und private Probleme ist unerschöpflich. Die große Distanz zu Amerika verschlimmert ihre Isolation und macht die jungen Soldaten noch hilfloser. Hier nur einige Beispiele, die ich zufällig mitbekam:

– Die Eltern von Mike lassen sich scheiden. Er will das nicht, fühlt sich hilflos, betrinkt sich.

– Jill hatte sich mit seiner Freundin verlobt, bevor er nach Deutschland kam. Jetzt geht sie mit einem anderen; er fühlt sich betrogen, kann von hier aus nichts machen.

– Chris erfährt, daß die Pflegemutter ihrer Tochter angeblich nur ihr – Chris' – Geld wollte. Sie ist entsetzt, betrunken.

– Anne ist verstört. Neulich war sie zu Hause, weil es ihrem Onkel sehr schlecht ging. Gerade eben hat sie daheim angerufen und erfahren, daß er schon vor einer Woche gestorben ist. Sie ist verbittert, wütend und läßt ihre Wut an den anderen aus. Wäre sie in den Staaten stationiert gewesen, hätte sie zur Beerdigung fahren können.

– Chris weint viel, weil ihre Freundin in die Staaten zurückversetzt wurde. Sie nimmt LSD und spielt für uns alle wieder den Clown; auch die andern – Anne, Sue – sind «tripping» und alles ist scheinbar okay.

– Toms Frau ist in einem Autounfall gestorben. Weil er hier wegen Drogenmißbrauch Schwierigkeiten hatte, durfte er nicht zur Beerdigung nach Hause. Keiner, so sagt er, habe ihm geholfen, habe mit ihm geredet; nur einen einzigen Freund fand er, bei dem er sein Herz ausschütten konnte.

11. Viele Soldaten langweilen sich in der Freizeit und wissen nicht, was sie tun sollen. Sie hängen auf der Stube herum, gehen in den NCO-Club oder in eine deutsche Kneipe und betrinken sich. Mit «Party-Feiern» schlagen sie die Zeit tot.

Als ich Chris frage, warum sie trinkt, antwortet sie: «Aus Langeweile.»

«Gibt es noch andere Gründe?»

«Ja, Einsamkeit, und vielleicht, weil ich so weit weg bin von zu Hause. Aber Langeweile ist der wichtigste Grund.

12. Vor der Untersuchungskommission klagen viele, es gebe nicht genügend strukturierte Aktivitäten in der Freizeit. Sie wollen mehr Reiseangebote, mehr Sport, mehr Unterricht. Rekrut Diaz: «Es gibt zwar Freizeitmöglichkeiten, aber nichts, was die Soldaten begeistert. In jeder Kaserne wird das gleiche angeboten: Sporthalle, Recreation-Center, NCO-Club» (S. 99). Und er schlägt vor: mehr Kurzreisen am

Wochenende, die auch ein einfacher Rekrut bezahlen kann, mehr Discos und Tanz, Kurse in asiatischen Kampftechniken.

Ein General rühmt sich, daß er in der Freizeit viel an Sport und Reisen anbiete, doch viele wollten gar nicht teilnehmen. Der Abgeordnete Gilman dazu: «Es mangelt entweder an Kommunikation, das Programm an die Basis zu bringen, oder an Motivation der Soldaten» (S. 34). Etwas später folgt eine einsichtige Erklärung einer Regierungsvertreterin zu diesem Problem, die ich aus eigener Erfahrung nur unterstützen kann: «Wenn jemand aus den Slums von Chicago kommt, könnte er nicht weniger daran interessiert sein nach Spanien zu fahren als sonst jemand, den ich kenne. Es hat für sein Denken keine Bedeutung. Er hat nicht den Bezugsrahmen, es kümmert ihn nicht.»

13. Wer einen High-School-Abschluß hat, möchte hier gerne aufs College gehen; und mancher möchte den High-School-Abschluß gerne nachholen. Das wäre eine echte Aufgabe, eine sinnvolle Investition für die Zukunft. Wer zwei bis drei Jahre ohne Unterbrechung in Deutschland ist, häufig ins Feld muß und seine Ausbildung deswegen nicht fortführen kann, empfindet den Aufenthalt leicht als sinnlos verschwendete Zeit. Manche GIs drücken das so aus: «Wir sind wie Bauern in einem Schachspiel.» Und sie meinen, daß sie nur als Quantität zählen, daß sie als Menschen mit persönlichen Bedürfnissen für das Militär irrelevant sind. Es verbittert sie, sie weigern sich, große Leistungen zu erbringen und zählen die verbleibenden Tage.

Das Militär hat festgestellt, daß Soldaten, die die High-School abgeschlossen haben, seltener zu Rauschgift greifen als diejenigen, die die Schule ohne Abschluß verlassen haben. Man hofft also, durch das Angebot, den Abschluß nachzuholen, die Drogenrate zu senken (S. 37).

14. Teilweise rührt die Isolation der Soldaten daher, daß sie Angst vor dem Kontakt mit Deutschen haben. Vor dem Ausschuß berichtet Sergeant Winn: «Die Soldaten haben Angst raus zu gehen. Sie haben kein Geld, sich gute Kleidung zu kaufen. Sie fühlen sich wie Außenseiter – wenn der durchschnittliche GI in ein Restaurant geht, kann jeder sofort sagen, daß er ein GI ist. Man erkennt einen GI am Haarschnitt. Viele lassen Soldaten nicht rein, weil sie wenig Geld haben, und weil sie diese Leute nicht da haben wollen» (S. 133).

Es ist nicht zu leugnen, daß nicht nur schwarze, sondern auch weiße Amerikaner hier diskriminiert werden. Chris erzählt, daß sie einmal ein Lokal verlassen mußte, weil sie Amerikanerin ist. «Ich habe sie gefragt, warum ich gehen soll, und sie haben ausdrücklich gesagt, ‹Weil Sie Amerikanerin sind›. Ich habe ihnen gesagt, das wäre ein miserabler Grund, aber sie bestanden darauf – ‹Würden Sie bitte das Lokal verlassen›. Das war schlimm. Da hab ich zum erstenmal verstanden, wie sich die Schwarzen fühlen, und was es heißt, eine Minderheit zu sein.»

15. In vielen Kasernen ist – worauf auch Oberstleutnant Ingraham hinweist – die Moral schlecht; Offiziere und Unteroffiziere kümmern sich zuwenig um ihre Soldaten. Ungefähr 5–10 % der NCO rauchen selber Haschisch oder verkaufen illegale Drogen. Das untergräbt ihre Autorität und gibt ihren Untergebenen eher noch eine Rechtfertigung, weiterhin Rauschgift zu konsumieren.

Vor dem Ausschuß wird des öfteren bedauert, daß es zuwenig gute Unteroffiziere gäbe und daß sie nicht hinreichend geschult seien, mit ihren Leuten über Drogenprobleme zu reden (S. 141).

Nach Feierabend kehren Offiziere und Unteroffiziere in ihre Wohnungen in der Housing Area zurück, und die Mannschaften bleiben unter sich. Dann kann es passieren, daß die am Tag aufgestaute Wut über ungerechte Behandlung an anderen ausgelassen wird.

Chris: «Zur Zeit ist die Stimmung schlecht, es gibt keine Disziplin. In zwei Wochen habe ich zehn Leute gesehen, die in eine Schlägerei verwickelt waren, sie hatten ein blaues Auge oder eine gespaltene Lippe oder eine Wunde auf der Stirn. So schlimm war es noch nie! Und niemand von denen da oben kümmert sich darum!»

Ein General wird gefragt, ob ein Colonel, in dessen Einheit es hohen Drogenmißbrauch gebe, deswegen geringere Aufstiegschancen habe. Die Antwort: Nein. – Mit anderen Worten: Es nützt oder schadet der Karriere nicht, ob man was gegen Drogenmißbrauch unternimmt oder alles so laufen läßt – warum sich dann also abstrampeln?

16. Unter den Rekruten befinden sich junge Männer, die vor Gericht standen und nun statt einer Gefängnisstrafe ihre Zeit im Militär absitzen.

Gefreiter Sellers: «Zehn Klienten kamen dieses Jahr zur Drogenberatung, die in der Army sind, um dadurch einer gerichtlichen Verurteilung zu entgehen.» Jetzt wollen sie mit Hilfe des Drogenprogramms aus dem Militär raus und sind so naiv zu glauben, daß sie dann ihre Gefängnisstrafe nicht mehr abbüßen müssen.

Es ist eines der am besten gehüteten Geheimnisse des Militärs, wieviel Prozent der Rekruten so ihre Gefängnisstrafe umgehen. Die Army-Vorschrift 601-201 verbietet ausdrücklich die Verpflichtung zum Militärdienst, um einer Strafe oder Strafverfolgung zu entgehen. Dennoch ist es häufig geübte Praxis an einigen Gerichten. Einige Staatsanwälte geben zu, daß rund einmal im Monat ein solcher Antrag gestellt wird (Bryant, S. 43). Während offizielle Vertreter des Militärs in der Regel leugnen, daß eine steigende Kriminalität im Militär und besonders auch in Deutschland etwas mit dieser Praxis zu tun haben, zitiert Bryant einen Artikel aus dem Jahr 1972, in dem die Army eben diesen geleugneten Sachverhalt zugeben muß. Die Deutschen wissen um diesen Tatbestand schon seit langem; der Mangel an präzisen Daten hat aber dazu geführt, daß die Zahl der «Verbrecher» in der Army möglicherweise weit überschätzt wird.

17. Ein Mitglied des Untersuchungsausschusses, Mr. Evans, fragt: «Die Army akzeptiert niemanden, der regelmäßig Drogen nimmt. Wer lügt also? Der Soldat? Der Recruiter? Würde das Militär nur Leute ohne Drogenerfahrung nehmen, wäre die Army viel besser.»

Ein General antwortet darauf: «Wir haben die falschen Leute, weil wir nehmen müssen, was wir kriegen können» (S. 38). Etwas später geht es um die Frage, warum man nicht einfach alle diejenigen, die im Besitz und beim Gebrauch von Drogen erwischt werden, aus dem Militär entlasse. Mr. Evans:

«Wir können sie alle deswegen nicht entfernen, weil wir nicht genug Leute haben, die die Lücken füllen. Es würde mehr Druck für die Recruiter bedeuten, und sie brächten noch mehr fragwürdige Leute in die Armee und das Problem verschlimmerte sich. Kurz und gut – die Freiwilligen-Armee hat versagt, so einfach ist das» (S. 67).

Soll man nun zur Wehrpflicht zurückkehren? Dazu Dr. Johns vor dem Ausschuß, der sich ein Jahr später, 1979, noch einmal trifft: «Unter der herrschenden Gesetzgebung bräuchte jemand, der gegen seinen Willen im Militär ist, nur vor dem Rathaus einen Joint zu rauchen, zahlt 50 Dollar Strafe und wird ehrenhaft entlassen» (1979:40).

Inzwischen hat sich auf Grund der hohen Arbeitslosigkeit in Amerika das Niveau der Rekruten verbessert – aber ist damit auch der Drogengebrauch rückläufig? Oder verschiebt sich das Problem auf die legale Droge Alkohol? Bei zwei Untersuchungen in Deutschland in den Jahren 1978 und 1981 war ein leichter Rückgang an Drogen zu verzeichnen.[19]

	1978	1981
Marihuana	58,2 %	52,5 %
Kokain	9,4 %	6,2 %
Heroin	10,3 %	4,0 %

In der gleichen Zeit hat sich der Alkoholmißbrauch fast verdoppelt. 1978 wurden 4126 Alkoholiker behandelt, 1981 waren es 8143. Die Hälfte aller Toten (insgesamt 195) waren wegen Alkoholmißbrauchs gestorben. 2775 Soldaten verloren ihren Führerschein. Die Alkohol-

Verkaufsläden der Amerikaner in Deutschland melden ihren zweithöchsten Umsatz seit dem Ende des Krieges: 42 Millionen Dollar. Zusammen mit Clubs und AAFES haben GIs in Deutschland 104 Millionen Dollar für Alkohol ausgegeben.[20] In diesem Betrag ist noch nicht enthalten, was sie zusätzlich auf dem deutschen Markt kaufen.

An einem kalten Winterabend treffe ich Lee mit seinem Freund vor seiner Wohnung in Wackernheim. Beide sind bester Stimmung, schwanken und sind – milde gesagt – sternhagelvoll. «Wir haben schon heute früh um sieben angefangen», grinst Lee. Ich verstehe zuerst «arbeiten», aber er meint «saufen». Aus seiner Sektion sind neun von zwölf Leuten mit dem Bus für drei Tage zum Chiemsee gefahren. Die drei, die hiergeblieben sind, verbringen ihre Arbeitszeit damit, vor allem Bierflaschen zu stemmen.

Über die Hälfte der betroffenen Alkoholkonsumenten sind Rekruten und Gefreite in den unteren drei Dienstgängen. Frauen sind mit zwei bis drei Prozent unterrepräsentiert – niemand weiß warum. Nachdem der Drogenkonsum leicht zurückgegangen ist, droht nun das Alkoholproblem auszuufern. So hat man den Teufel mit Beelzebub ausgetrieben. Jetzt werden neue Kontrollen eingesetzt (wer mit einer Fahne zur Arbeit kommt, muß ins Röhrchen blasen) und neue Verbote aufgestellt (kein Alkoholkonsum in der Kaserne). *Stars and Stripes* berichtet, daß es seitdem deutlich weniger alkoholbezogene Unfälle gibt. Die Reaktion der Soldaten ist unterschiedlich. In einer Kaserne heißt es: «Es (das Verbot) reduziert exzessiven Lärm und exzessiven Dreck in den Latrinen.» Ein anderes Ergebnis: sie betrinken sich außerhalb, im Club oder in deutschen Kneipen, und wenn sie nach Hause kommen und im hallenden Flur randalieren, ist es genauso laut wie früher – am lautesten zwischen ein und drei Uhr morgens.[21]

Die Führer – eine Kritik

Oberstleutnant Ingraham geht bei seiner Untersuchung in Fort Marshall auch der Frage nach, wieviel die Vorgesetzten über Drogen- und Alkoholmißbrauch wissen und wie sie darauf reagieren. Die Ergebnisse sind entmutigend.

Durch zufällige Beobachtungen, Inspektionen, Festnahmen und Durchsuchungen wissen Offiziere, daß in der Kompanie Drogen benutzt werden. Ihre typische Antwort auf die Frage nach Drogen ist: «Ja, wir haben ein paar Drogenbenutzer, aber wir wissen ziemlich genau, wer dazugehört.» Als Ingraham die Angaben des Kommandeurs mit seinen eigenen Beobachtungen vergleicht, stellt er fest, daß der Kommandeur kaum ein Fünftel richtig identifiziert hatte. Im Grunde wissen sie nicht, was jede Nacht und jedes Wochenende abläuft und unterschätzen bei weitem die Verbreitung illegaler Drogen (S. 172).

Woran liegt es, daß sie so wenig wissen? Vielleicht sollte man die Frage anders stellen: Wollen sie es wirklich wissen? Ingraham ist der Ansicht, daß die meisten es vorziehen, Drogenprobleme zu ignorieren. Sie sind der Ansicht: «Solange sie ihren Dienst tun, geht es mich nichts an, was sie in ihrer Freizeit treiben.» Viele Offiziere nehmen an, daß ein GI, der seine Arbeit gut erledigt, keine Drogen nehme, daß aber jemand mit ungepflegtem Äußeren ein Drogenabhängiger sei. Da die meisten Soldaten zumindest zufriedenstellend arbeiten, erscheint den Offizieren das Drogenproblem als nicht allzu schwerwiegend. Um so erschütterter sind sie dann, wenn sie herausfinden, daß einige ihrer besten Leute regelmäßig Marihuana rauchen.

Es gibt nach meiner Erfahrung auch durchaus Soldaten, die Karriere machen wollen, aber nicht auf ihren regelmäßigen Joint verzichten. Sie rauchen nach der Arbeit und am Wochenende, und da sie ihre Arbeit dadurch nicht beeinträchtigen, sehen sie keinen Widerspruch zwischen ihrer Karriere und dem Gebrauch illegaler Drogen.

Interessant ist Ingrahams Hinweis, daß die Offiziere im Fall von Fort Marshall die Kasernen, in denen die unverheirateten Mannschaften untergebracht sind, als eine Art Slum betrachten, in dem die Soldaten nur vorübergehend wohnen, bis sie außerhalb etwas Besseres finden. Die Frage eines Colonels, warum die Unteroffiziere nicht mit den Mannschaften zusammen wohnen, um sich so mehr um sie zu kümmern, beantwortete der Standortkommandierende abwehrend: «Nein, nein, die mögen das nicht und würden den Dienst quittieren – das wollen wir ja nicht» (Ingraham, S. 175). Die Kasernen in Deutschland sind in einem noch schlechteren Zustand als die in Amerika, auch hier würde kein NCO wohnen wollen. Nur können hier die Soldaten nicht einfach nach Belieben ausziehen.

Ein weiterer Grund für die mangelnde Information über Alkohol- und Drogengebrauch ist eine gewisse Entfremdung zwischen Mannschaften und Unteroffizieren. Spannungen hat es seit jeher zwischen beiden Gruppen gegeben, doch im Vietnam-Krieg, so Ingraham, wurden sie noch verschärft. Die NCOs werden als «lifer» (Lebenslänglicher) von den Gefreiten verhöhnt und verspottet, und die NCOs vermeiden die Kasernen, besonders nach Dienstschluß. Diese

Vermeidung wird dann dahingehend rationalisiert, daß die moderne Generation von Soldaten den früheren unterlegen sei. Manche Sergeants beklagen sich, daß die Gefreiten zu viel Bildung genossen hätten, während andere behaupten, daß seit dem Ende der Wehrpflicht nur Dummköpfe und Taugenichts zum Militär gehen. Auf jeden Fall klagen Unteroffiziere, daß die Gefreiten keinen Stolz, keinen Leistungsanreiz, keinen Ehrgeiz und «kein Talent für irgend etwas haben außer herumzuliegen und zu haschen» (Ingraham, S. 176). Die Sergeants verstehen nicht, warum diese Generation so häufig Drogen nimmt; sie wissen nicht, was sie tun und sagen könnten, um ihre Truppen davon abzuhalten.

Die Ignoranz über den Drogengebrauch hat einen weiteren Grund – und der paralysiert die Führer am meisten: «Mehr zu wissen bringt die Verpflichtung mit sich, mehr zu tun, und die Führer hatten keine Ahnung, was sie tun sollten, wenn sie genauere Informationen hätten» (Ingraham, S. 177). Also ist es besser, möglichst wenig zu wissen. In Deutschland ist die Situation ein wenig anders, nachdem die Medien das Thema so publik gemacht haben und alle um die Kampffähigkeit der Truppen besorgt sind. Mit Hilfe ständiger Urinanalysen, Razzien und harter Strafen hat man den Gebrauch illegaler Drogen eingeschränkt oder anders ausgedrückt: auf die legale Droge Alkohol verlagert. In offiziellen Stellungnahmen heißt es dann gleich, daß nur noch «eine Minderheit von Soldaten Alkohol und Drogen mißbraucht» (General Kroesen 1982:76). Das klingt, als hätte man «alles im Griff» – doch kaum ein halbes Jahr später wird Alkohol in den Kasernen verboten – eben weil man die Situation nicht unter Kontrolle hat.

Aufschlußreich ist die Lektüre von *Stars and Stripes*. Zu gerne werden Statistiken so präsentiert, als ob Alkohol- und Drogenmißbrauch gesunken seien. Am 9. September 1983 heißt es:

> «Verstöße, die mit Alkohol verbunden sind, stiegen bei den Soldaten in Europa um 25% und Verstöße, die mit Drogen verbunden sind, sanken im ersten Vierteljahr um 22%. ... ‹Es könnte einige Leute geben, die meinen, daß in dem Maße, wie wir Drogen unterdrücken, wir die Soldaten veranlassen, sich dem Alkohol zuzuwenden›, meinte Raab vom ‹Drug Suppression Operation Center›. ‹Unsere Berichte zeigen jedoch, daß die Soldaten jetzt weniger Alkohol mißbrauchen als vor ein oder zwei Jahren›.»

Wie ist es möglich, daß der Alkoholmißbrauch gesunken ist, es aber gleichzeitig mehr durch Alkohol verursachte Verstöße gibt? Es wird von den Verantwortlichen damit (weg-)erklärt, daß man jetzt effektiver sei, diese Leute zu überführen. Eine Zahl, die hier nicht genannt wird, besagt, daß sich der Alkoholmißbrauch vor zwei Jahren gegenüber dem Vorjahr verdoppelt hat. Erst nach dieser Verdoppelung kam es zu einer leichten Abschwächung des Mißbrauchs. Indem diese Zahl verschwiegen wird, erweckt man den Eindruck, als sei das Militär sehr effektiv bei der Beseitigung dieser Probleme.

Larry Ingraham übt noch weitere Kritik an der Führung des amerikanischen Militärs. Bei diesem Punkt geht es um die Menschenführung, ein Talent, das zweifellos nicht jedem gegeben ist, und nach seiner Auffassung tue die Army das ihre, Talentierte auch noch zu entmutigen. Die Offiziere nehmen an, daß die Unteroffiziere in Menschenführung unerfahren seien und glauben, daß mehr Unterricht in Führungsschulen sie zu besseren Unteroffizieren mache. Auch für die Beförderung ist der Besuch solcher Schulen sehr nützlich, das bringt Punkte. Ingrahams Untersuchung brachte zutage, daß nach Ansicht der Sergeants die am wenigsten geeigneten am meisten bevorzugt werden. Die Offiziere schicken nämlich die Sergeants zu den Schulen, auf die sie am ehesten verzichten können; die besten Sergeants bleiben bei den Mannschaften – und werden bei der nächsten Beförderung übergangen, weil ihnen wesentliche Punkte fehlen. Für die wirklich fähigen Menschenführer gibt es in diesem System keine Belohnung (S. 178).

Einige der Mißstände sind eine Folge der Bürokratisierung mit all ihren Nebenerscheinungen: Anonymität, Machtlosigkeit des einzelnen und Entfremdung. Ein First Sergeant:

> «Als ich letztes Mal nach Korea ging, waren meine Unterlagen so chaotisch, daß ich sechs Monate lang nicht bezahlt wurde. Es ist alles so unpersönlich jetzt; Bezahlung, Beförderung, Versetzungen werden alle vom Computer in Washington gemacht. Der einzelne Soldat hat überhaupt nichts mehr zu sagen. Sieh dir Sergeant Andrews an, mit seinem Asthma sollte er in Arizona sein; er hat sich dafür beworben, aber wo schicken sie ihn hin – in diesen Sumpf! Der Computer vergleicht nur MOS mit freien Stellen; auf das Individuum wird keine Rücksicht genommen. Wenn ich jünger wäre, ich würde auch von hier verschwinden» (Ingraham, S. 183f).

Das Hauptinteresse der meisten Offiziere gilt der eigenen Karriere. Es herrscht das Prinzip «Up or out», rauf (im Rang) oder raus (aus dem Dienst). Dem werden andere Aufgaben untergeordnet. Dabei fallen Probleme des Alkohol- und Drogenmißbrauchs in die Kategorie «nicht dringlich». Leistung und Kampfkraft der Truppen sind Kriterien, von denen die Karriere abhängen kann. Aufgefordert, eine Liste von 39 Gründen, die die Kampfkraft beeinträchtigen, nach ihrer

Bedeutung zu gewichten, setzten 300 Kommandeure den Alkohol auf Platz 20, Haschisch, Heroin und andere gefährliche Drogen auf Platz 25 bis 27 (*Stars and Stripes*, 18.1.1980).

In einem Artikel der Militärzeitung *Army Times* vom 30. April 1979 kritisiert Oberstleutnant Henry Gole aufs schärfste das eigene Militärsystem. Die «Bruderschaft» der Offiziere sei in Wirklichkeit eine Ansammlung von Egoisten, und man sei gut beraten, sich beim Anknüpfen von persönlichen Beziehungen Zurückhaltung aufzuerlegen. Statt Kooperation stehe Konkurrenz im Vordergrund. Offiziere hegten den sklavischen Wunsch, ihren nächsten Vorgesetzten zufriedenzustellen. Der absolute Zwang, die eigene Vortrefflichkeit in trivialen wie wichtigen Dingen ständig zu beweisen, schaffe eine Halsabschneider-Atmosphäre, ein Gefühl von Gefahr, eine Angst davor, selbst einen kleinen Fehler zu machen. «Ein junger Offizier lernt schnell, dieses Minenfeld mit größter Vorsicht zu durchqueren und anderen nur in Ausnahmefällen Vertrauen entgegenzubringen. Vom Lernen, wie man überlebt, bis zum Lernen, wie man vorankommt, ist es nur ein kleiner Schritt. Im Wettrennen um das eigene Vorwärtskommen werden Ebenbürtige zu Feinden, und der Weg ist gepflastert mit den Kadavern der Erfolglosen. Man lernt, wie man über sie hinwegsteigt, ohne aus dem Tritt zu kommen.»

10. Das Janus-Gesicht der deutsch-amerikanischen Freundschaft

«Ich bin ein GI, das sind 50 Punkte gegen mich, 50 von 100 Punkten» (Kent, ein Chippewa-Indianer in der Army)

Amerikanische Soldaten und ihre Familien leben abgeschottet neben uns; dennoch betonen wir bei keiner anderen Ausländergruppe so sehr, wie eng die politischen Beziehungen und die gegenseitige Freundschaft sind. Wir wollen die Freundschaft, aber suchen sie nicht unbedingt; wir wollen sie aufrichtig, aber doch nicht mit jedem Amerikaner; wir wollen Soldaten, aber nicht unbedingt Freundschaft mit Soldaten. So gesellt sich zu jedem Wunsch ein «aber», das den ursprünglichen Wunsch abschwächt und das Bekenntnis zur Freundschaft zum Lippenbekenntnis geraten läßt.

Die deutsch-amerikanische Freundschaft ist ein kompliziertes Thema, eine politisch und menschlich diffizile Angelegenheit, deren viele Facetten hier nicht alle beschrieben werden sollen. Erst seit ich täglich mit amerikanischen Soldaten zu tun habe, fällt mir auf, wie intensiv eine politische Rhetorik die deutsch-amerikanischen Beziehungen pflegt und wie unbedeutend dieses Thema für die meisten Soldaten und den durchschnittlichen Deutschen ist. Je edler die Worte, desto größer ist die Distanz zum täglichen Leben. Es gibt sehr wohl zahlreiche Beziehungen zwischen Deutschen und GIs, allerdings entsprechen sie durchaus nicht immer den hehren Motiven der Politiker und Militärs. Die verschiedenen Ebenen der Begegnung, die unterschiedlichen Motive für deutsch-amerikanische Freundschaften vermitteln in ihrer Gegensätzlichkeit ein Bild der janusgesichtigen Freundschaft zwischen Deutschen und Amerikanern.

Dieses Kapitel soll versuchen, die widersprüchlichen Motive für freundschaftliche Kontakte und die zahlreichen Schwierigkeiten für eine von manchen Politikern erwünschte Integration von GIs zu entwirren. Zunächst geht es um die Frage: Wie werden die Amerikaner in der örtlichen Presse geschildert? In welchem Zusammenhang werden sie erwähnt? Dabei zeigt sich, daß über die Hälfte aller Artikel die deutsch-amerikanischen Beziehungen in den freundlichsten Farben schildern. Einige der dabei erwähnten Ereignisse kenne ich aus eigener Anschauung; in Gesprächen mit Deutschen und amerikanischen

Soldaten während solcher Anlässe klingen Ironie, Enttäuschung und Desinteresse an. Wissen nicht eigentlich beide Seiten, daß die organisierte Freundschaft ein Mittel der Propaganda ist?

Ein weiterer Abschnitt schildert andere Formen der Beziehungen, Gleichgültigkeit und Suche nach materiellen Vorteilen, Diskriminierung und Wunsch nach sexuellem Kontakt. Erinnert da nicht einiges an die Zeit der Befreiung und Besatzung?

Der letzte Abschnitt faßt noch einmal die unterschiedlichen Gründe zusammen, die die widersprüchliche Haltung zwischen Deutschen und den Truppen ihrer Verbündeten bestimmen und die sich vielleicht in dem Satz zusammenfassen lassen: Freundschaft – ja, Integration? Nein, danke!

Das Militär in der örtlichen Presse

Auf den folgenden Seiten wird gezeigt, wie sich die Präsenz des amerikanischen Militärs in der *Mainzer Allgemeinen Zeitung* widerspiegelt. Welche Themen sind von Interesse? Worüber wird besonders ausführlich berichtet?

Ein Journalist der *Frankfurter Allgemeinen Zeitung* schrieb 1972, daß sich die überwiegende Zahl der Zeitungsnotizen über GIs mit Raubüberfällen, Vergewaltigungen und zunehmenden Rauschgiftdelikten beschäftigen. Das ist für Mainz zehn Jahre später sicherlich nicht gültig. In den rund 180 Zeitungsartikeln, die zwischen Mai 1981 und Februar 1984 erschienen sind, lassen sich drei große Themenkreise abstecken. Der erste enthält Straftaten und Unfälle von Amerikanern (33 Artikel = 18%), der zweite bringt permanente Konflikte zur Sprache, die sich aus der militärischen Präsenz der Amerikaner ergeben (55 Artikel = 30%). Der dritte Themenkomplex ist der weitaus umfangreichste; in 95 Artikeln (52%) werden die guten Beziehungen zwischen deutscher Bevölkerung und amerikanischen Soldaten gepriesen und an vielen größeren und kleineren Begebenheiten demonstriert.[1]

Das erste Thema der Berichterstattung in der AZ umfaßt die Straftaten und Unfälle, bei denen auch die deutsche Polizei eingeschaltet wurde. Straftaten und Unfälle, bei denen nur GIs beteiligt waren, fallen unter die Rechtsprechung der Amerikaner, und hierüber werden keine Angaben veröffentlicht. Es werden nicht allzu viele Straftaten publiziert, es sind drei bis vier Sexualdelikte pro Jahr, ein versuchter Raub, eine Messerstecherei, ein Rauschgiftfund. Der einzige krasse Fall war der Mord an einem Taxifahrer im Mai 1983. Hiermit beschäftigen sich allein 13 von 33 Artikeln.

Wegen des militärischen Sicherheitsstrebens werden Umfang und Art der Straftaten von Angehörigen amerikanischer Streitkräfte nicht bekanntgegeben, im übrigen dient es dem politischen Interesse, ein möglichst positives Bild in der Öffentlichkeit abzugeben. Als es in den sechziger Jahren auf Grund der Stationierung eines Strafbataillons in Mainz, wie Gerüchte behaupten, zu vielen und schweren Straftaten kam und die Bevölkerung unruhig wurde, gab es, so ein Mitarbeiter der AZ, einen Nachrichtenstopp. Ein Jahr lang wurde nichts über amerikanische Straftäter publiziert. Auffallend positiv reagierte die Zeitung, als ein Mainzer Taxifahrer 1983 von drei Amerikanern ermordet wurde. Man veröffentlichte nur einen einzigen Leserbrief, in dem gebeten wurde, nicht nur der Braut des Ermordeten zu helfen, sondern auch an die Frau des Mörders zu denken und ihr ebenso zu helfen. Eine wahrhaft noble Geste gegenüber den Amerikanern.

Zum Thema Straftaten möchte ich einige Zahlen ergänzen, die nicht in der Presse standen und mir freundlicherweise vom Landeskriminalamt zur Verfügung gestellt wurden. In Mainz betrug der Anteil amerikanischer Tatverdächtiger 1983 3,7 %. Das heißt, von 5557 Tatverdächtigen waren 203 Angehörige der amerikanischen Streitkräfte. Bei einigen Straftaten wie Diebstahl lag die Quote unter einem Prozent (16 amerikanische Tatverdächtige von insgesamt 2551). Bei Straftaten gegen die sexuelle Selbstbestimmung waren es 2 amerikanische Tatverdächtige gegenüber insgesamt 78 (2,6 %), bei Körperverletzung 16 von 314 (5,1 %). Den bei weitem höchsten Anteil haben Rauschgiftdelikte, von 422 Tatverdächtigen waren 115 amerikanische Militärangehörige, das sind 27,3 %. Selbst dieser überproportional hohe Anteil von Amerikanern bei Rauschgiftdelikten wird in keiner Weise von der Presse erwähnt.

Das zweite Thema, das in der AZ ausführlicher zur Sprache kommt, sind Probleme, die durch die Anwesenheit der Amerikaner oder Interessenkonflikten zwischen dem Militär und der Bevölkerung entstehen.

Ein Hauptärgernis ist die Lärmbelästigung durch Panzer und Hubschrauber. In Gonsenheim können die Anwohner nachts nicht schlafen, wenn die Panzer erst warmlaufen, bevor sie ins Manöver ausrücken. Daran wird sich, so die Army, auch weiterhin nichts ändern lassen. In Finthen, Wackernheim, Drais und Lerchenberg leiden die Bewohner unter den oft recht tief fliegenden Hubschraubern. 140 Hubschrauber sind in Finthen stationiert. Im Sommer 1983 übten die Piloten sieben Wochen lang Nachtflüge, von Sonnenuntergang bis vier Uhr morgens.

Zu Gast auf deutschen Bauernhöfen

Unangenehm ist auch der Lärm in Werken, in denen Panzer repariert und Probefahrten gemacht werden. Mit Empörung reagierten die Anwohner, als 1983 das Dröhnen der Panzer die Ruhe des Karsamstags störte – eine Instinktlosigkeit, wie ein Journalist der *Allgemeinen Zeitung* meinte. Das Werk sicherte daraufhin zu, nur noch in Notfällen am Samstag Probefahrten zu machen.

Eine Belästigung anderer, leiserer Art, sind voll aufgedrehte Kassettenrecorder und lärmende Soldaten in Lokalen, vor allem in direkter Nachbarschaft der Kaserne. Hier wurde rasch Abhilfe geschaffen. Da sich die Ortsvorsteher der Stadtteile, die zuständigen amerikanischen Offiziere und der General sowie die für deutsch-amerikanische Belange Zuständige der Stadt Mainz alle drei Monate treffen, können solche Probleme relativ schnell beseitigt werden. Hier werden die Klagen der Bürger vorgebracht und mit den militärischen Belangen der Amerikaner – sofern möglich – in Einklang gebracht. In diesem Fall wurden alle Soldaten, die die Kaserne mit einem Kassettenrecorder verlassen, schriftlich erfaßt; fällt jemand unangenehm auf, wird der Apparat für eine Weile konfisziert. In einer Kneipe wurde ein Schild «Please do not play music» aufgestellt, und die Militärpolizei verstärkt die Rundgänge hier. Außerdem informierte man die Soldaten über deutsche Lärmschutzbestimmungen. So kann man schnell für Ruhe sorgen, allerdings taucht das Problem dann wieder auf, wenn die Mannschaften wechseln und neue Soldaten in die Kaserne einziehen, die Wackernheim oder Gonsenheim mit New York verwechseln. – Generell haben die Soldaten Angst, der Militärpolizei in die Hände zu fallen, nicht zuletzt, weil sie eine Strafe nach Artikel 15 befürchten. Kontrolle und Druck von oben haben also hier die von Deutschen erwünschten Konsequenzen, die Jungs sind ruhig!

Ein anderes Problem betrifft die Bauern in Wackenheim und Finthen. Seit einigen Jahren will die Army den Flughafen in Finthen einzäunen; das bedeutet für viele Bauern, daß sie ihre Felder nur über einen erheblichen Umweg erreichen können. Zeitweise sperrt die Army die sogenannte Ringstraße um den Flughafen und ließ nur Bauern mit Passierscheinen durch. Gleichzeitig benötigte das amerikanische Militär Ackerland von einigen Bauern, um eine Rundstrahlbefeuerung zu installieren. Damit soll der Nachtflugbetrieb erweitert werden. Das Innenministerium betont, daß auf dem Flugplatz weiterhin nur Hubschrauber stationiert bleiben sollen, doch gelegentlich würden wohl auch Tragflächenflugzeuge nachts hier landen. Für Düsenjäger sei der Flugplatz hingegen nicht geeignet. Ob das in bezug auf den zu erwartenden Lärm eine tröstliche Nachricht sein soll, wird die Zukunft erweisen. Verständlicherweise weigerten sich die Bauern, ihr Land für solche Zwecke zu verkaufen. Daraufhin drohte die Bundesvermögensverwaltung mit Enteignung. Die Situation Anfang 1984: der Bund baut einen Ersatzweg für die Ringstraße, die dann geschlossen wird. Die Bauern sind jetzt bereit, ihr Land zu verkaufen.

Sorge bereitete den Wackernheimern im Mai 1983 ein Vorfall, bei dem «größere Mengen öl- und säureverseuchter Erde unter besonderen Vorsichtsmaßnahmen aus dem Bereich der Wackernheimer Kaserne in die Sondermülldeponie Gerolsheim transportiert» wurden (AZ, 25.5.1983). Die Umstände des Ölunfalls wurden nie geklärt. Über einen zweiten Ölauslauf im November berichtete die AZ nicht. Im Dezember 1983 fragte das *Wackernheimer Blättche*, das vom SPD Ortsverein herausgegeben wird: «Aus welchen Gründen wird weder die Ortsgemeinde noch Verbandsgemeinde und Kreis rechtzeitig unterrichtet? An mindestens 3 Stellen wurden Verschmutzungen gefunden – nur eine wurde bestätigt. Welches Ausmaß hatte der Ölauslauf Anfang November? Was ist mit der Kläranlage los, warum wurden zum gleichen Zeitraum so große Schmutzmengen im Bruchgraben gemeldet? Fragen über Fragen – wir warten auf Antwort.» Der SPD-Ortsverein bedauert, «daß trotz Anfragen im Orts- und Verbandsgemeinderat bisher eine umfassende Unterrichtung über die

DANKBAR sind die Gonsenheimer Bürger, die in der Umgebung der Kathen-Kaserne wohnen, für die Bemühungen der Amerikaner, die in jüngster Zeit kritisierten Lärmbelästigungen künftig in Grenzen zu halten. In einem in der Elbestraße gelegenen Restaurant wurden entsprechende Hinweisschilder angebracht (unser Foto). Darüber hinaus hat US-General H. Norman Schwarzkopf der beigeordneten Aenne Ley zugesagt, künftig jeden Soldaten, der mit einem Radio oder Kassettenrekorder die Kaserne verlasse, in eine Liste einzutragen. Somit sei es für den diensthabenden Offizier kontrollierbar, wer unter Umständen für Lärmbelästigungen in Frage komme.

Bild: Klaus Benz

Mainzer Stadtnachrichten vom 24. 5. 81

tatsächlichen Vorkommnisse noch aussteht.» Unbehagen machte sich auch breit, als der Ober-Olmer Wald im Flächennutzungsplan als «Sondergebiet» ausgewiesen wurde (AZ, 28. 7. 1982). Hier lagern bereits Nike-Hercules-Raketen (1983 wurden sie abgezogen), und der Wald grenzt an den Finther Flugplatz, der ja ausgebaut wird. Man befürchtet eine Schließung dieses Naherholungsgebietes. Die Bürger beobachteten Abholzaktionen im Wald, deren Zweck unklar blieb. Das Volksradfahren darf nicht mehr durch das Waldgebiet verlaufen. Die Mainzer Grünen vermuten gar, daß hier eines Tages Pershing II-Mittelstreckenraketen gelagert werden sollen. Bei den deutsch-amerikanischen Gesprächen im Januar 1983 sagte General Cardillo ganz deutlich, daß das Waldgebiet in erster Linie militärisches Sicherheitsgebiet sei und daß die Freizeit- und Erholungsfunktion für die Mainzer eingeschränkt werden müsse, wenn Truppen im Wald üben (AZ, 31. 1. 1983).

Eine permanente Quelle des Ärgers ist für die Bevölkerung die Benutzung des «Mainzer Sandes» für Manöverübungen. Der «Mainzer Sand» ist ein in Europa einmaliges Naturschutzgebiet mit seltenen Pflanzen aus der Eiszeit. Rund die Hälfte dieses Gebietes wird bereits militärisch genutzt, und es besteht die Gefahr, daß bald auch der übrige Rest den Panzerketten zum Opfer fällt.

Deutlich wird bei den anstehenden Problemen, daß in allen Fällen, die die Sicherheit des US-Militärs gefährden könnten, striktes Stillschweigen gewahrt wird. Die Army vermeidet von sich aus jegliche Publizität, sie beschwichtigt unruhige Bürger, vertuscht unliebsame Vorkommnisse (Ölunfall), verharmlost mögliche Folgen von Entscheidungen (Nachtflüge Finthen). Die eigenen militärischen Interessen stehen grundsätzlich an erster Stelle. Aktiv werden die zuständigen Offiziere nur dann, wenn es sich um vermeidbaren Lärm der eigenen Soldaten in der deutschen Öffentlichkeit handelt. Man zeigt sich interessiert, gute Beziehungen zur deutschen Bevölkerung zu unterhalten und bemüht sich, ein positives Image zu erwerben.

Dies ist gleichzeitig das dritte Schwerpunktthema, das sich bei einer Analyse aller über Amerikaner in Mainz veröffentlichten Artikel herausschält. Und es ist das umfangreichste: von Mai 1981 bis Februar 1984 erschienen 95 Artikel, die die guten Kontakte zwischen den ausländischen Streitkräften und der Gastnation illustrieren. Das sind zu einem geringen Teil wirtschaftliche Beziehungen; zu einem ständig sich wiederholenden Teil der Wechsel von Kommandeuren und schließlich eine bunte Vielfalt kleinerer und größerer deutsch-amerikanischer Veranstaltungen und Begegnungen.

Sehen wir uns zuerst die wirtschaftlichen Beziehungen an. Es gibt keine Zahlen darüber, wie viele Deutsche insgesamt für die Amerikaner in Mainz arbeiten. Während es in ganz Rheinland-Pfalz 25000 sind, schätze ich ihre Zahl in Mainz auf 3000 bis 4000. Rund 850 Deutsche sind in der Verwaltung der Amerikaner tätig, und die Zahl derer, die im Panzerwerk arbeiten, ist beträchtlich und steigt ständig. Waren es im August 1982 rund 2500 Deutsche, so stieg ihre Zahl bis Juli 1983 auf 3600 Beschäftigte. Was ist der Grund für diese beachtliche Steigerung? Da war zunächst einmal der Konkurs des Mombacher Busunternehmens Magirus-Deutz, Tausenden drohte plötzlich die Arbeitslosigkeit. Die Bundesregierung hat inzwischen das Gelände gekauft, das amerikanische Militär hat die Gebäude erworben und das Panzerwerk hat Hunderte von Arbeitern übernommen, die jetzt statt an Bussen an Panzern und anderen militärischen Fahrzeugen und Geräten arbeiten. Das «Mainz Industries Panzerwerk» ist eine deutsche Firma, die aber alle Aufträge von den Amerikanern erhält, und letztlich von ihnen verwaltet wird. Die Verwaltung ist im «Mainz Army

Depot» zusammengefaßt. Die Stadt Mainz war hocherfreut über diese neue Entwicklung, da die Arbeitslosenzahl hierdurch gesenkt wurde. Nur in Leserbriefen äußerten sich einige Bürger nachdenklich darüber, daß der Arbeitsfriede ausgerechnet durch Arbeitsplätze in der Rüstungsindustrie gesichert wurde.[2]

Die Belegschaft des Panzerwerkes soll langfristig auf 5000 Beschäftigte steigen – eine zunächst erstaunlich hohe Zahl. Doch wird sie einsichtig, wenn man sich vor Augen hält, daß das Panzerwerk das einzige seiner Art in Europa ist, das amerikanische Rüstungsgüter instandsetzt. Insgesamt gibt es nur 12 solcher Depots für das US-Militär. Bedenkt man weiter, daß im Laufe der folgenden Jahre rund 500 neue Waffensysteme in das amerikanische Militär eingeführt werden, dann wird verständlich, warum das Werk seine Mitarbeiterzahl erhöhen muß. Zur Zeit arbeiten auch etliche amerikanische Zivilisten im Panzerwerk, die aus den Produktionsfabriken in USA kommen und hier – so meine Vermutung – die Deutschen in die neue Technologie einarbeiten.

Eine andere Form wirtschaftlicher Zusammenarbeit mit Amerikanern außerhalb des Militärs wird derzeit von der CDU Rheinland-Pfalz geplant. Unter dem Vorsitz des CDU-Fraktionsvorsitzenden im rheinland-pfälzischen Landtag Hans-Otto Wilhelm wurde ein – überparteiliches – Kuratorium der Aktionsgemeinschaft Deutsch-Amerikanische Verbundenheit «Ein Herz für USA» gegründet.[3] Mit dieser Aktionsgemeinschaft will man den Amerikanern signalisieren, daß anti-amerikanische Tendenzen in Deutschland nur von einer Minderheit verfolgt werden. Als Auftakt veranstaltete man am 12.6.1983 in Worms einen rheinland-pfälzischen-amerikanischen Verbundenheitstag. Die Zugpferde unter den Rednern waren Henry Kissinger, der deutsche Außenminister Hans-Dietrich Genscher und der amerikanische Botschafter Arthur Burns. Auf dem Marktplatz spielten deutsche und amerikanische Militär- und Polizeikapellen, Country Bands und Folkloregruppen. Daß ausgerechnet Rheinland-Pfalz so aktiv wird, sieht Wilhelm in der Tatsache begründet, daß nicht nur Tausende von Menschen in den vergangenen Jahrhunderten nach USA ausgewandert sind, sondern auch darin, daß 150000 amerikanische Militärangehörige mit ihren Familien hier leben – so viel wie in keinem anderen Bundesland. Die Aktionsgemeinschaft hat zum Ziel, «das Engagement der deutschen Bevölkerung für eine weitere Verbesserung der direkten mitmenschlichen Beziehungen zwischen Deutschen und Amerikanern zu intensivieren» (Pressemitteilung vom 6.5.1983). Parallel zu diesem medienwirksamen Spektakel lud die CDU Rheinland-Pfalz texanische Manager aus Industrie, Bank-

«Ein Herz für USA» – mit diesem Zeichen wirbt die Aktionsgemeinschaft Deutsch-Amerikanischer Verbundenheit e. V.

wesen und der Immobilienbranche ein, um ihnen die Standortvorteile der Region vor Augen zu führen und Investitionen und Ansiedlung schmackhaft zu machen. Umgekehrt flog eine deutsche Delegation aus Vertretern der Wirtschaft und Politik nach Texas, Washington D. C. und Pennsylvania, um neue Absatzmärkte für Fertighäuser, Keramikwaren und Wein zu erkunden.

Neben den wirtschaftlichen Interessen verfolgt die Aktionsgemeinschaft «Ein Herz für USA» aber auch kulturelle Interessen. Es werden Pläne erörtert, wonach ein eigener Schüler- und Studentenaustausch durchzuführen sei, außerdem gegenseitige Universitäts- und Städtepartnerschaften, Austausch von Journalisten und Redaktionspartnerschaften und schließlich die Zusammenarbeit mit amerikanischen Veteranenclubs.[4] Fast schon unter «ferner liefen» klingt dann das programmatische Ziel, die direkten mitmenschlichen Beziehungen zwischen Deutschen und Amerikanern zu intensivieren. Lobend wird dabei erwähnt, daß schon viele rheinland-pfälzische Bürger ehrenamtlich tätig seien, «um die menschlichen Bindungen zu den hier lebenden Amerikanern und zu den Vereinigten Staaten zu intensivieren». Außer dem gegenseitigen Besuch von Vertretern aus Politik und Wirtschaft sind bisher keine weiteren Aktivitäten erfolgt. So bleibt abzuwarten, was aus der angekündigten Intensivierung menschlicher Beziehungen zwischen Deutschen und amerikanischen GIs wird.

Ein weiteres Thema, das die guten Beziehungen zwischen Deutschen und Amerikanern immer wieder in Wort und Bild zeigt, ist der Wechsel der Kommandeure. Alle zwei Jahre erhält die Mainzer Militärgemeinde einen neuen General. Da wird der scheidende General mit allen Honneurs und in Anwesenheit zahlreicher prominenter Gäste verabschiedet, es werden Geschenke ausgetauscht und man versichert sich enger Freundschaft, guter Erinnerung an Mainz und seinen Wein und spielt die deutsche und amerikanische Nationalhymne. Etwas weniger aufwendig, aber immer noch erwähnenswert ist die Verabschiedung der Standortkommandeure in Gonsenheim, Finthen und Wackernheim. Und immer weist man auf das «ungetrübte Verhältnis» hin, auf den Beitrag zu Menschlichkeit und guter Zusammenarbeit und die enge Freundschaft, die sich entwickelt habe.

Ebenso dokumentiert wird natürlich auch das Eintreffen des neuen Generals und sein Antrittsbesuch beim Oberbürgermeister Jockel Fuchs. Man tauscht freundliche Worte und erhofft eine beiderseits ersprießliche Zusammenarbeit bei allen anstehenden Problemen.

Weitere Anlässe zum Nachweis guter gegenseitiger Beziehungen waren in der Zeit von Mai 1981 bis Febraur 1984:

– amerikanische Feiertage, vor allem Thanksgiving Day und Unabhängigkeitstag, an dem zu Empfängen eingeladen wird;
– Ehrung von Jubilaren, die 20 Jahre und länger für die Army gearbeitet haben oder von langjährigen Mitarbeitern im deutsch-amerikanischen Club;
– eine Aktion, bei der amerikanische Pfadfinder und Deutsche gemeinsam in der Kaserne oder in der Housing Area Bäume pflanzen;
– ein Partnerschaftsfest zwischen Bundeswehr-Reservisten und amerikanischen Soldaten;
– Auszeichnungen für Deutsche, die sich um gute Zusammenarbeit verdient gemacht haben;
– die Hilfe der Amerikaner mit ihrer technischen Ausrüstung beim Sportplatzbau in Wackernheim;
– ein gemeinsamer Gottesdienst amerikanischer, französischer und deutscher Soldatenfamilien zum Weltfriedenstag;

Gutenbergstatuette für General Cardillo

be. - Die Fahnen der US-Brigaden schmückten den Offiziersclub in den Lee Barracks in Gonsenheim, wo sich eine stattliche Zahl prominenter Ehrengäste mit Oberbürgermeister Jockel Fuchs und Landrat Johann Wilhelm Römer an der Spitze eingefunden hatte, um Brigadegeneral Richard G. Cardillo „Dank und Anerkennung" auszusprechen. Der Kommandeur der Mainz Military Community nimmt Abschied von Mainz, um in Stuttgart eine neue Aufgabe zu übernehmen.

„Wir brauchen einander", stellte Oberbürgermeister Jockel Fuchs in seiner Abschiedsrede fest, als er dem scheidenden General eine „gute Zusammenarbeit" in den vergangenen Monaten bescheinigte. Fuchs hoffte, daß sich diese Zusammenarbeit auch mit dem neuen Befehlshaber fortsetze. Zur Erinnerung an die Mainzer Monate überreichte der Oberbürgermeister Brigadegeneral Cardillo die Gutenbergstatuette, die ihn „immer an Mainz und die liebenswerte Stadt" erinnern soll.

In der Reihe der Ehrengäste sah man Generalvikar Luley, der auch die Grüße von Bischof Lehmann übermittelte, Landtagsabgeordneter Heinz-Georg Diehl, Generalmajor Holzfuß, Oberst Geiberger von der Bundeswehr sowie die Bürgermeister aus den Randgemeinden. Sie alle wünschten dem scheidenden US-General weiterhin „Glück und Erfolg in der militärischen Laufbahn.

„Es ist nicht leicht, von Mainz fortzugehen", meinte Brigadegeneral Richard C. Cardillo in seiner Abschiedsrede, denn die Vertreter der Stadt, des Landkreises und des Landes, aber auch der Industrie, hätten ihm stets geholfen. Cardillo gab der Hoffnung Ausdruck, daß dieses Vertrauen auch auf den neuen Kommandeur, Brigadegeneral Mallory, übertragen werde. Unter den zahlreichen Abschiedsgeschenken war auch der Ehrenteller der ÖTV-Gewerkschaft Mainz-Rheinhessen, den der stellvertretende Geschäftsführer Jürgen Hinkel überreichte. Das Abschiedsgeschenk für die US-Brigaden übergab Generalmayor Charles Dyke, Chef der 8. Division Bad Kreuznach.

DER CHEF der US-Streitkräfte in Mainz, General Cardillo, wurde jetzt von Oberbürgermeister Fuchs und der Beigeordneten Ley verabschiedet. Bild: Rudi Klos

Mainzer Allgemeine Zeitung vom 13. 2. 84

– der Neujahrsempfang beim amerikanischen General;
– ein Schüleraustausch zwischen deutschen und amerikanischen Familien;
– eine deutsch-amerikanische Freundschaftswoche mit vielfältigen Aktivitäten, u. a. dem Tag der Offenen Tür in der Kaserne;
– die Firmung amerikanischer Jugendlicher im Mainzer Dom;
– der jährliche Mayflower-Ball des deutsch-amerikanischen Clubs;
– die Einladung amerikanischer Soldaten in eine Mainzer Familie, um dort Weihnachten zu verleben;
– ein deutsch-amerikanisches Volksfest im King-Village oder in Gonsenheim;
– die Suche nach Kontakt zu Budenheimer Vereinen;
– die Bewirtung von Teilnehmern am internationalen Volksmarsch in Lee Barracks in Gonsenheim;
– ein Empfang des Generals für Mainzer Taxifahrer, Bedienstete der Verkehrsbetriebe, Feuerwehrleute und Telefonistinnen der Zentrale, und damit verbunden der Dank für jahrelang erbrachte Dienstleistungen;
– ein Sportfest für 300 deutsche und amerikanische Sportler, gefördert vom Sportbund Rheinhessen.

Die organisierte Freundschaft zwischen Deutschen und Amerikanern

«Laßt uns Freunde sein
– für eine Woche ...»

(ein GI über die deutschamerikanische Woche)

Das Ziel aller Veranstaltungen liegt in der Herstellung und dem öffentlichen Nachweis guter gegenseitiger Beziehungen. Die Presse beschreibt ein harmonisches Beisammensein, eine freundschaftliche Begegnung, ein herzliches Einvernehmen. Alles wirkt zuckersüß, selbst wenn Kinder auf Panzern herumklettern. In Mainz gibt es weder Demonstrationen noch offene Aggressionen, aber ist deswegen das in der Presse gebotene harmonische Bild ein wahres Abbild der Realität? Bisweilen muß man schon genauer hinschauen, um die Brüche zu sehen, den versteckten Unmut, die Gleichgültigkeit. Und außerdem: wem gilt die Freundschaft? Schließt sie neben den wenigen Offizieren auch die vielen einfachen Soldaten ein? Das mag in der deutsch-amerikanischen Woche so scheinen, danach kehrt jeder wieder in seine Welt zurück. Wir sind nicht Freunde, aber immerhin freundlich.

Die Liste der Begegnungen zwischen deutscher Bevölkerung und amerikanischem Militär ist beeindruckend. Einige bedeutendere und aufschlußreiche Ereignisse sollen im folgenden ausführlich geschildert werden: der jährliche Mayflower-Ball, die Verabschiedung eines Kommandeurs in Wackernheim, ein Schüleraustausch, die deutsch-amerikanische Woche in Mainz und die Einladung von Soldaten zum deutschen Weihnachtsfest.

Das große gesellschaftliche Ereignis des Jahres ist der Mayflower-Ball, der alljährlich im Mai vom deutsch-amerikanischen Club veranstaltet wird und an dem ich 1983 teilnahm. Im Kurfürstlichen Schloß erscheinen amerikanische Offiziere in ihrer blauen Ausgehuniform und die Damen in großer Garderobe. Bei Musik, Show und Tanz und einer großen Tombola vergnügen sich nicht nur die rund 160 Mitglieder des Clubs, sondern auch etliche Spitzenpolitiker und Professoren, hohe Offiziere der Bundeswehr und Vertreter der *Lufthansa*. An einigen Tischen sind Deutsche und Amerikaner bunt gemischt, doch dann entdecke ich drei Tische, an denen ausschließlich Offiziere aus Wackernheim mit ihren Ehefrauen sitzen. Welchen Sinn kann es haben, die Leute, die bei ihren eigenen gesellschaftlichen Anlässen eh immer zusammen sind, auch hier zusammenzusetzen? Von einem Captain erfahre ich, daß der Standortkommandeur wohl milden Druck ausgeübt hat, damit nur ja alle seine Offiziere hier erscheinen. Etliche Amerikaner sind beim Tanzen zurückhaltend, vor allem, da sie die klassischen Tänze nicht beherrschen – dafür sieht man die anderen Offiziere, die ihren Foxtrott schwungvoll aufs Parkett legen, um so häufiger auf der Tanzfläche. Hier können sie mit ihren Fähigkeiten brillieren.

Dank des Uniformzwangs sind die einfachen Soldaten leicht sichtbar. Es sind nur einige Mitglieder des «Deutsch-amerikanischen Kontakt-Clubs», die sich hierher gewagt haben, und bezeichnenderweise gerade diejenigen, die eine deutsche Freundin haben – alleine trauen sie sich nicht hierher. Ich zähle fünf «enlisted men» unter den rund 500 Gästen. Später frage ich sie, wie es ihnen gefallen hat, und niemand äußert sich begeistert, es war ihnen zu förmlich und konventionell.

Für die anderen Beteiligten dokumentiert diese Ballnacht die – in dieser Nacht – ungetrübte Freundschaft zwischen den beiden Nationen. Der Hinweis auf die vor 300 Jahren erfolgte Auswanderung vieler Rheinland-Pfälzer nach Amerika beweist auch heute noch die entfernte Verwandtschaft zwischen den beiden Völkern. Überhaupt steht die geschichtliche und kulturelle Verbundenheit deutlich mehr im Vordergrund als das politische Bündnis. Alle sind's zufrieden, die Veranstalter über den Erlös der Tombola, der dem deutsch-amerikanischen Jugendaustausch zugute kommt, die amerikanischen Offiziere, die vom festlichen Saal beeindruckt sind und sich geehrt fühlen, und schließlich die Politiker, die mit der Einladung in die Mainzer «Gut' Stubb» mal wieder die gute Freundschaft gerühmt haben.

Der Vorläufer des deutsch-amerikanischen Clubs entstand, als sich im Jahre 1953 die Amerikaner an die Mainzer Stadtverwaltung wandten, um zu ersten Kontakten zu Einheimischen zu kommen. Auch in anderen Städten war man damals eifrig bemüht, ein freundschaftliches Verhältnis zu den Amerikanern aufzubauen und förderte dies im Rahmen von Frauen-Clubs. So entstand ein «Mainzer Internationaler Club», in dem sich neben Deutschen und Amerikanern auch Franzosen und Japaner trafen. Im Jahr 1976 schlossen sich der Frauen- und Herrenclub zusammen, und seither führt er den Namen «Deutsch-amerikanischer Club Mainz e. V.». Das Clubziel ist die Förderung der deutsch-amerikanischen Freundschaft. Durch gemeinsame kulturelle und unterhaltende Veranstaltungen soll auf individueller und ungezwungener Ebene das gegenseitige Verständnis für Kultur und Geschichte beider Völker geweckt werden. Zum Veranstaltungsprogramm gehören der monatliche Stammtisch in einem Mainzer

Weinlokal, ein Damenkaffee, Weinproben, Betriebsbesichtigungen, Kochkurse und der jährliche Mayflower-Ball.

Die Zusammensetzung der Mitglieder ist meist zu einem Drittel amerikanisch und zu zwei Dritteln deutsch (im März 1984 waren es 125 Deutsche und 39 Amerikaner). Bei den Deutschen sind noch eine Anzahl älterer Damen vertreten, für die es damals eine Sache des Prestiges war, mit Hilfe von zwei Referenzen Mitglied des Clubs zu werden, um dort die Ehefrauen amerikanischer Offiziere kennenzulernen und in deren Wohnungen eingeladen zu werden. Inzwischen hat sich das Altersgefälle etwas ungünstig entwickelt, die alten Damen sitzen heute Offizieren und Ehefrauen gegenüber, die in den Zwanzigern und Dreißigern sind. Doch von seiten der Deutschen fehlt die Altersgruppe von 18 bis 30, die der Anwesenheit der Amerikaner in Deutschland wohl eher kritisch gegenübersteht. So läuft der Club Gefahr, daß die alten Damen unter sich bleiben, und den jungen Offizieren anregende Gesprächspartner ihres Alters fehlen.

Am 6. Mai 1983 laden Deutsche und Amerikaner zu einem gemeinsamen Fußballspiel und einem Freundschaftsabend in Wackernheim ein; Anlaß hierzu ist die Verabschiedung des Standortkommandeurs Lieutenant Colonel Richard Murray. Ich sehe dem Tag mit Spannung entgegen. Nachmittags um 17 Uhr soll das Fußballspiel in der Wakkernheimer McCully-Kaserne stattfinden. Am Eingangstor, wo Inder und Pakistani Wache stehen, schreibt uns ein befreundeter Offizier ein und weist uns den Weg zum Sportplatz. Auf dem Sportplatz ist weit und breit niemand zu sehen. Im Büro am Eingangstor erfahren wir schließlich, daß das Fußballspiel auf dem Wackernheimer Sportplatz stattfindet. Die Wache wußte von der Verlegung, vergaß aber, uns darauf hinzuweisen. Auf dem deutschen Sportplatz ist keine amerikanische Mannschaft zu sehen, und unter den 60 bis 70 Zuschauern steht ein einziger schwarzer GI und fotografiert, wie die Wackernheimer gegen die Heidesheimer Mannschaft spielt! Ein Deutscher schimpft: «Die haben 2000 Leute da oben und können noch nicht mal elf Leute für ein Fußballspiel finden! Diese Idioten!» Am Tag zuvor wurde entschieden, daß man auf dem deutschen Platz spielt, weil sich der amerikanische Sportplatz um 15 Zentimeter gesenkt habe. Ich frage mich, ob man das wirklich erst gestern bemerkt hat, daß sich der Platz so stark gesenkt hat – und was wohl der Grund dafür ist, ob etwa die neuen Bauarbeiten etwas damit zu tun haben. Noch heute morgen war nicht klar, daß die Amerikaner keine Mannschaft zusammenbringen würden. «Die hätten doch versuchen können, aus Lee Barracks welche herzuschaffen!» Die Zuschauer sind enttäuscht und machen sich über diese Organisation lustig. Später erfahre ich, daß zur Zeit ein Manöver stattfindet und man deswegen keine Mannschaft zusammenbekommen konnte. Und wieder wundere ich mich, ob denn Colonel Murray nicht vorher wußte, daß ein Manöver stattfindet. Welchen Sinn kann es haben, ein deutsch-amerikanisches Fest zu veranstalten, wenn die meisten Soldaten im Feld sind?

Abends um acht beginnt das bunte Programm in der örtlichen Turnhalle. Nach den beiden Nationalhymnen gibt es etliche kleine Reden der Offiziellen beider Seiten, und immer wird sie in die jeweils andere Sprache übersetzt. Colonel Murray gibt sich ganz locker und volkstümlich in lederner Kniebundhose mit offenem Sporthemd. Man schenkt sich gegenseitig Wappenteller und dankt immer wieder für die gute Zusammenarbeit und Freundschaft. Derweil sehe ich mich um, wo denn all unsere amerikanischen Freunde sitzen. Unter den 200 Gästen finde ich 20 bis 30 Amerikaner, wovon die meisten aus offiziellen Gründen eh da sein müssen. Dann sehe ich ein Ehepaar, Lee und Susan, die im Ort wohnen und enge Kontakte zu den Wakkernheimern haben, auch deutsch verstehen; zwei Amerikaner habe ich selber mitgebracht, beide wären sonst nicht gekommen. Einer von ihnen ist der Schwarze, der nachmittags auf dem Sportplatz fotografiert hat. Er ist aus Costa Rica, ein überaus höflicher, ruhiger und freundlicher GI, der unter all den weinseligen Deutschen nur an seinem Apfelsaft nippt. Er hatte große Angst, alleine hierherzukommen, doch jetzt ist er so mutig, daß er mit den anderen Fotografen nach vorne zur Bühne geht und seine Bilder schießt. Ansonsten seh ich nur hier und da vereinzelt Amerikaner sitzen. Wegen des «kurzfristig angesetzten Manövers» (so die AZ) fällt die Vorführung einer amerikanischen Drill-Show durch das Bataillonsdrillteam aus. Schade, das hätte ich zu gerne gesehen. Es wäre auch der einzige Beitrag der Wackernheimer Soldaten gewesen. Die amerikanische Band kommt aus Bad Kreuznach und die Square-Dance-Gruppe aus Darmstadt. Alle anderen Programmpunkte werden von den Wackernheimern und Heidesheimern bestritten: eine Ballettgruppe tanzt, zwei Männergesangsvereine zeigen ihr Können, der Turn- und Sportverein gibt eine herrlich komische «Veteranen-Vorführung» und schließlich spielt der Musikzug zum Tanz für alle auf. Für die Wackernheimer ist das ein gelungener Abend, sie feiern und tanzen gern und tun das auch heute abend ausgiebig.

Was hat der heutige Tag uns gebracht? Das Fußballspiel ohne Amerikaner war eine Blamage. Jim aus Costa Rica meint: «Ja, wenn das Volleyball oder Baseball gewesen wäre, aber so ...» Müssen die Amerikaner ihr Desinteresse an unserem Nationalsport denn so deutlich zur Schau tragen? Und wie ist die geringe Beteiligung am Abend zu

erklären? Selbst wenn eine (von zwei) Einheiten im Feld ist, bleiben immer noch einige hundert Soldaten in der Kaserne. Warum kommen sie nicht? Einige wissen überhaupt nicht, daß dieser Abend stattfindet; andere wissen zwar, daß er stattfindet, aber nicht, wo die örtliche Turnhalle ist. Es wäre gewiß ein leichtes, einen Dorfplan zu machen und ihn zu vervielfältigen – aber vielleicht ist noch niemand auf diese

Idee gekommen. Das größte Hindernis ist wohl das Desinteresse und die «Berührungsangst», sich alleine in eine so große Halle unter eine Überzahl von Deutschen zu wagen. Das ist wieder «feindliches Gebiet», sie sind zu unsicher, fühlen sich bedroht, bleiben lieber auf ihrer Stube. Sie wissen nicht, wie sie sich anziehen sollen, was sie sagen sollen, wie sie sich verhalten sollen – und das alles unter den Augen ihres Standortkommandeurs. Nein, sie verkriechen sich lieber auf ihr Zimmer, das ist langweilig, aber sicher.

Eine Kontaktform, die am wirkungsvollsten zum gegenseitigen Verständnis beiträgt, ist der seit zehn Jahren stattfindende Schüleraustausch. Das städtische Schulamt rief diesen Austausch ins Leben, und inzwischen kooperiert die Mainz Elementary School, an der 1000 Kinder bis zur 6. Klasse unterrichtet werden, vor allem mit dem Schloßgymnasium. Dies bedeutet zunächst für die drei deutschen Lehrerinnen, die die amerikanischen Kinder unterrichten, sowie für ihre Kontaktperson am deutschen Gymnasium eine zusätzliche Belastung. In ihrer Freizeit versuchen sie, die am Austausch interessierten Kinder in eine den Interessen und Fähigkeiten passende Familie einzugliedern. Bei einem Empfang im Rathaus oder einer Gartenparty im King-Village lernen sich die Familien kennen und planen für den Sommer verschiedene gemeinsame Aktivitäten. So wohnen die Kinder abwechselnd in der Gastfamilie und lernen auf eine ungezwungene Art eine andere Lebensweise kennen. Viele Freundschaften sind so entstanden und überdauern auch die Rückkehr der amerikanischen Familie nach den Vereinigten Staaten, manche besuchen sich auch heute noch gegenseitig im Urlaub.

Ein größeres Ereignis war im August 1983 die deutsch-amerikanische Freundschaftswoche. «Let's be friends for a week», pflegen die Amerikaner zu spötteln. Schon seit 1954 wird sie bundesweit in Stationierungsstandorten organisiert, doch 1983 stand sie im Zeichen der 300jährigen Einwanderung der Deutschen in Amerika, und so packte man diesmal besonders viele Aktivitäten in diese Woche. Es gab eine Vielzahl sportlicher Wettkämpfe zwischen Deutschen und Amerikanern, eine historische Ausstellung im Rathaus über die Auswanderung der Deutschen, besondere Führungen für Soldaten durch die Stadt und Mainzer Betriebe (z. B. Zementfabrik, Sektfirma), Konzerte, Tage der Offenen Tür zur Besichtigung der amerikanischen Kasernen und ein amerikanisches Theaterstück. Die AZ erwähnte als besondere Attraktion den Tag der Offenen Tür in Lee Barracks in Gonsenheim, wo sich Tausende neugierig drängten, um all die Panzer und Hubschrauber zu sehen (die den Anwohnern wegen des Lärms bisweilen den Nerv rauben).

Wesentlich geruhsamer geht es in Wackernheim zu. Zu besichtigen sind hier nur ungefähr sechs Jeeps und Kettenfahrzeuge in der Nähe des Eingangs und Festzeltes, der Rest des Geländes bleibt abgesperrt. Nachmittags ist es laut und turbulent unter den rund 200 Amerikanern, viele kleine Kinder toben herum; ich sehe kaum 10, 15 Deutsche. Die Eröffnungsrede verstehe ich rein akustisch nicht, es wird gepfiffen, verschiedene Kofferradios laufen und Kinder kreischen. Von deutscher Seite sind nur Offizielle da, Bürgermeister, Beigeordnete und Übersetzer, eine Gruppe, die sich seit langem kennt und hier unter sich bleibt. Mir kommt es fast wie ein Spiegelbild der Veranstaltung im Mai vor, als die Deutschen die Soldaten in die Turnhalle eingeladen hatten, das Zahlenverhältnis ist gleich, und es sind von der jeweils anderen Seite vorwiegend Vertreter von Institutionen anwesend.

Als ich am späten Abend wiederkomme, hat sich das Bild geändert. Die Familien mit Kindern sind gegangen, es bleiben vielleicht 130 Soldaten, und immer mehr Wackernheimer zieht es nun doch ins Festzelt zu Wein und Musik. Aber immer noch sitzen die meisten der 60 Deutschen an einigen Tischen zusammen. Eine deutsche Band spielt, kaum jemand tanzt. Es ist locker und friedlich; der Streit zwischen zwei Deutschen, die in eine Zwangsjacke gesteckt werden müssen, und der Nervenzusammenbruch einer Frau sind Ereignisse, die kurzfristig die Aufmerksamkeit auf sich ziehen, dann ist es wieder ruhig, man trinkt seinen Wein und genießt die laue Augustnacht. Ich sitze mit einigen GIs zusammen, darunter auch ein Apache-Indianer, und Dan erzählt von seinem Freund, der den Wackernheim-Blues singt: «Deutschland ist in Ordnung, aber McCully in Wackernheim ist schlimm!» Nebenan im NCO-Club sitzt derweil die deutsche und amerikanische Prominenz beim Roastbeef und toastet vermutlich auf die deutsch-amerikanische Freundschaft und den erfolgreich verlaufenen «Tag der Offenen Tür».

Auf dem Heimweg frage ich mich, was «die da oben» wohl unter dem «Erfolg» einer solchen Veranstaltung verstehen mögen. Daß es keine unliebsamen Zwischenfälle gab? Daß man gemeinsam in einem Festzelt nebeneinander sitzt? Ist es vielleicht so, daß die Anwesenheit allein schon bezeugt, daß man den anderen respektiert? Aber was respektiert man denn – die Institution amerikanisches Militär inklusive NATO und Rüstungspolitik? Den einfachen GI als Mitglied dieser Institution? Oder beides? Wieweit kann man das eine vom andern trennen? Ich weiß keine Antwort auf diese Fragen.

Am Ende der deutsch-amerikanischen Woche findet – was übrigens nicht im offiziellen Programm erwähnt wird – ein gemeinsamer Gottes-

«Tag der offenen Tür» in Mc Cully, Wackernheim (Chaparral-Luftabwehrraketen)

«Tag der offenen Tür» in Finthen-Airfield (Kinder spielen im Blackhawk-Hubschrauber)

dienst von Deutschen und Amerikanern in einer Gonsenheimer Gemeinde statt. Dies ist bereits der zweite gemeinsame Gottesdienst, den ich besucht habe. Bereits im April hatte die Militärgemeinde die Deutschen eingeladen, wobei die Anregung hierzu von General Cardillo kam. Der deutsche lutherische Pfarrer war zunächst skeptisch, weil eine amerikanische Pfingstgemeinde in Mainz einigen Ärger verursacht hatte, doch beim gemütlichen Beisammensein nach dem Gottesdienst äußert er sich sehr zufrieden über den Ablauf. Die Kirche ist für Deutsche gut zu erreichen, da sie außerhalb des Kasernengeländes steht. Wie alle amerikanischen Militärkirchen dient sie nicht nur einer Glaubensrichtung, sondern neben den Lutheranern feiern hier auch Baptisten und Katholiken ihren Gottesdienst. Die Kirche ist an diesem Tag gut besucht, und fast zwei Drittel der Besucher sind Gonsenheimer. Beide Gemeinden lassen ihren Chor singen, der amerikanische Chor ist mit fünf Mitgliedern etwas dünn besetzt. Der Gonsenheimer Pfarrer predigt auf englisch, der amerikanische Geistliche auf deutsch – eine deutliche und von allen verstandene Geste des Respekts vor der Sprache und Kultur der anderen Nation. Danach laden die amerikanischen Gastgeber zu Kaffee und Kuchen ein, was von den meisten Deutschen dankbar angenommen wird. Man fühlt sich noch etwas fremd hier, hantiert unbeholfen an der amerikanischen Kaffeemaschine herum und lächelt freundlich allen Amerikanern zu, die vereinzelt in der deutschen Menge stehen. Neben mir stehen einige ältere Gonsenheimer Damen, die ganz entzückt sind von diesem Ereignis. Das solle man öfter machen! «Wenn alle so aufeinander zugehen, dann gibt es auch keinen Krieg!»

Im August findet der Gegenbesuch im deutschen Gemeindehaus statt. Zu meiner Überraschung kommen diesmal sogar mehr Amerikaner als beim letztenmal. Der amerikanische Chor hat sich auf zehn Sänger und Sängerinnen verdoppelt, die alle namentlich mit Herkunftsstaat im Programm aufgeführt werden. Zwei amerikanische Geistliche gestalten diesmal – neben dem Gonsenheimer Pfarrer – den Gottesdienst, einer von ihnen ist schwarz. Alle Lieder werden auf deutsch und englisch gesungen, auf Handzetteln ist der Text der Lieder zweisprachig abgedruckt. Anschließend unterhält man sich bei Saft, Wein und Gebäck, und diesmal geht es viel lockerer zu, es gibt mehr gemischte deutsch-amerikanische Gespräche, und die Stimmung ist gelöster. Liegt es nur daran, daß die Gonsenheimer sich in ihrer heimischen Kirche wohler fühlen? Das stimmt sicher nur zum Teil. Beim erstenmal war man noch befangen in einer neuen Situation am neuen Ort (eine Befangenheit, die den Amerikanern wohlvertraut ist), doch beim zweitenmal erkennt man einige Gesichter wieder und freut sich ehrlich über den Gegenbesuch amerikanischer Soldaten und ihrer Familien im eigenen Gotteshaus.

Alle Jahre wieder – und auch das bundesweit – werden deutsche Familien aufgefordert, zum Weihnachtsfest einen einsamen GI zu sich nach Hause einzuladen. In Mainz sind es jährlich rund 130 Soldaten, die von 80 bis 100 deutschen Familien aufgenommen werden, je nach Interesse für wenige Stunden bis zu einigen Tagen. Für diese Zeit sind die Soldaten vom Dienst befreit. Zum gegenseitigen Kennenlernen veranstaltet man im «Elzer Hof» eine festliche Weihnachtsfeier, umrahmt von Musik und Gesang, bei Kaffee und Kuchen. Die Soldaten müssen in Class-A Uniform kommen, so machen sie einen besseren Eindruck, und niemand wäre benachteiligt, wenn er sich keinen teuren Anzug leisten könnte. Die AZ berichtet, daß nur die Soldaten für einen Weihnachtsbesuch angenommen werden, deren Personalakte in Ordnung ist. Es soll die Deutschen wohl beruhigen, daß sie keinen Rowdy ins Haus bekommen. Man trennt Raucher und Nichtraucher, beide Gruppen stehen im Foyer und warten angespannt, unbeweglich; nur selten lacht jemand unter ihnen laut auf. Der General und viele hohe Offiziere, Presse und Fernsehen, amerikanische Polizei in Zivil und deutsche Politiker sind anwesend, eine hochoffizielle Angelegenheit, bei der die einfachen Soldaten sich am liebsten verkriechen würden. Doch es geht ja darum, für ein paar Stunden oder Tage dienstfrei zu bekommen, gut zu essen und zu trinken, das Heimweh zu bekämpfen. Nachdem jeder Familie ein Soldat zugewiesen wurde, beginnt das offizielle Programm. Die meisten GIs bleiben unsicher, zurückhaltend, sie fühlen sich beklommen, hier buchstäblich im Scheinwerferlicht zu stehen. Während der ZDF-Männerchor singt, filmen die Kameraleute die Szene. Ein Schwarzer am Nachbartisch lächelt verlegen und dreht immer seinen Kopf zur Seite, wenn das Licht der Scheinwerfer auf ihn fällt und die Kamera surrt. Nach den obligatorischen Reden der Offiziellen geht General Cardillo herum, begrüßt einzelne Soldaten, setzt sich zu ihnen an den Tisch und wechselt ein paar Sätze mit den Deutschen. In vielen Familien sehe ich Jugendliche, die hier ihre Englischkenntnisse anbringen, um zwischen Eltern und Soldat zu übersetzen. Am Nebentisch hält ein GI ein kleines Mädchen auf dem Schoß fest, während seine Gastfamilie die ersten Erinnerungsfotos von ihm macht.

Welche Motive haben deutsche Familien, einen Soldaten an Weihnachten einzuladen? Ich frage einige Deutsche. Ein Mann, Anfang Sechzig: «Ich war selber im Krieg, ich weiß, wie das ist, an Weihnachten in der Fremde zu sein.» Eine Familie, Anfang Vierzig: «Unsere Kinder lernen Englisch in der Schule, und wenn wir einen Soldaten einladen, dann ist der nicht allein an Weihnachten, und die Kinder haben mal Gelegenheit, Englisch zu reden.» Eine ältere Dame: «Bei uns ist das schon Tradition. Wir laden jedes Jahr jemanden ein, der sonst allein wäre. Und in den vergangenen zwei Jahren haben wir halt Soldaten zu uns eingeladen.»

Ob sich die Soldaten wohl an Weihnachten entspannen werden, wenn sie in ihrer Gastfamilie Weihnachten feiern? Von einem Freund, Billy, erfahre ich, daß die ganz Schüchternen in ihrer deutschen Familie keinen Ton herausbringen. Andere leben sich so gut ein, daß die Deutschen den Soldaten unbedingt auch an Ostern wieder bei sich sehen möchten. In einer Familie, die ich kenne, war zu Weihnachten ein mexikanischer GI zu Besuch. Obwohl alle in der Familie fließend englisch sprechen, bleibt der Soldat gehemmt und reserviert, ist nie entspannt und fühlt sich unwohl. Am zweiten Weihnachtstag bringt er, auch auf Bitten der Familie, einen Freund mit, ebenfalls Mexikaner, und nun sitzen zwei schüchterne Buben da.

Wovor haben sie Angst? Für viele ist es das erste Mal, daß sie eine deutsche Familie besuchen. Die Unsicherheit, wie sie sich verhalten sollen, was sie sagen sollen, die Angst, etwas falsch zu machen, wird verstärkt durch die Tatsache, daß das Militär das Ganze indirekt kontrolliert. Es wird notiert, welcher Soldat in welcher Familie eingeladen wird; diese Familien werden im Jahr darauf angesprochen, ob sie wieder einen amerikanischen Gast bei sich haben möchten, und wenn sie es ablehnen, wird nach den Gründen gefragt. In seltenen Fällen kommt es zum Beispiel vor, daß die Familie am Mittagstisch auf ihren Gast wartet, während die Ente im Ofen verbruzzelt. Der Soldat meldet sich nicht mehr. Daß die Familie sich darüber beschwert, ist verständlich. Der Soldat wird das nächste Weihnachtsfest in der Kaserne verbringen müssen – wenn er dann nicht ohnehin schon wieder daheim ist.

Allerlei Handel und Händel

Der Alltag deutsch-amerikanischer Beziehungen ist prosaischer als die oben geschilderten Begegnungen beim Mayflower-Ball oder zu Weihnachten. Im Alltag geht es um die Befriedigung bestimmter Bedürfnisse, den Kauf von Gütern und Sex, den Profit im Schwarzhandel, Spaß in der Freizeit mit Discos und Mädchen.

Mich interessiert zunächst, wie die deutsch-amerikanische Freundschaft aus dem Blickwinkel der Soldatinnen wahrgenommen wird.

Ein Gefreiter aus Landstuhl hat sich eingelebt – schon zum zweiten Mal verbringt er Weihnachten in einer deutschen Familie in Schwalbach

Deutsche Familien begrüßen ihren amerikanischen Weihnachtsgast (in Darmstadt)

Welche engen Kontakte pflegen sie zu den Deutschen? Im Interview frage ich Sue, wie viele Deutsche sie kennt, und sie antwortet:

«Viele. Aber – eigentlich weiß ich ihre Namen nicht oder wo sie wohnen, aber ich kenne ihre Gesichter, und wenn ich sie sehe, sind sie immer freundlich, weißt du – ‹Wie geht's? Was ist los?› – das sind die Worte, die ich kenne. Einige versuchen, mir ein paar Brocken Deutsch beizubringen.»

Außer Gerti und mir kennt Sue niemanden so gut, daß sie jemanden zu Hause besuchen würde. Auch zu mir kommt sie nur auf ausdrückliche Einladung. Die meisten Deutschen, die Sue kennt, hat sie in der Gaststätte kennengelernt, und sie kennt sie im Grunde nur flüchtig.

Chris antwortet auf die gleiche Frage:

«Die erste Deutsche, die ich kennenlernte, war Gerti. Dann traf ich die Müllers, ich pflückte zwei Jahre lang Kirschen und Pflaumen für sie. Und das war schön, sie gaben mir zu essen und zu trinken und brachten mich abends in die Kaserne. Und einmal war ich in ihrem Haus zum Essen eingeladen, das war wirklich nett.

«Siehst du sie noch?»

«Oh, ja, ich winke ihnen immer zu: ‹How are you doing?› Sie sagen, ich könnte jederzeit zu ihnen nach Hause kommen, aber, weißt du, sie sprechen kein – fast kein Englisch. Und ich würde gern reden, aber ‹Hi, wie geht's?› – das ist alles.» Eigentlich spricht Chris mehr Deutsch als nur diese wenigen Sätze, das habe ich oft genug bei Gesprächen mit ihrer deutschen Hauswirtin erlebt. Vermutlich hat sie Angst vor einer Situation, in der die Deutschen überhaupt kein Englisch können, und dann das Gelingen der Konversation ganz von ihr abhängt. Mit ihrer Hauswirtin kann sie auch englisch reden, das beruhigt und entlastet sie.

Die Bauernfamilie hatte sie durch einen anderen Soldaten kennengelernt, der schon lange in Wackernheim stationiert war und seit Jahren den Müllers bei der Ernte half. Auch ihre Hauswirtin lernte sie durch einen anderen GI kennen, der dort schon einige Monate wohnte. Bei ihrem Arbeitsplatz in der Küche traf sie «Mutti», die Köchin, die sie auch oft zu Hause besuchte.

«Ich kenne viele andere Deutsche von Gerti, aber nicht sehr gut – Sonja, Christina, Claudia –, von manchen weiß ich den Namen nicht mehr, aber ich setze mich zu ihnen und rede mit ihnen.»

Alle Deutschen, die sie kennenlernte, leben im Umfeld der Kaserne: sie vermieten Zimmer an GIs, arbeiten für sie, lassen GIs für sich arbeiten oder kommen in der Gaststätte mit ihnen ins Gespräch.

Wie sieht die Situation umgekehrt von deutscher Seite aus? Die

Amerikanische Soldatinnen und Soldaten in einem deutschen Gasthaus

Möglichkeiten nicht-organisierter Kontakte zu amerikanischen Soldaten sind für den, der nicht aus beruflichen Gründen oder wegen seines Wohnorts ständig mit ihnen zu tun hat, eher gering. Man kann durchaus in Mainz leben, ohne je mit einem Soldaten zu reden. Das Beispiel meiner eigenen Wahrnehmung von Soldaten und die Veränderung dieser Wahrnehmung innerhalb von mehr als 10 Jahren zeigt, wie leicht es ist, GIs zu übersehen. Gleichzeitig wird deutlich, wie und wo ein durchschnittlicher Bürger in seiner Stadt auf Amerikaner trifft.

Als ich Mai 1967 zum Studium nach Mainz zog, bemerkte ich zum erstenmal mir fremde Soldaten. Ich staunte und fragte, was für Soldaten sie seien und warum sie hier wären. «Das sind Amis, GIs», erfuhr ich, «die sind schon lange da, seit dem Krieg. Früher waren sie Besatzer, jetzt sind sie unsere Verbündeten in der NATO.»

Mir war das alles ganz fremd. Wahrscheinlich habe ich das im Geschichtsunterricht gelernt, aber wirklich begriffen habe ich es erst damals, als ich die amerikanischen Uniformen vor mir auf der Straße sah. Ab und an fuhren Militärjeeps durch die Stadt oder zivile amerikanische Wagen mit ihrem grünen Autokennzeichen. Die großen Wagen bedeuteten für mich ein Stück Amerika, das ich nur aus Filmen kannte. Neugierig sah ich mich nach ihnen um. Während ich in Bretzenheim oder in der Innenstadt wohnte, sah ich GIs nur gelegentlich in der Stadt, erkannte sie am kurzen Haarschnitt, einige an der Hautfarbe, andere an ihrer Kleidung, den abgewetzten Jeans und Tennisschuhen, und manche erkannte ich am Gang, der so federnd und locker war. Oft waren es Gruppen von zwei bis vier Soldaten, nach denen man sich umdrehte, wenn sie laut redeten und lachten. Aber sonst fielen sie nicht weiter auf, man sah sie, ja, aber das war oft auch schon alles. Nie sprach mich einer an, und sie interessierten mich weiter nicht. Ich wußte nicht mal, wo ihre Kasernen lagen.

Dann lud mich eine Studienkollegin zu sich ein. Annette wohnte in MUHA, dem amerikanischen Wohnviertel direkt neben der Universität. Zum erstenmal begab ich mich auf das fremde Gelände. Annette wohnte im Keller. Sie arbeitete als Babysitter in einer Soldatenfamilie, und diese Familie hatte ihren Keller so ausgebaut, daß man darin wohnen konnte. Ich fand das alles abenteuerlich. Durch Annette sah ich auch mal eine amerikanische Wohnung und staunte, daß hinter der Eingangstür gleich das Wohnzimmer lag. Vom Treppenhaus in die gute Stube – das hatte ich noch nie gesehen. In der Küche bewunderte ich den riesigen Kühlschrank. Alles war irgendwie ein bißchen anders, die Möbel, die Bilder, das herumstehende Nippes. Als Annette Mainz verließ, lernte ich über einen Freund, der bei den Soldaten Deutschunterricht gab, die ersten Amerikaner flüchtig kennen. Meine Englischkenntnisse wurden aufgefrischt, und allmählich verstand ich die Sprecher von AFN besser. Auch das kam mir zu Beginn exotisch vor, daß man in Deutschland amerikanische Rundfunkprogramme nur für Soldaten in Deutschland machte.

Von einer kleinen Studentenbude zog ich in ein Apartment. Es lag direkt neben MUHA, und nun sah ich ständig Soldaten mit ihren Familien. Sie stiegen aus dem Bus aus, der direkt vor meinem Fenster hielt und saßen nebenan in der Pizzeria. Manchmal ging ich auf dem Weg in die Stadt voller Neugier quer durch das amerikanische Wohnviertel und kam mir fast mutig vor, ein Gelände zu betreten, das irgendwie ein «off limits» ausstrahlte. Ich fühlte mich beobachtet bei meinem Beobachten und war dann erleichtert, wieder auf deutsches Gebiet zu kommen. Ich hatte kein Recht, hier neugierig «herumzuspionieren», das Gelände war ja Teil des Militärs, aber es gab schließlich auch keinen Zaun und kein Schild «Durchgang verboten».

Im Sommer saßen viele Soldaten vor dem Wienerwald am Hauptbahnhof; wie für die anderen Ausländer ist diese Gegend auch heute noch ein beliebter Treffpunkt für sie. Im Bahnhof war eine Wechselstube eröffnet worden, und hier standen sie, um ihre Dollars in «Deutschmark» umzutauschen, schön ordentlich in einer Warteschlange aufgereiht. Als Burger King und McDonald's nach Mainz kamen, zogen sie GIs magnetisch an.

Bis zu diesem Zeitpunkt waren meine Kenntnisse über GIs bruchstückhaft. Alteingesessene Mainzer und Leser der Mainzer Tageszeitung wußten sicherlich besser als ich über die Amerikaner Bescheid, ich selber hatte das Gefühl, im Vergleich zur Zeit vor 1967 schon viel mehr zu wissen. Wahrscheinlich war mein Kenntnisstand typisch für die meisten Studenten: Ich sah die Soldaten hier und dort, registrierte später kaum noch, wenn sie irgendwo auftauchten und beschäftigte mich weiter nicht mit ihnen. Mein Leben spielte sich an der Universität und zu Hause ab, abends vielleicht in der Altstadt in Weinkneipen, und nirgends kam ich direkt mit GIs in Berührung. Über ihr Leben wußte ich nichts, und ich wollte auch nichts darüber wissen – wozu?

Dann zog ich 1975 nach Wackernheim um, eine dörfliche Gemeinde mit 2000 Einwohnern und fast ebenso vielen Soldaten. Zunächst begegnete ich ihnen ständig im Bus, abends waren manche betrunken und laut, und ich war froh, daß niemand von ihnen mit mir am Ortseingang ausstieg. Ihre Kaserne liegt von Mainz kommend am Ortsausgang, und in der Dorfmitte trifft man nur wenige Soldaten. Sie stehen an der Bushaltestelle, von wo sie zu trampen versuchen, weil die Busse nach Mainz abends nur alle ein bis zwei Stunden fahren. Im Sommer joggen sie auf der Straße Richtung Mainz–Finthen, und jahrelang sah ich eine Gruppe von Soldaten, die jeden Monat auf dieser Straße den Abfall aufsammelten. Häufig begegnet man zivilen und militärischen Fahrzeugen, zu Manöverzeiten auch langen Konvois mit Kettenfahrzeugen und Panzern – die Konvois habe ich immer mit einer Mischung aus Neugier, Angst und Abwehr betrachtet. Erst in Wackernheim wurde mir voll bewußt, daß die Amerikaner nicht nur einfach präsent sind, sondern sich hier aktiv auf einen möglichen Kampf vorbereiten. Fast jeden Tag sieht und hört man Kampf- und Transporthubschrauber, die in Finthen starten und landen, und manchmal donnern sie verbotenerweise direkt übers Dorf.

An der Bushaltestelle traf ich George, einen sympathischen Amerikaner schottischer Herkunft. Mit seiner Hilfe lernte ich richtig amerikanisch sprechen. Und er zeigte mir das Raketenlager im Ober-Olmer Wald, wo er arbeitete. Schießen war sein Hobby, und er deponierte seine Waffe und Munition in meinem Apartment, beides lag offen herum. Meine Bitte, «das Zeug» zu verschließen, half nicht. Die Freundschaft endete, als George in einem Monat für über 3000 auf meine Kosten nach USA telefonierte und in dem darauffolgenden Streit eine Glastür zerschmetterte. George verschwand, mir blieb die Rechnung. Ich mied künftig GIs.

Bis zu diesem Zeitpunkt war meine Wahrnehmung amerikanischer Soldaten und mein Kontakt zu ihnen sicher typisch: Ich sah zunächst nur Äußerlichkeiten, registrierte im Grunde nur ihre Präsenz und verschwendete weiter keine Gedanken an das fremde Militär. Wenn die Soldaten eines Tages nicht mehr dagewesen wären – ich hätte es wahrscheinlich gar nicht bemerkt. Es war für mich wie für viele andere Deutsche eher normal und selbstverständlich, GIs zu übersehen als ihre Bekanntschaft zu suchen. Nur durch deutsche Freunde, die wiederum Kontakt zu Amerikanern hatten – als Babysitter oder Deutschlehrer – lernte ich überhaupt Soldaten kennen und erfuhr ein wenig mehr, wo und wie sie lebten. Ja, und dann kam schließlich meine erste nähere Bekanntschaft mit einem GI, die eher dazu angetan war, sämtliche negativen Vorurteile über GIs zu bestätigen, als sie zu widerlegen. Danach wollte ich mit Soldaten nichts mehr zu tun haben. Erst Jahre später, als ich regelmäßig die Pizzeria in der Ortsmitte besuchte und dort mit vielen Soldaten und Soldatinnen sprach, begann ich, mich intensiv für ihre Probleme zu interessieren und ihre Situation nun von einem eher soziologischen Standpunkt aus zu betrachten. Der «normale» Treffpunkt mit GIs war für mich wie für all die anderen Amerikaner nicht irgendeine organisierte Begegnung, sondern die Gaststätte am Stationierungsstandort.

Es gibt auch andere, flüchtige Berührungspunkte im Alltag. Die meisten ergeben sich durch zahlreiche Dienstleistungsgeschäfte für Amerikaner, sei es in Banken und Restaurants, in Bussen und Taxis, beim Einkauf oder Tanken. Der Einkauf spielt sich meist in Geschäften in unmittelbarer Nähe zur Kaserne ab, z. B. der chemischen Reinigung, Snack-Bar oder beim Autohändler. Diese Begegnungen bleiben oberflächlich und folgenlos. Zu den gemeinsamen Freizeitaktivitäten zählt vor allem der bei Amerikanern so beliebte Volksmarsch, bei dem vom Rekruten bis zum Offizier alle teilnehmen und dabei auch mal ein paar Worte mit den Deutschen wechseln. Andere gemeinsame Freizeitaktivitäten sind Tanz in Discotheken und in manchen Städten Motorrad-Clubs. Etwas engere Kontakte können sich ergeben, wenn Amerikaner unter Deutschen wohnen. Sie kommen mit Hausbesitzern und Nachbarn ins Gespräch, vor allem wenn ihre Kinder zusammen mit deutschen Kindern spielen.

Gaststätten und Discotheken sind neben den offiziellen Anlässen die wichtigsten Orte, wo Soldaten mit Deutschen zusammentreffen. Gleichzeitig sind sie neuralgische Punkte, an denen die deutsch-amerikanische Freundschaft einer harten Bewährungsprobe unterworfen ist. Sehen wir uns an, was sich in Wackernheim abspielte.

Ich kannte die Pizzeria seit 1976 und besuchte sie ab 1980 jede Woche zwei- bis viermal. Verkehrten hier früher vorwiegend Wackernheimer, so änderte sich das, als der Italiener, der die Pizzeria einige Jahre lang betrieben hatte, auszog und seine deutsche Freundin das Geschäft alleine in die Hand nahm. Die Kneipe wurde allmählich zu einem Anziehungspunkt für viele amerikanische Soldaten. Eine Zeitlang waren die Gäste zur Hälfte Amerikaner und zur Hälfte Deutsche. Es waren viele nette und ruhige Soldaten darunter, die es genossen, in einem typisch deutschen «guesthouse» willkommen zu sein. Mir gefiel die Atmosphäre, die Soldaten wurden von den meisten deutschen Gästen akzeptiert, sie saßen zusammen am Tresen, erzählten oder spielten Pool Billard miteinander.

Es kamen neue Soldaten nach McCully, die von der Gaststätte hörten; allmählich wurde es immer voller und lauter. Es kamen auch viele schwarze Soldaten, weil sie hier nicht diskriminiert wurden, doch nicht alle Wackernheimer sahen das gern. Die Musikbox dröhnte die neuesten Hits, es gab Betrunkene und es kam auch mal zu Streitereien zwischen den Soldaten. Als es schließlich einige Schlägereien gab, war der gute Ruf endgültig dahin. Die Nachbarn beschwerten sich über den nächtlichen Lärm, und die älteren Dorfbewohner, die hier in aller Ruhe essen und ihr Bier trinken wollten, blieben weg. Für sie war es zu laut und unruhig geworden. Eine der Schlägereien ging von zwei Deutschen aus, und Amerikaner wurden darin verwickelt. Die deutsche und amerikanische Polizei erschien und nahm das Protokoll auf. Die beiden Deutschen verdrehten den Vorfall so, als seien sie zuerst angegriffen worden. Alle Amerikaner waren entsetzt und empört über das Geschehen und aus Angst, daß sie selber mal angegriffen werden könnten oder zu Unrecht beschuldigt würden, einen Streit angezettelt zu haben, kamen viele Soldaten eine Zeitlang nicht mehr. Wenn Soldaten in eine Schlägerei verwickelt werden und die Militärpolizei den Vorfall aufnimmt, kann sie den zuständigen Kommandeur verständigen, der wiederum die betreffenden Soldaten nach Artikel 15 bestrafen kann. Das, was ein Soldat in seiner Freizeit tut, hat möglicherweise Rückwirkungen auf sein berufliches Fortkommen. Von daher ist es verständlich, wenn manche GIs einen Ort, an der die MP öfter auftaucht, lieber meiden. Inzwischen hat die Kneipe nicht nur unter den Deutschen, sondern auch unter den Amerikanern einen schlechten Ruf. Gerade die Soldaten, die ruhig und friedlich sind und niemals Schlägereien verursachen würden, bleiben weg. Viele der amerikanischen Stammgäste, die regelmäßig kamen und bei einem Streit eher schlichtend wirkten, sind wieder in die Staaten zurückversetzt worden. Von deutscher Seite kommen weiterhin hauptsächlich jüngere Leute und vereinzelt noch ältere Stammgäste.

Was hier im Laufe weniger Jahre geschah, ist kein Einzelfall, sondern eine typische Entwicklung. Sobald Soldaten nicht einzeln oder zu zweit, sondern in größeren Gruppen kommen, wird es laut, und es gibt Betrunkene. Ich bin sicher, daß die meisten Deutschen nichts gegen Amerikaner in Gaststätten haben, sondern nur gegen die Begleiterscheinungen, die mit ihrem Auftreten «in Horden» verbunden sind. Daß dazu auch der Handel mit Drogen gehört, sei an dieser Stelle nur am Rande erwähnt. Von daher ist es verständlich, daß manche Wirte kein Risiko eingehen und grundsätzlich überhaupt keine GIs bewirten wollen. Sie würden Gefahr laufen, ihre Stammkundschaft zu verlieren – und das auf Kosten von lauten Gästen, die nach zwei bis drei Jahren ihren Standort verlassen.

Etwas anders ist es in Discotheken, die ja nun naturgemäß laut sind. Hier sind es zum einen Schlägereien und Drogenhandel, die die Besitzer vermeiden wollen; zum andern geht es hier, krass ausgedrückt, um den Wettbewerb um Mädchen. Wenn bestimmte Clubs abends um zehn Uhr ihre amerikanischen Gäste auffordern, das Lokal zu verlassen, dann wohl deswegen, weil ab zehn Uhr mehr deutsches Publikum kommt, und weil man vermeiden will, daß die bisweilen aufdringliche Anmache von GIs die Mädchen vertreibt. Oder ist es die Befürchtung, daß die Mädchen die GIs bevorzugen und dann für die Deutschen keine «Auswahl» mehr übrigbleibt? Ein Mainzer Taxifahrer, der sein Studium mit dieser Arbeit finanziert, erzählte mir, daß er sich nie am Wochenende in *La Bastille* wagen würde, eine Discothek, in der vorwiegend puertoricanische Soldaten verkehren. Er hatte Angst, daß es hier leicht zu einem Streit und Schlägereien um Mädchen kommen könnte. Ähnlich verhält es sich wohl mit Discotheken in Wiesbaden, in die ausschließlich Schwarze gehen. Hier wird kein Weißer mit den GIs um Mädchen konkurrieren – die Territorien sind abgesteckt.

Welche Motive haben deutsche Mädchen, in Discos zu gehen, in denen sie viele US-Boys treffen? Einige wollen einfach nur Musik hören und tanzen, GIs sind nebensächlich und kein Problem. Andere hingegen wollen gezielt GIs kennenlernen, z. B. Anke aus Ingelheim. Sie schwärmte von Puerto Rico und hatte es sich fest in den Kopf gesetzt, auf diese tropische Insel zu ziehen; daß es dort eine hohe Arbeitslosigkeit gibt, störte ihre kindlichen Vorstellungen wenig. Anke sprach gezielt nur puertoricanische Soldaten an, bis sie schließlich einen fand, der ihren dringenden Ehewunsch erfüllte – sie war selig! Zwei andere deutsche Mädchen, von denen ich eine im deutsch-amerikanischen Kontakt-Club traf, hatten vorwiegend schwarze Soldaten als Freunde und schwörten auf deren besondere Zärtlichkeit.

«Ich will gar keine weißen Männer mehr haben», meinte eine von ihnen, «Schwarze sind viel einfühlsamer.» In der Gegenwart von US-Soldaten werden deutsche Mädchen schnell angesprochen, GIs sind nicht sonderlich wählerisch, sie suchen ja nicht die Frau fürs Leben, sondern wollen ein bißchen Spaß und Zärtlichkeit haben. Die Deutschen haben hier mehr und leichtere Chancen, jemanden kennenzulernen – außerdem sind die Zigaretten so billig, und wenn's klappt, bekommt man auch seinen Bacardi zu einem Spottpreis.

Der Schwarzhandel ist eine der angenehmeren Seiten der deutsch-amerikanischen Beziehung, entschieden unangenehmer sind uneheliche Schwangerschaften. Häufig macht sich der Soldat aus dem Staube und entzieht sich seinen Verpflichtungen, der jungen Mutter bleibt der Kampf um die Anerkennung der Vaterschaft und die Zahlung von Alimenten. Als ich in Mainz nachfrage, wie hoch der Anteil unehelicher Kinder von GIs ist und wie viele Väter zahlen, kann man mir zwar keine exakten Zahlenangaben machen, doch aus dem Gespräch mit dem Amtsvormund wird deutlich, daß dieser Fragenkomplex äußerst heikel ist: «Wir haben viele Fälle mit Amerikanern, die sehr unbefriedigend sind. Das ist eine sehr schwierige Arbeit und dauert ewig.» 1983 haben 130 Väter ihre Vaterschaft freiwillig anerkannt, unter den 43 Ausländern waren schätzungsweise zwei Drittel GIs, das entspräche einem Prozentsatz von 21%. Im gleichen Jahr bleiben 180 Fälle unerledigt, auch hierunter gibt es einen beträchtlichen Anteil an amerikanischen Vätern. Die in den Ämtern Zuständigen klagen, daß die jungen Mütter oft kaum den vollen Namen ihres Freundes wüßten und seine Einheit nicht kennen, bei der er stationiert ist. «Am besten wär's, die Mädchen würden sich erst die Sozialversicherungsnummer geben lassen, ehe sie mit einem GI ins Bett gehen», meinte ein Amtsvormund halb ernst, halb ironisch. Aber selbst wenn die Vaterschaft – freiwillig oder per Gerichtsbeschluß – anerkannt worden ist, gibt es noch Schwierigkeiten. Wird der Soldat versetzt oder aus dem Militär entlassen, sind die Chancen gleich Null, hier jemals Geld zu bekommen. In Amerika gibt es keine Meldepflicht, und die jungen Väter entziehen sich ihren finanziellen und sonstigen Verpflichtungen. Im übrigen schützt auch die Heirat nicht immer vor diesem sozialen und finanziellen Scherbenhaufen.[5] In Mainz sind dem Amtsvormund rund zehn bis zwanzig Fälle bekannt, in denen Deutsche mit einem US-Soldaten verheiratet sind, Kinder haben und von ihrem Mann hier sitzengelassen wurden. Noch ungünstigere Zahlen als in Mainz veröffentlichte die *Frankfurter Rundschau* am 3. Mai 1983 über den Landkreis Kitzigen: 138 US-Bürger haben sich ihrer Verpflichtung zur Unterhaltszahlung an deutsche Mütter im vergangenen Jahr (1982) entzogen, nur sieben Väter zahlen.

Das Militär hilft bei diesem Problem nur bedingt. Folglich wird den Alleinerziehenden in den ersten drei Jahren Unterhaltsvorschuß gezahlt. Rechnet man diese Zahlungen für die gesamte Bundesrepublik zusammen, so ergeben sich für den deutschen Steuerzahler beträchtliche Summen dieser «stillen Besatzungskosten».

In diesem Zusammenhang seien noch einige Zahlen zum Thema Vergewaltigung angefügt. Für das Jahr 1983 sind die Zahlen aus Mainz relativ beruhigend: von 78 Tatverdächtigen waren nur zwei Angehörige der Stationierungsstreitkräfte. Das entspricht einem Prozentsatz von 2,6%. Für das Land Rheinland-Pfalz sind die Zahlen geringfügig höher: von 1247 Tatverdächtigen bei Straftaten gegen die sexuelle Selbstbestimmung waren 44 GIs, das sind 3,5%.[6] Seit 1955 sind bundesweit jedes Jahr zwischen 200 bis 300 Vergewaltigungen von amerikanischen Soldaten bekanntgeworden.[7]

Das Interesse am Schwarzhandel ist für viele Deutsche ein wesentliches Motiv, Amerikaner kennenlernen zu wollen. Immer wieder habe ich erlebt, daß Deutsche einen GI fragen, ob er ihnen Zigaretten oder Whisky besorgen kann. Dabei verhalten sich manche Deutsche so, als hätten sie ein Recht auf diese verbilligten Waren. Einmal hörte ich einen deutschen Tankwart zu seinem amerikanischen Kunden sagen: «Ach übrigens, bring mal wieder ein paar Flaschen Whisky mit!» Und ein deutscher Hausbesitzer zu seinem amerikanischen Mieter: «Die Miete beträgt 650 Mark im Monat und eine Flasche Whisky.» Daraufhin kündigte der angesprochene Amerikaner umgehend. Er war nicht bereit, den illegalen Handel zu unterstützen. Der Verkauf amerikanischer Waren ist ungesetzlich, alle Amerikaner wissen das, doch die Deutschen scheinen das einfach zu ignorieren.

In *Mainz Soldier* erschien am 11.3.1983 ein Artikel, der die rechtlichen Folgen schildert: Ein Soldat zieht mit einem deutschen Mädchen zusammen, und eines Tages kommt der deutsche Zoll und nimmt seine Stereoanlage, Lebensmittel sowie mehrere Flaschen Alkohol mit, die er für eine Party gekauft hatte. Rein rechtlich hätte der Soldat seine Lebensmittel, rationierten Waren und Haushaltswaren unter Verschluß halten müssen, wenn er nicht persönlich anwesend ist, denn nur so kann der deutsche Zoll entscheiden, welche Waren für seinen Verbrauch bestimmt sind. Verschenken darf er nur bei besonderen Anlässen bis zu 25 Zigaretten oder 125 Gramm Instant-Kaffee. Gegenstände wie Uhren oder Kameras, die er an Deutsche verkaufen will, müssen mindestens sechs Monate alt sein.

Dazu müssen Formulare ausgefüllt werden, und der Deutsche muß Steuern oder Zoll bezahlen.

Ich kenne keinen Deutschen, der ständig mit GIs zu tun hat und nicht seinen Profit daraus zieht. Man besorgt sich Popcorn, Kaffee und Jeans, Erdnußbutter und Ahornsirup, Schallplatten und Tennisschuhe. Da wird Whisky en gros verschoben, Zigaretten in Dutzenden von Stangen verkauft, man tankt Benzin zum halben Preis und benutzt das billige amerikanische Postwesen, um der Tochter drüben in den Staaten ein Weihnachtspaket zu schicken. Man versucht, billig eine Stereoanlage zu kaufen, freut sich über einen Rechner von Texas Instruments, kauft dutzendweise preiswerte amerikanische Kassetten und bestellt sich vor Weihnachten einen Truthahn, den es so billig im PX gibt. Manche Deutsche nehmen überhaupt nur dann mit GIs Kontakt auf, wenn sie irgend etwas aus dem PX brauchen oder mal wieder ein Paket in die Staaten schicken möchten.

Warum machen die GIs den illegalen Handel mit? Zum einen, weil sie selber davon profitieren – wer durch Schwarzhandel seine ganze Miete finanziert, würde sich dumm vorkommen, wenn er die ständige Nachfrage der Deutschen nicht befriedigen würde. Da werden dann auch Rationskarten gefälscht, um mehr Geld zu verdienen.

Zum andern, weil es die Freundschaft erhält. Man tut ihnen einen Gefallen, und wird dadurch netter behandelt, vielleicht auch mal eingeladen. Man kann den Deutschen Güter verschaffen, die sie selber nicht oder nicht so preiswert haben. Steckt vielleicht ein bißchen Überlegenheitsgefühl der Amerikaner dahinter, daß sie uns mit den Segnungen ihrer Zivilisation beglücken?

Und schließlich gibt es ein eher negatives Gefühl, das den schwunghaften Handel fördert: Rache am System. Soldaten, die frustriert und wütend sind über die Army, machen sich einen Sport daraus, das Militär zu schädigen, wo sie nur können. Da verschwinden Werkzeuge aller Art, Briefpapier und Briefumschläge, Kugelschreiber und Tesafilm, Draht und was immer Bastler so brauchen. Die Army weiß sehr wohl um diese Form der Selbstbedienung, aber was kann sie dagegen tun – etwa alle Soldaten täglich bis aufs Hemd untersuchen? Sie können im Grunde nur eines, die Moral heben und ans Verantwortungsbewußtsein der Soldaten appellieren.

Nicht selten reagieren die GIs auch verärgert, wenn sie Deutsche kennenlernen, die schon nach kürzester Zeit fragen, ob sie ihnen Sachen aus dem PX mitbringen können. Zu deutlich steht hier das Interesse an materiellen Vorteilen im Vordergrund, das mancher Amerikaner nicht versteht und abstoßend findet. Er fragt sich, warum Deutsche, die mehr Geld verdienen als er, es nötig haben, ein paar

Mark zu sparen und den Soldaten zu einem illegalen Geschäft überreden wollen.

Weit weniger offen ist der Handel mit verschreibungspflichtigen Tabletten und Drogen. Alle GIs verhalten sich sehr diskret und geben höchst selten an, von wem sie welchen Stoff bezogen haben. Klar ist von deutscher Seite das Motiv, man will Profit machen.

Aus dem bisher Gesagten dürfte deutlich geworden sein, daß außerhalb der organisierten Freundschaft vielfältige Kontakte stattfinden, die zu einem guten Teil aus materiellen und sexuellen Gründen zustande kommen. Der wechselseitige Bedarf an Alkohol und Drogen, ein nicht unbeträchtlicher Schwarzhandel, die Suche nach hetero- oder homosexuellen Partnern bilden für eine bestimmte Gruppe von Deutschen und amerikanischen Soldaten eine gemeinsame Basis. Neu sind diese Motive gewiß nicht, sie reichen zurück bis in die Besatzungszeit. Damals waren diese Motive sicherlich weitaus dringlicher als heute, auch die Güter, um die es im Schwarzhandel ging, waren teilweise andere. Aber es läßt sich meines Erachtens nicht leugnen, daß es eine Kontinuität in den deutsch-amerikanischen Beziehungen gibt, deren Motive lieber schamhaft verschwiegen werden.

Freundschaft – ja, Integration – nein, danke!

Das Pro (und Contra) zur deutsch-amerikanischen Freundschaft speist sich aus unterschiedlichsten Motiven. Zumeist endet unser Bekenntnis zur vielgepriesenen Freundschaft mit einem «ja, aber», das die widersprüchlichen Einstellungen enthüllt.

Wie man es dreht und wendet, eine in jeder Hinsicht uneingeschränkte Freundschaft zu den hier stationierten US-Truppen gibt es nicht, immer gibt es Bedenken, Hindernisse, Konflikte, Ablehnung oder Mißverständnisse. Sehen wir uns zunächst die positive Einstellung an.

Politiker sind um ein Bild enger Freundschaft bemüht, bisweilen spricht man gar von Integration. Der Ministerpräsident des Landes Rheinland-Pfalz Vogel (CDU) möchte die Integration der US-Soldaten und ihrer Familien verstärken. Darin ist er sich einig mit dem deutschen Städtetag, der im März 1983 eine gemeinsame Erklärung der kommunalen Spitzenverbände veröffentlichte. Hierin hieß es, daß man «die Lebensbedingungen amerikanischer Soldaten in Deutschland und ihrer Angehörigen (zu) erleichtern und die Kontakte zur deutschen Bevölkerung (zu) verstärken» wolle. Ursache der verstärkten Bemühungen ist die Kursänderung der amerikanischen Außen- und Sicherheitspolitik, die zu Kritik und anti-amerikanischen Demonstrationen führte. «Hauptleidtragende dieser Situation sind die in der Bundesrepublik Deutschland stationierten US-Soldaten und ihre Familienangehörigen.»[8]

Bernhard Vogel hat Ideen: «Um die 160000 amerikanischen Soldaten in diesem Bundesland ein wenig besser zu integrieren, wird zum Beispiel erwogen, ihnen freie Fahrt auf der Bahn oder freien Eintritt ins Museum zu verschaffen. Hier seien 160000 Chancen, etwas am deutsch-amerikanischen Verhältnis zu tun» (AZ, 17.1.1983).

Für eine verbesserte und gezielte Integration und Betreuung junger amerikanischer Soldaten in Hessen spricht sich auch die Junge Union aus. Sie sieht dies auch als «nationale Aufgabe im Interesse unserer Sicherheit». «Nur wenn die GIs in Deutschland ein offenes und freundliches Verhältnis vorfänden, könne man von den USA und ihren Soldaten erwarten, daß sie für die Freiheit und Sicherheit unseres Landes kämpfen» (AZ, 28.8.1980).

Eine besondere Bedeutung kommt den deutsch-amerikanischen Clubs und den Kontakt-Clubs (für Mannschaften) zu, in denen Soldaten die Gelegenheit haben, regelmäßig mit Deutschen zusammenzutreffen und dadurch dauerhafte Kontakte zu knüpfen. Die Motive der daran beteiligten Deutschen sind politischer und humanitärer Natur: sie unterstützen die Politik der NATO und wollen den Soldaten, die hier ihren «Friedensdienst» ableisten, mit kulturellen und geselligen Veranstaltungen das Einleben erleichtern. Sicherlich kommt bei manchen auch das Interesse hinzu, Sprachkenntnisse zu vertiefen, mehr über Amerika zu erfahren und bei Reisen in die Staaten Freunde besuchen zu können.

Trotz bester Absicht, den Freundschaftsbund aus politischen wie humanitären Gründen zu festigen, stellen sich zahlreiche Hindernisse in den Weg, die die Freundschaft nur zur wohlmeinenden Absichtserklärung werden lassen statt zur alltäglichen Realität.

Ein Hauptproblem ist die Sprachbarriere. Wenn es mühsam ist eine Konversation aufrechtzuerhalten, erlahmen auch Gutwillige. Manche Amerikaner bemühen sich allerdings, deutsch zu lernen. Sie gehen aus und sprechen deutsch, wenn auch langsam. Doch was geschieht? Man antwortet ihnen auf englisch. Vielleicht wollen die Deutschen höflich und entgegenkommend sein, aber so lernen die Soldaten nie Deutsch. Oder liegt es daran, daß die deutschen Gesprächspartner ungeduldig sind, einem radebrechenden GI zuzuhören? Da geht es halt schneller, wenn man selber englisch spricht. Ich habe viele Amerikaner getroffen, die darüber klagen, daß Deutsche

oft auf englisch antworten. Manche Deutsche wollen ihr Englisch verbessern und nehmen wenig Rücksicht darauf, daß die Soldaten auch nur ihre Deutschkenntnisse verbessern wollen.

Die Fluktuation ist groß und erschwert den dauerhaften Aufbau von Kontakten. Meistens bleiben Soldaten 18 bis 36 Monate in Deutschland, und das langt oft nicht, um Verständnisschwierigkeiten, Vorurteile und Unwissenheit auszuräumen. Der ständige Wechsel des Personals auch in den Führungspositionen behindert die kontinuierliche Zusammenarbeit mit Deutschen. Lange und unregelmäßige Arbeitszeiten sowie die häufige Abwesenheit wegen Manövern führen dazu, daß man oft nur oberflächliche, sporadische Kontakte zu Deutschen hat.

Bisweilen sind es Kleinigkeiten, die den Kontakt erschweren. Oft sind Soldaten unsicher, ob sie wirklich willkommen sind. Selbst wenn ein Deutscher sagt: «Besuch mich mal zu Hause», weiß er nicht, ob er wirklich kommen darf. Zusammen mit seinen Ängsten interpretiert er die Einladung als höfliche Floskel und geht nicht hin. Das Ganze wirkt schließlich wie eine sich selbst erfüllende Prophezeiung: die GIs fühlen sich unwillkommen, verhalten sich distanziert, sind schließlich unwillkommen, weil sie sich selber abkapseln. Selbst feste Verabredungen werden oft nicht eingehalten, und schließlich gibt man resigniert auf, sich mit einem GI zu verabreden. Hierzu einige Beispiele: Ein deutscher Student will im Kontakt-Club kostenlos Deutschunterricht erteilen; mal melden sich sechs, mal vier Amerikaner – zum Unterrichtstermin erscheint nicht ein einziger GI. – Lee lädt öfter bis zu 20 Freunde zu Festen ein und kocht für alle, doch dann kommen nur sechs bis acht Leute. Bisweilen klagen sogar die GIs, daß auf ihre Landsleute kein Verlaß sei. Ihre Erklärung für dieses Verhalten: man wolle den anderen nicht vor den Kopf stoßen, wenn man eingeladen werde, also sei man lieber höflich und mime Zustimmung. Sie kommen, falls sie Lust haben und es nichts Besseres zu tun gibt – und falls sie nicht Überstunden machen müssen.

Zu einem hohen Prozentsatz fehlt es an gemeinsamen Berührungspunkten und Interessen zwischen Deutschen und US-Soldaten – und wo es gemeinsame Interessen gibt, sind sie am Rande der Legalität angesiedelt oder dienen dazu, einfache Bedürfnisse zu befriedigen.

Das Gettoleben der Amerikaner verstärkt den Trend zur Abgrenzung. Günter Gillessen schildert, wie manche Bewohner des Patrick-Henry-Village bei Heidelberg in drei Jahren nicht ein einziges Mal mit der Straßenbahn nach Heidelberg gefahren sind. Sie können die Angst nicht überwinden, mit dem Schaffner radebrechen zu müssen und sich auf das Abenteuer eines Stadtbummels in neuer Umgebung einzulassen. Ein Zusammentreffen mit Deutschen, so die Amerikaner, erforderte jedesmal einen besonderen Entschluß und Planung. Von allein ergebe sich da nichts (*FAZ*, 5. August 1980). Das gilt sogar im Urlaub, wenn die Amerikaner lieber ihre eigenen Ferienangebote in Garmisch, Berchtesgaden und am Chiemsee wahrnehmen. So entsteht eine Art Inselspringen von einer amerikanischen Oase zur nächsten, aus der eigenen Siedlung zur eigenen Autobahntankstelle und zu den eigenen Ferienorten.

Die Mehrheit der Soldaten gehört den unteren Rängen an, und in allen Gesellschaften ist die «Soldatenkultur» durch rauhe bis obszöne Sprache und oft aggressives Verhalten geprägt. Wer mal einen Vorgeschmack davon genossen hat, der wird kein ausgeprägtes Interesse an einer dauerhaften Freundschaft haben. Da genügt es, mal auf ein deutsch-amerikanisches Volksfest zu gehen, im Festzelt mit GIs anzustoßen oder gar einen Soldaten zu Weihnachten einzuladen. Wenn Deutsche kultivierte Offiziere in ihrem Bekanntenkreis vorziehen, so ist das durchaus verständlich.

Und dennoch – sind wir nicht ungerecht? Begreifen wir denn, unter welchem Stress viele GIs stehen? Lassen wir eine US-Soldatin zu Wort kommen, die erzählt, wie miserabel sie sich in der Kaserne fühlt.

«Es ist die Hölle. Wirklich, die Leute trauen sich gegenseitig nicht. Es ist so ein kleiner Ort, daß jeder weiß, was der andere tut. Jeder wollte wissen, wohin ich gehe, und nicht nur das, es war auch das Militär. Das macht mir am meisten zu schaffen, nicht so sehr Deutschland, nicht diese Gegend. Das Militär macht – weißt du, du kriegst einen Nervenzusammenbruch, betrinkst dich, gehst raus und fängst Streit an, weißt du, das staut sich alles in dir auf. Die ‹barrack rats› trifft es am schlimmsten, die haben noch mehr damit zu tun. Da leben so viele Männer in einem Gebäude, und sie argumentieren und fangen an zu trinken und trinken zu viel, sie kennen ihre Grenzen nicht, so wie ich das auch getan habe ... Ich weiß nicht, irgendwas beschäftigt dich innerlich, und du behältst es für dich, und auf einmal fängst du an zu trinken, du sehnst dich nach zu Hause, deiner Familie. Viele GIs müssen ihre Familien verlassen, und sie können ihre Familien nicht sofort hierher holen. Manchmal müssen sie sechs Monate und länger warten, nur damit sie ein Heim für ihre Familie irgendwo haben, das kann viele Schwierigkeiten verursachen. Und viele GIs reichen dann die Scheidung ein ... Auf die in der Infanterie wird eine Menge Druck ausgeübt, die werden ständig gehetzt, ständig angetrieben, und sie haben viel Arbeit, und ihre Familie ist in den Staaten, und diese Trennung verursacht bei allen großen emotionalen Stress ...»

Chris beschreibt, was so alles an einem Tag passieren kann: «Weißt du, manchmal ist es wirklich schlimm an einem Tag, du hast zum Beispiel Alarmbereitschaft, und dann kommt so eine Scheiß-Inspektion, und du wirst angeschnauzt für etwas, wo du wirklich dachtest, du hättest es gut gemacht, und die haben einen schlimmen Tag, darum lassen sie es an dir aus, und du kannst nichts sagen, weil es dein Boss ist, der einen Streifen mehr hat als du, und dann wirst du zu irgendeinem Scheiß-Dienst eingeteilt, weil du zufällig gerade in den Raum kamst, und so – richtig beschissen!» Wer dann noch emotionale Probleme hat, seit Monaten auf die Familie wartet oder der Freundin nachweint, die sich drüben abgesetzt hat, kein Zimmer hat, wo er sich in Ruhe verkriechen kann, sich von den Deutschen als GI diskriminiert fühlt – der muß doch irgendwie mal Dampf ablassen! Angesichts der vielfachen Belastungen, unter denen Tausende junger Soldaten hier leben, ist es eigentlich bemerkenswert, wie friedlich sich die meisten benehmen. Man muß anerkennen, daß amerikanische Soldaten zur Verteidigung Deutschlands viel Unangenehmes auf sich nehmen. Günter Gillessen schreibt hierzu: «Die Beteiligung Amerikas an der Verteidigung Europas kostet viele amerikanische Bürger mehr Umstellung, Anpassungsschwierigkeiten, Einschränkungen, Verzichte, Unbequemlichkeiten und private Unbehaglichkeiten, als den meisten Deutschen gewahr wird» (*FAZ*, 5. August 1980). Angesichts ihres

Auftrages und ihrer schwierigen Lebensumstände ist es geradezu grotesk, wie empfindlich deutsche Bürger bisweilen reagieren. Spielen GIs ihr Kofferradio zu laut, beschweren sich die Anwohner, und das Radio wird für Wochen konfisziert. Soldaten sollen leise sein, nicht stören, keinen Dreck machen, keine Ansprüche stellen. Aber sie sollen uns verteidigen, am besten unsichtbar und lautlos. Die Zeitungen sprechen von «harmonischem Zusammenleben», aber ist nicht eher ein reibungsloses Nebeneinander gemeint?

Welches Interesse hat nun seinerseits das amerikanische Militär an enger Freundschaft zwischen ihren Soldaten und der deutschen Bevölkerung? Das wichtigste Ziel sind vor allem konfliktfreie Beziehungen zwischen den politischen Partnern. Auf lokaler Ebene stellen deutsche Politiker und amerikanische Offiziere gemeinsam zur Schau, daß die Beziehungen problemlos und freundschaftlich sind. Auf dieser offiziellen Ebene sind sie es wohl auch. Eine forcierte Integration ist für den Kampfauftrag auch nicht wichtig, ganz im Gegenteil, sie könnte sogar hinderlich sein oder zum Sicherheitsrisiko werden.

Es gibt nur einen wichtigen Grund, warum das Militär die Begegnung zwischen Deutschen und amerikanischen Soldaten für wünschenswert erachtet. Er liegt im Alkohol- und Drogenmißbrauch der Truppen, der die Kampfkraft der Soldaten schwächt, je nach ihrem Auftrag sogar gefährlich werden kann und sie in Verruf bringt. Jürg von Kalckreuth schildert in einem Artikel in *Europäische Wehrkunde* die Lage: «Die US-Streitkräfte werden bemüht sein müssen, die Disziplin ihrer Soldaten weiter zu festigen und Maßnahmen zu ergreifen, um die Langeweile in der Freizeit zu verringern. Das Gettoleben der Amerikaner, seit 35 Jahren, macht die dort Lebenden sehr anfällig für Alkohol und Rauschgift. Seit Jahrhunderten ist es in der ganzen Welt bekannt, daß Soldaten, gerade auch die von Expeditionsarmeen, Bekanntschaften mit Mädchen suchen. Je mehr ein normaler Kontakt mit deutschen Familien bestünde, um so weniger Ausschreitungen gäbe es» (1982:62). Wie problematisch und unrealistisch das ist, spricht von Kalckreuth in seinem Fazit aus: «Schließlich wissen die hohen amerikanischen Militärs in Deutschland sicherlich auch, daß wünschenswerte Kontakte zu deutschen Familien nicht nur eine Frage der Aufgeschlossenheit dieser Deutschen sind, sondern auch, daß solche Kontakte seitens der Amerikaner oft gar nicht gesucht und gewünscht werden und bei sehr geringen deutschen Sprachkenntnissen auch schwerlich vertieft werden könnten.» Es wäre naiv anzunehmen, daß einige Besuche bei deutschen Familien Freizeit- und Disziplinarprobleme lösen sowie den Alkohol- und Drogenmißbrauch wesentlich verringern könnten. Andererseits ist nicht zu leugnen, daß wir als Verbündete auch ein Stück Verantwortung tragen, und es den Soldaten nicht noch schwerer machen sollten, als sie es ohnehin schon haben.

Nur selten wird von höheren Stellen zugegeben, daß auf offizieller Ebene zwar zahlreiche gesellschaftliche Kontakte gepflegt werden, daß aber im Privatleben Deutsche und Amerikaner letztlich unter sich bleiben. Hildegard Hamm-Brücher lobt die zahllosen kommunalen Initiativen, doch sei es für den Soldaten selbst oft wenig bedeutsam, wenn sein Kommandeur in das offizielle Leben der Stadt fest eingebunden sei, er selber aber isoliert bleibe. Sie sieht einen Grund für diese Lage «bei den Deutschen, die sich zu wenig für ihre amerikanischen Nachbarn interessieren, einen anderen bei den Amerikanern, die in den USA kaum auf ihren Deutschland-Aufenthalt vorbereitet werden. Zwei Stunden Einstimmung auf europäische Verkehrsverhältnisse seien eben nicht ausreichend. Aber keiner in Bonn weiß so recht, wie er dieser mißlichen Situation abhelfen kann» (AZ, 21. Dezember 1982). Wir wollen sie ja mögen, die Soldaten, aber es fällt uns arg schwer.

Bisher ist eine Gruppe von Deutschen noch gar nicht erwähnt worden, nämlich die junge und teilweise mittlere Generation, die der amerikanischen Rüstungspolitik und damit dem Militär skeptisch gegenübersteht. Teilweise werden mit dem Militär – konsequenterweise – auch die hier stationierten Soldaten abgelehnt. So weigert sich beispielsweise der evangelische Pfarrer in Wackernheim, gemeinsam mit amerikanischen Soldaten Gottesdienst zu feiern. Ein gemeinsamer Gottesdienst hätte auch eine politische Bedeutung, nämlich die Bestätigung des Bündnisses einschließlich seiner Rüstungspolitik. Darum findet sein Gottesdienst neben dem Raketenlager im Ober-Olmer Wald statt, um so die Gefährdung des Friedens durch die gegenwärtige Rüstungspolitik ins Bewußtsein zu rufen. Sein Prinzip lautet «Non-Kooperation als gewaltloser Widerstand».

Demgegenüber hält es die Präsidentin des deutsch-amerikanischen Clubs für verkehrt, die Soldaten nur aus politischen Gründen «im Regen stehen zu lassen». Darum wolle sich der Club auch verstärkt darum bemühen, junge Deutsche als Mitglieder zu werben. Das hinwiederum ist nicht ganz unproblematisch, da die Arbeit des Clubs eben auch politisch ausgeschlachtet wird, was wiederum junge, kritische Menschen abschrecken könnte. So hat das Engagement der deutsch-amerikanischen Clubs und seiner Mitglieder große politische Bedeutung für die deutsche Bundesregierung. Dr. Hildegard Hamm-Brücher, von der Bundesregierung als Koordinatorin für deutsch-amerikanische Zusammenarbeit eingesetzt, sagte bei einer Ansprache vor dem Verband deutsch-amerikanischer Clubs im Mai 1982 in Mannheim: «Sie leisten damit einen wichtigen Beitrag zur Stärkung des menschlichen Fundaments der deutsch-amerikanischen Beziehungen und des atlantischen Verteidigungsbündnisses. In diesem Sinne wünsche ich Ihnen auch für die Zukunft viel Freude und Befriedigung für Ihr Engagement, das ein selbstloser Dienst für den inneren Frieden in unserem Lande ist.»

Alle Integrationsbemühungen stehen im Zeichen des Bündnisses. Man appelliert an die Hilfsbereitschaft der Deutschen – «die einsamen Soldaten zu Weihnachten einladen, die sonst depressiv werden» –, denn damit lassen sich mehr Menschen motivieren als mit der Begründung, die politische Allianz solle mit Hilfe einer Einladung zum christlichen Weihnachtsfest gefestigt werden. Und daß es letztlich darum geht, äußerte in Mainz Beigeordnete Aenne Ley; sie bezeichnete die Aktion als «Dank für den Dienst, den amerikanische Soldaten in unserem Lande leisten» (AZ, 21. Dezember 1982).

Das Nebeneinander politischer und humanitärer Motive läßt sich nicht konfliktlos miteinander verbinden. Wenn in den Abendnachrichten von der Stationierung neuer Waffensysteme bei uns die Rede ist, dann kann nur der politisch Unbedarfte danach das Gespräch mit dem Soldaten auf «Dallas» oder Autos lenken. Jeder nachdenkliche Zeitgenosse wird sich und den Soldaten fragen, ob wir hier auch neue Waffensysteme bekommen und ob er direkt damit zu tun hat. Eben dies fällt aber unter militärische Geheimhaltung und darf kein Gesprächsthema sein. Auch der Versuch, den Soldaten zu erkären, wovor wir in Deutschland uns fürchten, sie nachdenklich zu stimmen angesichts massiver Rüstungskosten und einer drohenden atomaren Vernichtung schlägt meist fehl. Typische Antworten sind: «Wir erhalten den Frieden, verteidigen die Freiheit, denn gegen die Russen muß man gewappnet sein.» Und: «Wir sind hier, um Russen zu töten. Wenn wir Amerikaner abziehen würden, könnt ihr gleich anfangen, russisch statt englisch zu lernen.» Es gibt nur gute Amerikaner und böse Russen, in ihrem Schwarz-Weiß-Denken finden Grautöne keinen Platz.

Angesichts aller Pros und Contras zur deutsch-amerikanischen Freundschaft ist klar, daß es selbst bei den Überzeugtesten Schwierigkeiten gibt, ein politisches Bekenntnis in die Realität umzusetzen. In Anbetracht aller oben angeführten Hindernisse ist es illusorisch, von «Integration» der US-Soldaten zu reden. Wir können mit Mühe Gastarbeiterfamilien integrieren, weil diese unter uns leben, weil ihre Kinder unsere Schulen besuchen, weil sie Nachbarn und Kollegen sind. Aber amerikanische Soldaten? Sie leben in ihrer eigenen Welt, in die wir allenfalls mal einen kurzen Blick werfen dürfen – mehr nicht. Und wollen sie denn wirklich integriert werden? Kaum. Sie sind stolz, Amerikaner zu sein, und nur eine Minderheit ist unserer Kultur und Geschichte gegenüber wirklich aufgeschlossen. Die meisten leisten ihre Dienstzeit in «Germany» ab und zählen die Tage bis zur Heimkehr «back to the World». Wünschbar und realisierbar wäre hingegen eine freundlichere Aufnahme der GIs in Deutschland, und das fängt mit hilfsbereiten Schaffnern und geduldigen Verkäuferinnen an bis hin zur Aufhebung des diskriminierenden «Off Limits».

Gegen Freundschaft in Maßen ist nichts einzuwenden, doch Integration? Nein, danke. Das kann und wird nicht funktionieren, auch wenn unsere Politiker sie herbeizureden versuchen. Es ist ein rhetorisches Bekenntnis, aber keine Realität.

Nachwort

Zwei Jahre lang war ich täglich mit amerikanischen Soldaten zusammen, habe an ihrem Leben teilgenommen und dabei viel über die Schwierigkeiten gelernt, die sie als GIs in Deutschland haben. Ich habe Freunde gewonnen und möchte die Zeit mit ihnen nicht missen. Es waren die unterschiedlichsten Menschen, die mir begegnet sind, Sam aus der Großstadt Los Angeles, Danny aus Little Rock, Arkansas, Jill aus Spanish Harlem in New York und Chris aus dem ländlichen Pennsylvania.

Heute leben sie wieder über die ganze Welt verstreut. Danny wurde von der Army zum Spanisch-Unterricht beordert und tut jetzt seinen Dienst in Panama. Sam ruft mich gelegentlich aus Los Angeles an, seine Geschäfte sind nach wie vor undurchschaubar. Chris hat große Schwierigkeiten; man hat sie betrunken beim Autofahren erwischt, jetzt arbeitet sie in einer Fabrik in Pennsylvania, um den Rechtsanwalt und die Gerichtskosten zu bezahlen. Ihre Freundin Debby wurde für ein Jahr nach Korea versetzt – als Sergant bei der Militärpolizei. Um Haaresbreite wäre sie wegen lesbischer Beziehungen von einem Militärgericht angeklagt worden. Billy, dessen Vater vor 40 Jahren als GI nach Deutschland kam, unterrichtet heute Englisch an einer Schule in Kolumbien – aber er will wieder nach Deutschland zurückkehren. Lee steckt irgendwo in Alabama, nach seinem Militärdienst wollte er dort ein Restaurant eröffnen; gelegentlich ruft er seine Freunde in Wackernheim an. Jill ist spurlos verschwunden, seine Telefonnummer in New York existiert nicht mehr, Briefe bleiben unbeantwortet. Anne war 18 Monate in Amerika stationiert, jetzt hat man sie zum Sergeant befördert und nach Karlsruhe versetzt; sie ist glücklich, wieder in Deutschland zu sein und kommt jedes Wochenende nach Wackernheim.

Wie wird es weitergehen? Das Militär plant, noch zusätzlich 900 Soldaten hier zu stationieren und für 650 US-Familien Wohnungen zu bauen. Werden diese Pläne realisiert, dann leben mehr Amerikaner in Wackernheim als Deutsche. Es heißt, die Soldaten sollen «frontnah» stationiert werden. Kann man es den Deutschen verübeln, wenn sie die US-Soldaten nicht mehr mit offenen Armen empfangen?

Ein letztes Wort des Dankes gilt all jenen, die an der Entstehung des Buches beteiligt waren. Bei der Suche nach Zeitungsartikeln und Fotos halfen E. von Goldacker vom Deutschen Bundeswehrverband, Archivar Wiese von der *Mainzer Allgemeinen Zeitung*, Debby Brate von *Mainz Soldier*, Michael Smith in Bad Kreuznach, *Stars and Stripes* in Darmstadt und Bibliothekare der Wehrbereichsbibliothek in Mainz.

Danken möchte ich den Studenten und Studentinnen, die das Projekt an der Mainzer Universität unterstützt haben. Sie kamen nicht wegen des benötigten Scheines, sondern weil sie selber Erfahrungen und Fragen zu dem Thema hatten. Die Gespräche mit Michaela und Ingrid, Margot und Susanne dauerten weit über das zweisemestrige Projekt hinaus an. Frau Baldes hat mir die mühevolle Arbeit des Tippens abgenommen. Mein besonderer Dank gilt Klaus – sein telefonischer Zuspruch half bei allen Tiefzuständen.

Jenen Soldaten, die geduldig meine vielen Fragen beantwortet haben und mich ein Stück an ihrem Leben teilnehmen ließen, schulde ich den größten Dank – von den vielen Freunden seien besonders (und hier mit ihren richtigen Namen) Julia und Gil, Steph und Terry, Billy und Billie, Lou und Steve und nicht zuletzt Andy genannt.

Anhang

Die wichtigsten Standorte der Amerikaner in Deutschland

Amberg
Ansbach
Aschaffenburg
Augsburg
Babenhausen
Bad Aibling
Bad Cannstatt
Bad Hersfeld
Bad Kissingen
Bad Kreuznach
Bad Toelz
Bad Soellingen
Baumholder
Bamberg
Berlin
Bindlach
Bitburg
Boeblingen
Bremerhaven
Büdingen
Butzbach
Coburg
Crailsheim
Darmstadt
Dexheim
Erlangen
Ettlingen
Feucht
Fischbach
Flensburg
Frankfurt
Friedberg
Fulda
Gelnhausen
Germersheim
Giessen
Goeppingen
Grafenwöhr
Hanau
Hahn
Heidelberg
Heilbronn
Herzogenaurach
Hoechst
Hohenfels
Illesheim
Idar-Oberstein
Kaiserslautern
Karlsruhe
Katterbach
Kirchheim-Bolanden
Kitzingen
Landstuhl
Ludwigsburg
Mainz
Mannheim
Miesau
Münchweiler
Münster/Dieburg
München
Neckarsulm
Nellingen
Neu-Ulm
Nürnberg
Oberammergau
Ober-Ramstadt
Oberursel
Pirmasens
Prüm
Ramstein
Regensburg
Schwabach
Schwäbisch-Hall
Schwäbisch-Gmünd
Schweinfurt
Sembach
Siegelsbach
Spangdahlem
Stuttgart
Vilseck
Wertheim
Wiesbaden
Wildflecken
Worms
Würzburg
Zweibrücken

Berchtesgaden, Chiemsee und Garmisch-Partenkirchen sind Erholungszentren für amerikanische Soldaten.
(QU.: U.S.Forces European Travel and Vacation Guide 1982:53–60)

Rangstruktur in der amerikanischen Armee

E-1	Private	(PV1)	Rekrut
E-2	Private	(PVT)	Gefreiter
E-3	Private First Class	(PFC)	Obergefreiter
E-4	Specialist 4	(SP4)	Hauptgefreiter
E-4	Corporal	(CPL)	Hauptgefreiter
E-5	Specialist 5	(SP5)	Unteroffizier
E-5	Sergeant	(SGT)	Stabsunteroffizier
E-6	Specialist 6	(SP6)	Feldwebel
E-6	Staff Sergeant	(SSG)	Feldwebel
E-7	Platoon Sergeant	(PSG)	Oberfeldwebel
E-7	Sergeant First Class	(SFC)	Oberfeldwebel
E-8	Master Sergeant	(MSG)	Hauptfeldwebel
E-8	First Sergeant	(1SG)	Hauptfeldwebel
E-9	Sergeant Major	(SSM)	Stabsfeldwebel
E-9	Command Sergeant Major	(CSM)	Stabsfeldwebel
W-1	Warrant Officer	(WO1)	(Fachoffizier)
W-2	Chief Warrant Officer	(CW2)	(Fachoffizier)
W-3	Chief Warrant Officer	(CW3)	(Fachoffizier)
W-4	Chief Warrant Officer	(CW4)	(Fachoffizier)
0-1	Second Lieutenant	(2LT)	Leutnant
0-2	First Lieutenant	(1LT)	Oberleutnant
0-3	Captain	(CPT)	Hauptmann
0-4	Major	(MAJ)	Major
0-5	Lieutenant Colonel	(LTC)	Oberstleutnant
0-6	Colonel	(COL)	Oberst
0-7	Brigadier General	(BG)	Brigadegeneral
0-8	Major General	(MG)	Generalmajor
0-9	Lieutenant General	(LTG)	Generalleutnant
0-10	General	(Gen)	General

Militärische Einheiten

Einheit	**Größe**	**geführt von:**
Gruppe (squad)	8–12 Personen	Unteroffizier
Zug (platoon)	20–40	Leutnant
Kompanie	120–150	Hauptmann
Bataillon	600–1000	Oberstleutnant

Einheit	Größe	geführt von:
Brigade	4–5000 (2–5 Bataillone)	Brigadegeneral
Division	15000	Generalmajor
Korps	2 oder mehr Divisionen	Generalleutnant

Abkürzungen

AAFES	Army and Air Force Exchange System
AFN	American Forces Network (Amerikanischer Rundfunk)
AIT	Advanced Individual Training (Ausbildung nach der Grundausbildung)
AVF	All-volunteer Force – Freiwilligen-Streitkraft
AWOL	Absence without leave – unerlaubtes Entfernen von der Truppe
CP	Courtesy Patrol (Streife ohne polizeiliche Vollmacht)
DOD	Department of Defense – Verteidigungsministerium
EM	Enlisted men (ins Militär eingeschriebene Soldaten, u. z. Mannschaften und Unteroffiziere)
GI	Government Issue (bezeichnet umgangssprachlich Soldat der US-Streitkräfte)
HQ	Headquarter – Hauptquartier
MOS	Military occupational specialty (berufliche Spezialisierung im Militär)
MP	Military Police – Militärpolizei
MUHA	Mainz University Housing Area (ein Wohngebiet amerikanischer Streitkräfte in Mainz)
NCO	Non commissioned officer – Unteroffizier
PT	Physical Training – Sportunterricht
PX	Post Exchange (verschiedene Geschäfte am Standort)
UCMJ	Uniform Code of Military Justice – Wehrstrafgesetz
USAF	United States Air Force – Luftwaffe der USA
USAREUR	United States Army Europe – US-Heer in Europa
USO	United Service Organisation (Organisation, die Militärangehörigen hilft)
WAC	Women's Army Corps (eigene Armee-Einheit nur für Frauen – seit 1978 abgeschafft)

Anmerkungen

Einleitung

1 «GI» war ursprünglich die Abkürzung für «Government Issue», d. h. «vom Staat gelieferte Ausrüstung» und stand auf allen Ausrüstungsgegenständen, die die Soldaten benutzten. Am auffälligsten stand die Abkürzung auf den Tornistern, die die Soldaten auf dem Rücken trugen. So wurde «GI» zum Synonym für den amerikanischen Soldaten.
2 Glaser: The sentiment of American soldiers abroad toward Europeans, 1946; Zink: American military government in Germany, 1947; Rodnick: Postwar Germans: an anthropologist's account, 1948; Zink: The United States in Germany 1944–1955, 1957; Davidson: The death and life of Germany: an account of the American occupation, 1959; Gimbel: The American occupation of Germany 1945–1949, 1968.
3 1983 erschien ein Buch von Marc Hillel über die GIs in Europa, doch bezieht es sich auch wieder nur auf die Besatzungszeit: «Die Invasion der Be-Freier. Die GI's in Europa, 1942–1947».
4 Die Anhörung dieses Ausschusses wurde noch im gleichen Jahr veröffentlicht und ist damit zugänglich: Drug abuse among U.S.Armed Forces in the Federal Republic of Germany and West Berlin. In: Hearings before the Select Committee on Narcotics Abuse and Control. House of Representatives, Washington D.C. 1978.

1. Kapitel

1 Im Anhang befindet sich eine Liste aller gebräuchlichen Abkürzungen.
2 Viele betrachten das Telefonsystem, das noch aus der Vorkriegszeit stammt und oft schlecht funktioniert, als «Hitlers Rache».
3 «Army» bedeutet im weiteren Sinne Armee, Militär, im engeren Sinn Heer, also Landstreitkräfte. Im vorliegenden Text verwende ich Army, Armee und Heer gleichbedeutend, gemeint sind immer die U.S.Landstreitkräfte.
4 Vgl. Anderson: Kalt in der Fremde. In: Geo, Nr. 1, 21, Dezember 1981, S. 78–95. Abb. S. 80.

2. Kapitel

1 Der «Bedrohungsatlas Bundesrepublik Deutschland» zitiert eine Quelle von 1974, wonach 63000 britische Soldaten, 50000 französische Soldaten, 15000 belgische Soldaten, 5000 niederländische Soldaten und 5000 kanadische Soldaten in Deutschland stationiert sind (Luber 1983, S. 26). Nach einer anderen

Quelle waren es 1979–80 25000 Belgier und 66600 Briten (The military balance 1979–80, S. 20–21).

2 Die Zahl der indirekt vom Pentagon Abhängigen ist wesentlich größer, sie schließt die Familienangehörigen ein (beim aktiven Militär 2,8 Millionen), die zivilen Angestellten in Stationierungsländern (allein in Deutschland 98000), die Kriegsveteranen und Pensionäre mit ihren Familien und nicht zuletzt die Arbeitsplätze in der Rüstungsindustrie. – 1968 bezahlte das US-Verteidigungsministerium 8438000 Leute, das ist einer von 10 Jobs in USA (Ackley, S. 54).

3 Die größten Stationierungsstandorte von Amerikanern in Deutschland sind im Anhang bezeichnet.

4 Die Pariser Verträge umfassen den Deutschlandvertrag, den Truppenvertrag, den Finanzvertrag, den Überleitungsvertrag und das Steuerabkommen.

5 Vgl. Zink: The United States in Germany 1944–55, 1957; Zink: American military government in Germany, 1947; Davidson: The death and life of Germany: an account of the American occupation, 1959; Frederiksen: The American military occupation of Germany 1945–53, 1953; Gimbel: The American occupation of Germany, 1945–1949, 1968.

6 PX steht für «Post Exchange» und bezeichnet bestimmte Geschäfte am Standort.

7 EES steht für «Eucom (European Community) Exchange System» und ist der Vorläufer der heutigen Organisation AAFES, d. h. «Army and Air Force Exchange System».

8 Der amerikanische Soldatensender meldet sich gewöhnlich mit dem Satz: «This is AFN – serving American Forces in Europe», also: «Hier ist AFN – er dient den amerikanischen Streitkräften in Europa.» Eines Tages sagte ein verwirrter Ansager: «This is AFN – forcing Americans to serve in Europe», auf deutsch: «Hier ist AFN – er zwingt Amerikaner in Europa zu dienen». (American Forces Network TV-Guide. 40th Anniversary. July 1983, S. 106) AFN sendet bereits seit 1945 in Deutschland.

9 «If, in a German town, you bow to a pretty girl, or pat a blond child ... you bow to Hitler and his reign of blood. You caress the ideology that means death and persecution. Don't fraternize!» (Frederiksen 1953:9)

10 Der Schwarzmarkt blühte allerorten. Bei den Amerikanern sollen 9 von 10 Soldaten ihre Hand im Spiel gehabt haben. Riesige Warenmengen verschwanden aus den U.S.Depots (Nahrungsmittel, Kleider, Benzin), und ganze Güterzüge lösten sich einfach in Luft auf. Später tauchten die Waren zu exorbitanten Preisen auf dem Schwarzen Markt wieder auf (Hillel 1983:198, 208).

11 Die 26 Amerika-Häuser und weitere 137 Leseräume entstanden auf Grund eines Experiments der Abteilung für Psychologische Kriegsführung der U.S.Army. Sie begannen mit einem Leseraum in Bad Homburg und trafen dort auf das erhoffte Interesse an Büchern und Zeitschriften der Amerikaner und Alliierten. Nach dem Ende der Besatzungszeit wurden die meisten aus Geldmangel geschlossen (Zink 1957:245).

12 In den Amerika-Häusern waren die meisten Angestellten Deutsche, nur ein oder zwei Posten an der Spitze waren von Amerikanern besetzt (Zink 1957:247).

3. Kapitel

1 «Commission» heißt soviel wie Vollmacht, Offizierspatent. – Wenn im folgenden von ‹Mannschaften› die Rede ist, so sind damit die Ränge E-1 bis E-4 gemeint.
2 Nach Little lag die Maximalstärke der USA im Mai 1945 bei 12,1 Millionen Soldaten (Little 1968, S. 159).
3 Vgl. Moskos 1978:44, Cragg 1982:117.
4 Die Verteidigung der politischen und menschlichen Freiheit geschieht mit Hilfe einer Organisation, die Ackley als illiberale Insel in einer historisch liberalen Gesellschaft bezeichnet (1972:218).
5 Auf andere Gründe zur Meuterei geht Gabriel nicht ein. Eine detaillierte Beschreibung der Verweigerung und des Widerstandes bis hin zu Sabotage findet man in Cortright: Soldiers in revolt, 1975.
6 Diese Regel hat enorme Konsequenzen für die Frauen im Militär. Da sie von allen Kampfaufgaben ausgeschlossen sind, können sie kaum in hohe Ränge aufsteigen.

4. Kapitel

1 Bei der Air Force dauert das Training sechs Wochen, in der Army sieben Wochen, in der Navy acht und bei den Marines neun Wochen (Rafferty 1980:186).
2 Gottlieb: Babes in arms: youth in the Army. 1980, S. 27.
3 Auch die Filme «Private Benjamin» und «Ein Offizier und Gentleman» vermitteln einen gewissen Eindruck von der Grundausbildung. Nach Aussagen eines Offiziers der U.S. Army in Mainz sind allerdings einige der Praktiken, wie sie in «Ein Offizier und Gentleman» gezeigt wurden, heute verboten, da sie gegen die Menschenwürde verstoßen.
4 Ein Offizier, der mehrere Jahre in einer Einheit arbeitete, die Rekruten ausbildet, kritisiert diese Vorschrift: «Kaum jemand bringt die Verschreibung seines Arztes mit, und aus Angst werfen z. B. Asthmatiker ihre Medikamente weg und bekamen dann später Asthma-Anfälle, für die sie keine Medikamente mehr hatten.»

5. Kapitel

1 Für Offiziere gibt es ein etwas anspruchsvolleres Buch: «Gateway to German».
2 UCMJ ist die Abkürzung für «Uniform Code of Military Justice», er entspricht unserem Wehrstrafgesetz.
3 Dennoch gibt es z. B. Unteroffiziere, die trotz Übergewicht nicht entlassen werden, da man auf sie nicht verzichten kann oder will – Jeff in Wackernheim ist einer von ihnen. In einem anderen Fall wurde ein Hubschraubermechaniker wegen Übergewicht entlassen; jetzt arbeitet er trotzdem in seinem Beruf für die Army (in Mainz-Finthen) – als Zivilangestellter!

4 Vgl. «Mainz Soldier», Vol. 3, Nr. 33, 1. Mai 1984
5 Auszugsweise deutsche Übersetzung eines Beitrages aus «Stars and Stripes» in «Heer», 1982, Nr. 2.
6 Vgl. den Artikel von Günter Gillesen in der «Frankfurter Allgemeinen Zeitung» vom 30. Januar 1982.
7 «Die Welt», 4. November 1980
8 «Der Lack ist ab ... Amerikanische Soldaten in Europa». Auszugsweise Übersetzung eines Beitrages von J. L. Kominicki in «Stars and Stripes», abgedr. in «Heer», 1982, Nr. 2.

6. Kapitel

1 Etienne / Renn / Rosner: Der Soldat und seine Freizeit. Eine soziologische Analyse. 1973 : 18
2 Etienne / Renn / Rosner 1973 : 24
3 «Die Welt», 4. November 1980
4 «Oft lehnt ein Amerikaner der zweiten Generation die Lebensweise seiner Eltern ab, verschließt freiwillig seinen Geist und seinen Geschmack seinem eigenen fremden Erbe, und wird seiner früheren sozialen Gruppe gegenüber intoleranter als diejenigen, die niemals Mitglieder dieser Gruppe waren» (Cleveland u. a.: The overseas Americans. 160 : 177).
5 23 Millionen Amerikaner sprechen zu Hause eine andere Sprache als englisch – das sind 10 % der Bevölkerung. Die Hauptgruppen sind spanisch mit 11,1 Millionen, gefolgt von italienisch (1,6 Millionen), deutsch (1,6 Millionen), französisch (1,6 Millionen), polnisch (820647) und chinesisch (630806). Aus: U.S. Census Bureau, veröff. in USA Today, 15. Juni 1984.
6 Manchmal sind die Lebenswelten sehr verschieden und erschweren das gegenseitige Verständnis. Da meinten einige Amerikaner, als sie ein Schloß an der Bergstraße besichtigten und den Abendnebel über den Wäldern sahen: «Oh, das sieht ja aus wie der Smog über Los Angeles!»
7 «Mainz soldier», special edition: «Orientation Issue», Vol. 3, nr. 1, S. 2.
8 USO (United Service Organisation) ist eine Organisation, die nicht dem Militär unterstellt ist, sich aber um Militärangehörige und ihre Familien kümmert.
9 «Mainz soldier», Vol. 2, Nr. 44, 1. November 1982
10 «Mainz soldier», Vol. 3, Nr. 20, 18. Oktober 1983

7. Kapitel

1 Newsweek 95, 1980, zitiert in Berger 1981 : 140
2 Es gab ähnliche Organisationen für Frauen in der Air Force und der Navy.
3 Newsweek 95, 1980, zitiert in Berger 1981 : 141
4 Newsweek 95, 1980, zit. in Berger 1981 : 142
5 «The economist», Nr. 279, 1981, zit. in Berger 1981 : 49
6 Die Zahlenangaben, wie viele Frauen in der Army oder im Militär in Europa schwanger sind oder es jährlich werden, schwanken zwischen 10–15 % (Vgl. Rafferty 1980 : 40, Rogan 1981 : 226 und Webb 1981 : 91).

7 Newsweek 95, 1980, zit. in Berger 1981:146f
8 «The Columbus Dispatch», 15. Juli 1984
9 Renate Just: «Bewegt Euch, Mädchen ...» In: ZEIT-Magazin, 3. Oktober 1980
10 Die Registrierung soll dazu dienen, im Falle eines Krieges schneller neue Truppen ausheben zu können.

8. Kapitel

1 Cragg: The NCO Guide. 1982:117
2 Henderson: Human relations in the military. 1975:47
3 Henderson 1975:48
4 Am Ende des Bürgerkrieges lebten 90% aller Schwarzen im Süden der Vereinigten Staaten. Heute leben dort noch 53%, die übrigen leben im Nordosten (19,2%), in Nordzentral (20,2%) und im Westen (7,5%).
5 Gabriel 1981:100f
6 Young: Minorities and the military – a cross national study in world perspective. 1982:231
7 Young 1982:227, Tab. 17

Anteil schwarzer Soldaten im Militär

Offiziere	1949	1954	1962	1966	1970	1972	1976	1980
Army	1,9 %	2,9 %	3,3 %	3,5 %	3,4 %	3,9 %	5,2 %	7,2 %
Air Force	0,6 %	1,1 %	1,2 %	1,2 %	1,7 %	1,8 %	2,8 %	4,4 %
Mannschaften								
Army	11,1 %	12,3 %	12,3 %	12,4 %	13,5 %	17,5 %	23,7 %	32,5 %
Air Force	6,1 %	8,6 %	9,2 %	10,4 %	11,7 %	13,0 %	14,7 %	15,9 %

(Quelle: Young 1982: 227, Tab. 17)

8 Young 1982:229, Tab. 19

Rang	1964	1968	1972	1976	1980	**Rangbezeichnung**
E 9	3,3 %	5,5 %	8,6 %	14,8 %	28,1 %	Stabsfeldwebel
E 8	5,8 %	10,6 %	14,4 %	18,3 %	25,0 %	Hauptfeldwebel
E 7	7,9 %	15,7 %	19,9 %	23,1 %	24,6 %	Oberfeldwebel
E 6	12,2 %	20,6 %	23,9 %	21,0 %	23,7 %	Feldwebel
E 5	14,8 %	11,6 %	16,9 %	20,1 %	30,2 %	Unteroffizier
E 4	12,5 %	11,1 %	14,1 %	25,2 %	36,1 %	Hauptgefreiter
E 3	11,9 %	12,4 %	16,7 %	24,0 %	39,0 %	Obergefreiter
E 2	11,6 %	13,0 %	18,5 %	25,3 %	38,6 %	Gefreiter
E 1	6,4 %	10,7 %	18,4 %	27,5 %	30,0 %	Rekrut

(Quelle: Young 1982: 229, Tab. 19)

9 Dansby: Race relations at base X. In: Henderson 1975: S. 59–75
10 Dansby 1975:59
11 Dansby 1975:63

9. Kapitel

1 Mindestens einmal pro Monat werden folgende Drogen konsumiert:
harte Drogen: 15–20 %
Cannabis: 58 %
Alkohol und Drogen zusammen: 87 %
Amphetamine: 12 %
Barbiturate: 17 %
(Drug abuse ... 1979:27)
2 Ratliff/Eads: Drug abuse among military offenders. 1978:347. – Diese Zahl bezieht sich auf Soldaten, die bereits mit dem Gesetz in Konflikt geraten sind, ist also nicht repräsentativ für alle Rekruten.
3 «Stars and Stripes», 8. Februar 1983, S. 8
4 Drug abuse ... 1978:81
5 Drug abuse ... 1978:257
6 Drug abuse ... 1979:21
7 Drug abuse ... 1978:146
8 a. a. O. S. 85
9 a. a. O. S. 27
10 Ratliff/Eads 1978:347. Vgl. Anm. 2
11 Vgl. Bryant: The khaki-collar crime. 1979:39
12 Bryant 1979:44. Vgl. auch Abrams 1970:24ff und Speier 1950:111
13 Mit den veralteten Raketen sind die Nike-Hercules-Raketen gemeint, die inzwischen abgezogen wurden.
14 Rock/Silsby: Methaqualone abuse among U.S.Army troops stationed in Europe. 1978:332–3. Im Jahr 1973 waren es 10 Todesfälle, 1974 16 Todesfälle.
15 Rock/Silsby 1978:330
16 Drug abuse ... 1978:256
17 a. a. O. S. 40
18 Ratliff/Eads 1978:348
19 «Stars and Stripes», 17. September 1981
20 «Stars and Stripes», 15. Juni 1982
21 «Stars and Stripes», 3. März 1983

10. Kapitel

1 Das Bundespresseamt sammelte von 1962 bis 1964 221 Zeitungsnachrichten über US-Streitkräfte. Hierbei waren ebenfalls 53 % der Artikel Lobeshymnen auf die amerikanischen Soldaten, und 20 % berichteten über Verbrechen und Gewalttätigkeiten. Die übrigen 37 % waren aber anders aufgeteilt: 10 % waren Tatsachenberichte über Trainingsweisen und die Verlagerung von Truppeneinheiten, 10 % berichteten über das Leben in den amerikanischen Kasernen und 7 % handelten von schwarzen Soldaten, die unter Deutschen leben (vgl. Moskos 1970:106).
2 Hans Christmann vom Verbindungsbüro für deutsch-amerikanische Beziehungen: «Wenn man das Panzerwerk miteinbezieht, ist die amerikanische Armee

mit über 4000 Beschäftigten der größte Arbeitgeber in Mainz und einer der größten in Rheinland-Pfalz.» (AZ, 30. Oktober 1984)

3 Das Kuratorium wurde Anfang der achtziger Jahre in Landau von Hermann Glessgen gegründet, und in Mainz hat man diese Idee aufgegriffen.

4 Veteranenclubs sind eine geschickte Möglichkeit, potentielle Investitoren anzusprechen. Langgediente Offiziere erhalten nach ihrer Pensionierung oft gute Posten in der Wirtschaft und sind gleichzeitig in Veteranenclubs organisiert; und wer lange im Militär war, hat höchstwahrscheinlich auch einmal in Deutschland gedient und kennt Rheinland-Pfalz.

5 Das Statistische Jahrbuch der Bundesrepublik Deutschland weist die Zahl der Ehen zwischen Deutschen und den Mitgliedern fremder Streitkräfte aus. Zwischen 1973 und 1981 schwankten die Eheschließungen zwischen 1200 und 1700 pro Jahr, der jährliche Durchschnitt liegt bei 1500 deutsch-amerikanischen Hochzeiten.

6 Vgl. Polizeiliche Kriminalstatistik 1982 des Bundeskriminalamtes in Wiesbaden.

7 Vgl. Polizeiliche Kriminalstatistik – Zeitreihen. Bundeskriminalamt Wiesbaden 1982.

8 Kommunale Korrespondenz Nr. 406. Pressedienst des Deutschen Städtetages.

Literaturverzeichnis

ABELSON, HERBERT u. a., National survey on drug abuse: 1977. A nationwide study – youth, young adults, and older people. Vol. 1. Main findings. U.S. Department of Health, Education, and Welfare. 1977

ABRAMS, P., Armed Forces and society: problems of alienation. In: Wolfe, J., Erickson, J. (Eds), The Armed Services and society: alienation, management, and integration. Chicago 1970, S. 24–43

ACKLEY, C., The modern military in American society. A study in the nature of military power. Philadelphia 1972

The Army Officer's Guide. 40th ed. Harrisburg 1979

BERGER, J. (Ed), The military draft. New York 1981

BIGLER, R., Der einsame Soldat; eine soziologische Deutung der militärischen Organisation. Frauenfeld 1968

BINKIN, M., BACH, S., Women and the military. Washington, D.C. 1977

BRYANT, C., Khaki-collar crime: deviant behavior in the military context. New York 1979

BUDDIN, R., The role of service experience in post-training attrition in the Army and Air Force. Santa Monica 1981

CAMERON, J., It's time to bite the bullet on the draft. In: Berger 1981:96–100

CLEVELAND, H., MANGONE, G., ADAMS, J. C., The overseas Americans. New York 1960

COOPER, R., Military manpower and the all-volunteer force. A report prepared for Defense Advanced Research Projects Agency. Santa Monica 1977

CORTRIGHT, D., Soldiers in revolt; the American military today. Garden City 1975

CRAGG, D., The NCO Guide. Harrisburg 1982

DANSBY, J. L., Race relations at Base X. In: Henderson 1975, S. 59–76

DAVIDSON, E., The death and life of Germany: an account of the American occupation. New York 1959

Drug abuse among U.S.Armed Forces in the Federal Republic of Germany and West Berlin. In: Hearings before the Select Committee on Narcotics Abuse and Control. House of representatives, Washington D.C. 1978

Drug abuse in the Armed Forces of the United States: oversight update. Washington D.C. 1979

EISENHART, T. S., Rehabilitation: one man's opinion. In: Henderson 1975, S. 177–186

ELKIN, H., Aggressive and erotic tendencies in Army life. In: American Journal of Sociology 51, 1945–6, S. 408–414

ETIENNE, U., RENN, H., ROSNER, A., Der Soldat und seine Freizeit. Eine soziologische Analyse. Bonn 1973

FARIS, J. H., The impact of basic combat training: the role of the drill sergeant. In: Goldman, N., Segal, D. (Eds.), 1976, S. 13–24

FREDERIKSEN, O. J., The American military occupation of Germany, 1945–1953. (Darmstadt) 1953

GABRIEL, R., About-face on the draft. In: Berger 1981, S. 100–108

GABRIEL, R., To serve with honor. A treatise on military ethics and the way of the soldier. Westport, Conn. 1982

GIMBEL, J., The American occupation of Germany, 1945–1949. Stanford 1968

GLASER, D., The sentiment of American soldiers abroad toward Europeans. In: American Journal of Sociology, 51, 1946, S. 433–438

GOLDMAN, N. (Ed.), Female soldiers – combatants or non-combatants? Historical and contemporary perspectives. London 1982

GOLDMAN, N., Trends in family patterns of U.S.military personnel during the 20th century. In: Goldman/Segal (Eds.), 1976, S. 119–134

GOLDMAN, N., SEGAL, D. (Eds.), The social psychology of military service. Beverly Hills 1976

GOTTLIEB, D., Babes in arms: youth in the army. Beverly Hills 1980

Green Book 1982–83. In: Army, Vol. 32, No. 10, october 1982

GRIESE, K., Die Rechtsstellung der amerikanischen Truppen in der Bundesrepublik. Jur. Diss., Würzburg 1966

GROSSER, A., Geschichte Deutschlands seit 1945, München 1974

HABE, H., Off limits. Roman der Besatzung Deutschlands. München 1955

HARPPRECHT, K., Der fremde Freund. Amerika: eine innere Geschichte. Stuttgart 1982

HENDERSON, G. (ED.), Human relations in the military: problems and programs. Chicago 1975

HILLEL, M., Die Invasion der Be-Freier. Die GI's in Europa, 1942–1947. Hamburg 1981

HOLM, J., Women in the military. An unfinished revolution. Novato, Ca. 1982

HOLMES, B., Basic training. A portrait of today's army. New York 1979

HOPE, R., Racialstrife in the U.S. military: toward the elimination of discrimination. New York 1979

HOUGH, P., The socio-cultural integration of German women married to American military personnel. Phil. Diss., Berlin 1979

INGRAM, K., Ninety-three strong? A battalion commander's perception of the all-volunteer force. Washington D.C. 1983

INGRAHAM, L., The boys in the barracks. Observations on American military life. Crit. comm. by F. J. Manning. Philadelphia 1984

JANOWITZ, M., The professional soldier. A social and political portrait. New York 1971 (orig. 1960)

JANOWITZ, M., LITTLE, R., Militär und Gesellschaft. Boppard 1965

KARLSTORFER, H., Probleme und Lösungsansätze im Diskussionsprozeß des Freiwilligen-Streitkräftekonzepts der USA. In: Europäische Wehrkunde 1980, Nr. 1, S. 13–18

Keeley, J. (Ed.), The all-volunteer force and American society. Charlottesville 1978

Klippel, Ch., 456 und der Rest von heute. Ein Roman über die Bundeswehr. München 1979

Kojm, Ch., Military readiness, manpower and the draft. In: Berger 1981, S. 11–19

Kroesen, F. General, U.S.Army Europe: ‹Deterrent power real›. In: Army (Green Book), Vol. 32, no 10, 1982, S. 70–82

Landrum, C., Role of women in today's military. In: The all-volunteer force and American society. Ed. by J. B. Keeley. 1978, S. 150–166

Legge, B. I., Andrews, M., Unit comes first in new manning system. In: Army. vol. 32, no 10, 1982, S. 198–220

Lifton, R., Advocacy and corruption in the healing professions. In: Goldman/Segal (Eds.), 1976, S. 45–67

Little, R., Rangsysteme im amerikanischen Militär. In: König (Ed.), Beiträge zur Militärsoziologie, 1968, S. 187–198

Luber, B., Bedrohungsatlas Bundesrepublik Deutschland. Wuppertal 1982

Marmion, H. A., Against the all-volunteer force: it just isn't working. In: Berger (Ed.), 1981, S. 22–26

Marden, Ch., Meyer, G., Minorities in American society. New York 1978

The military balance 1979–80. London: The international institute for strategic studies, 1979

Moskos, Ch., The American enlisted man; the rank and file in today's military. New York 1970

Moskos, Ch., The enlistet ranks in the all-volunteer army. In: Keeley, J. (Ed.), 1978, S. 39–81

Radine, L., The taming of the troops: social control in the United States Army. Westport, Conn., 1977

Rafferty, R., Careers in the military. Good training for civilian life. New York 1980

Ratliffs, B. W., Eads, J., Drug abuse among military offenders. In: Journal for drug education, 8, 1978 (4), S. 345–356

Rock, N. L., Silsby, H. D., Methaqualone abuse among U.S. Army troops stationed in Europe. In: International Journal of addiction, 13, 1978 (2), S. 327–35

Rodnick, D., Postwar Germans: an anthropologist's account. New Haven 1948

Rogan, H., Mixed company. Women in the modern army. New York 1981

Roghmann, K., Ziegler, R., Militärsoziologie. In: Handbuch der empirischen Sozialforschung. Hg. von R. König. 1977, Bd. 9, S. 142–229

Schneider, S., Zoll, R., Research needs in the field of military sociology in West Germany. Evidence from empirical studies. In: «International Symposion on armed forces and society». Sozialwissenschaftliches Institut der Bundeswehr. München. 17. Berichte, 1979, S. 99–142

Snyder, W. P., Military personnel-procurement policies: assumptions – trends – context. In: Keeley, J., 1978, S. 1–39

SORLEY, L. S., Duty, honor, country: practice and precept. In: Wakin, M. (Ed.), 1979, S. 143–161

SPEIER, H., «The American soldier» and the sociology of military organization. In: Merton, R., Lazarsfeld, P. (Eds.), Continuities in social reserarch. Studies in the scope and method of ‹The American Soldier›. Glencoe, Ill., 1959, S. 106–133

STANTON, M. D., The soldier. In: Spiegel, D., Keith-Spiegel, P., Outsiders U.S.A. San Francisco 1973, S. 484–502

STOUFFER, S. U. A., The American soldier. 4 Bde. Princeton, N. J., 1949–50

TETLOW, J. A., President Reagan and the draft. In: Berger, 1981, S. 130–35

THURMAN, M., New army's power is its people. In: Army. vol. 32, no 10, 1982. S. 94–106

Uniformed Services Almanac. Comp. and ed. by L. E. Sharff. Washington D.C. 1980

WAKIN, M. M. (ED.), War, morality, and the military profession. Boulder, Col., 1979

WEBB, J., Why the army needs it. In: Berger 1981, S. 83–96

WOLF, CH., Garrison community. A study of an overseas American military colony. Westport, Conn., 1969

YOUNG, W. L., Minorities and the military – a cross national study in world perspective. Westport, Conn., 1982

ZINK, H., American military Government in Germany. New York 1947

ZINK, H., The United States in Germany, 1944–55. Princeton 1957

Bildnachweis

Stars and Stripes, Darmstadt: 24, 100, 160, 223, 227, 239, 246, 259

Michael Smith, Bad Kreuznach: 93, 162, 164, 190

Dick, Frank, in: Burnham Holmes, Basic Training. A portrait of today's Army, New York, Four Winds Press 1979: 68, 74, 75, 80, 87, 97, 158, 194 oben

Signe Seiler: 15, 17, 20, 22, 24, 70 (aus einem Werbeprospekt der Army entnommen), 91 (Seiler/Kramer), 133, 155, 194 unten, 242, 248

UPI 28/29

Soziale Konflikte

Horst-Günter Kessler/Jürgen Miermeister
Vom «Großen Knast» ins «Paradies»?
DDR-Bürger in der Bundesrepublik.
Lebensgeschichten
(5034)

Frank Matakas
Sprünge in der Seele
Psychische Erkrankungen und was man dagegen tun kann
(4831)

Rolf Meinhardt (Hg.)
Türken raus?
oder Verteidigt den sozialen Frieden
(5033)

Peter Mosler
Was wir wollten, was wir wurden
Studentenrevolte – zehn Jahre danach
(4119)

Herbert Spaich (Hg.)
Asyl bei den Deutschen
Beiträge zu einem gefährdeten Grundrecht
(4823)

Herausgegeben von Freimut Duve

rororo aktuell

C 2009/6a